JN441508

# 베드로의
# 예루살렘 활동

사도행전 4-5장

# 머리말

1. 사도행전에 묘사된 인물, 상황, 사건과 행위들은 각기 나름의 독특한 이미지를 독자의 심상에 심어준다. 그리고 그 각각의 이미지에 따르는 복합적, 다층적 사고를 불러일으킨다. 이런 모든 사유 요소가 이미지 형성 단계에서, 사고의 모색 단계에서, 판단과 결단, 자기 투신의 실천 단계에서 자극적으로 활성화된다. 그리하여 때로는 정적(靜的)인 수용을 통해, 때로는 비판적 회의를 통해, 때로는 벼락 같은 각성을 통해 결국 신앙이라는 주제를 형상화한다. 즉 인물, 상황, 사건 등의 묘사가 낳은 제각기 다른 이미지들이 분화, 통합되어 읽는 이의 내면에 형상화되고, 마침내 드러나는 것은 신앙의 고양(高揚)이다. 비록 누가가 이와 비슷한 '이론적 설계' 아래 사도행전을 저술한 것은 아닐지라도 그의 궁극 목표는 독자의 뇌리에 신앙이 자리 잡혀 뿌리내리기를 바라는 염원이었으며, 그에 맞춰 글을 썼을 것이다. 그의 글에서 묘사되는 모든 내용은 어느 하나 예외 없이 독자들의 신앙 형성에 봉사하기 위한 것이다. 이 책이 관심 가질 베드로에 관한 묘사 역시 이와 비슷한 의도 아래 제시된 것이다. 누가가 그리는 베드로에 관한 다양한 이미지 묘사는 신앙 강화를 위한 목표를 갖는다는 뜻이다.

이와 동시에, 그러한 이미지 제시는 어떤 '기억들'의 '사라짐'에 대한 저항의 소산이기도 하다. 모든 '사라짐/죽음'에 대한 일반적인 반응은 안타까움과 절절한 분노이다. '있음'에서 '없음'으로 사라진 모든 생명, 무생물, 존재, 비존재 등에 대한 안타까움은 이루 말할 수 없는 절망감에 이르게 하지만, 특히 '기억'의 사라짐은 절망을 넘어 분개를 불러일으킨다. 다른 생명, 존재, 사건들의 사라짐을 되새길 여가는 없다. 문제는 기독교의 태생 무렵에 관한 기억의 소거, 그 시대 삶의 절대적 망각에 대한 안타까움이다.

누가의 글은 초기 기독교의 태동시기에 벅찬 삶을 살았던 자신의 선배, 동료들에 대한 기억의 조각들을 이미지로 띄워 올린 한 편의 서사이다. 그렇지만 그의 글줄 그물망에 걸려 선택되지 않은 거의 모든 교인의 삶, 사건, 발언은 망각 속에 철저히 매몰되었다. 그들의 비석은 물론이려니와 무덤도 없다. 아니 이름조차 모른다. 그렇다고 '이름 없는' 무명의 인물들은 아니다. 다만 이름이 안 알려져, 이름 모르는 사람들이 되었을 뿐이다. 그래서 마치 존재하지 않았던 것처럼 생략되고 묵살되어 마침내 존재마저 추상화된 사람들이 되었다. 이름 모를 신앙인들로 우리의 의식 속에서 순간적으로 스쳐지나갈 뿐인 그들을 의도적으로 되살리고 기억하려는 분명한 본뜻을 새길 필요가 있다. 이 책이 내용으로 내세운 베드로의 활동이 주는 일종의 암시가 있기 때문이다. 그들은 '베드로의 대표성' 뒤에 숨은 이름 모를 수많은 각개 신앙인이며, 진정한 초기 기독교의 대표자들이고, 우리는 그들의 면면을 기억하려는 것이다. 그런 의도를 가졌다 하여 결과적으로 많은 것이 달라지진 않는다. 그러나 이름 모를, 얼굴 없는 초기 기독교 신도들의 형형(炯炯)한 눈빛을 의식하며 성서의 글을 읽는 것과 그렇지 않고 그 인물들을 '그들'이란 칼같이 비정한 추상적 대명사 속에 가둬버린 채 한 번도 심각한 실존적 관심을 부여하지 않는 것은, 우리의 역사적 상상력과 실천적 성서해석학에서 차이 이상의 식별력 마모, 윤리적 둔감과 관련된다. 그것은 성서해석의 태도와 시선의 향방을 결정하는 한 요소이다. 우리 역시 그 이름조차 기억 못할 익명의 대해(大海)에 잠시 후면 뛰어들 것이다. 그리하여 하나님이 이름 모를 억조창생(億兆蒼生)을 통해 이룬 거대한 성취의 한 끝에서 안식 가운데 안심할 것이다. 그러니 베드로, 요한, 바울 등의 동상(銅像)처럼 우뚝 선 이름들은 어쩌면 그 이름 모를 장삼이사의 대표가 아닌 일종의 상징일 수도 있는 것이다. 이 책에서 베드로를 조망하는 눈길은 그러한 대표, 상징의 뜻을 음미하는 것과 근본적으로 같다.

이렇게 묵살된 기억이 후기 시대 기독교인들의 안타까움이었다면, '역사적 기록'을 의도한 이들의 모든 글줄은 죽은 기억의 생환으로 축하를 받는다. 묵살된 기억을 되살리려는 노력에는 간절함이 배어 있고, 기억의 소환과 재생에 매진하는 그 노력에도 기억의 계승과 연장이라는 측면에서 간절함을 넘어선 절실함이 숨어 있다. 아울러 그런 기억 생환의 결과물인 누가의 글을 읽는 우리의 노력도 기억의 죽음과 망실에 대한 저항, 기억 탈환의 전위로서 저자 곁에 나란히 서게 된다. 이것은 성서해석자들이 기억의 보급선(補給線) 위에 놓이게 된 연유이다.

2. 누가가 기록하려 한 신앙 선배들의 행적 중에는 별것 아닌 일들, 이를테면 이 책이 취급할 사건 윤곽에 '사람들이 성전에 모였다, 사람들이 개인집에 모여 기도하며 음식을 나눴다, 몇몇이 감옥에 억류되어 있다가 나와 기도했다.'라는 등 평범한 사람들의 눈에는 지극히 하찮게 보이는 일상의 일들이 포함된다. 이 시시한 일들 모두를 누가가 서술 대상으로 삼지는 않는다. 하지만 그의 관점에 깊이 새길 의미가 있는 것으로 여겨지면, 그중 일부는 범상한 일상의 진부함으로부터 벗어나고 하찮음의 더께를 벗는다. 누가의 저술 속에 등재되는 간택의 순간을 맞게 되는 것이다. 압도적으로 많은 진부한 일상, 그 자잘한 일들 가운데서 거대한 역사적 변화의 조짐과 징후를 읽어내어 기록하는 안목이 그에게 있었다는 뜻이다. 그가 이해한 구원사의 큰 줄기에는 경이적 기적과 영웅적 행

위만이 아니라, 누구에겐가 늘 벌어지는 평범한 일들이 중요한 사건으로 파악되어 장엄한 역사적 사건으로 합류하게 된다는 것이다. 누가에게는 이미 벌어진 크고 작은 수많은 일들 속에 숨어 있는 의미를 해독하고 해석하여 엮어나갈 역사가의 능력이 있었고, 그렇기 때문에 그의 글 하나하나에는 신학적 역사가인 자신의 통찰과 혜안이 결정체(結晶體)로 나타난다.

3. 사도행전의 글자 하나하나, 문장 하나하나에 어쩔 수 없이 역사적 '사실'이 촘촘히 얽혀 매달려 있음은 분명하다. 그러나 누가의 글에서 사실과 연관된 기록을 엄정히 제외한다 해도 남는 것이 혹시 있지 않겠는가? 그것을 허구나 상상의 소산이라 이름 붙일 수 있겠는가? 역사적 사실이 아닌 것은 모두 저자의 창작으로 분류될 수 있겠는가? 누가가 드러내는 초기 기독교 현실의 요소들은 그의 사건해석이 섞인 서술을 통해 그의 문장이 된다. 그에게서 '사실요소'들은 '해석요소'들과 결합되어 새로운 '누가적 진술'로 세상에 나타나게 마련이다. 그것은 사실을 넘어서고 해석을 넘어서서 새로운 역사, 새로운 역사적 가치, 곧 누가의 사도행전으로 등장한다. 그러므로 그의 글에서 기적을, 치유를, 천사와 지진을 제외하고, 순수 합리의 역사, 납득 가능한 인과율적 논리를 무리하게 추구하는 시도는 멈추는 게 낫다. 누가의 글은 사실에서 시작하지만 사실의 갱도 속에 갇히거나 묻히지 않기 때문이다.

아무도 우리가 탐구하는 신약성서의 구절구절이 그 묘사 대상인 예수, 제자들, 초기 신자들의 생각과 행동과 삶의 풍부함이 구부림 없이 반향된 것이라고 생각하지 않는다. 예를 들어 사도행전의 기록 배후에는 누가가 속해 있던 신자그룹 사이에 오갔던 집단적 지혜와 가치의 나눔, 온축(蘊蓄), 교류가 있었음이 틀림없다. 그런 신학적 사유가 형성된 이면에는 자신들에게 전달됐던 유무형의 전승들, 예컨대 앞선 세대가 직접 말하고 행한 자료, 그 전언, 그것들의 역동적 상호작용 결과로서의 구전

(口傳), 문전(文傳)의 기초 자료들이 있었을 것이다. 그것들을 누가의 교회 공동체가 정리하며 첨삭하고, 애매한 것과 중요한 것을 적극적으로 해석하고 보완하는 주체적 개입 과정도 있었을 것이다. 물론 그 바탕에 정확히 짚어내기 어려운 사회적 긴장, 갈등의 역동성이 꿈틀대었으리라는 점을 배제하기 어렵다. 누가와 그의 배후 교인들의 거대 관점, 세계관, 가치관의 반영과 영향, 저자 자신의 개별 메시지가 의도적·비의도적 형태로 문장 하나하나에 실려 있었으리라는 점도 인정된다. 그 과정이야말로 몇 마디 말로 요약하기 어려운 복잡다단한 신약문서 형성의 여정이었을 것이다. 신약의 각 문서가 가진 직설의 언어와 단언, 엄청난 상징과 비유, 우회의 암시나 에두른 은유, 문자적 설명이 못 닿는 이리저리 하염없이 막막한 해석 공간의 빈터 등이 시사하듯, 쉽게 납득하기 어려운 문자세계의 경이적 생명력이 있었으리라는 것이다.

이 문서가 형성되기 이전 여과된 시간과 인물들 삶의 응결이 말하듯, 각 문장 속에 스민 의미의 폭발성은 오늘 우리의 이해와 납득의 한계를 벗어난다. 고대인들의 삶과 정신을 속속들이 파악하고 손바닥 위에 올려놓는다 해도 이해하기 어려운 서술들을 기껏 추측과 상상으로 메워놓은 '역사 복원'에 의지하여 닿고자 하는 문서의 진정한 뜻이란, 결국 '불가사의한 신비 속의 수수께끼'가 될 공산이 크다. 그렇다 하여 역사의 불가지론이나 기록의 실체와 왜곡, 도착(倒錯)에 대한 회의주의가 중첩되어 낳게 될 냉소, 또는 거기서 퇴각하여 웅크리는 닫힌 '글월세계'로의 함몰[1]과 같은 현실단절의 마취가 능사가 될 수 없다.

하지만 독자적 '의미와 해석'이라는 이름으로 불리는 저자 버전의 글 전반에서 때때로 왜곡의 혐의를 받기는 하지만 그 글 전체에 담긴 신약 속의 '역사적 현실'을 아주 묵살할 수는 없다. 신약을 구성하게 만든 과거

---

1 곧 우리의 전통어법으로는 망문생의(望文生義 — 글만 보고 뜻을 새기려는 것)이거나 아니면 구조주의 계열의 공시(共時)비평의 한계를 염두에 둘 수 있는 측면.

역사 속의 '현실요소'를 배제하기 어렵다는 뜻이다. 그렇다면 신약 문서 속의 사건에 담긴 '실체적 진실'과 거기 덧붙인 '해석의 옷'을 어떤 척도와 관점으로 구분할 수 있는가의 문제가 남는다. 바로 여기에 맹목과 냉소가 갈리는 좌표가 있다. 그러나 이런 방식의 역사적 순도 추구는 그것 자체가 뒤처진 지난 시대의 '객관성' 탐닉의 유물로 타기(唾棄)될 수 있다. 그것은 이른바 '사실 너머', '진실 극복'의 또 다른 대안을 찾을 수밖에 없는 이유이기도 하다. '과거 역사'의 현실을 추구함과 동시에 역사로부터 시작하지만 역사를 넘어서서, 심지어 역사가 소거된 상태에도 남는 '그 역사'를 추구하는 불가능해 뵈는 과제를 떠안게 되는 것이 신약 공부의 과제이다. 그 연장에서 성의를 다하려 노력하는 수밖에 다른 길을 찾기가 쉽지 않다. 물론 신약 속 삶의 실체를 구성하는 역사적 현실을 모두 제거한다는 발상은 위험할 뿐 아니라 불가능하다. 그럼에도 혹시라도 그런 무모한 시도가 양해된다면, 그런 과거 현실의 제거에도 불구하고 그런 다음에도 끝내 남는 것, 거기에 기초하여 성립된 가치를 기독교 신앙이라 할 수 있을 것이다. 그러한 가치는 적어도 신약문서가 갖는 최소한의 진실성을 인정한다면 포기될 수 없다.

이와 같은 누가의 기록행위 자체에서 찾게 되는 진실 추구의 '물리적' 어려움 외에도, 1세기와 현재를 살아가는 인간 모두가 경험하는 '의식(意識) 속의' 어려움도 여전하다.[2] 누구든지 글 쓰는 사람은 아무리 자료의 선택과 서술에 정직하리라 투철히 다짐한다 해도, 글 쓰는 순간 의식의 내면에서 벌어지는 비합리적 과장과 단순화를 통제하기 어렵다. 기록하려는 사건의 연결과 전개에 작용하는 부정합성, 우연성, 임의성 등이 자신의 의지와 관련 없이 작동된다는 점을 부인하기 어려운 것이다. 이것을 의도적 조작이나 날조라 부를 수 없을 만큼, 어느 의미에서 의식은

---

2 이에 관해 유상현, 『바울의 제3차 선교여행』 (서울: 대한기독교서회, 2011), 349-350에서 서술한 내용을 아래에 정리하여 소개한다.

자연스러운 자기 움직임에 의해 스스로의 갈 길을 나아가는 측면이 있다. 그렇다고 자기 의지나 통제와 상관없이 의식 스스로가 운동력을 가지고 전면적으로 자동(自動)과 자발(自發)을 이룬다는 뜻이 아니다. 엄밀한 자기 제어와 오류를 경계하려는 노력의 한계 안에서도 부분적으로, 또는 비의도적으로 예측 불가능한 전개를 보일 수 있다는 것이다. 사건전개의 인과율적 '논리'에 대한 집착이 확고해도, 자의식 전개의 불확정성, 어디로 튈지 모르는 전방위적 사유(思惟)의 개방성, 역동성 등으로 표상되는 의식의 자유로움을 아주 막지는 못한다. "물론 작자의 의지가 이런 의식의 활동을 통제할 수 있다고 볼 수도 있다. 하지만 이는 언제나 필연적으로 이뤄지는 것은 아니며, 적어도 부분적으로는 그 같은 '의식 통제'라는 환상을 가지면서, '주체적, 자생적 의식 현상'의 발생을 경험하는 '의사'(擬似) 자의식을 갖게 된다. 더구나 의식, 또는 사유 역시 외부적 '현실'의 오롯한 반영이라 이를 수 없음은 당연하다. 외부 현실이 의식의 내면에서 언어적 옷을 입고 이미지의 형체로 '사유 발생'의 단초를 열기 시작하는 순간, '현실'은 필연적으로 언어를 통한 이물(異物)적 추상화(抽象化), 또는 과격한 단순화의 '왜곡'을 피할 수 없다. 이를테면 '현실'이 3차원 이상의 복합구조물의 양상을 가진다 치자. 그것을 언어로 포착하여 '의식' 속에서 구현해내고, 이를 다시 '글'이란 매개양식으로 펼쳐내는 작업을 가상한다면, 그 차원의 축소와 왜곡과 변형의 모습은 상상 이상이 될 것이다. 이를 일컬어 '추상화'라는 표현을 쓸 수 있겠지만, 실은 이것이 난도(亂刀)질과 같은 '복잡체의 단순화'를 다른 이름으로 부르는 것일 뿐이다. 따라서 현실을 설명하는 글이든, 생각을 펼치는 글이든 모든 글은, 그것이 인간 의식의 작용 결과로 남은 궤적인 이상 의도적이거나 비의도적이거나 이러저러한 뒤틀림과 어긋남은 필연적일 수밖에 없다는 것을 인정해야 한다."[3]

---

3 *Ibid.*

그렇다면 우리는 왜 이토록 역사성, 사실, 묘사의 배후 실체 등에 반복적으로 되돌아가, 지나칠 정도로 거기 집착하는가? 그게 신약 전체 기록의 근본적 골격을 형성하기 때문이기도 하지만, 우리 시대가 당면한 '탈(脫)진실'이란 이름의 사실 왜곡, 또는 사실 경시의 풍조에 대한 경계가 작용하기 때문이기도 하다. 진실을 벗어났는지, 사실의 여부가 어떠한지를 따져 캐묻지 않을뿐더러, 심지어 진실을 묵살, 오도해버리면서도 문제의식조차 갖지 않는 듯한 '거짓의 시대'에 대한 두려움이 있기 때문이다.[4] 사실 '탈진실'(post-truth)이라는 말이 갖는 긍정적 차원을 무시할 수는 없다. 즉 진실을 넘어선 그 이상의 가치를 탐색한다는 '사실 이후'의 의미 추구과정을 긍정적으로 채택할 수 있다는 것이다. 그럼에도 이를 외면하고 '대체 진실'(alternative fact/truth)이라는 미명 아래 거짓과 진실을 뒤바꾸는 폭력을 휘두르고, '다수'가 지지할 뿐인 한낱 '의견'을 진실로 떠받드는 윤리적 감수성의 마비 시대로의 진입이 이뤄지는 것 같다. 이것은 일반 사회에 만연된 몰염치한 거짓의 난무만을 염두에 둔 말이 아니다. 2,000년 전 역사 문헌인 누가-행전을 두고도 이와 동일하게 언급할 수 있다. 신약문헌이 역사적 골격을 둘러싼 저자 이야기의 수식적(修飾的) 외피가 확연하여 그 두 실체(사실과 수식)를 구분하는 것이 불가능하다 해도, 기본적으로 이 문서들은 실제 발생한 사실에 '입각해' 있음은 분명하다. 그런데도 핵심 발생 사실들은 중요하지도 않고, 관심을 기울일 이유도 없는 신기루인 양 묵살, 외면받고 있음도 분명하다. 바로 이것이 역사적 진실에 대한 몰두와 천착(穿鑿)이 필요한 이유이다. 사실을 벗어나거나 이탈하여 의미만을 추적하려는 보편적 관행을 스스로 경계하려는 의지가 그렇게 표현된 것이다. 누가의 문면에 스민 역사적 가치, 역사

---

4 신약학자들이 흔히 지적하는 대로, 마치 디도서 1:12에 소개된 '크레타인의 역설'이 적용되는 듯하다. 즉 크레타 사람은 거짓말쟁이라고 말하는 그 사람도 크레타인이니 누구를, 무엇을 믿을 수 있느냐는 것이다.

적 진실을 생각만큼 깊이 발굴하지 못하는 어려움이 있다 해도, '역사성'을 꾸준히 되뇌려 노력하는 것은 누가의 글 중핵에는 실제 벌어진 사건으로서 역사적 실체가 있음을 잊지 않으려 애쓰기 때문이다.

4. 이 같은 기억의 탈환물로서, 역사성에 관한 해명하기 어려운 함정을 품고 때로는 우리를 성가시게 하고, 때로는 일으켜 세우게도 하는 누가의 '그 책', 사도행전은 경이롭게도 그 책 속 문자를 읽는 이들의 눈동자를, 생각을, 뇌수와 감각과 결의를 묶어준다. 주후 1세기 당시 불투명한 전망 속에서 그리스도 신앙을 조금씩 다져가던 첫 기독교인들로부터, 유구한 2,000년 세월 중 이 책에 탐닉하여 몸과 영혼 모두를 던져 거기 쓰인 글들을 읽었던 사람들, 그리고 오늘 이 글들의 저수지에 흠뻑 빠져 생명과 희망으로 헤엄치는 사람들에 이르기까지, 대다수의 기독교인들은 이 책을 통해 대화하고, 이 책으로 인해 연합하며, 이 책으로 같은 운명에 엮이기로 다짐한다. 이 책은 읽는 이들을 한데 얽어주며, 서로의 곁에 함께 서 있게 하고, 서로의 이상과 지향할 푯대를 함께 붙들게 한다. 또 이 책은 읽는 이들을 그 책 속에 담긴 꿈으로 서로를 견고히 묶어준다. 그러므로 우리는 사도행전을 읽으며 주후 1세기 기독교인들과 하나로 통합되는 것이다. 사도행전에 가득 담긴 수많은 글자들은, 읽고 듣는 이들의 눈과 귀, 마음속에 세계를 형성하고 생각의 집들을 구축한다. 이 책에 쓰인 '글자의 왕국'이 우리 안에서 건설된다. 말씀을 품고 있는 그 글자들 하나하나가 우리의 육신과 정신 속에 스며들고 배어들어, 마침내 움직이는 말씀이 되게끔 만들려고 한다. '언어의 나라'가 수립되는 것이다. 사도행전의 글들이 만든 우리 안의 세계와 생각은, 다시금 그 책을 읽는 이들로 하여금 서로의 삶 속으로 뛰어들게 하고, 서로의 생애가 얽히고설켜 하나를 이루게 한다. 한 번도 만난 적 없는 이런 시기, 저런 세상 사람들이 이 책이 묶어주는 연대의 끈을 좇아 한 묶음이 된다. 그리하여 마치 우리가 2,000년 전 글 속 인물들의 삶에 어깨 겯고 참여하듯이,

2,000년 전 사람들이 지금 여기의 동료와 벗들로 옆에 서서 우리의 결단에 가담한다. 서로가 서로의 삶에 뛰어들고, 서로가 서로에게 속하는 세상을 그 글들이 이룬 것이다. 이렇게 그 책은 우리를 묶고야 만다.

위에서 지적했듯이, 저자가 사도행전에 등장시키는 인물들 묘사, 배경과 사건의 설명, 그의 해석의 다양한 모습과 이미지들은 단편적·단선적 이해를 거부한다. 그것들은 다채롭고 다층적인 사고와 인식, 이미지를 낳는다. 누가가 기록한 모든 요소가 직접적·직설적 호소의 단계로부터 벗어나 그 요소 하나하나가 긴밀히 연결되고, 영향을 주고, 상호 작용하여 결국 초기 기독교의 신앙이라는 주제를 큰 그림으로 형상화한다. 그 거대한 그림이 이 글을 읽는 이의 심상에 그려질 수 있기를 바라는 마음, 그것이 곧 누가가 혼신의 힘을 다해 자신의 작품을 남긴 이유일 것이고, 우리의 연구는 바로 그 이유에 기대어 서고자 한다.

이 책에서 제시하는 신약성서의 본문은 필자가 그리스어 원전[5]에서 사역(私譯)한 것들이다. 필자는 이미 사도행전에 관한 여섯 권의 연구서를 간행한 바 있다.[6] 그 서적들이 누가의 기록을 이해하는 데 혹시 참고가 될 수 있다면 다행으로 여기겠다. 오늘날 말로 형용하기 어렵도록 힘든 신학서적 출판 환경에서 이 책과 같은 연구서를 출간한다는 것은 희생과 용기 이상의 무모함과 어처구니없음을 뜻한다. 그런데도 우리나라의

5 Institute for New Testament Textual Research, *Novum Testamentum Graece: Nestle-Aland*, 28th edition (Stuttgart: German Bible Society, 2012).

6 유상현, 『사도행전 연구』 (서울: 대한기독교서회, 1996); 유상현, 『바울의 제1차 선교여행』 (서울: 대한기독교서회, 2002); 유상현, 『바울의 제2차 선교여행』 (서울: 대한기독교서회, 2008); 유상현, 『바울의 제3차 선교여행』 (서울: 대한기독교서회, 2011); 유상현, 『바울의 마지막 여행』 (서울: 동연, 2014); 유상현, 『베드로와 초기 기독교: 사도행전 1-3장』 (서울: 대한기독교서회, 2016).

신학 발전을 위해, 이전에 출판된 필자의 책들에 이어 다시금 이 책이 간행될 수 있도록 결단을 내려주신 대한기독교서회 서진한 사장님께 충심으로 감사를 드린다. 이 책이 만들어지도록 애쓰신 편집부 식구들에게 고마운 마음을 전한다.

이 가을은 글쓴이에겐 지난 30성상 가까이 타고 왔던 시간의 무늬가 또 다른 채색으로 바뀌려는 즈음이다. 그간의 적잖던 열락과 곡절에 한결같은 지지를 보내고 길벗(道伴)의 우애를 더해준 아내 박영미와 이환, 은환에게 이 책이 조촐한 고마움의 표석 하나가 되기를 바란다.

2019년 10월

연세대 신학관 연구실에서

유상현

## 차례

베드로의
예루살렘 활동

## 제3장 신도의 재물 공유와 나눔(행 4:32-37)



## 제4장 베드로와 아나니아, 삽비라(행 5:1-11)

## 제5장 베드로와 사도들의 기적, 수난(행 5:12-33)

제1장

# 장애인 치유 결과와 산헤드린 앞 베드로, 요한

**사도행전** 4:1-22

## I. 서언

누가복음과 사도행전의 저자는 자신의 첫 저술에서 예수의 삶과 죽음, 부활에 관한 진술을 펼쳐놓은 바 있다. 두 번째 저서에서 누가는 새로운 종교운동으로서 기독교의 태동과 발전, 확대를 서술한다. 오순절 성령강림 사건은 그가 독자적 방식으로 제시하는 기독교 발생 이야기의 처음 부분에 배치되어 있다. 이 오순절 사건이 초석과 빌미가 되어 기독교는 전혀 새로운 양상으로 활기찬 전개를 이루게 된다. 저자는 이러한 선교적 활력의 중심에 초기 기독교 역사의 한 주요 인물, 곧 베드로가 있음을 보여준다. 오순절 사건에 바로 이어 베드로가 길게 설교하는 모습(행 2:14-39)을 소개한 것은 기독교 발생 시기의 핵심 지도자가 누구인지를 확연히 드러낸다. 누가가 제시하는 기독교 출발의 선두주자는 베드로인 것이다.

베드로는 오순절 성령강림 이후 성전 근처에서 구걸하던 지체장애인을 치료하는 기적을 베풀고(행 3:1-10), 솔로몬 행각에서 설교하는(행 3:11-26) 등 경이로운 활동을 이어간다.[1] 이런 경이적 사건에 연이어, 베드로 중심의 초기 기독교 움직임에 관한 저자의 보고는 상당한 분량을 차지하며 계속된다. 그 보고는 다채로운 사건들이 각양의 상황에서 다양하게 발생되는 모습을 묘사한 것이다. 그런 극적 모습 중 하나가 산헤드린 앞에 등장하는 베드로의 그림이다.

이 책 제1장은 누가의 사도행전 4장 1–22절의 보고, 곧 베드로와 산헤드린의 만남과 대결의 장면을 탐구하게 될 것이다. 이 기록은 내용과 장면의 변화에 따라 다음과 같이 나눌 수 있다. (1) 사도들의 체포와 산헤드린 소집과 베드로의 연설 모습을 그리는 1–12절. (2) 연설 후 산헤드린의 반응과 내부 논의를 묘사하는 13–17절. (3) 산헤드린의 결정 통보와 베드로의 거절, 그리고 이들의 석방 등을 다루는 18–22절.

## II. 체포, 산헤드린 소집, 베드로 연설(행 4:1–12)

### 1. 치유 기적의 영향과 사도들의 체포(행 4:1–4)

누가는, 베드로가 앞서 행한 지체장애인의 치유 기적과 솔로몬 행각에서 행한 설교가 심각한 여파를 불러일으킨 것으로 파악한다. 저자는 아직 베드로의 설교가 끝나지 않은 상태에서 발생한 사건, 곧 그의 발언 현장에서 벌어진 급박한 사건을 보다 긴장된 형태로 다음과 같이 진술한다.

[1]그들이 사람들에게 말하고 있을 때에 제사장들, 성전 치안대장[2]과 사두

---

1 이에 관한 누가의 기록을 연구한 다음 저작을 참고할 것: 유상현, 『베드로와 초기 기독교: 사도행전 1–3장』 (서울: 대한기독교서회, 2016), 275–367.

2 'stratēgos tou hierou'는 성전의 치안을 담당하던 관리로, 대제사장 다음의 지위를 가졌던 것으로 추정된다. Joachim Jeremias, *Jérusalem au temps de Jésus*, tr. par Jean Le Moyne (Paris: Cerf, 1976), 226, 229; Richard I. Pervo, *Acts: A*

개인들이 이르렀다. [2]그들은 사도들이 사람들을 가르치는 것과, 예수를 내세워 죽은 자들의 부활을 선포하는 것에 분노하여 [3]사도들을 붙잡았으나 이미 저녁이 되었으므로 이튿날까지 가두어두었다.(행 4:1-3)

이 장면은 앞서 벌어진 장애인 치유기적(행 3:6-8) 이후, 사도행전 3장 11-26절의 베드로 설교로부터 바로 이어지는 모습을 그린다. 사도행전 4장 13절로 비춰보건대, 여기 '그들'로 표기된 인물들은 베드로와 요한을 일컬을 것이다. 이 사도들이 사람들에게 '말하고' 있을 때에 사건이 발생한 셈이다. 그들이 하는 말을 사람들이 '들었다'는 것이고, 그런 일련의 '발언과 청취'의 상황은 앞서 벌어진 치유기적의 경이가 낳은 효과요 영향이다. 이런 상황, 즉 베드로가 말하고, 가르치고, 적대자들이 이에 분노하고, 그를 붙잡고 가두는, 베드로 중심의 상황 전개 자체가 그의 위상과 권위를 확실하게 드러낸다.

### 1) 체포

누가는 베드로의 체포와 억류 장면을 묘사하면서 생생한 현장감과 박진감을 높이려는 듯, '제사장들, 치안대장, 사두개인들'이 사도들 발언의 '와중에' 그들에게 이르렀다고 한다. 이들 중 '치안대장'(눅 22:4), '사두개인'(Cf. 행 5:17)은 제외하더라도 '제사장'은 누가의 복음서에서 예수의 주된 적대자로 꾸준히 등장한다.[3] 유대인인 '치안대장'과 더불어 성전 경비를 맡았던 사람들, 그리고 성전 수비대의 로마병사들이 아마도 예루살렘과 성전의 치안을 담당한 이들이었을 것이다. 그런데 이 치안 관계자들은 누가의 기록에 의하면 불과 얼마 전 예수의 처형에 관여한 사람

---

*Commentary* (Minneapolis: Fortress Press, 2009), 110, n. 74.

3 대제사장이 등장하는 누가 본문들: 눅 19:47, 20:1, 19, 22:2, 4, 52, 66, 23:4, 10, 24:20.

들이었다. 따라서 이들은 새롭게 등장하는 '기독교인들'에 대한 제재의 사유가 발생했을 경우, 이전 처벌된 예수와의 연관성을 감안해서라도 치안상의 개입이 불가피했으리라는 추정이 자연스럽다.[4] 누가가 제시하듯, 베드로의 치유와 연설이 야기하였을 '체포'의 사유가 있었다면 성전 수비대의 개입이 수긍될 수 있다는 뜻이다.

그렇다면 여기서 베드로와 요한의 체포를 낳게 한 계기와 연유는 무엇이었는가? 본문 2-3절에 의하면 그들이 사도들을 붙잡은 이유는, (1) 사람들을 가르친 것, (2) 예수를 '내세워' 부활을 선포했다는 것이다. 체포 이유로 '사람들 가르침'이 거론된 것은 그 가르치는 '행위 자체'가 거슬리고 마뜩잖아서일 수도 있다. 그들이 '배우지 못한'(13절) 사람들임에도 나서서 가르치는 것이 못마땅하여 보인 반응, 즉 무자격자의 무책임한 강설(講說)에 대한 거부반응이라 할 수 있다. 또 하나 이 구절 속에 암시된 '가르침'과 관련하여 체포된 이유는, 그들이 '성전에서' 가르쳤다는 점을 꼽을 만하다. 수비대장을 비롯하여 베드로를 적대한 자들 모두가 '성전'과 관련된 당국자들이라는 점을 감안할 필요가 있다. 이를 염두에 둔다면 이들이 베드로 등을 체포했다는 것은 무자격자인 그들의 가르침이 하필 거룩한 장소에서 이뤄졌다는 데 대한 예민한 거부와 정서적 반발이 작용했을 수 있다. 그러나 그보다는 그들이 사도의 가르침 '내용'에 불만을 가졌기 때문에 분노했을 가능성이 더 크다. 이 구절에 등장하는 두 동사, '가르치다', '선포하다'는 실질적으로 같은 뜻을 가리킨다고 봐야 할 것이다. 이를테면 그들이 사도들을 붙잡은 것은 처형된 예수와 관련

---

4 누가의 본문과 흡사하진 않지만 예루살렘의 치안 유지와 관련이 있는 사례를 요세푸스의 기록에서 발견할 수 있다. 요세푸스는, 유대전쟁 전에 농부 '아나니아스의 아들 예수'라는 사람이 성전 문 앞 등지에서 예루살렘이 멸망할 것이라는 저주를 지속적으로 외치자 붙잡혀서, 유대인들로부터 채찍질을 당하고, 유대 지도자들의 요구에 따라 알비누스 총독의 심문을 받고 석방된 사례를 보고한다. Josephus, *Jewish War*, VI. 300-305.

된 부활 선포에 대한 분노 탓이라는 점을 두 다른 동사를 통해 이중으로 강조하고, 설교의 내용에 불만이 있음을 시사한다는 뜻이다. 그런데 그런 교훈을 하고 있는 사람들이 무식한 이들(행 4:13)이었고, 가르친 그곳이 바로 성전이었으니 그들의 분노는 더 커질 수 있다.

다른 하나의 체포 이유와 관련하여, 2절의 "예수를 내세워 죽은 자들의 부활을 선포하는 것"이라 번역한 본문 중에, '예수를 내세워'라는 말은 원래 '예수 안에서'(en tō Iēsou)라고 제시되어 있다. 이 표현의 뜻을 확정하기는 어렵다.[5] 어쩌면 이 말은, 예수를 '통해서', 또는 예수라는 인격 '속에서' 부활이 이뤄졌다는 의미, 즉 실질적으로는 '예수의 부활' 자체를 가리키는 표현으로 볼 수 있다. 아니면, '예수'의 부활보다는 '부활'이라는 현상 자체에 더 강조점을 둔 표현으로 받아들여서, '일반적 부활'을 말하지만 예수의 경우를 사례로 언급한 것으로 이해할 수도 있다. 이 둘이 다소 다른 뉘앙스를 갖는 것이 사실이다. 하지만 실제로는 2절의 포인트가 '예수 부활'과 '죽은 자 부활'을 선포했다는 점에는 변함이 없다. 이 둘 중 어느 것에 더 강조점이 있다고 말하기 어렵다는 점에서 표현의 애매함이 오히려 의미의 확장을 낳았다고 볼 만하다. 바레트[6]의 지적처럼 차라리 '예수 안에서'라는 어구가 없었더라면 본문의 뜻은 마치 바리새인들의 이해(행 23:8)와 같이, '부활 긍정'의 주장으로 보다 더 명료해졌을 수 있다. 하지만 그 말이 포함됨으로 부활에 관한 일반론적 주장의 차원을 벗어나 예수와 직접적 연관성을 갖는 선포를 담게 된다. 이를 거꾸로 말하면 이 구절은 사도들이 '일반적' 부활에 관해 언급한 것이 아니라

---

5 Cf. 퍼보(R. I. Pervo)는 '예수 안에서'라는 말을 '수단적'(예수는 부활의 수단), '참조적'(예수의 경우에서는) 의미로 적용하여 살필 수 있다고 지적한다.(Richard I. Pervo, *Acts: A Commentary*, 111, n. 77) 이렇든 저렇든 이 표현의 실제 의미가 크게 다르지는 않다.

6 Charles K. Barrett, *A Critical and Exegetical Commentary on the Acts of the Apostles*, vol. I (Edinburgh: T&T Clark, 1994), 220.

'예수의' 부활을 선포했음을 보여준다. 이 해석이 온당한 이유는, 단순히 '부활 주장'을 했다는 이유만으로 공권력을 통한 그 주장자들을 박해할 수는 없었을 것이기 때문이다. 바리새인들이 부활을 긍정하는 상황에서, 그러한 신학적 이유만으로 부활이 있다는 주장자들을 처벌, 응징할 수 없었을 것이다. 따라서 사도들이 체포된 이유는 '부활과 예수'가 연관, 결합되었기 때문이라고 봐야 한다. 두 요소가 사두개인 권력자들로서는 모두 외면할 수 없는 처벌 이유를 제공한다.

저자는 여기 등장하는 치안 관계자들이 사도들을 체포한 것은 '예수'의 '부활', 즉 죽은 자들 중 '예수의 부활' 선포에 분노했기 때문이라고 한다. 누가는 '예수 부활, 혹은 일반 부활'이 선포됐다는 연유로 베드로 등을 체포, 억류할 만큼 그들이 분노할 수 있었다고 이해한다. 위에서 언급했듯이, 단순히 부활 주장만을 이유로 이들을 체포할 수는 없었을 것이다. 하지만 그것이 처형된 '범법자 예수'의 부활 주장이라는 점에서 사법권 발동의 사유가 성립되고, 그런 행동의 저변에는 근본적으로 예수든, 그 누구의 부활이든 '죽은 자 부활' 개념 자체를 용납하지 않는 사두개인의 신학적 신념이 작동했으리라 볼 수 있다. 처벌받은 '예수'를 언급하는 등의 '죄인과의 법적 연관성'이 표면적으로 작용했다. 그러나 이면에서 더 중요하게 작동된 것은 '부활' 개념 자체였다는 것이다. 예수가 다시 살았다는 겉의 사실도 무시할 수 없으나, 그보다는 부활이라는 신학적 이유가 분노의 원인으로 법적 행위의 바탕에서 더 작용할 만큼 '신학적' 행동과 조치를 보였다고 누가는 파악했다. 그런 뜻에서 이것은 신학이 사법(司法)을 압도하는 묘사, 다시 말해 저자의 신학적 개입이 우선하는 묘사로 간주될 만하다. 달리 말하면, 누가가 강조하고 싶었던 것은 예수가 부활한 사실인데, 그것을 치안 관계자들의 '시끄러운 개입' 방식을 통해 환기시키려 한 것이다. 사건이 불거지고, 관권이 개입함으로 저자의 관심과 묘사가 모아지고, 그런 와중에 누가는 '예수의 부활'을 거듭 되새기는 방식으로 그것을 부각시키고 강조하려 했다는 것이다.

누가복음서에는 저자가 사두개인들에 관해 언급한 곳이 단 한 군데 밖에 없다. 하필 그 언급은 이들이 부활이 없다는 주장을 내세웠음을 지적하는 곳에서다.(눅 20:27) 또 사도행전에서도 사두개인들이 세 군데 등장하는데, 그중 이곳 사도행전 5장 본문과 23장 6-8절에서 부활과 관련된 언급을 하는 부분에서 나타난다. 이 점을 감안한다면 사두개인들에 관한 누가의 전반적 평가가 부정적이든 아니든 간에, 분명한 것은 저자가 사두개인을 예수 부활의 사실을 돋보이게 만드는 '부활 부정'의 비교집단, 곧 부활을 양각(陽刻)시키는 음영의 밑그림 역할을 하게 만들었다는 사실이다. 사두개파의 존재를 서술함으로 예수 부활은 비교의 대척점을 갖게 되고, 그로 인해 부활 사실은 보다 흥미 있는 논란과 이야깃거리로 변화되어 부각될 수 있게 된 것이다.

사두개인들이 부활 주장자들에게 예민하게 반응한 것이 단순히 신학적 이해 때문만이 아니라 정치-사회적 이유가 있기 때문이라는 추정이 제기되기도 한다. 키너에 의하면 사두개인들은, 부활 주장자들이나 임박한 종말론자들이 왕국 형성을 시작했다는 믿음을 갖게 됨으로 인해 결과적으로 유대지역의 정치적 안정을 해치게 되고 로마의 개입을 불러일으키게 되리라는 우려를 가졌을 것이라고 본다.[7] 또한 베드로와 동료들을 자신들의 위상을 대변하는 '사제적 귀족주의'에 대한 잠재적 위험분자들, 곧 자신들을 대체할 '대안적 권위'로 인식했을 가능성을 언급한다.

하지만 문제는, 이런 키너의 흥미 있는 주장들을 뒷받침할 구체적이고 직접적인 근거를 찾기가 어렵다는 데 있다. 사두개인들이 앞장서 사도들을 체포하게 되는 이 장면 속에서 사두개인과 관련된 정치-사회적 배경에 대한 '역사적 사실' 여부를 확인하려는 노력은 검증되어 확인받기 어려운 대신, 예수의 '부활 사실'을 돋보이게 하려는 저자의 서술 노력

---

7 Craig S. Keener, *Acts: An Exegetical Commentary: 3:1-14:28*, vol. 2 (Grand Rapids: Baker Academic, 2013), 1132.

이 부각되고 있다는 점을 인정해야 할 것이다.

### 2) 투옥(행 4:3)

누가는, 성전 권력자들이 "사도들을 붙잡았으나 이미 저녁이 되었으므로 이튿날까지 가두어두었다."라고 했다. 낮 시간에 심문이 이뤄졌더라면 이들에 대한 처리가 끝났을 수도 있었겠지만 저자의 이야기 전개에 의하면 이미 시간은 늦어져 버렸다. 앞의 사도행전 3장 1절에서 저자는, 베드로와 요한이 오후 3시에 기도하러 성전으로 올라갔다고 언급한다. 그리고 지체장애인을 치료하고, 베드로의 설교가 이어지는 등의 상당 시간이 지났을 터이다. 이를 감안하면, 제사장들을 비롯한 성전 당국자들이 나타나 사도들을 붙잡은 시간이 이미 저녁 무렵은 되었을 것이다. 저녁 늦은 시간에는 법적 절차나 심문이 이뤄질 수 없었던 듯하나 확실히 단정하기는 어렵다. 마가복음 14장 53-54절과 병행구에 나타난 예수 심문이 야간에 이뤄진 것이라면 이는 불법행위였을 수 있다는 논란이 그래서 나온다.[8]

야간 심문 가능성 여부를 떠나 밤에 심문할 수 없는 규정이 있었다 해도, 이들이 사도들을 붙잡아 가둔 사건에 관해서는 한 가지 고려해야 할 사항이 더 있다. 이처럼 억류한 것이 단순히 '이미 저녁이 되어' 늦어졌기 때문에 임시조치로 사도들을 잠정적으로 붙들어둔 것인가? 아니면, 시간이 늦어졌기 때문이기도 하지만, 그보다 중요한 이유로서 성전 권력자들이 사도들에게서 심각한 혐의를 간파하고, 도주의 우려나 중대 잘못의 기미를 포착하여 강제 구금한 것인가? 이 물음의 대답 여부는 누가의 글에서 바로 드러나지 않는다. 사도들이 '백성들을 가르치고, 예수 부활

---

8 이에 대한 찬반 논란은 분분하다. 예수의 산헤드린 재판과 관련하여 중요한 심리(審理)는 야간에 벌어지지 않았다는 주장에 대한 반대 논의가 있다. Raymond E. Brown, *The Death of Messiah*, vol. 1 (New York: Doubleday, 1994), 421-422.

을 선포하는 것'에 격분하였다는(행 4:2) 누가의 기록을 감안하면 단순히 시간의 늦음 때문이 아닌, 심각한 죄상(罪狀)을 상정한 구금조치가 내려진 듯한 인상을 갖게 한다. 물론 사도행전 4장 2절의 그 이유가 과연 객관적으로도 중대한 잘못이냐의 문제는 별개이다. 누가의 글에서 제시되는 연유가 그렇다는 뜻이다.

여하튼 사도들에 대한 이러한 체포와 구금 장면은 사도행전에서 기독교인들이 겪게 되는 각종 감금, 투옥 관련 기록들 가운데 '최초로' 등장하는 사건이 된다. 이를테면 사도행전 5장 18–19절, 8장 3절, 12장 4–6절, 16장 23–27절, 22장 4절, 24장 27절, 26장 10절 등의 체포 구절들을 열거할 수 있는데, 저자는 체포와 투옥 묘사 외에도 많은 박해와 관련된 초기 교인들의 고난을 작품 여러 곳에서 그린다. 전체 사도행전에서 교회가 성립된 이후 사도행전 3, 10–11장에만 박해 관련 서술이 등장하지 않을 뿐, 나머지 모든 장(章)에 박해기록이 나타난다. 이것은 저자가 파악한 초기 교인의 삶이 고난으로 점철된 박해의 역사였음을 상기시킨다. 초기 기독교인의 삶을 특징짓는 고난의 일상성, 박해의 끈질김과 그것의 극복, 견딤 등 초기 교회가 겪어나간 박해에 저자가 부여한 의미의 무게를 감지하게 된다. 누가는 선배 기독교인들의 삶이 박해의 장정이었다는 전제로 자신의 역사기록을 펼치고 있는 것 같다.

### 3) 말씀과 신도 증가

위와 같은 사두개인 등 성전 권력자들의 개입, 사도들의 체포나 억류와 관련 없이 저자는 신자들 숫자의 증가에 관한 보고를 덧붙인다. 어쩌면 그들의 구금과 박해에도 '불구하고' 신도 수가 늘었다고 말하고 싶었는지 모르겠으나, 누가의 언급은 일단 '큰 수효'에 관심을 보인다.

> 그런데 말씀을 들은 사람들 중에 믿는 이들이 많았다. 남자들의 숫자가 약 오천 명이 되었다.(행 4:4)

초기 기독교의 확대를 숫자의 증가로 표시하는 누가는, 그러한 증가와 확대의 계기가 '말씀을 들은 사람들' 가운데 발생했다는 점을 특기한다. 이를테면 기독교의 발전은 말씀의 선포와 그 수용에 전적으로 기인한다는 사실이다. 이 점이 저자가 주목하는 선교의 기초요 발단이다. '말씀'의 선포가 우선되어야 하며, 그 말씀을 들어야만 기독교 신앙의 발아(發芽)가 가능하다는 투철한 인식이 이 표현에 담겨 있다. 그렇기 때문에 저자는, 이곳에서 사도행전 중 최초로 사용된 '말씀'(logos)이란 용어를 작품 전체를 관통하는 가장 중요한 선교운동의 특질로 제시한다. 사도행전 내에서 '말씀'의 용례는 모두 열거하기 벅찰 만큼 풍부하다. 특징적인 것만을 간략히 언급하면, '말씀'을 선포하거나 전하고(행 8:4, 21, 11:19, 14:25, 16:6), '말씀'을 듣고 받으며(행 10:44, 17:11), '말씀'이 보내지고(행 13:26), '말씀'이 자라기도(행 12:24, 19:20) 하는 등의 다양한 표현을 발견할 수 있다.[9] 누가에게 선교는 '말씀'의 전파 자체를 의미하고, 성령도 '말씀' 선포와 관련되며, 사도와 초기 지도자 모두가 '말씀'의 선포자, 곧 증언자로 기억된다.

누가는 "믿는 이들이 많았다. 남자들의 숫자가 약 5,000명이 되었다."라고 서술한다. 이전에 저자가 사도행전 2장 41절에서 "이리하여 그날 신자의 수가 약 3,000명이 늘어났다."라는 교인 증가의 숫자화 표기 이후 또 다른 수효 증가를 보고한다. 누가가 묘사하는 이 시기, 곧 주후 1세기 초중반의 예루살렘 거주민의 총 수효를 추정하기는 어렵다. 하지만 아무리 후하게 계산해도 6–10만 명[10] 이상을 상회하리라 추측하기는 어려울

---

9 사도행전의 말씀과 관련하여, François Bovon, *Luke the Theologian*, 2nd rev. ed. (Waco: Baylor Univ. Press, 2006), 247, 270–271을 참고.

10 Reinhardt는 주후 30년대 예루살렘 인구를 6–12만 명으로 추산한다. Wolfgang Reinhardt, "The Population Size of Jerusalem and Numerical Growth of the Jerusalem Church," in *The Book of Acts in Its Palestinian Setting*, vol. 4, ed. by R. J. Bauckham (Grand Rapids: Eerdmans, 1995), 237–265. 키너는 7–8만

것이다. 그런데 누가에 의하면 그중에 5,000명, 그것도 '남자 어른들'이 한꺼번에 신자가 되었다고 한다. 여성과 어린이 수효까지 합하면 적어도 1만 명 이상이라는 얘긴데, 대형 군중집회를 통한 집단적 회심과 변화의 가능성[11]을 배제한다면, 고대 예루살렘과 같은 유대교의 중심지에서 신생 기독교로의 귀의(歸依)가 그런 식으로 벌어졌으리라 보기는 매우 힘들다. 대충 잡아도 총 주민의 5–10%가 신자가 되었다는 서술을 문자적으로 받아들이기는 어려울 듯하다. 이것은 되도록 누가의 편에서 호의적으로 계수(計數)한다 해도 과장된 표기라 아니할 수 없다.

오순절 이후 베드로의 설교가 끝난 후 신자수가 3,000이라 표기한 저자가 여기에 다시 5,000이라는 숫자를 남긴 것은, 아무리 베드로의 설교와 장애인 치료가 놀랍고 경이적이었다 해도 단 몇 번의 계기로 그 같은 '대규모' 수효 증가를 낳았다고 보기는 어렵다. "결국 이런 표현들은 이 글을 기록하는 중에 작용하고 개입했을 저자의 유연한 서술 능력, 서사전개의 독창성과 그의 전반적인 저작 솜씨에 기인한 것으로 이해할 수밖에 없다. 그런 과장은 기만, 또는 악의에 의한 숫자 조작의 의도가 있어서라기보다는, 초기 교인 수의 성장이 얼마나 놀라웠느냐는 것, 그리고 그걸 가능하게 하신 하나님의 임재와 활동이 얼마나 컸느냐는 것 등을 드러내기 위한 목적에서였을 것이다. 수효가 많을수록 교회 성장과 하나님의 축복이 크다는 이해를 가졌기 때문에 이런 묘사가 나왔겠지만, 그런 '많은 수'

---

5,000명 정도로 추측한다. Craig S. Keener, *Acts: An Exegetical Commentary: 3:1–14:28*, vol. 2, 1134, n. 886. 물론 이보다 훨씬 적은 숫자를 상정하는 이들도 있다. 예레미아스의 추계를 따르는 이들이 그렇다. 예레미아스는 요세푸스의 기록과 면적당 인구밀도를 근거로 처음 5만 5,000명 정도의 인구를 생각했다가 예루살렘 성 안팎의 총 인구를 2만 5,000에서 3만 명으로 축소, 수정 제안한다. 요아힘 예레미아스, 『예수시대의 예루살렘: 신약성서시대의 사회경제사 연구』, 한국신학연구소 번역실 역 (서울: 한국신학연구소, 1988), 119–120.

11 참고: Craig S. Keener, *Acts: An Exegetical Commentary: Introduction and 1:1–2:47*, vol. 1 (Grand Rapids: Baker Academic, 2012), 997–998.

에 대한 저자의 관심과 쏠림은 사도행전 2장 47절, 5장 14절, 6장 7절, 9장 31절, 11장 21, 26절, 16장 4–5절, 17장 4절 등에서도 익히 발견된다."[12]

이 같은 서술의 과장은 사도행전 기록에서 두드러지게 나타나는 특징이다. 예수 승천 후 모였던(행 1:15) '120'인의 신자 수(이 숫자 역시 과장일 가능성도 있지만)가 언급된 다음, 오순절 베드로 설교 이후에(행 2:41) '3,000명'의 신도가 늘어나고, 여기 본문 사도행전 4장 4절에서 베드로와 요한이 체포될 당시 '5,000명'으로 숫자가 증가한다. 그러다가 사도행전 21장 20절에서 '1만 명'으로 확대되는 상황으로까지 나아간다. "이런 '많은 숫자'에 관한 관심과 의미 부여(특히 행 2:47, 16:4–5에 신자들의 '숫자가 늘어났다.'는 표현)는, 어쩌면 기독교 발생기에 교인 수가 '증가한'[물론 3,000, 5,000명 정도의 실수(實數) 증가가 아니었더라도] 실제의 역사적 현실을 반영하는 것일 수도 있지만, 후기의 누가 저작 시대에 있었던 교인 수 증가에 관한 열망과 교회의 가시적 확장에 대한 선교적 희망이 이상화(理想化)된 표현으로 이런 묘사 속에 투사된 것일 수 있다. 즉 교회의 양적 성장을 기대하는 문제의식이 이 같은 표현에 반영되었을 수 있다는 것이다. "… 비록 그 성장의 속도와 규모를 알 수 없고, 그것이 '비약적 성장'이었다고 단언할 수는 없지만 어떤 형태이든 신도 수의 증가가 있었으리라는 점은 상상이 가능하다. 그와 같이 성장과 확대, 또는 발전, 진보를 겪는 와중에 기독교의 전개를 '신도 수의 증가'라는 시각에서 파악했을 수 있고, 그 '수효 증가'가 성장을 판별하는 가치요 기준으로 작용했을 수 있다. 그런 가치관이 분명히 드러난 것이 바로 이런 종류의 성장

---

12 유상현, 『베드로와 초기 기독교: 사도행전 1–3장』, 217–218. 그 외에도 수많은 숫자를 의미하는 언급들, 곧 '무리, 많은, 수가 늘었다, 더하다(add), 큰(big), 32회의 pas, hapas 언급들(행 1–7장에만)' 등을 누가의 글 여러 곳에서 발견할 수 있다. Daniel Marguerat, *The First Christian Historian: Writing the 'Acts of the Apostles,'* tr. by Ken McKinney et al. (Cambridge: Cambridge Univ. Press, 2004), 122.

에 관한 요약적 진술이었을 것이다."[13] 물론 구약에서 이스라엘의 번성함, 인구의 확대 등을 과장된 수치로 불려 제시한 사례들(민 1:20-40, 3:39, 대상 21:5 등. Cf. 창 5:11, 25:7, 신 34:7)이 누가의 부풀린 수효 표기에 영향을 주었을 수도 있다. 하지만 구약, 또는 여타 고대문헌에 과장법이 흔히 존재하는 것과는 별개로, 누가가 초기 기독교의 성장과 발전을 '큰 숫자'로 표현했다는 점은 그의 독특한 '성장'에의 관심과 문제의식에 근거한다고 보아야 할 것이고, 그 핵심은 발전에 관한 계량적 이해이다.[14] 즉 누가는 기독교의 발전을 신도 수의 증가로 판단하는 양적(量的) 계측의 인식을 보여준다는 것이다.

## 2. 산헤드린의 소집(행 4:5-7)

누가는 베드로와 요한을 붙잡아 감금한 다음 날, 그들을 가뒀던 '제사장들, 성전 경비대장, 사두개파 사람들'(행 4:1) 이외에 또 다른 인물들을 등장시킨다.

> 이튿날 지도자들과 장로들과 율법학자들이 예루살렘에 모였다.(행 4:5)

이런 부류의 사람들이 구성하는 기구는 산헤드린(sunedrion)일 수밖에 없다. '지도자들'(archontes)이라고 칭하는 인물들에는 성전관리에 간여한 대제사장들, 고위 운영자들이 포함됐을 것이고, 예루살렘의 지배층을 형성한 사람들일 것이다.[15] 또 '장로들'(presbuteroi)로 지칭된 인물들은

---

13 유상현, 『베드로와 초기 기독교: 사도행전 1-3장』, 218-219.

14 이에 관해, *Ibid.*, 30-33을 볼 것.

15 이 '지도자들'이란, 행 3:17, 13:27에서도 그러하듯이, 어떤 특정 직책, 계층을 지칭하기보다는 뭉뚱그려 성전 관련 고위 지위에 있는 사람들로서 '사회 지배자들'을 일반적으로 가리키는 듯하다.

추측컨대 사두개파에 속했던 예루살렘 주요 가문의 수장들로 유대사회에 영향력을 행사한 사람들일 것이다.[16] '율법학자들'(grammateis)은 문자 그대로 율법에 정통한 전문가들로 아마도 바리새파에 속한 인물들로 추정된다.

### 1) 산헤드린과 사도들

예루살렘 산헤드린은 유대인의 토착기구로서 종교, 사법, 재정 등 광범위한 영역에 관여하며 유대 자치의 최고권위체로 존재했다. 이 기구는 성전의 관리, 제의 집행, 성전 재정 운용, 재판권 행사 등의 역할을 수행했고, 구성원은 전·현직 대제사장, 성전수비대장, 수비대장교, 주요 가문 대표, 율법학자 등 모두 71인으로 이뤄졌다.[17] 그 가운데 사두개파 출신의 사제그룹이 주도적 역할을 수행했을 것이다. 물론 로마인들의 허용과 간섭 아래에서이긴 했지만 나름의 독자적 자결권과 독립성을 행사했던 것으로 추정된다. 최초로 산헤드린이라는 이름의 모임이 이스라엘 영토 안에 존재한 것은 하스모니아 왕조 아래에서였던 것으로 보이지만, 주전 57년경 가비니우스(Aulus Gabinius)가 시리아 총독이었던 시기 유대에 5개의 이 기구를 설치했다는 것이 문헌상으로 산헤드린 언급이 맨 처음

---

16 '장로'라는 말이 일반적 의미로 집단의 어른이라는 뜻을 갖기 때문에 사도행전의 초기 기독교에서도 '교회의 어른'이란 뜻으로 이 용어를 사용한다. 행 11:30, 14:23, 15:2, 4, 6, 22-23, 16:4, 20:17, 21:18.

17 물론 산헤드린 구성원 숫자와 기구의 상세 상황 등에 관해서 다양한 논란이 일고 있다는 점을 감안해야 한다. 산헤드린에 관한 일반적 이해를 위해, Anthony J. Saldarini, "Sanhedrin," in *The Anchor Bible Dictionary*, vol. 5, ed. by David N. Freedman et al. (New York: Doubleday, 1992), 975-980; 에른스트 헨헨, 『사도행전 I』, 이선희·박경미 역 (서울: 한국신학연구소, 1987), 340-341, n.9; Eduard Lohse, "συνέδριον," in *Theological Dictionary of the New Testament*, vol. VII, ed. by G. Kittel, tr. & ed. by G. W. Bromiley (Grand Rapids: Eerdmans, 1971), 860-871.

나타난 언급이다.[18]

'산헤드린'이란 말이 '모임, 협의체'(assembly, council) 등을 일컫는 일반적 용어이기 때문에 그 말이 아가야 지방 등 다른 지역에서도 널리 사용되었지만, 요세푸스는 예루살렘에 있는 것과 유대 다른 지방에 있는 기구로 소개한다.[19] 유대의 다른 지역에 존재하는 '소(小) 협의체'(작은 산헤드린, 23인 구성)와 예루살렘의 '대(大) 산헤드린'(71인 구성)으로 구별될 수 있겠으나, 예루살렘의 그것이 유대인의 실질적 최고 권력집행 기구 구실을 했다. 그중 가장 중요한 역할은 유대의 최종 재판기능을 행사했다는 것이다. 지역 '협의체'(산헤드린)에서 올린 사건을 예루살렘 산헤드린에서 결심(結審)하거나, 예루살렘 산헤드린의 23인 소구성체 결정을 71인 확대회의에서 최종 심리하기도 했던 듯하다.[20] 제2성전기(期)에 산헤드린은 가능한 자주, 어쩌면 축제일을 제외하면 매일 소집되었던 것 같다. 모든 회의에 71인 전원이 모여 회의하기는 어려웠을 것이고, 상황에 따라 참석자 수는 유동적이었던 듯하다. 아마도 사회적 영향이 크거나 중대한 사안을 다룰 때 외에는 71인 전체가 모이기는 쉽지 않았을 것이다.

누가가 이런 형식으로 참석자들을 열거하고, 6절에 나타나듯 그 인물들의 이름까지 거명하는 것은 이 모임의 '공식적' 성격이나 외형의 격식을 드러내려는 의도가 작용했을 것이다. 그리고 이 공식적 격식을 연

---

18 Hugo Mantel, "Sanhedrin," in *Encyclopaedia Judaica*, vol. 14 (Jerusalem: MaCmillan, 1972), 836.

19 Josephus, *Antiquities of the Jews*, XIV. 167–168, 175, 177–180; *Ibid.*, XIV. 91.

20 고대로부터 구성원 수를 홀수로 한 것은 동수로 의견이 맞설 때 의장이 결정권을 행사할 수 있도록 한 것인데, 산헤드린에서도 71인으로 구성하여 대제사장이 최종 결정을 짓게 한 듯하다. 또한 대제사장이 회의 소집권도 가졌을 것이다. Craig S. Keener, *Acts: An Exegetical Commentary: 3:1–14:28*, vol. 2, 1139–1140. Cf. E. P. Sanders, *The Historical Figure of Jesus* (London: Penguin Books, 1993), 484–487.

상하게 하는 서술은 저자가 또 다른 배려를 하고 있었던 것은 아닌가 짐작하게 한다. 이를테면 사도들이 이스라엘 최고 권력기관과 정식으로 대면하게 되고, 심문을 받게 되었다는 엄숙함을 그 같은 표현 방식을 빌려 나타내고 있다는 점이다. 즉 기독교가 산헤드린에 대응하거나 맞서는 위치와 기능을 갖게 됐다는 암묵적 메시지가 담겨 있다는 뜻이다. 특히 누가복음 22장 66절에서 저자가 유사한 인물들을 등장시킨 때가 예수의 재판 과정이었음을 감안하면 예수가 겪은 고난의 과정을 사도들 역시 겪고 있다는 점을 은연중 보여주는 측면도 있다. 누가의 발상에 비춰보면, 바야흐로 교회의 지도자들은 권력과 본격적으로 조우하게 됐다는 것이며, 이로써 '교회와 권력'과의 그 긴 대화와 대결이 시작되었다는 인식을 가졌을 수 있다. 이런 공식적 소집의 묘사는, 지배자들에 맞서 겨루며 설교하고 변증하는 사도들의 용감함, 담대함을 더욱 부각시키는 효과를 낳게 된다.

이어서 누가는 앞의 5절에서 말한, 모인 사람들의 이름을 열거한다.

> 대제사장 안나스, 또한 가야바와 요한과 알렉산더, 그리고 대제사장 가문에 속한 모든 사람들이 거기 있었다.(행 4:6)

누가가 교회 바깥 지도자의 인물들을 거명하며 자신의 글을 구속사가 아닌, 교회 바깥 일반 역사의 큰 흐름 속에 위치시키는 모습은 다른 곳에서도 발견되는 익숙한 일이다. "다른 복음서 기자들과 달리 유독 누가는 자신의 이야기를 필요에 따라 당시 여러 세속 사건과 인물들과 관련시킨다. 그렇게 함으로 자기 기록을 주변 세계의 일반 역사와 연결 지으려는 의도적 노력을 한다. 사도행전에 다양하게 등장하는 정치 종교계의 주요 인물들은 자신의 이야기를 일반 역사의 사건들과 관련지으려는 누가의 의도를 반영한다.[21] …이처럼 자신의 이야기를 유대 또는 로마의

---

21 예를 들어, 알렉산더 대왕(행 4:6), 헤롯 안티파스(행 4:27), 왕(헤롯 아그립바 1세,

지도자들, 아니면 이들 요인들과 관련이 있는 사건들과 연결시킴으로써 저자는 자신의 기록이 보다 넓은 역사의 지평에 자리매김할 수 있도록 만들었다."[22] 누가의 이런 모습은, 자신이 기록하는 초기 기독교 형성과정 중에 벌어진 사건들이 얼마나 큰 세계사적 의미와 중요성을 갖고 있는지를 보여주려는 의지의 표시이다. 이를테면 베드로는 유대사회의 가장 중요한 '지도층 인물들'과 대등한 위치에서 토론하며, 그들과 맞서 겨루는 모습을 보임으로 새로운 기독교운동의 지도자로서 품격과 위엄을 갖고 있음을 은연중 과시하는 것이다.

여기 등장하는 인물들은 두 종류로 분류될 수 있다. '대제사장 가문에 속한 모든 사람들'로서 대제사장 집안사람들이 그 하나이고, 또 하나는 이름을 각기 떠올려 언급하는 네 명의 인물들이다. '안나스'는 주후 6-15년 동안 대제사장 역할을 수행했고, 그의 사위인(요 18:13에 의하면 그렇다.) '가야바'는 주후 18-36년에 대제사장직을 맡았다.[23]

사도행전의 묘사 대상이 되는 실제 해당 시기는 주후 30년대 초중반으로 잡을 수 있다. 따라서 이때의 대제사장은 가야바였다. 그렇다면 안나스를 대제사장으로 부른 누가는 착오나 실수로 오기했거나, 안나스가 여전히 30년대에도 직책을 수행한 것으로 오해했을 수 있다.[24] 어느 쪽이든 저자의 글은 부정확한 오류를 담고 있는 셈이다. 비록 전임자에게 대

---

행 12장), 가말리엘(행 22:3), 아나니아(행 23:2, 24:1), 헤롯 아그립바 2세(행 25:13, 22-26, 26장)와 그의 누이 버니게.

22 유상현, 『바울의 제1차 선교여행』(서울: 대한기독교서회, 2002), 292-293.

23 Josephus, *Antiquities of the Jews*, XVIII.2.2; *Ibid*., XVIII.4.3. 이 두 사람은 눅 3:2에 이미 저자가 소개한 바 있다. Cf. 가야바에 관해, Bruce Chilton, "Caiaphas," in *The Anchor Bible Dictionary*, ed. by D. N. Freedman, vol. 1 (New York: Doubleday, 1992), 803-806.

24 저자는 눅 3:2에 "안나스와 가야바가 대제사장으로 있을 때"라고 세례 요한과 예수의 시기를 규정한다. 이 두 사람 모두를 대제사장으로 이해했거나, 정보의 혼란, 표현상의 실수 등 여러 이유를 말할 수 있지만, 역시 분명한 것은 '기록의 부정확'이다. 그때도 대제사장은 가야바였다.

제사장 호칭을 여전히 붙여주는 관행이 있었다 해도 그 부정확함이 면제되는 것은 아니다. 안나스(주후 35년 사망)가 임기 이후 사위인 가야바의 재직 시까지 영향력을 행사했다 해도, 그가 이 시기 현직 대제사장이었던 것은 아니다. 그 외 나머지 두 사람(요한과 알렉산더[25])에 관해서는 밝히 알려진 바 없다.

### 2) 사도들의 권위

산헤드린이 모인 상황을 전제로 한다면, 그 모임에서 누구인지 명시되지 않은 사람들이 사도들에게 질문한다. 산헤드린은 구성원들이 반원(半圓)의 형태로 둘러앉아 서로의 얼굴을 바라볼 수 있도록 했다는데, 그런 상황을 감안해서인지 누가는 사도들을 '가운데 세워두고'라는 표현을 사용한다.

> 그들이 사도들을 가운데 세워두고 물었다. '당신들은 무슨 권위와 누구의 이름으로 이런 일을 행하였소?'(행 4:7)

그들은 '무슨 권위'로, '누구의 이름'을 근거로 이런 일을 행했느냐고 묻는다. 사실 이렇게 묻는 질문의 답변을 이 글을 읽는 이 모두는 이미 알고 있다. 이 물음은 사도행전 3장 6절 및 3장 16절에서 언급된 '예수 이름'과 '그 이름을 믿는 믿음'에 힘입는 '권위'를 전제로 펼쳐지고 있음을 간파할 수 있다. 이런 사전 포석을 미리 깔아놓은 저자의 글 흐름에서 대답이 자명한 질문을 던지는 것은 수사적 배려 외에 달리 설명하기 어렵다.

---

25 '알렉산더'와 같은 그리스 이름들은 지방의 평민들 중에는 드물게 발견되지만 예루살렘 고위층 가운데는 흔했다. M. H. Williams, "Palestinian Jewish Personal Names in Acts," in *The Book of Acts in Its Palestinian Setting*, vol. 4, ed. by R. J. Bauckham (Grand Rapids: Eerdmans, 1995), 96–97; Craig S. Keener, *Acts: An Exegetical Commentary: 3:1–14:28*, vol. 2, 1142.

누가는 '예수의 이름과 예수의 권위'에 근거하여 이런 치료기적이 벌어졌다는 확신을 전파하고 확인시키기 위한 일종의 수사적 장치로서 산헤드린 지도자의 발언을 동원한 것이다. 같은 맥락에서 다시 따져보면, 베드로를 통해 치유가 이뤄졌는데 그것이 '어떤 권위와 누구 이름'으로 이뤄졌느냐고 굳이 물어야 될 이유가 있는지 살피게 된다. 장애인 치료를 행하는데 그런 '권위, 이름'이 왜 필요하고, 그 문제가 왜 질의 응답되어야 하는지 궁금하다. 이것은 장애인 치료를 빌미로 지배자들의 생소한 질문을 통해 예수의 부활, 그의 정체를 드러내게 하려는 의도가 작용했으리라는 추측을 더욱 강화한다.

이처럼 예수의 권위와 이름을 드높이는 것이 중요한 서술 과제임은 사실이다. 그러나 예수의 권위를 높이는 진술방식이나 내용은, 그런 질문을 받고 답변하는 베드로 등 사도들의 권위를 동시에 높이고 있는 것도 사실이다. 이를테면 예수의 권위를 문제시하고 높이는 일련의 사건 과정은 베드로의 권위를 문제시하고 높이는 과정과 겹친다. 예수를 높이는 서술을 통해 베드로 역시 권위를 높이게 되는 것이다. 권력자들의 질문을 통해 베드로의 권위가 문제시되고, 다시 그 권위의 문제를 해소해 나가는 저자의 방식은 성전 지도자들이 베드로를 체포하고, 체포된 베드로가 발언하는 일련의 과정을 거쳐 점진적으로 드러난다. 그래서 베드로의 권위 있는 모습이 산헤드린 앞의 발언을 통해 강조되는 것이다.

이미 언급했듯이, 사도행전 4장 2절에서 제시된 사도들이 체포된 직접적 이유는, 그들이 사람들을 '가르친다는 것'과 '예수 부활, 죽은 자 부활'을 전파한다는 데 있었다. 그러나 정작 심문 마당에서는 그들의 가르침 자체와 관련된 것이나 부활 등에 관한 것은 묻지 않는다. 다만 장애인 치료에 관한 것만 묻는다. 이처럼 '예수의 부활'에 관한 언급이 제시되지 않은 데는, 부활이라는 신학적 논제가 사법적 논의의 대상이 아님을 저자도 이해한 탓일지 모른다. 그 대신 누가는 아래의 9절을 통해 심문이 '치료기적과 그 경과'에 관한 것이라는 점을 심문 대상자인 베드로 스스로가 규정짓게 한다. 이런 산헤드린의 질문에 대한 답변의 형태로 제시된 것이 이어지는 베드로의 설교이다.

## 3. 베드로의 산헤드린 앞 연설(행 4:8-12)

### 1) 성령과 '부활 말씀'

누가는 산헤드린 앞에서 말하게 되는 베드로의 상황을 아래와 같이 전하며 그 발언 내용을 소개해 나간다.

> 그때 베드로가 성령이 충만하여 그들에게 말했다.(행 4:8)

다시금 저자는 '성령 충만'과 베드로의 '말씀 선포'를 한 문장 속에서 결합시킨다.[26] 위에서 지적했듯이, 누가에게 성령은 '말씀 선포'와 밀접한 관계가 있다.[27] 8절 외에도, 저자의 글 가운데에는 성령과 말씀 선포, 증언 등을 연관짓는 다양한 표현이 있다.[28] 사도행전 저자에게 가장 뚜렷한 성령의 활동은 설교와 예언, 말씀의 선포, 선포의 능력 부여 등 입으로 전파되는 '말씀'과 긴밀한 상관관계에 있음을 강조할 필요가 있다.[29] 성령의 활동은 본질적으로 말씀의 활동이다. 마르그라의 지적처럼, "성령은 황홀경으로 사람을 이끌지 않으며, 그보다는 말씀의 소통으로 이끈다. …성령의 선물은 소통 가능한 말씀이다."[30] 따라서 성령이 충만한 베드로

---

26 '성령 충만'이 '설교 시작' 부분에 나타난 것으로는 사도행전이 첫 기록이다.

27 François Bovon, *Luke the Theologian*, 247, 270-271; Eduard Schweizer, "πνευμα," in *Theological Dictionary of the New Testament*, vol. IV, ed. by G. Kittel & G. Friedrich (Grand Rapids: Eerdmans, 1968), 406.

28 행 2:18, 6:10, 10:45-46, 11:24 등등.

29 유상현, 『바울의 제3차 선교여행』, 81.

30 Daniel Marguerat, *The First Christian Historian: Writing the 'Acts of the Apostles,'* 119.

가 말하려는 내용은 '믿을 만한' 것일뿐더러 그 내용의 확실성, 진실함이 압도적으로 보장된다는 저자의 암묵적 시사가 배후에 깔려 있다.

이처럼 성령이 충만한 베드로가 산헤드린 앞에서 사람들에게 선포한다.

> '백성의 지도자들과 장로들이시여, 9 오늘 우리가 심문받는 것이, 병자에게 행한 선한 일과 이 사람이 어떻게 낫게[31] 되었는가에 관한 문제라면 10 여러분 모두와 모든 이스라엘 백성들[32]은 이것을 알아야 합니다. 이 사람이 건강하게 되어 여러분 앞에 서게 된 것은, 여러분이 십자가에 못 박았으나 하나님께서 죽은 사람들 가운데서 살리신 나사렛 예수 그리스도의 이름으로 된 것입니다.'(행 4:9-10)

누가는 여기 9-10절을 통해 앞서 소개한 베드로의 설교들에서 드러난 개념들을 요약, 반복한다. 특히 10절에서 그런 측면이 두드러진다. 10절의 '알아야 합니다'(gnōston estō, 행 2:14), '나사렛 예수의 이름으로'(행 3:6), '여러분이 십자가에 못 박았던'(행 2:36), '하나님께서 죽은 사람들 가운데서 살리신'(행 3:15) 등의 반복되는 표현을 고려한다면 이전에 제시한 베드로의 설교가 본문에서 어느 정도로 반향(反響)하고 있는지를 알 수 있다.

베드로의 설교는, 듣는 이들을 향한 일종의 '호의 끌기'로 이해될 첫마디 말("백성의 지도자들과 장로들이시여")로 시작된다. 베드로는 자신이 체포되어 산헤드린 앞에서 '심문받는'[33] 이유를, "병자에게 행한 선한 일

---

31 원문에는 동사 'sōzein'이 사용됐다. 누가의 다른 글에도 본문처럼 이 말을 '치유하다'의 의미로 쓰인 곳이 여럿 있지만(눅 8:36, 48, 17:19 등), '구원하다, 구해내다'의 뜻으로 사용된 경우(눅 9:24, 18:26, 행 27:20, 31, 34 등)도 적잖다.

32 누가는 어쩌면 '백성의 지도자들, 장로들'과 일반 '이스라엘 백성'의 책임을 구분하여 말하고 있다. Cf. Luke T. Johnson, *Literary Function of Possessions in Luke-Acts* (Atlanta: Scholars Press, 1977), 115-121.

33 여기 사용된 'anakrinein'이라는 동사는, 행 12:19, 28:8에서의 활용과 마찬가지

과 이 사람이 어떻게 낫게 되었는가에 관한 문제"(9절)라고 이해한다. 이런 이해는 2절의 체포 이유('백성 가르침, 죽은 자 부활 선포')와 7절 유대 지도자들의 물음(장애인 치료의 주체와 권위 관련)을 베드로가 나름 파악, 정리한 것이라고 볼 수 있다. 그러면서 그는 자신이 얘기하는바, "여러분 모두와 모든 이스라엘 백성들은 이것을 알아야 합니다."라고 말한다. 어찌 보면 법정 상황에서 피심문인이 명령법('gnōston estō, 알아야 합니다')을 사용하며 재판관들을 가르치는 듯한 다소 고압적인 분위기를 자아낸다. 이런 표현이 저자가 베드로의 위상을 높이고, 그의 발언 내용에 무게를 실어 돋보이게 하려는 수사적 배려임은 물론이다.

베드로는, 산헤드린이 소집되어 그 앞에서 자신들이 심문받고 증언하는 이유를 장애인 치료 때문이라고 전제한다. 그리고 그것은 바로 예수의 부활에 기인한 것이라는 점을 강조한다. 이 말을 달리 표현하면, 누가는 예수의 부활 사실에 역점을 두어 일관되게 주장하는데, 그 부활을 확증하고 증언하는 것이 방금 전 이뤄진 지체장애인의 기적적 치료였다는 것이다. 이 점을 에둘러 비명시적 형태로 진술하고 있는 것이다. 즉 장애인 치료가 예수 부활을 선포할 수 있는 서술 전개상의 계기를 주었을 뿐만 아니라, 실제로도 또 다른 '치료 기적'이 '부활 기적'을 입증, 확인하고 있다는 것이 저자의 주장이다. 그런데 한 가지 특이한 것은, '산헤드린' 앞의 베드로와 마찬가지로 추후 사도행전 23장 6절에서 바울 역시 산헤드린 앞에 출두하여 '부활' 문제를 거론한다는 점이다. 그리하여 바리새파와 사두개파 사이의 대립을 활용하게 된다. 산헤드린 앞에서의 부활 논의와 관련해서도 베드로와 바울의 위상과 권위의 비교가 대등하게 작용한 것으로 이해될 만하다.

---

로 '법적 조사'의 의미로 이해해야 될 듯하다. Cf. 행 25:26.

2) 선행을 행한 '죄인'의 역설

베드로는 병자가 치료된 사건을 '선한 일'(euergesia)로 규정한다. 장애인이 치유되어 온전케 되었으니 당연히 좋은 일이다. 그런데 그 일을 집행한 당사자인 베드로가 자신이 행한 일을 착하고 '선한 일'로 지칭하는 것은 일종의 공치사(功致辭)로 이해될 수 있다. 자기가 행한 일을 스스로 칭찬하고 축하하는 듯한 인상을 줄 수 있기 때문이다. 병자 치료를 그저 '그 일'이라 하거나 다른 평상적 표현을 써도 될 일을 굳이 '선한 일'로 포장하여 제시한 데는 상황적 이유가 있다. 스스로의 행동을 자랑하고 돋보이게 하기 위한 과시욕이라기보다는, 이런 엄중한 심문 중의 사건 진술에서 자신들의 행위를 긍정적으로 소개하고 호의적 인상을 심어주기 위한 수사적 의도, 곧 듣는 이를 의식한 전략적 고려가 작용했으리라는 것이다.

베드로가 행한 치료의 기적은 '선한 일'이었다. 그런데 정작 선한 일을 행한 베드로는 그 선행으로 인해 하룻밤을 갇힌 상태로 보냈고, 산헤드린 심문의 과정을 겪게 되었다. 겉으로 드러난 묘사로 보면, 산헤드린이 '선한 일'을 법적 제재의 대상으로 삼아 심문하고 있다면, 결과적으로 그들은 '선하지 않은' 일을 하고 있는 셈이다. 누가의 베드로가 이 점을 염두에 두고 역설적 야유의 아이러니를 제시하고 있다고 단정하긴 어려우나 그 같은 해석의 기미를 아주 묵살하기도 어렵다. 여하튼 분명한 것은 그러한 모순을 예루살렘 권력자들이 행하고 있다는 사실이다. 베드로는 명시적 형태로 권력자들을 비난하거나, 자신을 구금한 사실에 대해 항의하지는 않는다. 그러나 선행자가 체포되고 구금당한 것은 사법 시스템에 문제가 있었거나, 그 운용자들이 보인 무능 또는 과오에 기인한 결과였다. 9절에서 베드로가 구금, 심문을 받는 이유를 장애인 치료로 규정하는 것이 그 사실을 돋보이게 한다. 누가는 권력자들에 대한 암시적 힐난을 완곡하고 에두른 표현으로 은연중 제시하고 있는 것이다.

이어지는 베드로의 발언은 이 설교의 청중이 산헤드린만이 아니라는 점을 암시한다. "여러분 모두와 모든 이스라엘 백성들은 이것을 알아야 합니다." 누가의 베드로가 말하는 대상은 실제의 청중을 훨씬 넘어선다. 자신이 전달하려는 내용의 수용 대상을 넓게 설정한다. 피살된 예수, 부활한 그 예수가 병자를 치료했다는 사실과, 바로 그 사실을 산헤드린의 유대 지배자들, 더 나아가 이스라엘 민족 전체가 깨달아야 된다는 것이다. 즉 저자는 산헤드린을 향하여, 산헤드린을 '넘어' 이스라엘 전체를 향하여, 그리고 독자들을 향하여, 그 독자들과 글줄을 넘어서, 오고 또 오는 역사 전체를 향하여 예수 부활의 사실을 역설하고 있는 것으로 우리는 읽어야 한다.

장애인에 관련된 베드로의 설교가 이어진다.

> '이 사람이 건강하게 되어 여러분 앞에 서게 된 것은, 여러분이 십자가에 못 박았으나 하나님께서 죽은 사람들 가운데서 살리신 나사렛 예수 그리스도의 이름으로 된 것입니다.'(행 4:10)

베드로에 의하면, 장애인 치료는 '십자가 처형을 받은 이'로 인해서 이뤄진 것이다. 이 말은 무슨 의미인가? 가장 치욕스러운 형벌로 죽임을 당한, 당신네들이 평가하는 소위 그 '죄인 예수'가 치유라는 기막힌 일을 행하셨다. 이 말은 일종의 야유와 공격이 담긴 항변으로 볼 수 있다.

(1) '죄인'이 치유, 곧 '선한 일'을 행할 수 있겠는가? '죄 지은' 자가 '좋은 일'을 행한다는 것은 어찌 보면 앞뒤가 맞지 않는 말이다. '죄인'과 '선행'은 병립되기 어렵다. 선행을 이룬 자가 죄인이기는 어렵다는 뜻이다. 그러므로 선행을 행한 예수는 죄인이 아닌 것으로 된다. 적어도 그가 '선한 일'을 행하신 것이 맞다면 그는 죄인일 수 없는 역설이 성립되는 것이다.

(2) 그렇지만 가령 베드로가 그들에게 다음같이 이른다고 하자. "당신네 지배자들 말대로 예수를 죄인이라 가정하자. 그렇게 되면 어떤 주장이 성립되겠는가? '죄인'도 '좋은 일'을 할 수 있다는 말이 가능하지 않

겠는가?"라는 의견이 나올 수 있다. 그렇게 되면 '죄인'과 '선인'(善人), '죄과'(罪過)와 '선행'의 개념이 뒤엉키는 가치의 혼란이 파생될 수 있다. '죄인'과 '선행'은 지상의 통념이 작용하고 개입되는 한, 한 인격 속에서 양립되기 어렵다. 그럼에도 장애인 치료의 마당에서 이것이 가능해졌다. '죄인' 예수가 '선행'을 이룬 것이다. 이를 달리 말하면 지상의 '죄와 선행'에 관한 상식이 뒤집히고 무력화된 것이다. 지상의 관습적 인식과 선악 평가의 '기준'이 무너지고, 이런 평가를 가능하게 하는 '가치'가 전도(顚倒)된다는 점을 암시한다. 즉 세상의 가치기준이 뒤집히는 전복이 벌어지고 있다는 점을 시사한다. 이런 맥락을 따져본다면 '선행'을 행한 '죄인 아닌 죄인'인 예수를 죽음에 이르게 만들었던 유대 지도자들의 무능, 악의, 오만에 대한 숨은 비난이나 야유가 베드로의 발언에 없었다고 단언하기 어려울 것이다.

(3) 위와 같은 이해의 바탕에는 '예수께서 장애인을 치료하셨다.'는 베드로의 일방적 선언이 깔려 있다. 이 '예수 높임'의 선언에 기초하여야만 베드로가 행한 예수와 관련된 다른 주장들도 근거를 얻게 된다. 예수를 높이고 그 이름을 드높이는 선언의 강고함은 베드로에게서 양보되지 않는다. 새로운 신앙운동이 그 초석 위에 세워지기 때문이다. 이 발언권을 확보해주기 위해 누가는 베드로에게 말할 기회를 주고, 담대하고 권위 있게 나서서 발언하도록 배려한다.

또 하나 지적할 것은, '여러분이 못 박은' 예수가 장애인을 살리는 '선한 일'을 행했다는 베드로의 말은, 결과적으로 '선행'을 행한 분, 곧 '선인' 예수를 그들이 못 박아 살해했다는 뜻이 된다. 선인을 죽인 이들을 악인이라 말할 수 있다면, 그들 지도자들은 악인이 되는 셈이고, 이것은 그들에 대한 베드로의 간접적 비판이나 공격의 의미이다. 게다가 예수 죽음의 책임을 언급하면서 사도행전 2장 23절에서 언급한 로마인들('법 없는 자들')을 생략하고 있다는 점 역시 유대 권력자에 대한 비난을 돋보이게 한다.

만일 이런 베드로의 발언 속에, 은밀히 숨어 있는 '비판성'이 있다고 가정한다면, 추후 사도행전 4장 13절에서 지배자들도 지적했듯이 권력자들 앞에서 보여준 그의 '담대함'(parrēsia)이 새삼 드러나게 된다. 그런 용기와 담력은 누가가 베드로를 통해 모범적으로 보여주고자 한 초기 교인들에 대한 신앙학습이요, 본받아야 될 새 종교의 덕목이다. 저자는 '담대함'이라는 선교자의 미덕을 하필 적대적 유대 권력자들의 입술을 통해 '찬사'의 형태로 토로하게 하였다.(행 4:13) 그 찬사의 대상은 초기교회의 지도자인 베드로였던 것이다.

### 3) '예수 이름'의 실체

누가의 베드로는 장애인 치료가 '예수 이름으로' 이뤄진 것이라는 점을 명시한다. 이미 지체장애인 치유 사건 묘사에서도 등장한 바 있지만 (행 3:16), 이 치료 사건이 발단이 되어 계속되는 누가의 글에 '예수 이름'은 되풀이되어 나타난다.(행 4:10, 12, 17, 18, 30) 이처럼 '예수 이름'이 자주 등장하는 빈도수를 감안한다면, 넓게 보아서 '이 이름'은 지체장애인 치료 기적과 관련된 사도행전 3장 1절–4장 31절의 전체 이야기를 통합하는 기능을 한다.[34] 다른 한편, 장애인 치료 이야기를 통해 드러내고자 하는 누가의 핵심 메시지는 '그의 이름'을 드러내고, 높여 현양(顯揚)하는 데 있음을 역(逆)으로 보여주기도 한다.

장애인 치유의 처음 장면에서 베드로는, "은과 금은 내게 없지만, 내가 가진 것을 당신에게 줍니다. 나사렛 예수 그리스도의 이름으로 (일어나) 걸으시오."(행 3:6)라고 말한 바 있다. 베드로는 자신이 '가진 것'을 '준다'고 말하면서 '나사렛 예수 그리스도의 이름'을 언급한다. 베드로가 '가진 것', '준 것'이 무엇을 의미하는지는 분명치 않다. '은과 금'이 없다

---

34 Marie–Émile Boismard & Arnaud Lamouille, *Les Actes des deux Apôtres: Le sens des récits*, tome II (Paris: Librairie Lecoffre, 1990), 34.

고 말했듯이, 그것이 물질적 소유를 뜻하는 것은 아니다. 또한 치료를 가능하게 한 '기적적 능력'도 아닐 것이다.(행 3:12) 그렇다고 해서 '예수의 이름' 자체가 마술적 의미를 지닌 듯 그것을 '가졌으며, 준다'고 말하는 것은 더더욱 상상하기 어렵다. 그러나 베드로가 '갖고, 주는 것'을 말하면서 '예수의 이름'을 언급하고 있다는 점에서 양자 사이에 모종의 밀접한 관련이 있으리라는 추측은 해볼 수 있다. 이 구절은 누가가 염두에 뒀던 '예수의 이름'이 갖는 독특한 의미와 기능을 엿보는 계기를 준다. 베드로가 '가진 것'이라고 표현한 것은, '예수의 이름 안에서'(en tō onomati Iēsou Christou) 치유의 '능력'이 나타날 수 있도록 만든, 즉 '말함이 사건화'될 수 있도록 만든 예수의 총체적 인격과 역할, 또는 위상이 베드로 안에서 동일시되어 내재화된 실체일 것이다.[35] 다시 말해 베드로가 동일시하고자 한 예수의 어떤 인격과 속성을 그가 '가졌다'고 묘사했을 것이고, 그것이 '예수의 이름'이라는 표현을 통해 드러났다고 말할 수 있다. 따라서 "그가 '주는 것'은, 이전에 예수가 '걸으라!'고 말만 하면 걸을 수 있었던 그 능력을, 그의 '이름 안에서 걸으라'고 말함으로 '발언이 사건'으로 변화될 수 있게 하는 '능력 출현의 현상과 구조' 그 자체이다. 그 '현상과 구조'의 본질은 '예수 이름 안에서' 벌어지는 예수 활동의 '연장'이다. 예수가 지상생애 가운데 행한 기적과 활동이, '예수 이름', 곧 예수의 '인격'을 대변하는 그 이름을 언급하면서 그와 연대하며, 그를 불러내고, 그와 함께 활동하고 있는 것으로 자처하는 베드로의 활동 속에서 계속되고, 연장되며, 유지되고, 계승된다는 인식이 이 발언의 배후에 자리 잡고 있다는 것이다."[36]

이와 같이 저자는 장애인 치유 이후 등장하는 인물들이 '예수 이름'을 반복적으로 언급하게 하면서 '기적'의 원인, 방법 등이 모두 '이 이름'

---

35 Cf. 유상현, 『베드로와 초기 기독교: 사도행전 1-3장』, 293-294.
36 *Ibid.*

과 관련되며, 그 '이름'이 뜻하는 인격의 총체성이 작동하여 그런 일이 벌어진 것이라는 점을 부각시킨다.[37] 사도행전 4장 10절에서 베드로는 이 기적이 '예수 그리스도의 이름을 힘입어' 이뤄진 것임을 거듭 강조하는데, 이런 '이름' 언급은 그 후에도 이어져 사도행전 5장 28, 40, 41절에서도 반복해서 나타난다.

이런 되풀이되는 이름 언급은 그것 자체로도 매우 인상적이지만, 대단히 큰 '다른' 의미도 함축한다. 그것은 이 이름을 통한 성전 체제에 대한 비판과 그 시스템 자체의 치유이다. '지체장애인'이 '성전 문' 곁에서 '예수 이름으로' 일어나 뛰게 되었다는 누가의 보고는, '예수와 성전' 사이의 관계를 상징하는 측면이 내재되어 있다. 성전이 지닌 한계와 무능, 또는 '불구성'(不具性)이 '지체장애인'의 장애성과 겹쳐 나타나도록 만들어 '예수 이름'으로 성전 옆의 장애인이 치료되는 모습을 통해 예수가 성전의 한계를 극복하는 메시지를 제시한다는 것이다. '성전 곁에 앉은 장애인'은 '성전의 무기력'을 시사하고, 예수 이름으로 일어나 뛰는 치유된 사람은 예수를 통해 이룩된 새로운 변화와 생명의 약동을 가리킨다. "이렇게 하여 성전이 상징하는 구제도(舊制度), 또는 옛 체제로서의 유대교는, '예수 이름'으로 대변되는 그의 인격의 총체성을 통해 극복되고, 새로운 존재로의 전면적 변용(變容)을 야기하게 되었다는 것이다. 다시 말해 유대교의 불모성(不毛性)이 예수로 인해 치유되고, 새로운 생명으로 변환될 수 있게 되었다는 것이다."[38]

베드로의 입을 통해 전달하는 누가 메시지의 강조점은 다음 사항에 모아져 있다. 즉 장애인 치료를 행하신 분은 예수요, 그 예수를 '당신들'이 십자가에 못 박아 죽였으나 부활하셨다는 것이다. 장애인을 치료하신 이가 누구냐를 밝히는 과정을 통해 예수를 부각시키고, 그의 인격에 관

37 이하의 내용은 다음 글에서 가져옴. *Ibid.*, 294-296.

38 *Ibid.*, 295.

심을 집중시키는 것이다. 그러면서 한 걸음 더 나아가, 그분의 정체에 또 하나의 다른 조명을 비춘다.

### 4) 극적 반전: 버린 돌의 머릿돌 됨

> '이분(예수)은, 당신들 건축자들에게 버림받은 돌이지만 (집) 모퉁이의 머릿돌[39]이 되셨습니다.'(행 4:11)

베드로는 시편 118편 22절을 인용하여 예수의 정체에 관한 정보를 제공한다. 예수를 '머릿돌'로 이해하는 사례는 마가복음 12장 10-11절, 에베소서 2장 20절, 베드로전서 2장 6절(이 구절도 사 28:16을 인용함) 등에서도 발견할 수 있듯이 초기 교인들에게 널리 받아들여진 개념이었던 듯하다. 이 '돌의 은유'는 '십자가 죽음-버린 돌//예수 부활-머릿돌'과 대조되는 비교점을 제시한다. 그런데 본문의 이 인용은 이미 누가복음 20장 17절에서 예수가 자신과 관련하여 소개한 것이다. 그 내용이 칠십인역과 매우 흡사한 것으로 보아 이를 활용한 듯하다. 다만 칠십인역에 없는 '당신들'(huph' humōn)이라는 말을 덧붙임으로, 비록 인용을 통해서이지만 예수 죽음의 책임을 유대 지도자들과 연관시킨다. 이 인용구가 상정하는 건축물이 성전이라면, 건축자는 성전 지도자들, 즉 유대 지배자들을 가리킨다. 그러므로 건축자를 언급함으로 예수 죽음에 책임이 있는 자들, 그리고 지금 베드로를 심문하고 있는 유대 지도자들에 대한 암시적 비판을 담고 있다고 볼 수 있다.

이 구절은 예수의 운명에 관련된 역전극을 적나라하게 보여준다.[40]

---

39 '집 모퉁이의 머릿돌'(kephaleen gōnias)은 말 그대로 집의 무게를 지탱하는 가장 중요한 부분의 중심석으로 이해해야 한다. Joseph A. Fitzmyer, *The Acts of the Apostles: A New Translation with Introduction and Commentary* (New York: Doubleday, 1998), 301.

본문 그대로 덧붙일 군더더기가 필요 없는 예수에 관한 결정적 설명이다. 이 표현의 예수는 단순히 버림받은 돌이 다시 회복되어 재활용되었다는 것이 아니다. 재활용되었을 뿐 아니라, 머릿돌로서 가장 중요한 위치로 올라섰다는 것이다. 그런 뜻에서 '버림받은 돌'이 '모퉁이 머릿돌'이 되는 변화의 은유는, '처형된 죄수'에서 '부활한 치료자'로 변환되는 예수 생애의 드라마틱한 반전의 극점을 보여준다. 그러면서도 빼먹지 않는 것은 '당신들'의 책임에 관한 간접적 지탄이다. 지도자들은 사회와 국가를 형성하고 이룩한다는 뜻에서 '건축자'로서의 비유가 적절하다. 그러나 올바른 건축자는 취할 자재(資材)와 버릴 자재를 구별할 줄 알아야 한다. 쓸모 있는 자재를 버리는 이들을 유능한 건축자로 부를 수 없다. 본문의 '버린 돌'은 본래 무익한 자재였다기보다는, 진가를 알지 못하는 무능한 이들의 안목 탓에 버려야 할 돌로 간주되어 폐기된 것으로 보아야 할 것이다. 문제는 돌을 알아보는 건축자의 눈, 즉 지도자의 능력이다. 이런 비유의 맥락을 승인하면 예수를 알아보지 못한 유대 지도자들의 무능에 대한 누가의 비판은 거의 자명한 듯하다.

#### 5) 예수를 통한 구원과 '이름 신학'

지금껏 누가가 묘사한 베드로의 장애인 치료 관련 이야기는 12절 선언을 향해 나아간다. 즉 베드로가 장애인 치료로 인해 체포되어 하룻밤을 억류당한 다음, 산헤드린 앞에 서서 설교하며 치료의 주체가 예수임을 역설했던 이전의 모든 장면은 하나의 중요한 초점을 향하여 나아가고 있다. 이 일련의 사건 전개 속에 담겨 있는 전언(傳言)의 핵심은 예수가 부활한 사실의 환기에 있었다. 그리고 예수 부활의 메시지는 다음의 주

---

40 누가에게서 발견되는 '역전 주제'에 관해, John O. York, *The Last Shall Be First: The Rhetoric of Reversal in Luke* (Sheffield: Sheffield Academic Press, 1991); Frederick W. Danker, *Luke* (Philadelphia: Fortress, 1987, 2nd ed.), 47–57 등 참고. Danker에 의하면 누가–행전에서 '역전 사례'를 50개 이상 찾을 수 있다고 한다.

장에 필연적으로 당도하게 된다.

> 다른 어떤 이로부터도 구원을 받을 수 없습니다. 하늘 아래 우리가 구원을 받을 만한 다른 이름이 인간들 가운데 주어진 적이 없습니다.(행 4:12)

결국 예수와 그의 부활을 베드로가 말하고, 또 이전부터 그것을 반복하여 언급한 것은 예수를 통한 '구원'을 강조하기 위한 목적이었다. "구원을 받을 만한 다른 이름"이 주어진 적이 없다는 말은, 곧 예수를 통한 구원만이 유효할 뿐이라는 것이고, 이 말은 '예수의 이름'을 통한 구원만이 가능하다는 뜻이다.[41] 이 말은, 예수의 이름은 유대인과 이방인 모두의 구원에 적용될 것이라는 의미이다. '하늘 아래'라는 표현이 이 맥락에서 사용된 것은 '모든 인간'에게 적용될 '구원을 받을 만한 이름'이 보편적 의미를 획득할 것이라는 점을 시사한다. 이제 이후로는 구원에 관한 한, 유대인과 비유대인 모두가 '같은 구주'의 영향 아래 놓이게 된다는 뜻이며, 이런 이해에 걸맞게 사도행전 중 '구원'(sōtēria)이라는 용어가 이곳에서 최초로 사용된다.[42] '나사렛 예수'(행 4:10)는 구원의 주님으로서 '예루살렘의 경계를 벗어나 유대, 사마리아, 땅끝'(행 1:8)으로 비유대적 보편세계의 구주로서 그 '이름'을 떨치게 될 것이다. 모든 인간의 구원이 예수로부터만 배타적으로 비롯되리라는 12절의 베드로 선언의 근거 아래 사도행전의 선교는 확대의 발판을 마련한다. '인간의 다른 이름'과 구원은 무관하다는 본문 메시지는 오직 예수를 통해서만 구원이 확보된다는 뜻이니, 그 진실을 전파하지 않을 수 없는 필연의 사유가 생기게 된

---

41 여기에 '어떤 이로부터도'(en allō oudeni)로 표현된 본문에서 전치사 'en'이 지역공간적·수단적 의미를 동시에 갖는다고 볼 때, 구원은 '예수 안에서', '예수를 통해서' 이뤄진다는 의미를 포함하게 된다.

42 Daniel Marguerat, *Les Actes des apôtres (1-12)* (Genève: Labor et Fides, 2007), 146-147.

것이다. 다른 이름이 아닌 예수 이름으로만 구원이 가능하다는 인식은 '하늘 아래 구원을 받을 만한 다른 이름이 주어진 적'이 없는 '모든' 인간에게 이 소식을 전해야 할 압도적 필요성, 곧 '말씀 전파'의 필연성이 발생하게 된 것이다.

물론 '예수 이름을 통한 구원'이라는 베드로 선언이 발생하게 된 맥락과 상황은 '유대인과 기독교'의 대립 정황이란 점은 분명하다. 곧 좁게 보아서 '비기독교인 유대인들'과 '기독교인 유대인들' 사이에서 예수 이름이 언급되고, 그 이름이 구원과 연관되고 있는 상황이라는 것이다. 따라서 '비유대인'의 구원에 관한 논의가 이 본문 맥락에서 초점이 된다고 할 수는 없다.[43] 그렇다고 해서 유대인들을 벗어난 '비유대인들'에게 이런 이름의 구원 관련 적용 가능성이 배제되거나, 이방인 구원에 관한 '예수 이름의 유효성'이 무력화되는 것은 아니다. '하늘 아래 구원받을 다른 이름'을 본문이 언급하고 있는 것은 유대인과 이방인을 포함한 인간 모두에게 적용되는 보편적 성격을 시사하고 있기 때문이다. '하늘 아래'가 유대인만의 하늘, 그들만이 위치해 있는 '하늘 아래'일 리는 없다. 누가는 구원이 유대인들만의 것, 곧 배타적 특수로의 축소가 아니라 보편적 지평으로의 확대로 넓게 나아가고 있음을 시사한다. 그 결정적 계기는 유대인의 전유물로서의 독점적 구원이 아니라, '예수의 이름'이 구원과 관련된다는 것, 그리고 그 이름을 부르는 '누구든' 구원을 얻게 되는(행 2:21) 상황이 됐다는 것이다.

구원을 말하면서 '예수의 이름'을 거론하는 것은 이 이름이 단순히 대명사로서의 '지시(指示)적 추상성'만을 갖는 것이 아니라, 예수의 인격과 동일한 의미를 갖거나, 더 나아가 예수의 존재 전체를 아우르는 '비유언어'로 이해될 만한 독특성을 갖는다는 의미이다. 이름이 단순히 인물을 대변하는 표상만을 뜻하지 않고 인물과 인격 자체, 또는 인격 너머를 시

43 *Ibid.*, 149.

사한다는 뜻이다.[44] 물론 이런 해명은 구약에서 전승되어 온 '성명(姓名) 신학'을 계승한 측면이 있다. 이것은, 구약에서 하나님의 이름과 관련된 각종 기록, 사물과 인물에 이름을 부여하는 일에 관한 다양한 사례와 해석 등 '이름'과 관련된 언급들을 상기하면 쉽게 납득이 된다.[45] 저자는 이런 '이름'에 관한 의미부여, '이름'의 신학화 사례 등을 고려하여 나름 누가적 '이름 신학'을 제시한 것이다. 사도행전에서만 '이름'(onoma)이라는 용어가 34회 사용되고 있다는 점이 이런 특성을 돋보이게 한다.

본문 12절은 사도행전 2장 21절에 있는 요엘서의 인용구, "누구든지 주의 이름을 부르는 사람은 구원을 받을 것이다."라는 말의 또 다른 표현이다. 베드로가 구원을 말하고, 그와 연관하여 예수 이외의 '다른 이름'을 배제한 표현을 제시하는 데에는 이 같은 구약의 배경이 작용한 듯하다. 구약 "시편 54편 1절에서 '하나님, 주의 이름으로 나를 구원하시고'라고 말했던 것이, 새 시대의 기독교인들에게 예수를 통해 현실화되었다는 것을 '예수 이름으로'라는 표현을 통해 선포하고 다짐하게 된다. 그런 뜻에서 '예수'라는 이름 자체가 '문자적으로' 본래 뜻하는 바가 명실상부하게 실현되었다는 확인이 되는 것이다. 즉 '예수'(Iēsous)는 'יהושע'(Yehoshua, '하나님은 구원이다.')[46]라는 이름의 일반적 그리스어 변환형이다."[47] 따라서 초기 교인들이 예수를 통해 구원이 이뤄졌다는 인식을 가졌다면, 예

---

44 Cf. 행 5:41, 그 이름을 위해 박해를 받음.

45 예를 들어, 창 2:19–23, 32:30, 출 6:3, 20:7, 왕상 9:3, 시 54:3 등등. Cf. Daniel Marguerat, *Les Actes des apôtres (1–12)*, 145–146; John A. Ziesler, "The Name of Jesus in the Acts of the Apostles," *Journal for the Study of New Testament* 4 (1979): 28–41; Michel Quesnel, *Baptisés dans l'Esprit* (Paris: Cerf, 1985), 79–119.

46 'Yeshua' 또는 'Yeshu'라고 불리거나 표기되는 이 이름은, 당시 매우 흔히 불리던 것이다. 요세푸스의 글에만 같은 이름의 다른 인물들이 약 20명 언급되었다. Hilary Le Cornu & Joseph Shulam, *A Commentary on the Jewish Roots of Acts*, vol. I (Jerusalem: Academon, 2003), 185–186.

47 유상현, 『베드로와 초기 기독교: 사도행전 1–3장』, 294.

수라는 이름이 갖는 본래의 뜻이 달성되었다는 깨달음 역시 마음 한 켠에 가졌을 수 있다. 예수라는 이름 자체가 뜻하는 그대로, 예수를 통해 '구원'이 이뤄졌다는 것이다. 그러니 "하늘 아래 우리가 구원을 받을 만한 다른 이름이 인간들 가운데 주어진 적"이 없다는 주장은 어찌 보면 당연한 것이다.

기본적으로 사도행전 4장 8-12절의 베드로 설교는 그가 사도행전 2-3장에서 행한 주요 설교들을 다시 강조하거나 요약하고 있다.[48] 이전 설교들의 핵심 포인트가 '예수의 이름, 그의 부활, 구원' 등에 관한 강조에 있었다는 점을 감안하면 이것은 자명한 이해이다. 물론 이전 설교에서 얘기됐던 '사죄'(죄 사함 – 행 2:38, 죄 없이 함 – 행 3:19)와 관련해서는 아무 언급도 없는 것이 사실이나, 핵심 개념 등은 빠지지 않는다.

## III. 산헤드린의 논의와 베드로의 대답

베드로의 설교가 끝나고 난 후 산헤드린의 반응에 관해 누가는 사도행전 4장 13-18절에서 그 기록을 남긴다. 13-14절은 반응의 구체적 묘사이다.

> 13 그들은 베드로와 요한의 담대함을 보고, 또 그들이 배운 것이 없는 보통 사람인 줄을 알고 놀라워했다. 그리고 그들은 그 둘이 예수와 함께 있었다는 것을 알았다. 14 (하지만) 병 고침 받은 사람이 그들 곁에 서 있는 것을 보

---

48 Ben Witherington III, *The Acts of the Apostles: A Socio-Rhetorical Commentary* (Grand Rapids: Eerdmans, 1998), 193. 케네디는 8-12절 설교가 이전 베드로의 2대(大) 설교들의 '간략 버전'이라고 칭한다. G. A. Kennedy, *New Testament Interpretation through Rhetorical Criticism* (Chapel Hill: Univ. of North Carolina Press, 1984), 119.

고 아무 비난도 하지 않았다.(행 4:13-14)

13-14절은 유대 권력자들이 가졌던 베드로와 요한에 대한 다음과 같은 네 가지 '평가와 인식'을 드러낸다.

### 1. 사도들의 담대함: 언어 표현

그들에 의하면, 베드로와 요한은 '담대함'을 가졌다("그들은 베드로와 요한의 담대함을 보고")고 한다. '담대함'(parrēsia)이라는 표현은 누가가 여러 곳(행 2:29, 4:29, 31, 28:31)에서 사용한 말인데, 저자가 초기 교인들, 특히 선교 지도자들의 담대함, 용감함, 거침없는 발언 태도 등을 내세울 때 활용되었다. 이 말은 '언어 표현'에 관련된 동사들과 밀접한 관계가 있다.[49] 그래서 '거침없이, 자유롭게, 확신에 차서, 담력 있게' 등의 뜻을 지니면서 발언자의 말하는 태도나 품새, 용감함을 드러낼 때 사용된다. 물리적 행동으로 표현되는 용감함도 있을 수 있지만, 참다운 용기는 침묵과 주저가 아닌 발언으로만 드러날 수 있다는 점을 감안하면 '말과 담대함' 사이의 본질적 연관성을 주목하게 된다. 초기 교인들의 선포야말로 진정한 용기요, 대담함이라는 인식이 이 단어를 사용하는 데 작용했을 것이다.

그렇다면 여기서 언급되는 두 사람의 '담대함'이란 구체적으로 무엇을 가리키는가? 유대 당국자들의 관점에서 이 둘이 보여준 어떤 것들이 이들을 담대한 자들로 이해하게 했을까? 먼저 예수의 권위, 예수의 이름

---

49 참고: H. Schlier, "Παρρησια, παρρησιαζομαι," in *Theological Dictionary of the New Testament,* vol. V, ed. by G. Kittel, tr. & ed. by G. W. Bromiley (Grand Rapids: Eerdmans, 1967), 882. (Cf. 파생어—행 9:27, 18:25) Stanley B. Marrow, "Parrhēsia and the New Testament," *Catholic Biblical Quarterly* 44 (1982): 431-446.

을 말하는 등의 '예수 관련 주장'이 이들을 대담한 자들로 인식하게 했으리라는 짐작을 저자가 가졌을 수 있다. 권력자들의 편에서 보면, 예수는 처형된 죄수일 뿐이었다. 그런데 그 죽은 죄수를, 장애인을 기막히게 치료한 장본인, 또는 배후 인물로 지칭한다는 것은 용감한 일이다. 게다가 그 예수가 부활했다는 주장까지 곁들이는 것은, 권력자의 부활 관련 인식에 대한 인내를 실험할 정도의 분노할 일인데 이런 주장을 용감하게 진술하는 것은, 그 옳고 그름이나 분노 유발 상황 등을 떠나서 대담한 일이라는 평가를 아니 내릴 수 없었으리라는 것이다.

또 하나, 자신들의 눈에는 '배운 것 없는 보통사람들'에 불과한 시골 출신의 보잘것없는 자들이, 유대사회의 주요 지도자들인 산헤드린 의회원들을 직간접적으로 비난하고 있다는 것이다. 베드로는 10절에서 "여러분이 십자가에 못 박았으나 하나님께서 죽은 사람들 가운데서 살리신 나사렛 예수 그리스도"라고 말하며 권력자들의 잘못을 비판한다. 이런 점은 베드로와 요한에 대한 호불호나 그들에 대한 분노를 떠나서, 그들의 담대함을 평가하지 않을 수 없었을 것이라는 판단이 누가에게 있었을 것이다.

## 2. 무지한 자들

그들은 베드로와 요한을 '배운 것이 없는 보통사람들'로 알았다. '배운 것이 없는 자'(agrammatoi)[50]라는 말은 일단 전혀 글을 모르는 문맹자를 의미할 것이지만,[51] 어쩌면 토라 등 구약에 관한 학습이 없는 무식자

---

50 Cf. T. J. Kraus, "'Uneducated', 'Ignorant', or Even 'Illiterate'? Aspects and Background for an Understanding of Agrammatoi (and Idiōtai) in Acts 4.13," *New Testament Studies* 45 (1999): 434–449.

51 초기 기독교인들, 특히 예수의 문자 해독 능력에 관한 논란이 있다. 예수에 관한 한, 해독 능력을 의심할 심각한 근거를 찾기 어렵다고 보지만 이에 대해 여기서

를 뜻할 수도 있다. 그 뜻을 명백히 가리기는 어렵다 해도 분명한 것은, 성서에 관한 소양과 지식을 가졌다고 자부하는 성전 권력자, 유대 엘리트인 자신들과는 전혀 다른 부류의 사도들을 배우지 못한 무식한 사람들로 경멸하여 지칭하고 있다는 점이다. 이 점에서 베드로와 바울에 대한 평가의 차이가 두드러진다. 총독 베스도가 바울을 향해 "네 많은 학문이 너를 미치게 했다."(행 26:24)라고 말하는 장면이 등장한다. 바울의 교육과 지식을 베스도가 높이 평가한 점을 감안하면 베드로의 지적 상황에 대한 이 같은 묘사는 두 사람 사이의 대조를 더욱 돋보이게 한다. 베드로 등에 대한 또 다른 수식어인 '보통사람들'(idiōtai)은 어느 것에든 조예가 없는 평범한 사람들을 일컬을 것이다.[52] 수사학이나 그리스적 교양과 지식에 문외한인 자들을 가리킬 수도 있다.[53] 이 표현 역시 경멸적 지칭으로 받아들여야 할 것이다.[54]

---

상론할 이유는 없을 것이다. 이 문제와 관련하여, 문맹자설 주장자: John D. Crossan, *The Birth of Christianity* (San Francisco: Harper Collins, 1998), 235; Bruce D. Chilton, *Rabbi Jesus: An Intimate Biography* (New York: Doubleday, 2000), 99. 문자 해독설 주장자: 제임스 던, 『예수와 기독교의 기원』 상권, 차정식 역 (서울: 새물결플러스, 2012), 430–432; John P. Meier, *A Marginal Jew: Rethinking the Historical Jesus*, vol. 1 (New York: Doubleday, 1991), 271–278, 303–309.

52 이 말이 '공적인 일을 하는 사람'과 반대되는 평범한 자를 일컫기도 하지만, 통상적으로는 경험이 없거나 비숙련된 보통사람(layperson, amateur)을 일컫는다. Walter Bauer, *A Greek English Lexicon of the New Testament and Other Early Christian Literature*, 3rd ed. & rev. by F. W. Danker (Chicago: Univ. of Chicago Press, 2000), 468.

53 Joseph A. Fitzmyer, *The Acts of the Apostles: A New Translation with Introduction and Commentary*, 302.

54 후기에 랍비들이, 토라를 암송하지 못하는 사람들은 차라리 태어나지 않았으면 더 좋았을 것이라 했다든가, 힐렐이 배우지 못한 사람들은 경건해지기 어려울 것이라 했다는 등의 기록들은, '무식자, 평범한 자'에 대한 경멸의 사례를 보여준다. Craig S. Keener, *Acts: An Exegetical Commentary: 3:1–14:28*, vol. 2, 1155에 이런 문헌들이 소개되어 있다.

'무지한 자, 보통사람들'이라는 말이 여기 등장인물들에게만 고유하게 적용되는 평가인지, 아니면 당시 지도자들이나 대중이 가졌던 기독교인들이나 그 지도자들에 대한 일반적 평가인지 알 수는 없다. 하지만 누가시대, 또는 누가보다 2세대 앞선 역사적 베드로 시대(주후 30-40년대) 주변상황의 평판이 어떤 형태로든 이 묘사에 반영되었을 것이라는 추측은 가능하다. 이런 지칭은 초기 유대인 교인들이나 유대 기독교 지도자들의 사회적 계층을 시사하는 표현으로 이해된다. 이를테면 '적어도' 권력자들은 초기 기독교를 '보잘것없는 자들'의 모임, 그런 자들이 지도하고 이끄는 오합지중(烏合之衆)으로 파악했다는 냉정한 인식을 누가가 전하는 것이다.

이와 같이 사도들을 무지하고 보잘것없는 자들로 이해한 자들은 유대 권력자였다. 그러나 누가로서는 그들에게 그렇게 무식하게 '보였던' 사도들이 사도행전 4장 8-12절에서 보인 바와 같은 정연한 설교를 '담대하게'(13절) 행할 수 있었던 사유를 밝힐 필요가 있었을 것이다. 누가에 의하면, 그 이유는 저자가 베드로의 설교 처음에 밝혔듯이 베드로가 '성령이 충만하여'(행 4:8) 말했기 때문이라는 것이다. 실제로 베드로와 요한 등 사도들이 보잘것없는 무지렁이인지 아닌지의 여부를 떠나서, 누가에게 중요한 것은 설령 그들이 무지한 보통사람이었다 해도 '성령 충만'하게 될 경우, 대담한 웅변가로 변화될 수 있었다는 점을 알리려 했다는 데 있다.

위와 같은 신학적 해석을 벗어나, 본문에서 행한 베드로의 발언을 두고 '배운 것 없는' 갈릴리 출신의 어부가 행했다고 믿을 수 있는가라고 묻는 질문은 적절치 않아 보인다. 베드로의 설교가 그런 시골사람이 쓸 수 있는 언어인지, 또 그토록 용감하고 담대한 행동으로 나설 수 있었는지 의아스러움을 가질 수는 있다.[55] 아마 저자는 그런 낯섦과 의아스러움

---

55 예컨대, 퍼보 같은 이가 그랬다. Richard I. Pervo, *Acts: A Commentary*, 116.

이 상식적 반응이라 생각하여 산헤드린 의회원을 통해 이 같은 질문을 베드로에게 던지게 했을 것이다. 그러나 비록 여기 베드로의 발언이 누가의 윤색(潤色)에 의한 것임을 전제한다 해도, 배운 것이 없다고, 시골의 어부 출신자라고 해서 용기와 담대함을 갖지 말란 법은 없다. 체계화된 학문적 수련을 받지 않았다고 설득력과 요령을 갖춘 발언을 할 수 없다는 단정을 내릴 수는 없다. 물론 '배움이 부족하지만' 놀라운 언변 능력을 갖춘 인물들을 흔하게 발견하기는 쉽지 않을 것이다. 그렇다 해도 농어촌의 '못 배운' 모두가 '보잘것없는' 인물만으로 이뤄진 것이 아님을 인정해야 한다. 예수조차 그런 범주의 인물이었을 수 있고, 예수가 선택한 제자 역시 비슷한 잠재역량을 갖췄을 것이라 보는 것이 무리일 수만은 없다. 물론 베드로의 이 모든 발언이 누가복음 21장 15절에서 '내가 너희의 모든 대적자들이 맞서거나 반박할 수 없는 구변(stoma, 입)과 지혜를 너희에게 줄 것이다.'라고 예수가 말한 바가 이뤄지는 모습으로 이해되도록 한 것은 누가의 서술 구도에서 당연하다.

### 3. 예수의 동반자

유대 지배자들이 보기에 베드로와 요한은 처형된 예수와 '함께 있었던' 동행자, 동류였다. "그들은 그 둘이 예수와 함께 있었다는 것을 알았다." 이 말은 이해하기에 따라 다른 뉘앙스를 갖는다. 만일 예수가 처형된 죄수, 십자가형에 합당한 범죄인으로 간주될 경우, 과거에 그와 함께 다녔다는 인식은 자칫 사도들이 죄수의 동료요 같은 부류이며, 중죄인의 공범자로 이해될 소지가 있다. 하지만 예수의 처형 당시에 그의 제자들이 체포되거나 처벌받지 않은 점에 비추어서 예수와 제자들을 따로 떼어 관찰할 경우, 이들에 대한 면책은 자연스러운 일이 된다. 사실 이때껏 예수의 제자들이 예루살렘 거리를 활보하며, 특히 지체장애인을 치료하는 등의 '대외적 활동'을 방해나 위축 없이 행했다는 점을 감안하면, 사도들이 예수의 공범이나 잠재적 범죄인이라고 보기는 어려울 것이다. 그러나 전체적으로나 일반론으로는 그렇다 해도, 제자들이 예수의 처형과 '전혀' 무관하다거나 예수의 과거 활동이 갖는 혐의와 '완전히' 결별한 상태였다고 보기도 어렵다. 가장 큰 이유는, 누가에 의하면 성전 권력자들이 "그 둘이 예수와 함께 있었다는 것을 알았다."라는 사실을 명기하면서, 사도들에 대한 그들의 비판적 시각이나 불만스러운 내심을 표현하기 때문이다. 이 두 사람을 굳이 예수와 연관시켜 거론하고 있음이 이 점을 시사한다. 누가는 권력자들의 이런 속셈이나 불만을 다음 글 속에 담아 기록한다. 권력자들은, "병 고침 받은 사람이 그들 곁에 서 있는 것을 보고 아무 비난도 하지 않았다. 그래서 그들은 두 사람에게 의회 바깥으로 나가라 명령하고 서로 의논하며 말하였다."(행 4:14-15)

이를테면 성전 권력자들은 사도들을 '비난할'(14절) 여지와 이유가 있었다. 그럼에도 불구하고 그들은 치료받은 장애인이 베드로와 요한의 곁에 '함께 서 있는 것'[56]을 보았지만 그들에게 '아무 비난도' 하지 않았다는 것이다. 성전 권력자들이 장애인을 치료하는 것을 목격한 주변 백성들의 눈길을 의식해서 사도들을 비난하지 않았다는 뜻이다. 백성들의 시선을 의식해서 사도들을 비난하지 않았을 뿐이지, 실제로 권력자들은 그들이 비난받을 사유가 있었다고 확신했음을 암시하는 것이다. 이것은 또한 그들의 내면에서는 사도들과 과거의 '예수 처벌'이 연관이 있다는 점을 의식하고 있음을 가리키는 것이다.

요컨대 성전 권력자들은 사도들에 대한 '예수와의 관련' 혐의나 의구심을 내면에 간직하고 있었지만 그것을 문제화시켜 법적 제재를 가하거

---

56 이 치료된 장애인이 베드로와 요한이 구금됐을 당시엔 따로 있다가, 심문시에 소환명령에 의해서이든, 자의에 의해서이든 다시 등장하게 된 것인지, 아니면 이 두 사람과 함께 억류됐다가 그들과 같이 출두하게 된 것인지 분명치 않다. 그 연유를 드러내지 않은 채, 두 사람의 심문 장면에 치유된 이가 그들과 '함께 나타나 서 있었다.'라고 저자는 밝힌다.

나, 쟁점으로 만들 의향은 없었음을, 본문을 통해 알 수 있다는 것이다. 여기에는 사도들과 이전 '예수 처형'과의 연관성을 법적으로 추궁하기엔 어려운 측면도 작용했을 것이고, 장애인 치료 기적을 목격한 백성들의 사도들에 대한 호의적 정서도 무시할 수 없었기 때문일 것이다. 이런 모습을 위선적으로 볼 수도 있고, 아니면 백성들의 잠재된 힘을 의식한 냉정한 '현실적 선택'으로 볼 수도 있지만, 그런 판단이 중요한 것은 아니다. 다만 누가의 글은 위와 같은 상황 이해에 기초하여 서술되었으리라는 것이다.

다른 한편, 13절의 '예수와 함께 있던 자'라는 표현은 상기(上記)한 권력자들의 의구심을 반영하는 측면과 더불어, 베드로와 요한 등 사도들이 예수와의 직접적 연관성, 내밀한 연대감을 가지고 있었음을 누가가 명백히 밝혀 강조하고 있음도 알게 한다. 그러므로 초기 기독교가 가졌던 예수와의 본질적 연속성을 확인시켜주는 또 다른 시각을 간과할 수 없다. 저자의 복음서에서 베드로가 예수와의 연관을 부정하는 일화에 등장하는 장면 가운데, 누가복음 22장 56, 59절에 베드로가 '그(예수)와 함께 있었다.'라는 표현이 나타난다. 비록 베드로를 부정적으로 묘사하는 상황이긴 해도, 베드로와 예수의 '함께 있음'은 반복적으로 제시된다. 어느 모로 보나 예수와 베드로의 관계는 긴밀한 동행자 관계였음이 확실하다. 그것은 부활한 예수에게 집중될 관심과 경외가 베드로에게도 정당하게 나누어질 수 있음을 암시하는 것이다. 이것은 예수의 권위가 베드로에게도 전승될 수 있다는 '권위의 이양'을 의미하며, 저자는 그 근거로 그가 '예수와 함께 있었던' 동반 관계에 있음을 알리는 것이다.

### 4. 치유된 장애인의 동행자

본문이 시사하는 바를 따를 경우, 만약 경이적으로 치유된 장애인이 베드로와 요한 곁에 실물로 기적의 결과를 드러내지 않았다면, 유대 권력자들은 이들에 대한 적대적 비난을 가중했을 것이다. 이 점에 관해서는 이미 위에서 지적한 바 있다. 그런데 하나 더 고려할 사항이 있다. 성전 권력자들은 사도들에 대한 비판적 자세와 비난을 내심 품고 있음에도 기적을 목격한 백성들을 의식하여 그런 내색을 하지 않는다. 즉 백성들의 눈길이 사도들에 대한 그들의 적대감을 누르는 견제 역할을 하고 있다는 점이다. 이것은 백성들의 불만을 초래할 행동을 삼가려는 뜻이고, 그것은 기적을 행한 자들에게 가해지는 위해(危害)에 대해 백성들이 분노하고 저항할 수 있음을 두려워한다는 것을 의미한다. 또한 백성들의 '눈길을 의식했다.'는 것은 사도들이 장애인을 치료한 사실을 주변인들이 경이롭게 생각했고, 그런 치유 행위를 지지하고 치료자들을 성원했음을 시사한다.

치유받은 장애인이 사도들 곁에 입회했다("병 고침 받은 사람이 그들 곁에 서 있는 것을 보고")는 표현은 우선 사도들에 대한 유대 권력자들의 비난과 공격을 거두게 하는 목적으로 사용됐을 것이다. 그러나 또 하나 간과할 수 없는 것은 그런 방식으로 치료받은 자를 내세우면서 10절에서 베드로가 말한 '나사렛 예수 그리스도의 이름'의 치유 능력과 효과를 드러내놓고 내세우는 측면도 있다. 즉 예수 이름의 권능과 유효성을 치료된 자의 실물로 과시하며 입증하고 있다는 점이다.

## IV. 산헤드린의 논의와 결과(행 4:15-22)

### 1. 백성의 태도와 사건 해석의 혼란

이어서 누가는 산헤드린의 구성원들이 사도들을 어떻게 처리할지를 두고 상의하는 모습을 그려준다.

> [15]그래서 그들은 두 사람에게 의회 바깥으로 나가라 명령하고 서로 의논하며 말하였다. [16]'이 사람들을 어떻게 하겠습니까? 그들을 통해 분명한 기적이 일어났다는 것은 예루살렘에 사는 모든 사람들이 알고 있고 우리도 이를 부인할 수 없습니다.'(행 4:15–16)

이 구절에서 성전 권력자들이 자기들끼리 나눈("그들은 두 사람에게 의회 바깥으로 나가라 명령하고 서로 의논하며 말하였다.") 은밀한 대화를 누가가 간파한 것으로 되어 있다. 심문 대상자들을 내보낸 뒤 벌어진 비공개회의(in camera)의 내용이 어떻게 저자에게 전달되고 이를 보고하게 되었는지를 묻는 것은 온당한 질문이 아니다. 그만한 '추측의 권한', 서술의 재량과 자유로움은 저자에게 확보되어 있기 때문이다.

그들의 의논 내용은 이렇다. 백성들이 기적이 일어난 일을 알고 있으니 그들을 의식하지 않을 수 없고, 그에 따른 적절한 행동을 취해야 한다는 것이다. 성전 권력자들이 백성들의 반응에 대해 신경 쓰고, 그들을 의식한다는 것은 그들의 반발과 저항을 두려워한다는 것이다. 이 모습은 사도행전 4장 21절에서도 나타난다. 누가는 권력자들과 백성들과의 이런 관계, 그 미묘한 신경전을 행간에 깔아 엿보게 한다. 누가는 권력자들 내부에서 논의되는 백성들을 향한 '힘'의 줄다리기, 적나라한 '힘'의 작용 양상과 움직임, 곧 그가 나름 파악한 '권력의 심리학'을 진술한 것이다. 비록 소박한 형태의 묘사이긴 하지만 권력자와 백성들 사이에 오가는 힘의 메커니즘에 관한 이해와 분석을 보여주는 셈이다.

16절의 묘사는 예루살렘 '백성들'이 기독교인들의 활동에 대한 태도를 엿보게 한다. 물론 본문이 교인들에 대한 백성들의 옹호나 거부의 태도를 명시적으로 보여주지는 않는다. 그러나 그들의 역할이나 존재가 사도들의 안위에 도움을 줌으로써 기독교인들에 대한 유대 백성들의 긍정적·호의적 태도[57]를 간접적으로 알려준다. 적어도 저자가 사도행전 2–5장에서 제시하는 인상은 그러하다. 그러나 이런 인상은 사도행전 기록이 진행되면서 변화하는 모습을 보인다. 스데반이 체포되고 순교당하는 사도행전 6–7장의 맥락 가운데 이런 변화가 감지된다. 특히 스데반을 잡아 산헤드린으로 끌고 가는(행 6:11–14) '선동당한 백성들'에 대한 적대적 묘사에서 이런 변화가 두드러진다. 이런 모습은 바울의 경우에도 마찬가지이다. 예루살렘 입경 후 성전에서 체포당한 바울을 향해 백성들이 보인 적의, 그의 죽음을 요구하는 적대적 태도(행 21:36, 22:22)를 상기한다면, 교인들에 대한 백성들의 호의를 일반화시켜 말하기는 어렵다. 다만 이곳 본문과 사도행전 4장 21절에서 '백성들'은 베드로의 석방을 위해 긍정적 역할을 하는 '호의적 그림'을 그려주는 것이 사실이라는 점에서 이들에 대한 평가가 긍정, 부정으로 획일적일 수만은 없다는 것을 일깨운다.

여기 제시된 16절 본문을 원문에 충실하게 바꾸면, '우리가 이 사람들에게 무엇을 할 것입니까?'이다. '우리가 무엇을 할 것인가?'라는 물음에는 산헤드린 구성원들이 가졌던 사도들을 처리하는 방식에 관한 당혹이 담겨 있다. 그 당혹의 내용을 정확히 짚어내기는 어려우나 일단 헤아려볼 수는 있다. 사실 산헤드린 구성원들은, 이미 사도행전 4장 2절에서 사도들의 '가르침과 예수 부활, 또는 부활 일반'을 선전했다는 이유로서나, 사도행전 4장 13절에 제시한 대로 '무식하고 보잘것없는 사람들'이 혹세무민(惑世誣民)했다든가, '처형된 죄수인 예수와 교류하며' 유대를 가졌다는 점 등을 트집 삼아 징계를 내리려 했던 듯하다. 그러나 이들은 장애인 치료에 깊은 인상을 받은 백성들(행 4:21)의 눈길 때문에 사도들을 제재할 수 없게 됐다는 것이다. 이 점에서 그들은 이러지도 저러지도 못하는 당혹과 좌절을 겪었을지 모른다. 즉 자신들의 의지대로 사도들을 징계할 수도 없고, 그렇다고 아무 일 없던 듯 이들을 방면(放免)하기도 스스로 민망한 자괴(自愧), 또는 낭패의 경험을 했을 수 있다. 이것은 백성들

57 행 4:21, 5:13, 26에도 드러난다.

의 눈을 잔뜩 의식하고 신경 써야 하는 자기들 나름의 답답한 무력감에서 비롯된 실망일 수 있다. 또 그런 방향으로 상황을 조성하여 결과적으로 자신들의 형(刑) 집행을 '방해하는', 백성들에 대한 분노나 노여움이 작용했는지도 모른다. 여하튼 그들이 사도들을 향해 '무엇을 어떻게 해야 할 것인지'에 관하여 일종의 '처벌에 얽힌 법 집행의 혼란'을 겪는 듯이 저자는 서술한다. '우리가 이 사람들에게 무엇을 할 것입니까?'라고 묻는 것은 그러한 복잡한 사정을 고려한 누가적 해석의 개입이었으리라.

여기서 권력자들이 베드로와 요한의 징계나 제재를 염두에 두거나 실제 구체적 처벌에 관한 논의를 시도하려는 것이 아님은 아래의 발언이 말해준다.

> '그들을 통해 분명한 기적이 일어났다는 것은 예루살렘에 사는 모든 사람들이 알고 있고 우리도 이를 부인할 수 없습니다.'(행 4:16b)

이 구절은 권력자들이 베드로가 행한 장애인 치료의 '사실관계'에 대해 이미 파악하고 있음을 알려준다. 치료기적이 실제로 벌어졌다는 '사실'은 '예루살렘에 사는 모든 백성들'과 이 심문에 참여한 자신들이 공히 인정하는 바이다. 누가는 심문에 참여한 자들, 그리고 예루살렘 주민 전체를 동원하여 그 사실성 인정의 '증인'으로 삼는다. '기적'이 벌어졌다는 점에는 모두가 동의한다. 그런데 그 기적과 관련하여 이를 '예수 부활'을 이루신 하나님의 능력의 표지로 파악하는 사도들과, 이런 이해를 부정하고 차단시키려는 산헤드린과의 대립이 있다. 이를테면 기적에 관한 '해석의 대립'[58]이라 부를 수 있는 형국이다. 그런 뜻에서 본문이 '기적'을 표현하면서 'sēmeion'(sign, 표시)이라 지칭한 것은 나름 의미가 있다. 비록 산헤드린 구성원의 발언을 통해 제시되긴 했지만, 예수 부활의 '표시'

---

58 Daniel Marguerat, *Les Actes des apôtres (1-12)*, 149.

로 그 기적을 이해하는 저자의 해석학적 전망이 그렇게 표현되었다고도 볼 만하다.

다만 문제는, 산헤드린 권력자들이 베드로의 치료기적을 인정하고, 기정사실로 받아들였음에도 불구하고 그를 여전히 처벌하려 했다는 점이다. 그들에게 기적 성취는 베드로를 응징하려는 의지에 아무 영향도 미치지 못하는 대수롭지 않은, 그저 '흔한' 것인가? 아니면 치유된 장애인이 곁에 서 있으니 기적 발생을 겉으로 인정하긴 했지만 실제로는 그것을 받아들이지 못했거나, 내심으로는 그 승인을 거부하고 사기나 거짓으로 의심하고 있었던 것은 아닌가? 또는 기적 행함은 엄청난 일이지만 사도들에게 모아졌던 혐의와 잘못이 워낙 중대하여, 그런 놀라운 행적이 있었음에도 불구하고 그 성과를 긍정적으로 고려하기 어려웠다는 것인가? 이런 궁금증에 관한 해답의 실마리를 남기지 않은 채, 저자는 기적 성취에도 불구하고 여전히 베드로를 벌주려는 권력자들의 시도만을 묘사한다.

흥미 있는 것은, 이 구절의 '(부인)할 수 없습니다.'(ou dunametha)라는 필연성의 표현이 20절['(말하지 않)을 수 없습니다.']에서도 동일하게 나타난다는 점이다. 마치 장애인 치료가 과거에 발생한 부정할 수 없는 명백한 사실이듯이, 산헤드린의 금지 명령에도 불구하고 베드로 자신이 미래에 펼치게 될 '보고 들은 것의 전파'는 앞으로 행하게 될 명백한 사건이요, 사실이 될 것임을 못 박듯 강조한다. 그렇게 하여 필연적 과거 사실과 필연적 미래 사명을 연관지어 선교적 과제의 당위성을 옹호한다.

## 2. 산헤드린의 대응과 사도들의 다짐

권력자들의 발언은 이어진다.

17 이것이 사람들에게 더 퍼지지 못하게 이 이름으로 아무에게도 말하지 말

도록 그들에게 경고합시다. [18]그런 다음, 그들은 그 둘을 불러 예수의 이름으로 절대로 말하지도, 가르치지도 말라고 명령하였다.(행 4:17-18)

누가의 본문이 보고하는 산헤드린 구성원들의 대응책은 다소 궁색한 면이 있다. 이들 시골 출신의 '보잘것없는 무지한 사람들'에게 구두 경고로 '예수 이름'으로 말하거나 가르치지 말라고 했다는 것이다. 백성들의 불만을 우려해서 그 같은 주의만 주고 방면했다는 것인데, 이것은 권력을 가진 민족 지도자들로서는 체면을 손상시킬 만한 조처이다. 당국자로서의 권위나 힘을 보여주지 못하고, 백성들을 의식하여 유명무실한 명령만으로 사태를 매듭지으려는 것이니 옹색한 모습이 아닐 수 없다. 어쩌면 기성권력의 위신이나 이미지 실추를 연상시킬 수 있는 대처이다. 자칫 공허한 명령을 한 번 내리는 것으로 체통을 살리려 했다는 인상을 갖게 한다. 누가가 이런 사정까지 미리 내다보고 그들에 대해 부정적 또는 냉소적 그림을 그려낸 것인지 단정할 수는 없지만, 적어도 권력자의 모습이 긍정적으로 채색된 것만은 아니다. 게다가 그들이 사도들을 '무식한 보통사람들'이라고 언급한 그 대목이 오히려 자신들의 체모(體貌)를 깎는 요소로 작용한 점은 아이러니라 할 수 있다. 비록 백성들의 눈길을 의식해서 그랬다 하더라도 그런 무지한 사람들조차 제대로 징계, 통제하지 못하는 권력자들이었는가라는 반문이 나올 수 있기 때문이다.

얼핏 보면 산헤드린의 설교 금지 조치는 매우 강경한 어조와 모양새를 갖춘 듯하다. "'이것이 사람들에게 더 퍼지지 못하게 이 이름으로 아무에게도 말하지 말도록 그들에게 경고합시다.' 그런 다음, 그들은 그 둘을 불러 예수의 이름으로 절대로 말하지도, 가르치지도 말라고 명령하였다."

여기에서 "예수의 이름으로 절대로 말하지도, 가르치지도 말라."는 산헤드린 당국자의 명령은 두 가지 측면에서 이해될 수 있다. 먼저, 사도들이 예수의 이름으로 행하는 어떤 발언들, 즉 일체의 말하고 가르치는 행위를 용납하지 않겠다는 뜻으로 읽을 수 있다. 아니면, 사도들이 '말하고 가르칠' 수 있어도 '예수 이름'으로는 하지 말라는 뜻으로도 읽을 수 있다. 지금껏 강조되고 관심을 갖게 만든 '이름', 또는 '예수 이름'에 관한 반복되는 언급을 감안하면 후자의 뜻으로 새겨야 할 것이다. 게다가 그들 권력자들이 비록 시골의 보잘것없는 사람들일지라도 단순히 '말하고 가르치는' 행위를 금지하거나, 그저 발언했다는 이유만으로 처벌할 수는 없을 것이기 때문이다.

권력자들의 대응을 묘사하면서, '경고하다'(apeilein), '절대로 말하지도, 가르치지도 말라 명령하다'(parrēggeilan to katholou) 등의 표현은 매우 엄중한 상황을 가리키는 듯하다. 성전 당국자들은 베드로 설교의 금지를 여러 형태로 강조하고 반복한다. 하지만 이런 엄중한 금지의 정도가 높아질수록 그에 비례하여 사도들의 대담함과 선교의 의지는 더욱 돋보이게 된다. 선교자들은 그러한 엄한 금지를 거스르면서 정열적인 활동을 펼치게 되기 때문이다. 산헤드린이 베드로 등에게 실제로 부과한 징벌이 없다는 점에서 어찌 보면 엄포에 불과하다고 말할 수 있다. 그러나 그들의 설교 금지가 그저 엄포에 그치는 것만은 아니었다. 사도행전 5장 27-28절에서 다시 사도들을 붙잡아 심문하며 이때의 경고를 환기시키고 있는 것을 보아도 알 수 있다. 그러면서 처음의 이 경고를 어기고 이들이 '온 예루살렘에 자신들의 가르침을 퍼뜨렸다.'고 지적한다. 그런 다음 사도들을 죽이려고까지 하다가 가말리엘의 만류로 다만 태형(笞刑)에 그친 후 다시는 예수 이름으로 말하지 못하게 한 후 놓아주게 된다. 물론 이 석방 이후에도 사도들의 선교는 전혀 멈출 줄을 모른다.(행 5:33-42) 사실 이런 종류의 설교 금지 경고는 애초부터 실현 불가능한 조치였다. 추후 사도행전 5장 41-42절에도 나타나지만, 그런 경고에 주눅이 들거나 움츠러들 사도들이 아님은 아래 이어지는 베드로의 답변에서 명백히 드러난다.

그러자 베드로와 요한이 대답하였다. '하나님 보시는 데서 하나님의 말씀

을 듣는 것보다 당신들의 말을 듣는 것이 옳은가 판단해 보십시오.'(행 4:19)

"하나님의 말씀을 듣는 것보다 당신들의 말을 듣는 것이 옳은가", 곧 신과 인간 사이의 주장에서 어느 편을 들 것인가의 판단 문제는 고대사회와 종교에서 흔히 발견되는 표현이다.[59] 대표적인 사례가 소크라테스의 경우임은 널리 알려진 바이다.[60] 하나님과 인간의 말 사이에 어느 쪽을 선택할 것인가? 그 판단을 당신들 권력자들이 해보라는 베드로의 발언은 흥미롭다. 이 표현의 바탕에는 자신들이 하는 말은 하나님으로부터 비롯됐고, 그분의 말씀을 따른다는 전제가 숨어 있다. 단적으로 말해 자신의 이해가 신적인 것이라는, 진리를 가진 자로서의 확신이 전제되어 있다. 그렇게 되면, 그 다음에는 당연히 산헤드린 구성원들에 대한 일종의 야유가 이어지는 셈이다. 즉 '우리를 체포해 놓은 당신들, 하나님 편이 아닌 당신들이 이런 심리와 판단을 할 수 있는 자격과 능력이 있는가? 당신들이 우리를 구금했다는 것은 이미 그런 판단력과 자질이 없다는 것을 입증한 것이나 다름없다.'라는 언외의 함축을 19절 표현이 담고 있다.[61]

---

59 이에 관한 여러 문헌들이 Daniel Marguerat, *Les Actes des apôtres (1-12)*, 148, n. 34에 소개되어 있다.

60 "아테네인 여러분, 나는 여러분을 좋아하고 사랑하지만, 여러분보다는 오히려 신에게 복종할 겁니다. 그래서 내가 숨 쉬고 있고 할 수 있는 한은 지혜 사랑하는 일, 여러분에게 권고하고 또 매번 내가 여러분 중 누구와 만나게 되든 그에게 명료하게 보여주는 일을 멈추지 않을 겁니다." 플라톤, 『소크라테스의 변명』, 강철웅 역 (서울: 이제이북스, 2014), 83(29d). 어쩌면 누가가 플라톤의 관련 글을 인지했을 수 있다고 보기도 한다. Craig S. Keener, *Acts: An Exegetical Commentary: 3:1-14:28*, vol. 2, 1161.

61 조금 더 나아가면 이런 명령을 사도들에게 하는 산헤드린은 눅 12:10에서 언급한 '성령을 거스르는 용서받지 못할 죄'를 범한 것으로 단죄될 수도 있다. 하지만 거기까지 소급하는 것이 지나치다 해도 이들에 대한 평가가 긍정적일 수는 없다. Cf. Odette Mainville, "Le péché contre l'Esprit annoncé en Lc 12.10, commis

이런 전제가 승인되면, '당신들이 감히 하나님께 대항하는 판단을 할 수 있겠는가?'라는 자신감도 표현되어 있을지 모른다.

우리는 보고 들은 것을 말하지 않을 수 없습니다.(행 4:20)

20절은 가깝게는 바로 이어질 사도행전 5장에서 이루어질 활동과 선포를 예기(豫期)하는 듯하다. 또한 베드로의 이 말은 그가 앞으로 펼쳐나가게 될 예루살렘과 유대 지역의 선교를 예고하는 의미를 갖는다. 일종의 출사표 또는 출정 선언이라 일컬을 수 있는데, 이런 다짐과 사명의식을 갖고 누가의 베드로는 저자의 이어지는 글 속에서 기독교 선교의 전위 역할을 하게 된다. 이런 선교는 베드로 한 사람의 독립적 노력이 아니라 '베드로와 요한'이 포함된 '우리'의 집체적 노력에 의해 성취된다는 저자의 인식이 깔려 있다. 그런 인식이 본문에서 베드로가 복수 형태의 '우리'를 주어로 선택하여 발언하게 했을 것이다.

베드로의 "우리는 보고 들은 것을 말하지 않을 수 없습니다."라는 답변은 산헤드린의 명령에 따를 수 없다는 명백한 거부의사를 밝힌 것이다. 본문은 이같이 명령을 거부하는 답변을 듣고도 산헤드린은 사도들을 즉각 응징하거나 반박하지 않은 것으로 묘사한다. 누가는 21절에서 "모든 백성들이 그 벌어진 일로 인해 하나님께 영광을 돌렸기 때문"에 사도들을 즉시 징계하지 않은 것처럼 진술한다. 이것을 '명령과 불복'의 시각으로 좁혀서 보면 이런 대응이 자연스럽지 않을 수 있지만, 저자의 서술상의 논리에 입각해보면 그 나름 상당한 사유가 있다고 평가할 수 있다. 즉 주변 백성의 눈길을 의식한 선택이었다는 것이다.

사실 누가 당시(주후 80년대 중반) 예루살렘이 완전히 파괴된 전후(戰

---

en Ac 4.16–18: Une illustration de l'unité de Luc et Actes," *New Testament Studies* 45 (1999): 38–50.

後, 66-70년 이후) 상황에서 산헤드린 유대권력에 대한 '반대'의 뉘앙스를 본문에 담아내었다 해도 현실적으로 크게 문제시될 이유는 없었다. 이미 산헤드린은 존재하지 않았고, 유대권력은 과거 역사 속에서만 존재하는 시점이었기 때문이다. 그러나 누가는 베드로와 산헤드린의 관계를 서술하면서 노골적인 저항과 항의를 표현하진 않는다. 다만 매우 온건하고 절제된 어투로 자신들이 '보고 들은 것을 말하지 않을 수 없다.'는 명령 거부의 의사를 비교적 완곡하게 진술하고 있을 뿐이다. 이것은 어쩌면 누가가 유대전쟁 이후 당시 유대인이 가졌던 아픈 역사와 기억에 상처를 줄 수 있는 적나라한 표현은 피하고자 한 배려, 그리고 유대인의 전통적 기관에 대한 명시적 정면 거부로 그들을 자극할 필요가 없다는 인식이 작용했을 것이다.

산헤드린은 결국 위와 같은 베드로의 발언을 듣고 베드로와 요한을 석방한다.

> [21]그들은 이 두 사람을 다시 위협하고 놓아 주었다. 이것은 모든 사람들이 그 벌어진 일로 인해 하나님께 영광을 돌렸기 때문이다. [22]이 기적으로 병이 나은 이는 마흔 살이 넘은 사람이었다.(행 4:21-22)

베드로의 설교와 석방 사이에 벌어졌던 자세한 사정은 진술되지 않는다. 다만 간략하게 모든 백성이 기적으로 인해 하나님께 영광을 돌리는 상황 때문에 두 사람을 풀어주었다는 보고만을 전할 뿐이다. 그러면서 그들은 사도들을 '위협하고' 석방했다는 말을 덧붙인다. 저자에 의하면 백성들은 '그 벌어진 일로 하나님께 영광을 돌렸다.'고 한다. 이 말에는 누가가 은밀히 담아놓은 산헤드린 종교지도자들에 대한 야유와 상황의 역전(逆轉)이 있다. 베드로와 요한처럼 '보잘것없는' 종교적 지배체제 바깥의 방외(方外)인들을 통해서 사람들이 '하나님께 영광'을 돌린다. 그러나 유대종교의 권력체제 안에서 '하나님께 영광'을 돌릴 것으로 기대되던 정통적 내부자들은 '하나님의 말씀에 순종하려는 이들'(행 4:19-20)의 '입을 막고'(행 4:18), '처벌하려 하며, 위협한다'(행 4:21). 무지한 국외자들은 본래의 종교적 이상에 충실하고, 종교적 엘리트들은 그 이상과 당위로부터 멀어지는 모습을 통해 그들이 맡은 역할 또는 그들의 전략을 엿보게 된다. 일종의 아유요, 역전 상황이 아닐 수 없다.

누가가 왜 이 부분에서 치료된 장애인의 나이를 밝히고 있는지를 알기는 어렵다. 앞서 치료 장면에서 저자가 그의 나이를 밝힐 수도 있었는데 그렇게 하지 않았다. 이것은 어쩌면 장애인 치료와 관련된 모든 이야기를 정리하면서, 그가 이런 치유나 심지어 상태의 호전 같은 것도 기대하기 어려운 '고령'[62]임에도 불구하고 치유를 받았다는 점, 이런 고령자의 사십 평생에 걸친 장애를 치료했다는 기적의 경이로움 등을 마지막으로 강조하며 장애인 치료 이야기를 마감하려 했는지도 모른다. 혹은, 누가가 장애인의 나이를 언급함으로 독자들에게 장애인 생애의 비극성을 다시 숙고하게 만드는 측면도 있었을 것이다. 장애인 만남 장면에서부터 치료 이야기의 마지막 부분이라 할 수 있는 나이 언급에 이르기까지, 이야기가 길어지면 길어질수록 이들 사건 발생의 장본인이라 할 장애인 본인에 대한 동정과 관심의 정도도 커지게 된다. 이때껏 그가 이어온 길거리 구걸과 평생의 가난, 사회로부터의 배척과 소외, 육체적/정신적 고통 등, 한마디로 그의 비극적 인생 자체에 대한 상념을 '마흔이 넘은 나이'를 얘기하며 독자들과 함께 나누고 싶었는지도 모른다. 나이를 언급하는 것

62 당시의 평균연령이나 수명 등을 정확히 산정하기는 어렵다. 그러나 40세 이상의 나이는 그 시대인의 감각에 비추어 상당한 고령이었을 듯하다. 옛 사람의 수명에 관한 조사의 한 예를 들면, 비록 비명(碑銘) 등의 제한된 자료들을 통한 논의이긴 하나 고대 그레코-로만 세계의 평균수명이 20-35세밖에 되지 않았으리라는 주장도 있다. Walter Scheidel, "3. Demography," in *The Cambridge Economic History of the Greco-Roman World*, ed. by Ian Morris, Richard Saller & Walter Scheidel (Cambridge, UK: Cambridge Univ. Press, 2007), 38-86. 여하튼 상대적으로 고대인의 수명이 그리 높지 않았으리라는 추측은 가능하다.

은 그의 비극적 생애가 무려 40년 이상 이어져 왔다는 점을 환기시키면서 그 삶의 비참함과 고통의 무게를 주목하게 한다.[63] 그가 살아온 삶의 비극성을 통절히 기억하게 했다는 것이다. 동시에 그러한 그의 비극과 고통을 부활한 예수가 끝장내었다는 경이로움을 새삼 되새기려 했을 것이다.

이 이야기 단락을 마치면서 장애인의 존재를 나이와 함께 언급했다는 점은, 그의 치료를 통해 산헤드린이 개입하게 됐고, 베드로의 감금이 이뤄졌으며, 심문과 답변 등의 전체 서사가 전개되었다는 것, 곧 장애인의 치료가 이야기 서술의 근본적 기초와 뼈대를 이루고 있다는 점을 저자가 확실히 인식하고 있음을 보여준다.

## V. 결어

### 1. 사도들의 첫 좌절: 대결의 원형

지금까지 취급한 사도행전 본문들은 예수의 부활과 승천 이후 기독교운동이 직면한 최초의 적대적 관계를 보여준다. 사도행전 4장은 산헤드린이 초기 교회지도자들을 체포, 억류한 것에 관한 보고를 기록한다. 베드로와 요한을 구금하고 사도들을 가둔 것이다. 이것은 기독교 출범 이후 지상의 권력기관이 기독교인들을 향해 벌인 최초의 개입이었다. 이런 물리적 억압이 초기 지도자들의 선교활동을 방해하고, 그들을 주저앉게 할 수 없었다. 그들은 이런 박해를 무릅쓰고 선교에 매진한다. 박해가 사

63 Cf. 막 5:25의 혈루증 앓는 여인 치료에서 고생한 햇수를 '열두 해'로 밝히는 것도 그 기적의 놀라운 위업, 고통의 심대함을 강조하려는 의도가 작용했을 것이다. 요 9:1의 '나면서 눈먼 자' 치료 역시 마찬가지이다.

도들을 제어할 수 없었다는 누가의 메시지는 강렬하다. 그러나 그 위에 얹어진 또 하나의 메시지가 있다. 그것은 권력자들이 사도들을 가두듯이 '말씀'을 가두고, 방해하여 그 전파를 막으려 했지만 막을 수 없었다는 점이다. '말씀'을 막아 그 전파(傳播)를 방해하려는 적대자들의 의도를 뚫고 말씀은 인간의 감옥을 벗어나 퍼져나간다. 누구도 사도들을 막을 수 없듯이 말씀 선포를 막을 수 없다. 이것이 누가의 전언이다.

이렇듯 기독교 초기 지도자인 베드로, 요한의 체포와 석방은 사도행전의 기록 중 기독교인들 가운데서 발생한 체포, 석방의 첫 번째 사례로 기억된다. 그런데 기독교의 첫 번째 대적자들로 나타나는 인물들은 성전 지도자들이다. 그들이 초기 기독교 지도자에게 적대적이었던 이유가 사도행전 4장 2절에서 제시된다. 그것은 성전 권력자들이 보기에 보잘것없는 무지한 보통사람들이, 자신들이 처벌한 예수를, 그것도 그의 '부활'을 선포했다는 점이 적대성의 표면적 이유로 제시된다. 아직 드러나지 않은 기독교의 잠재적 도전이나 부담이 고려되지 않은 상태의 적대 이유이지만, 거기에는 유대교와 기독교가 장차 겨루게 될 '대결의 원형'이 반영된 흔적이 있다. 성전 주변 지식인들과 종교 엘리트들이 주도해온 유대종교의 기본 틀이 이제 '무식한, 보통사람들'의 대중적 종교운동에 의해 흔들리고 도전받게 될 가능성이 시사되고 있음을 간과할 수 없다. 또한 기성종교와 성전체제에 대한 비판과 혁신의 주장을 이어온 예수, 그의 정신과 활동을 계승하는 기독교 추종자들은, 본질적으로 산헤드린 배후의 기존 지배세력에 대한 대립의 태도를 가질 수밖에 없었을 것이다. 이런 태도가 결국 첫 번째 초기 교회지도자들에 대한 억압을 가져왔을 것이고, 그것은 추후 이어질 긴장 국면의 상징적 예시가 될 수 있었다. 게다가 예수의 '부활'이라는 실제로 수용불가한 주장을 해나가는 추종자들에 대해 성전지배층인 사두개인들의 혐오와 반감은 상식적으로도 예견되는 것이다. 그래서 이 만남이 갖는 대결의 구조적 성격과 특성을 주목하게 만든다.

이 투옥을 시작으로 사도들, 특히 베드로의 선교는 수난이 따르는 힘든 여정이 된다. 이로써 예수가 누가복음 21장 12절에서 말한, '그의 이름 때문에 박해와 투옥과 출두'를 경험하게 될 것이라는 예언을 이루게 된다. 또한 비록 사후(事後)이긴 하지만, 복음서의 베드로가 예수를 향해 '감옥에도, 죽음의 자리에도 주와 함께 가기로 준비되어 있다.'던 다짐(눅 22:33)이 뒤늦게 부분적으로나마 실현된다는 점도 기억할 만하다.

## 2. 베드로의 권위와 기독교의 권위

사도행전 4장 7절에서 산헤드린 당국자들이 '무슨 권위와 누구의 이름으로 이런 일을 행하는가?'라는 질문을 하는데, 그 물음에 대한 답변은 단호하다. 예수의 권위와 이름으로 이런 일을 행했다는 것이다. 그러나 이제 이후로는 예수의 이름을 통해, 그의 이름을 거쳐, 그의 권위 아래서 마침내 베드로 자신의 권위로 그런 놀라운 일들을 행하게 된다는 것을 누가는 암시하는 듯하다. 권력자들은 사도행전 4장 13절에서 베드로를 '배운 것 없는 보통사람'으로 폄훼한다. 이런 격하가 오히려 그의 권위를 강화하는 측면이 있다. 단순히 어느 누구를 가리켜 '보잘것없는 무지한 자'라고 단발성으로 일방적으로 행하는 비판은, 맥락도 없이 그 말 자체만 던져질 경우 폄하의 대상에게 부정적 인상을 준다. 그러나 장애인을 치료하여 사람들로 하여금 '하나님께 영광을 돌리게'(21절) 만든 사람에게 이 말이 던져졌다면, 그 말은 모욕이 되기보다는 존경과 경외의 근거가 된다. 아무것도 배우지 못한 이가 그런 경이를 행했고, 보잘것없는 '보통사람'이 그 같은 기적을 행한 것은 기적 못지않은 놀라움일 수 있기 때문이다. 더구나 그런 사람이 '배움'을 거론할 정도의 인상적 연설을 할 수 있었다면 이는 더욱 놀라운 일이었을 것이다. 그러므로 이런 기록을 통해 베드로에게 존경이 모아지고, 그의 위상과 권위가 강화되는 것은 당연한 일이다. 게다가 '은과 금'이 없다(행 3:6)고 말하면서 스스로 빈한함을 공언할 정도의 베드로였으니 그와 동료는 남루한 행색이었으리라는 점은 당연하다. 그렇다면 '무식하고, 보잘것없는, 남루한 차림의 시골 출신 어부'가 그같이 담대하게 산헤드린 사람들과 대화하고, '대결하는 듯' 한 이 장면이 베드로의 권위를 드높이게 됨은 자연스러운 일이다.

이처럼 '무지하고 무력한 사람들'이 최고 배움을 자랑하는 산헤드린의 '유식한 유력자들'을 침묵시킨다.(행 4:14) 무식하고 힘없는 이들은 '발언하고'(13절), 지식 있는 권력자들은 '침묵한다.'(14절) 이 대조와 아이러니는 누가 시대 기독교인 독자들을 통쾌하게 할 뿐 아니라, 베드로의 위상을 더욱 공고히 한다. 이런 권위 강화의 기조는 이미 사도행전 4장 3절에서 사도들의 말을 듣고 믿은 사람 수를 남자 어른만 약 5,000명이었다고 하며, 베드로의 설교가 갖는 강력한 영향력을 통해 전조를 보인 것이고, 그 이전의 장애인 치료와 설교 등을 통해서 이미 강조되었던 사실이기도 하다.

누가의 글 속에서 베드로의 권위를 드높이게 한 진정한 원인은 그의 근본적 두 활동에 있다. 그가 장애인 치료를 행하는 경이로운 모습, 그리고 시골 출신의 비겁한 겁쟁이(눅 22:57-62에서 보여준 한심한 행태)가 돌연 변화하여 담대한 발언들을 행하는 놀라운 모습들이 그가 쌓아가는 새로운 권위의 초석들이다. 그리하여 비록 체포, 억류되어 하루를 지내고, 산헤드린 앞에서 심문을 당하는 모습이 표면적으로는 눌리고 끌려다니는 인상으로 보이지만, 실상은 그러하지 않았음을 충분히 간파할 수 있게 하였다. 누가가 그려내는 상황의 실질적 주인공은 산헤드린 권력자들이 아닌 베드로였다는 것이다. 장애인 치료 장면이나 그 이전 장면에서도 그러했지만, 특히 이 산헤드린 앞 장면에서도 대담하고 늠름히 발언하는 이는 베드로이다. 능동적·적극적으로 자신의 견해를 피력하고, 침묵을 명령하는 권력자들 앞에서 '보고 들은 것을 말하지 않을 수 없다.'는 거부 의사를 분명히 밝히는 이도 베드로이다. "하나님 보시는 데서 하나님의 말씀을 듣는 것보다 당신들의 말을 듣는 것이 옳은가 판단해 보라."고 맞서는 사람도 베드로이다. 베드로가 상황을 실질적으로 장악하고 있고, 그가 이 박해 상황을 주도하는 인물로 그려지는 것이다. 이런 발언과 행동들이 그려놓는 베드로의 초상은 기독교 발생기에 우뚝 선 지도자, 든든히 다져가기 시작하는 지위와 권위의 인물이다. 하지만 이렇게 구축해가는 것이 베드로 자신만의 개인적 위상과 권위만은 아니다. 베드로의 권위뿐 아니라, 이제 공고해지기 시작하는 기독교의 이미지와 기독교 자체의 권위가 처음 등장하는 신생 종교지도자의 권위와 함께 동시에 굳건해지고 있다는 것이다.

### 3. 장애인 치료와 예수 부활: 예수 부활 확증과 구원

베드로와 요한이 체포되어 산헤드린 앞에 서고, 거기서 심문을 받으며 증언하는 본문의 전체 내용은 오직 한 가지 목표를 향한다. 그것은 예수의 이름을 드러내고, 예수의 부활을 강조하는 것이다. 이런 메시지 선포를 위한 저자의 모색과 추구는 서술의 긴 호흡 가운데 일찍이 간직되어온 것이다. 오순절 사건과 이어지는 베드로의 설교까지 거슬러 가지 않더라도, 지체장애인 치료로부터 시작해서 이야기의 흐름이 보다 밀접히 연관된다. 물론 장애인 치료가 지닌 그것 자체의 의미와 중요성은 분명하다. 따라서 치료 사건 자체를 다각도로 상세히 분석하는 일은 뜻깊다. 하지만 그것 못지않게 주목해야 할 것은, 장애인 치료 이야기가 가리키는 논지이다. 그것은 예수 부활에 관한 강조이다. 장애인 치료 이야기는 예수의 부활 사실을 강력히 지목하고 있다는 점을 중시한다면, 그 치료가 사실은 예수 부활 주장을 뒷받침할 논거요 입증자료이며 증명이라는 누가의 이해가 배후에 깔려 있다는 것이다.

부활한 예수가 장애인을 '구원하였듯'(sōzein, 행 4:9), 부활한 예수는 모든 다른 사람도 구원하신다. 본문 단락에서 '예수 부활, 예수의 이름, 구원'이 반복적이고 중층적으로 되풀이 표현되고 있는데, 이는 저자의 의도적인 수사적 강조로 이해된다. 장애인 치료를 예수 부활과 연결시키고, 부활한 예수의 이름을 구원과 연관짓는 누가의 노력은 의도적 구도 안에서 이뤄진 것으로 보아야 한다. 장애인의 치료('구원'—9절)는 누가가 지향하는 보다 넓은 차원의 구원, 즉 회개와 사죄와 인간의 총체적 구원을 묶는 사도행전 4장 12절("다른 어떤 이로부터도 구원을 받을 수 없습니다. 하늘 아래 우리가 구원을 받을 만한 다른 이름이 인간들 가운데 주어진 적이 없습니다.")에서 말하는 '그 구원'을 상징하는 구실을 한다. 좀 더 나아가면 치료된 장애인은 예수의 이름으로 이룩된 구원 자체를 지시하는 '움직이는 상징' 역할을 한다고 말할 수 있다.

## 4. 요한의 침묵

저자는 사도행전 4장 1절에서 '그들'(사도들, 아마도 베드로와 요한)이 사람들에게 말하고 있었다고 한다. 베드로는 발언하고, 주장하며, 뚜렷한 인상을 심어주는 주인공 역할을 수행한다. 그런데 베드로와 동행한 요한의 이름은 언급되지 않는다. 사도행전 3장 1, 3, 4, 11절에서 베드로와 함께 그의 이름이 등장했기 때문에 사도행전 4장의 이 장면에서도 요한은 그와 같이 서 있었을 것이다. 이 점은 사도행전 4장 13, 19절에 그의 이름이 확실히 제시되고 있다는 사실에서 분명히 드러난다.[64] 베드로의 동역자 요한은 산헤드린에 출두하는 장면에서 '그들'이라는 대명사 속에 숨어 있다. 또한 위에 열거한 이름이 등장하는 장면에서도 요한은 다만 이름만 거명되었지 아무 발언도, 행동이나 동향도 소개되지 않는다. 어찌 보면 베드로의 '침묵하는 동료'라는 별명으로 불려도 이상하지 않다. 그럴 정도로 굳이 그의 존재나 그의 이름이 언급되지 않아도 되는 상황

---

64 요한과 베드로의 동행 및 동역은 행 8:14에서 두 이름이 동시에 언급된 것에서도 엿볼 수 있다.

인 듯한데, 그럼에도 저자는 그를 아주 묵살하지는 않는다. 그렇다면 저자의 눈에 베드로 곁 요한의 존재는 완전히 생략될 수는 없고, 그렇다고 뚜렷이 부각시킬 수도 없는 인물이었을 수 있다. 베드로를 돋보이게 하기 위해, 또는 중요 '사건 라인'의 전개를 위해 어쩔 수 없이 요한의 활동과 발언은 축소 또는 생략될 수밖에 없었을지 모른다. 그래서 요한은 구속사 전개의 '매크로 역사'의 묘사대상에서 밀려 짐짓 침묵 속에 존재하는 듯한 인물로 베드로 곁에 소리 없이 서 있던 '주요 동료'였던 것 같다.

비록 베드로의 역할을 강조하기 위해 어쩔 수 없이 그늘에 묻어두었지만, 요한이란 이름은 초기 기독교 전개에서 묵살하거나 지워버릴 수 없었던 주요 활동가였으리라는 점을 기억해야 할 듯하다. 이런 요한의 존재는 누가의 '역사 기록'에서 명부 등재의 영예를 입지 못한 중요한 인물, 덜 중요한 인물, 평범한 인물, 잊혀진 허다한 인물들을 대변하고 상징한다. 이름 거명마저 받지 못한 익명의 선교자, 신도들을 대신하여 은닉과 드러남의 중간 지역에서 자기 존재를 드러내면서 동시에 감추고 있는 요한의 위치는 그런 뜻에서 의도적 고려의 대상이 되어야 마땅하다. 그는 베드로가 가졌던 권위와 위상을 함께 누리지 못했지만 언제나 베드로 곁을 지킨 '기억되어야 할' 지도자였음을 누가는 환기시킨다.

제2장

# 베드로 석방과 신도의 기도

**사도행전** 4:23-31

## I. 서언

누가는 오순절 사건 이후 베드로가 행한 지체장애인 치료에 관해 매우 상세히 서술한 바 있다.(행 3:1-10) 그 후 솔로몬 행각에서 베드로가 전한 설교 장면(행 3:11-26)을 묘사한 다음, 저자는 신자들에게 처음 닥친 위기를 소개한다. 베드로와 요한이 성전 당국자들에게 체포되어 억류되는 상황을 맞이한 것이다.(행 4:1-3) 그런 연후, 이들은 산헤드린 앞에서 심문을 받는다.(행 4:5-7) 베드로의 소위 '1차 산헤드린과의 충돌'이 발생한 것이다.('2차 충돌'은 행 5:27 이하) 산헤드린에서 질문과 답변이 오가면서 베드로의 설교(행 4:8-12)가 이어진 다음, 권력자들의 논의를 거쳐 사도들에 대한 선포 금지 위협이 가해진다.(행 4:13-18) 베드로와 요한은 그 위협에도 불구하고 잠잠치 않으리라는 선언을 했고, 그럼에도 그들은 석방된다.(행 4:19-21) 이렇게 석방된 사도들은 동료들을 찾아나서고, 새롭게 신도들과 만나는 장면이 이뤄진다. 사도들의 억류와 석방 이전에 발생한 여러 가지 사건들과 발언들의 선행(先行), 그 인과율적 계기(繼起)의 결과가 초기 신도들의 영접으로 이어지는 것이다. 사도행전 4장 23절 이하에서 신도들이 사도들의 석방을 환영하고 기도하는 모습은 누가의 독자에게는 기독교 선교 역사상 '최초 승리의 순간'으로 기억된다. 이 장(章)에서는 사도들이 위기 상황을 벗어난 다음 보여준 초기교회 신자들의 반응에 관한 누가의 기록을 탐구한다. 그들의 반응은 '신도의 기도'로 특징된다.

## Ⅱ. 석방과 모임의 기도

### 1. 최초의 수난과 신도의 동질성

#### 1) 가족적 일체성

사도들이 석방된 후 이어지는 장면은 신도들의 '모임' 상황이다. 이 모임은 베드로와 요한이 먼저 교인들을 찾아나선 후에 이뤄진다.

> 그들이 풀려나자 동료들에게 가서 대제사장들과 장로들이 한 말을 모두 알렸다.(행 4:23)

베드로와 요한은 구금과 산헤드린의 심문을 겪고 '풀려나자 동료들에게 갔다.' 예루살렘에 교인공동체가 존재했다는 것, 그리고 그들이 모여 있는 정황을 전제로 사도들은 그들 모임에 합류한 것으로 묘사된다. 그들이 '가족'이나 친지를 찾지 않고 먼저 교인들에게 갔다는 것은 이미 그들의 활동이 공적 성격을 띠고 집단적 움직임에 발 들인 '공동체적 상황'을 전제한다. 사도들의 활동과 정체는 사인(私人)으로서의 사사로운 성격을 넘어서 기독교적 공동체 의식 아래 규정되고 있음을 엿볼 수 있다. 여기서 '동료들'이라고 번역한 단어(hoi idioi, their own)는 흔히 '기독교인 공동체' 일반을 일컫는다. 하지만 이런 일반적 이해에서 한 걸음 더 나아가 이들을 베드로와 요한을 비롯한 다른 '동료 사도들', 즉 '사도단'이라고 추정하는 주장이 있다.[1] 그 근거로 꼽는 것은, 아래에 이어질 기도 내용이 말씀 선포의 '담대함', 즉 사도적 '선포'를 위한 용기를 연원(淵源)으로 하고 있고(29절), 기도가 응답되어 성령 충만하여 '말씀을 담대히 전했다.'는 것(31절)도 사도성과 관련이 있으며, '표적과 놀라운 일들이 일어나게 해달라'(30절)는 요청 등은 기도드린 무리가 '사도의 동료들'로 규정될 때 더 잘 이해될 수 있다는 것이다.[2]

이런 주장에는 나름 일리가 있다. 그러나 누가의 시간 및 역사 감각에서 기독교 탄생의 첫 마당인 이 시점에 '사도단'이라는 집단 지도체제의 존재를 상정하고 이런 기록을 남겼으리라고 추정하기는 어려울 듯하다. 더구나 누가가 특별히 '사도단'이라는 집단만을 특정하여 언급한 사례를 찾기가 어렵기도 하다. 비록 그런 복수의 '사도들 그룹'이 있었다 하더라도, 석방된 베드로와 요한이 그들만 배타적으로 모인 장소에 출현했다기보다는, 여타 지도급 사도들과 일반 신도들을 포함한 넓은 '교인 그룹, 신자 동료들'이 모인 자리에 등장했다고 보면 무난할 것이다. 추후 그런 신도 그룹을 사도행전 5장 11절에서 누가는 '교회'라 칭한다. 피츠마이어는 여기 언급된 사람들이 신도들 일반, 곧 '전체 기독교 공동체'로 이해될 경우, 누가의 논리상 모두 8,000명(행 2:41의 3,000명, 행 4:4의 5,000명)이 모였다고 추정해야 되니 그럴 가능성은 희박하다고 보고, '친구들'이 모였으리라고 추측한다.[3] 하지만 누가가 말한 '8,000'이란 숫자

1 Jacques Dupont, "La Prière des apôtres persécutés (Actes 4,23–31)," in *Etudes sur les Actes des Apôtres* (Paris: Cerf, 1967), 521–522에 이런 주장자들이 열거되고, 그 논의가 제시된다.

2 이것들 외에 Dupont은 몇 가지를 더 첨부하는데, 이를테면 '주님'(24절)과 '종들'(29절)의 지칭은 상관관계가 있고, 그것은 '사도들' 자신과 '주님'과의 관계를 고려한 호칭이라는 것 등이다. *Ibid.*, 522.

3 Joseph A. Fitzmyer, *The Acts of the Apostles: A New Translation with Introduction and Commentary*, 307.

에 문자적으로 접근하는 것은 기독교 태동 첫 순간의 인원을 과장한 기록을 지나치게 문자적으로 이해한 것이 된다. 따라서 그처럼 많은 인원을 상정하기는 힘들다. 게다가 모인 이들을 가까운 '친구들'로만 한정하는 것도 지나친 축소로 볼 수 있다. 그저 당시 모일 수 있었던 '신도들 전체'(그 숫자를 짐작하기는 어려우나, '동료들'로 새길 수는 있을 듯)가 모였으리라고 추정하는 게 옳을 것이다.

이처럼 '동료들'이라 새긴 원문 표현(hoi idioi)은 흔히 '가족구성원'을 가리키는 것으로 알려지고, 사도행전 24장 23절에서도 그런 용례로 사용된다. 이를테면 가족적 유대와 동질성을 표현하는 말을 신도들에게 적용한 것이다. 사도들과 신도들 사이의 밀접한 관계와 친밀함을 그 같은 묘사에 실어놓은 것이다. '가족'을 연상시키는 이미지는 본문 맥락에서 두 가지 뚜렷한 모습으로 제시되는데, 신도들이 '한마음으로' 기도하는 모습(24절), '한마음과 한 뜻으로'(32절) 가진 재물을 나누는 모습 등을 특징적으로 꼽아볼 수 있다. '동료들'로 옮기긴 했지만 그 의미는 가족적 친밀성과 유대를 갖는 특별한 관계를 포함하는 것으로 이해해야 한다. 그러므로 사도들이 '풀려나자 동료들에게 갔다.'는 표현 속에는 그들의 석방에 가족 같은 '동료들'이 참여하고, 하룻밤의 고난에 사도와 신도가 정신적 일체로서 함께했다는 동질성의 강조가 담겨 있다.

사도들이 석방 후 친 가족에게 찾아간 것이 아니라 신도들을 찾아갔으며, 석방된 사도들을 영접한 이들이 가족적 동료들이라는 것은 이 두 그룹 사이의 일체성, 합일의 정도가 얼마나 강력한지를 암시한다. 이런 일체성이 가시적으로 확인되는 것이 사도행전 4장 32-37절에서 신도공동체가 나눈 물질을 유무상통(有無相通)하는 모습이다. 이것은 사도행전 5장 1-11절의 아나니아와 삽비라 부부의 비극적 사건에서도 역설적으로 확인된다. 그 부부의 비극이 오히려 신도들의 가족적 동질성을 반증하는 것이다. 이 부부의 죽음을 가족과 같은, 또는 가족보다 더 친밀한 동료들을 저버린 이들에 대한 징벌로 이해할 수 있기 때문이다. 이처럼 사도들이 석방 후 향한 곳이 신도들이 모여 있던 '특정 장소'[4]로 이해된다면, 그것은 후기 누가 시대의 '가정교회'와 같은, 어쩌면 초기 교인들의 정규회합의 이미지가 시간을 거슬러 투사된 것인지도 모른다. 그것은 유대교의 '성전 공간'과 비교 또는 대립되는 기독교의 '독자적 공간'을 시사할 수도 있고, 성전으로부터 교회로의 공간적 전이(轉移)를 상징하는 말로 읽힐 수도 있다. 아니면, 역으로 공간 전이로 표상되는 성전으로부터의 기독교의 점진적 이탈을 상징할 수도 있을 것이다.

사도행전 4장 23절은 초기 기독교에서 사도들과 신도들 사이의 가족적 친밀성, 곧 '일체화'의 모습을 보여주는 상징적 묘사이다. 그 계기는 사도들의 구금과 심문, 곧 그들의 물리적 어려움, 고난이었다. 적어도 누가의 사도행전 기록에서 기독교인 또는 교회공동체가 겪은 '최초의 고난'은 이 장면으로 각인된다. 물론 이것이 사도들에게 결정적인 신체의 위해나 극심한 물리적 훼손, 또는 고통을 부과하지 않았을 수 있다. 그런 극한 고통이 없었을지라도, 베드로와 요한이 겪은 이 경험은 저자가 기록한 '기독교 발생 역사'에서 신도들이나 지도자가 겪은 초유의 고난이요, 위기의 공유라는 점을 간과할 수 없다.

그렇게 동료들에게 간 사도들은 그간 겪은 경험, 특히 "대제사장들과 장로들이 한 말을 모두 알렸다."라고 한다. '대제사장들과 장로들'이라 지칭한 것은 산헤드린 구성원들을 요약해서 부른 일반적 통칭이라 할 것이다.[5] 따라서 그 만남이 산헤드린에서 있었던 일들에 관한 일종의 경과보고요, 사건 전말에 관한 상세한 소식을 전하고 나누는 것을 포함했겠지만, 단순히 활동보고로만 규정짓기는 어렵다. 그것은 시련을 극복하고 나타난 사도들의 '출현 자체'가 갖는 승리의 상황이 전제되어 있다. 다시

---

4 어쩌면 'hoi idioi'라는 말에 이런 공간적 함축을 담아낼 수도 있을 것이다. 이를테면 '그들만의 장소'라는 뜻으로.

5 Cf. Charles K. Barrett, *A Critical and Exegetical Commentary on the Acts of the Apostles*, vol. I, 223, 243.

말해, 신도들이 산헤드린 권력자들과의 문답 내용을 전달받았다는 것은 그들의 고압적 자세나 위협, 고난에 사도들이 고개 숙이거나 주눅들지 않고 담대히 답변했던 심문 상황을 전달받았다는 것이고, 그것은 사도들의 실질적 승리 소식을 듣고 나눴음을 뜻한다.

### 2) '한마음으로': 모임의 동질성

누가는 함께 모여 있던 신도들이 사도들이 전하는 말을 듣고 기도했다고 한다.

> 동료들이 그 말을 듣고 한마음으로 하나님께 소리 높여 아뢰었다.(행 4:24a)

신도들이 '한마음으로' 기도했다는 합일과 일체의 표현은 사도행전에서 여러 차례 발견된다. 'homothumadon'(한마음으로, 한 뜻으로)이라는 말은 신약성서에서 로마서 15장 6절을 제외한 나머지 용례 10개가 모두 사도행전에서만 사용된다.(행 1:14, 2:46, 4:24, 5:12, 7:57, 8:6, 12:20, 15:25, 18:12, 19:29)[6] 이중 사도행전 7장 57절, 12장 20절, 18장 12절, 19장 29절을 빼고 나머지는 '예배나 모임, 기도, 또는 기적 상황'에서 묘사된다. 한마음으로 행한 기도야말로 성령이 교인 사이에 실제로 현존했다는 증거로 파악될 수 있는 표현이다. 본문 문맥의 연결선상인 사도행전 4장 31절, 5장 3, 9절에서 성령의 존재가 되풀이 언급되고 있음은 이 점을 입증한다.

특히 주목되는 것은 이 말을 '모임'의 단일성, 열정을 표현하는 데 활용한 경우이다. 저자는 이곳 사도행전 4장 24절과 같이 오순절 성령강림

---

6 행 4:32의 공동생활 묘사에서는 마치 이 말을 풀이하듯이 '한마음과 한 뜻으로' (kardia kai psuchē mia)라는 표현이 구체적으로 나타난다.

직전 다락방 '기도 모임'(행 1:14)에서, 사도행전 2장 46절에서 신도의 공동생활 중 '성전 모임'을 묘사하면서, 사도행전 5장 12절에서 신도들의 솔로몬 '행각 모임'을 서술하며, 그리고 사도행전 15장 25절의 예루살렘 '회의 모임'의 만장일치를 묘사하며 이 단어를 사용한 바 있다. 대개가 '모임'의 일체성을 강조하고 신자들의 참여와 동질성을 돋보이게 하려는 의도로 제시된 것이다. 따라서 이 표현은 신도들의 형제적 동질성과 일체감을 드러내는 묘사임은 분명하다. 이를 뒷받침하는 것이 '한마음으로'라는 말과 더불어 '소리 높여'라는 말에도 숨어 있다. '소리'라는 말이 원문에는 단수인 'phonē'로 표기되어 있다. 그렇기 때문에 실은 '한 목소리로 높여' 기도했다고 이해해야 된다. 그러면 한층 더 동질성/일체성을 강화하는 누가의 글줄이 될 것이다. 하지만 동질성과 일체감뿐 아니라, '한마음으로'라는 말은 기도의 간절함이나 진지성, 또는 전일(全一)함을 드러내는 종교성의 표현 양상으로서도 인상적인 어휘이다. 누가가 비록 사도들의 석방 이후 모임으로 기도의 상황을 제시하지만, "한마음으로 하나님께 소리 높여 아뢰었다."라는 모습이 구체적으로 어떤 형태를 갖는지 알기는 어렵다. 어떤 절차로 모였는지, '소리 높여' 아뢰는 것이 고성으로 자유롭게 소리를 지르는 것인지, 대표자가 큰소리로 기도하는 것인지의 세부 정황을 알기가 어렵다. 또한 그것이 어떤 순서와 의식(儀式)을 갖춘 상황인지도 가늠하기 어렵다. 이어서 신도들은 아래와 같은 기도를 드리게 되는데, 이를 위한 일종의 서언 역할을 하는 것이 앞서 살펴본 사도행전 4장 23-24a절이다.

## 2. 신도의 기도

신도의 기도는 '기도문'의 형식으로 제시되긴 했지만 내용상 '연설문'과 흡사하다. 어쩌면 설교적 기도문이라 불러도 이상하지 않다. 여하튼 이 기도는 구약에 나타난 각종 기도문과 형식적 유사성을 보인다. 그

구조를 간략히 제시하면 다음과 같다.[7] (1) 하나님을 부름(24b). (2) 이스라엘을 위해 하나님이 역사 속에서 행동하시고, 창조의 활동을 행하시기를 요청함. (3) 기도하는 이들의 고초를 아룀. (4) '그리고 지금'(kai nun, ve'atta)라는 말로 시작하는 구원의 요청. 본문의 기도는 위와 같은 구조를 반영한다. 위의 (1)과 (2)가 누가의 글에서 통합된 것으로 보면, 자연스러운 기도문의 구조를 편의상 아래와 같이 3개 단락으로 나누어 검토할 수 있다.

### 1) 하나님 부름과 시편 2편

먼저, 사도행전 4장 24b-26절에서 신도들은 기도의 대상인 하나님을 부른다. 그 부름의 연장에서 시편 2편 1-2절을 인용하여 '기름 부음받은 이'에 대한 예언과, 그의 고난에 관한 진술을 펼친다.

> 24b하늘과 땅과 바다와 그 안에 있는 모든 것을 만드신 주님이시여 25주님께서는 성령을 통해 주님의 종인 우리의 조상(아버지) 다윗의 입을 빌려 이렇게 말씀하셨습니다. '어찌하여 이방사람이 분노하며 백성들이 헛된 일을 도모하였는가? 26세상 임금들이 들고일어나고, 통치자들이 함께 모여서 주님과 그분의 기름 부음받은 분에게 대적하였다.'(행 4:24b-26)

누가는 예수가 겪은 고난을 설명하기 위해 구약을 인용하면서, 신자들의 기도를 통해 아래 두 가지 전제되는 사항을 확인한다.

#### (1) 창조주 하나님

두 전제 중 하나는, 주님은 '하늘과 땅과 바다와 그 안의 모든 것,'[8] 곧

---

7 Daniel Marguerat, *Les Actes des apôtres* (*1-12*), 152.

8 '하늘, 바다, 땅'을 연관짓는 말은 구약에서 흔히 발견되는 관용적 표현이다. 예)

천지만물을 '만드신' 분이라는 것이다. 창조주이시니 자연을 지배, 유지, 존속케 하시고, 인간사의 모든 것을 관장, 주도, 통치하신다. 또한 그렇기에 그분에게 기도한다는 것이다. 기도를 받으시는 분에 대한 극상의 공경 언어인 '만물을 지으신 분'이라는 점이 극명히 밝혀지고 나서 기도를 올리는 것이다. 이곳 24절에서 '주님'으로 번역된 용어는 'despotēs'(master, lord)[9]로, 그리스적 상황에서 부하나 노예들에게 법적 권위나 지배권을 행사하는 주인을 가리킬 때 사용되는 단어이다.[10] 따라서 이런 호칭의 주객체 사이에는 절대 권력에 입각한 주종관계가 형성되고, 지배와 복종의 위계가 확고히 성립된다. 이것은 본문의 '창조주' 묘사에 상응하는 그리스적 호칭이고, 기도받으실 하나님이 갖는 힘의 우월을 드러내는 표현이다. 특히 27, 29, 30절에 등장하는 '종'이라는 표현과 이 단어가 비교될 수밖에 없는데, 그중에서 29절의 '주님의 종들이 담대히 말씀 전하게' 해달라는 요청 속의 '종들'은 '주님'(despotēs)이라는 표현과 적절한 대조를 이룬다. '주님과 종들' 사이의 의존관계를 명확히 드러내는 것이다. 그런 관계에 근거하여 29-30절의 요구를 간청하게 된다.

### (2) 유대인의 가족적 일체성

그런 주님이 시편 인용구의 내용을 '말씀하셨다.'는 것이다. 즉 '창조

---

창 1:26, 28, 9:2, 암 9:6, 습 1:3 등등.

9 칠십인역의 사 37:16-20이 여기 본문과 흡사한 부분이 있기 때문에 누가가 참고했을 수 있다. 그런데 이사야서에서는 이곳과 달리 '주님'(kurie)이란 용어를 사용한다. 물론 이 맥락에서도 26절과 29절에서 'kurios'란 단어가 각기 사용된다.

10 G. Haufe, "δεσποτης," in *Exegetical Dictionary of the New Testament*, vol. 1, ed. by Horst Balz & Gerhard M. Schneider (Grand Rapids: Eerdmans, 1990), 290-291; Walter Bauer, *A Greek English Lexicon of the New Testament and Other Early Christian Literature*, 220. 신약의 용례: 눅 2:29, 벧후 2:1, 계 6:10. Cf. 눅 13:25, 칠십인역의 욥 5:8, 지혜 6:7, 8:3 등. Cf. 유대문헌 속의 주님(despotēs) 표현 관련: F. Scott Spencer, *Acts* (Sheffield, UK: Sheffield Academic, 1997), 54.

주'가 예수와 관련한다는 사실을 말씀하셨으니, 그 사실의 신빙도와 신뢰성은 절대적이라는 점을 시사한다. 그렇게 말씀하신 내용이 어떻게 실현되었느냐는 것은 27–28절에서 설명된다.

> 주님께서는 성령을 통해 주님의 종인 우리의 조상(아버지) 다윗의 입을 빌려 이렇게 말씀하셨습니다.(행 4:25)

이 본문은 해석상 약간의 논란을 낳을 수 있다.[11] 원문이 두 가지 독법으로 읽힐 가능성을 열어놓았기 때문이다. 하나는, 주님께서 '성령을 통해' 말씀하신 것으로 읽을 수 있다. 이것은 성령이 말씀 전달의 중요한 관련자로 부각되는 모습이고, 말씀의 신적 기원이 강화된다. 또 하나는, 주님께서 '다윗의 입을 통해' 말씀하신 것으로 새긴다는 것이다. 즉 '주님께서 주님의 종인 우리 조상 다윗의 입을 통해 성령으로 이렇게 말씀하셨다.'라는 뜻으로 옮기는 것이다.[12] 이것은 '조상 다윗'의 역할과 중요성을 강조하는 의미가 있다. 물론 '성령을 통해 다윗의 입을 열게' 하여 말씀하셨다는 것으로 두 뜻을 묶어낼 수도 있다. 그러나 엄밀히 말하면 본문 자체가 의미상 중복되는 진술을 하고 있기 때문에 두 뜻을 각각 인정하고 복합적 해명을 할 수밖에 없다. 곧 주님께서 성령을 통해서 말씀하신 것도 옳고, 다윗의 입을 통해 말씀하신 것도 맞다. 여기서는 '성령'을 부각하는 번역을 채택한다.

이 기도에 따르면 다윗은 '주님의 종'(눅 1:69)이요, 동시에 '우리의

11 주석자들은 문법적으로 불가능한 구문을 보인다는 점에 동의한다. 에른스트 헨헨, 『사도행전 I』, 이선희·박경미 역, 355; Martin Dibelius, *Studies in the Acts of the Apostles*, tr. by M. Ling & P. Schubert (London: SCM Press, 1956), 90; Joseph A. Fitzmyer, *The Acts of the Apostles: A New Translation with Introduction and Commentary*, 308–309 등등.

12 우리말 '개역개정판, 새번역' 등이 이런 번역을 취한다.

조상'(원문은 아버지)이다. 다윗을 '우리의 아버지'로 부르면서 시간을 거슬러 올라간 역사 속 이스라엘인들과 동시대의 이스라엘인을 모두 한 아버지 밑의 자식으로 묶는 거대한 단순화, 동일화이다. 물론 이 말이 유대의 관습적 언어습관이라 해도, 그 의미만큼은 누가 당시, 또는 베드로 당시의 유대인과 역사 속의 유대인들 모두를 일체로 결속하여 파악하고 있음을 간과할 수 없다. 하지만 다윗을 '아버지'로 부르는 것이 단순히 '생물학적' 선조임을 내세우는 뜻만 있는 것은 아니다. 그 말은 조상이요, 동시에 이스라엘 민족의 지도자요, 영웅이라는 의미를 친밀한 혈족언어 속에 함께 담아내고 있다는 뜻도 지적할 수 있다. 다윗이 하나님의 '종'이듯이 기도 속에서(27, 30절) 예수도 하나님의 '종'이라는 호칭을 듣는다.(그 외에도 행 3:13, 26) 다윗과 예수가 하나님의 종이라는 칭호로 동등한 위격에 놓이는 듯하다. 그러나 양자 사이에 근본적·결정적 지위의 차이가 있다. 그것은 예수가 '하나님의 기름 부음받은 분'(26, 27절)이라는 점이다. 게다가 예수는 주님의 '거룩한' 종(27, 30절)이다. 오히려 다윗은 예수와 비교되기보다는 복음을 선포하게 될 신도, 또는 사도들과 동격의 위상을 갖는 주님의 '종들'(29절) 중 하나로 간주될 수 있다. 또한 다윗은 이 시편의 저자로 간주된다. 즉 다윗은 하나님의 말씀을 대변하는 이요, 하나님은 그의 '입'을 통해 말씀하신다. 시편은 하나님의 말씀인 것이다. 그리고 그 과정과 세밀한 절차를 알 수 없지만 그것은 '성령을 통해' 이뤄지는 말씀의 선포이다. 이것이 누가가 파악한, 하나님의 말씀이 다윗의 시편 형태로 나타나는 모습이다. 그 모든 과정이 '성령을 통해' 이뤄진다는 것이다.

### (3) 시편 인용과 '대적 상황'의 유비

다윗의 입을 통해 말씀했다는 내용은 다음과 같다.

25b '어찌하여 이방사람이 분노하며 백성들이 헛된 일을 도모하였는가?

[26]세상 임금들이 들고일어나고, 통치자들이 함께 모여서 주님과 그분의 기름 부음받은 분에게 대적하였다.'(행 4:25b-26)

이것은 칠십인역의 시편 2편을 인용한 것이다. 방금 하룻밤의 억류와 산헤드린의 심문으로부터 풀려난 사도들은 권력자들로부터 '대적당한' 경험을 한 사람들이었다. 따라서 권력의 적대적 처우를 받은 사람들이 발언하는 말 가운데, 권력자들이 예수, 곧 '기름 부음받은 분'에게 '대적하였다.'라고 표현했다는 것은 새겨볼 새삼스러운 이유가 있다. 자신들이 겪은 '대적 상황'과 예수가 겪은 '대적 상황'이 유사하다는 인식 아래 그런 기도를 하였을 것이기 때문이다. 27절에도 헤롯과 빌라도로 대표되는 권력자와 이방인 및 유대인이 함께 "주님께서 기름 부으신 거룩한 종 예수를 대적하여"라는 묘사를 통해 예수가 당한 '대적 상황'을 환기시키고 있다. 이런 모습은 29절의 "이제도 그들의 위협을 내려다보시고"라는 표현에서 자신들이 겪은 '위협 상황'을 거론하며 예수가 겪은 적대적 '위협 상황'과 맞대어 비교하는 유비(類比)를 시도한다. 물론 예수가 겪은 적대적 상황은 자신들과는 비교될 수 없을 만큼 심각한 것이었으리라는 이해는 있었을 것이다. 그러나 '대적을 당하는' 상황 자체만은 비슷한 것이라고 보았을 수 있다. 그러므로 예수가 겪은 적대를 자신들도 당한다는 뜻에서 예수가 걸었던 길을 자신들도 걷고 있으며, 예수의 활동을 자신들이 계승한다는 동질적 사명을 확인하는 체험을 가졌으리라는 것이다. 적대 경험을 통한 사명의 동일시, 역할의 계승이라는 자의식을 갖게 된다는 뜻이다.

### 2) 예수의 정체 해석

예수의 정체를 조명하기 위해 누가가 인용한 시편 2편에는 예수를 가리키는 여러 지칭이 존재한다. '기름 부음받은 자'(2절) 외에도 '왕'(6절), '아들'(7, 12절)이 그것이다. 기독론적 함축이 풍부한 여러 호칭이 동일한 시편에 담겨 있는 것이다. 누가는 시편의 이런 호칭들 가운데 둘을 취하여 예수의 정체에 관해 해명한다. 27절의 "주님께서 기름 부으신 거룩한 종 예수를 대적하여"라는 표현을 통해, 26절이 인용한 시편의 '기름 부음받은 분'이 바로 예수요, 그가 '거룩한 종'이라는 사실을 확인한다. 다시 말해, 누가는 예수의 두 가지 중요한 정체를 시편을 인용하여 밝히고 있다.

(1) '그리스도' 기독론

'기름 부음받은 이'(그리스도, 메시아)가 시편 맥락에서는 하나님께로부터 인정되고 성별된 기름 부음받은 '왕'을 가리킨다 해도, 여기서는 예수에 대한 기독론적 해석의 연장에서, 즉 초기 교인들의 해석의 시각에서 적용되었을 것이다. 영감받은 다윗이 말한 부분 중 가장 중요한 요점은 '기름 부음받은 분'(christos)이다. 어쩌면 이 말을 끄집어내기 위해 누가는 시편 2편을 인용하고 있는지도 모른다.

누가는 예수의 정체를 해명하기 위한 근거로 시편을 끌어들였고, 다윗을 등장시킨다. 예수를 그리스도로 인정하는 초기 교인들의 인식을 구약적으로 뒷받침하는 근거로 누가는 시편과 다윗을 동원한다. 예수가 '기름 부음받은 이', 곧 '메시아, 그리스도'라는 것이다. 이런 이해에는 십자가 고난 이후 누가 시대 이전까지 축적돼온 초기 교인들의 집단적 예수 정체 해명 노력이 녹아 있음이 분명하다. '예수는 그리스도'라는 인식의 원류가 예수 자신에게 소급되든, 제자들 또는 특정 지도자들로부터 기인되든, 그 발상이 급진적 또는 점진적 동의와 합의의 과정을 겪었을 것이다. 이 과정 중 구약 텍스트와 그 전승의 대중적 수용 상황인 유대적 기본 가치, 세계관, 상징들이 거대한 참조체계로 작용하여, 예수의 정체 해명을 위한 근간을 이뤘을 것이다. 물론 당시 정신세계 속에 묻혀 있던 예수의 정체 규정을 위한 특정 인식자료들(이를테면 본문의 '메시아, 종' 등과 관련한 구약 문헌)에 깨우침의 불꽃이 임한 것을 신적 영감의 작동으로 이해했으리라는 것은 당연하다. 그 와중에 이의와 논쟁 제기도 있었을 것이고, 맨 처음 단계에서는 그 인식의 압도성, 파격성에 번민과 고뇌를 겪는 지도자들도 있었을지 모른다. 그러나 시간의 여과와 다채로운 형태의 종교체험, 집단적 지혜라는 다양하고 짧지 않은 검증과정을 통과하면서, 예수의 정체는 '그리스도'라는 견고한 확신으로 신도들의 마음속에 빠르게 자리 잡았을 것이다. 그 과정의 결과, 누가의 시대에 이르러서는 이미 비교적 정제되고 세련된 '그리스도론'이 형성되었을 것이고, 이를 뒷받침할 구약적 논증 자료의 구사가 원활히 이뤄졌을 것이다. 그 증거 중 하나가 바로 이곳 본문이 될 것이다.

그런데 누가의 복음서 기록에서 예수는 문자 그대로의 '기름 부음'을 받은 적이 없다. 이를테면 여기서 저자는 예수의 '기름 부음'이라는 벌어지지 않은 일을 벌어진 듯이 얘기하고 있는 것이다. 이것을 정신적·영적 사건으로 이해했다기보다는, 예수의 생애와 그의 인격을 '기름 부음'이라는 관점에서 '해석'하고 있다는 뜻이다. 27절에서 예수를 "주님의 기름 부으신 거룩한 종"으로 부르고 있는 것은 그분의 존재와 의미를 '해석'한 결과인 것이다. 따라서 예수는 저자의 신학적 상상력의 작동 끝에 상징과 해석의 옷을 입고 초기 기독교의 역사 속에 '다시' 등장(또는 탄생)하고 있는 셈이다.

(2) '종' 기독론

예수를 '종'으로 인식하는 과정 역시 비슷한 궤적을 보여줄 것이다. '종'에 관한 언급은 아래에서 취급할 27절("과연 헤롯과 본디오 빌라도는 이방 사람들과 이스라엘 백성과 함께 이 성에 모여서 주님께서 기름 부으신 거룩한 종 예수를 대적하여")에서 등장하는데, 기독론적 진술과 관련하여 이 부분을 편의상 먼저 다루기로 한다.

예수의 '정체'를 밝힌다는 측면에서 여기 사용된 거룩한 '종'(pais)이라는 용어를 짚고 넘어가야 한다. 이 'pais'라는 단어는 누가에게서 '아들'이라는 뜻(눅 2:43, 8:51, 54, 9:42)과 '종'이라는 뜻(눅 7:7, 12:45, 15:26)으로 공히 사용된다. 따라서 이곳 본문에서도 두 뜻으로 새길 수 있다. 하지만 이 말이 24절의 '주님'(despota)과 상관, 대조되어 사용되고 있음을 감안하면 '종'으로 새기는 것이 맞다.[13] 이미 누가는 사도행전 3장의 베드로 설교에서, 하나님의 '종들'인 이스라엘의 위인들을 거명한 적이 있다. 아브라함, 이삭, 야곱, 모세, 사무엘 등의 이름이 등장한다. 그리고 사도행전 4장 25절에서 다윗이 하나님의 종으로 제시된다. 결국 예수도 이들 이스라엘 역사의 주요 '종들'의 리스트에 이름을 더하면서, 그 계보와 권위를 잇는 존재로 하나님의 '종'의 반열에 서 있음을 보이는 것이다. 이미 사도행전 3장 13, 26절에서도 예수를 하나님의 '종'으로 표현한 바가 있다.

이사야서에서 다양하게 등장하는 '종' 이미지는 예수의 정체 해명을 위한 중요한 근거로 초기 교인들에게 받아들여졌을 것이다.[14] 본문의 기도 내용 중 27, 30절에서 예수를 가리켜 하나님의 '거룩한 종'이라 일컫는 것은 누가의 '종 기독론'의 일단을 보여주는 것이다. 이런 지칭이 발생한 몇몇 배경을 추측할 수 있다. 어쩌면 초기 신도들이 다윗과 같은 위대한 인물들을 '하나님의 종'(ebed)이라 부르던 유대교의 기도문으로부터 영향을 받아 '종'이라는 명칭을 예수에게 적용시켰을 것이라는 추정이 가능하다.[15] 또는 이사야서에 나타나는 다양한 '종' 관련 표현들[16]이 예수에게 적용되었을 수 있다. "'종'이라는 개념 자체에서 존중되거나 '기림'

---

13 누가의 다른 용례에서처럼 '아들'로 새기려면 대조어로 '아버지' 개념이 등장해야 할 텐데 그렇지 않다는 점이 눈에 띈다. John J. Kilgallen, "Your Servant Jesus Whom You Anointed(Acts 4,27)," *Revue biblique* 105 (1998): 185–186, n. 1. Kilgallen의 지적처럼, 눅 1:54, 69에 등장하는 'pais'는 '아들과 종' 중 어느 것으로 이해해야 할지 불분명하다.

14 예컨대, 사 41:8–9, 43:10, 44:1–2, 21, 45:4, 48:20, 49:3 등.

15 에른스트 헨헨, 『사도행전 I』, 325.

16 사 42:1, 49:6, 50:10, 52:13 등.

받는 위상을 찾기란 힘들다. 오히려 부정적 또는 경멸적 지칭으로 통용되었으리라 보는 것이 상식적이다. 그러나 구약 전통에서 그 호칭이 '하나님의' 종으로 불릴 때는 전혀 다른 의미를 갖는다. 구약에 등장하는 수많은 '하나님의 종' 표현은 그 호칭이 적용된 '인물들'과 '이스라엘 민족'에 관한 비범한 영예를 뜻한다.[17] 거기 해당되는 인물들은 모세, 족장들, 다윗(Cf. 눅 1:69, 4:25) 등을 포함한 유대 민족의 대표적 영웅들이 망라된다. 누가가 예수에게 이 지칭을 적용하면서 '거룩한' 종(pais) 예수라는 표현을 사도행전 4장 27, 30절[행 16:17에선 '지극히 높은' 하나님의 종(doulos)이라 묘사]에서 사용하고 있는 예는, 이것이 최상의 경의가 담긴 칭호라는 점을 상기시킨다. 또한 하나님이 '종'인 예수를 '영광스럽게' 하셨다(행 3:13)는 표현이 시사하듯, '종'은 '영광'과는 관련 없는 지칭임에도 불구하고, '종' 칭호를 가진 이를 영광스럽게 했다는 점도 극상의 영예를 이 개념에 이입(移入)하고 있음을 알게 한다. 본래 유대적 전통에서 '영광'이라는 말은 거의 대부분 하나님께 적용되는 형용이요, 속성임을 환기할 필요가 있다."[18] 이처럼 '종'과 '거룩', 또는 '영광'이 병립되기 어려운 개념임에도 불구하고 예수가 갖는 불가해한 성격을 나타내기 위해 복종과 예속, 섬김의 천한 존재를 가리키는 지칭 위에 하나님의 영광을 상기시키는 구약적 배경을 끌어들인다. 이로써 예수의 신인동형(神人同形)적 역설을 드러내는 '영광스러운 종'이라는 일견 모순된 이미지가 자리 잡게 되는 것이다.

### 3) 시편 2편의 실현: 예수 사건의 해석(행 4:27-28)

앞서 사도행전 4장 25b-26절에서 인용된 시편 예언이 예수에게서

---

17 그 사례들은 모두 열거하기 어려울 정도로 많다. 각종 인물들을 '하나님의 종'으로 호칭하는 경우뿐 아니라, 눅 1:54에 등장하듯 '유대 민족' 자체를 종으로 칭하는 예들(구약의 사례: 사 41:8-9, 45:4, 49:3, 겔 28:25 등등)도 적잖다.

18 유상현, 『베드로와 초기 기독교: 사도행전 1-3장』, 327-328.

실현되었음을 27–28절에서 말한다. 예수와 자신들의 현재 상황이 어떻게 시편과 결부되고 현실화되었는가를 해명한다. 그리하여 사도행전 4장의 신도들이 기도하는 상황과 기회를 통해 예수 사건을 역사적 시각에서 반추하며, 신학적으로 그 사건의 본질을 '해석'하는 작업을 수행한다. 위에서 언급한 26절의 '기름 부음받은 자'라는 표현에 이어지는 예수 정체 해명의 연장인 셈이다.

### (1) 적대자 협력

> [27]과연 헤롯과 본디오 빌라도는 이방 사람들과 이스라엘 백성과 함께 이 성에 모여서 주님께서 기름 부으신 거룩한 종 예수를 대적하여[19] [28]주님의 손과 뜻으로 이루려 예정하신 일들을 모두 행하였습니다.(행 4:27–28)

27절은 누가복음 23장 13절('빌라도가 대제사장들과 권력자들, 백성들을 불러모았다.')의 반영일 뿐 아니라, 누가복음 23장을 한 문장으로 주석하는 것으로 볼 수 있다. 여기 사용된 강조적 표현인 '과연'은 'ep' alētheias'라는 어구를 번역한 것인데,[20] 이 표현은 앞의 시편 예언이 '사실상, 실제로' 성취되었음을 나타낸다. 누가가 기록하는 베드로 활동시점 전후(그러니까 누가로부터 약 50년 전)의 그 '현재'에 시편 내용이 이룩되었다는 뜻이다. 예수 사건의 의미를 부각시키기 위한 신학적 강조의 용법으로 이 표현을 사용한 것이다. 바꿔 말해 시편의 온전한 해석은 예수 사건을 통해 달성되며, 시편 2편의 진정한 의미는 바로 여기 27–28절에서 찾을

---

19 '종'이신 예수를 대적했다는 개념은 사 53:3, 7–9에서 백성들이 '하나님의 종'을 배척한다는 소위 '종의 노래' 기록과 관련이 있고, 그 반영일 것이다. 마찬가지로 '기름 부음받은 종' 개념 역시 사 61:1의 반영임은 당연하다. Craig S. Keener, *Acts: An Exegetical Commentary: 3:1–14:28*, vol. 2, 1169.

20 이것은 누가가 눅 4:25, 20:21, 22:59, 행 10:34 등에서도 사용한 말이다.

수 있다는 말이다. 기도의 형식을 통해 저자가 독자인 교인들에게 예수 사건의 본질을 해석하고, 그 진실을 다짐하고 확인하듯, 신앙 교화와 계몽으로 환기시키고 있음을 알 수 있다.

누가는 26절에서 말한 '세상 임금들'과 '통치자들'을 예수의 상황에 대입하여 '헤롯 안티파스'[21]와 '본디오 빌라도'로 대표해 표현한다. 따라서 25절의 '이방 사람들'은 당연히 로마 병사들을 가리킬 것이고, 시편 2편의 '백성들'은 누가에 의해 '이스라엘 백성'으로 바뀌어 있다. 물론 '세상 임금들'과 '통치자들'은 로마 황제의 대리자인 빌라도에게 더 잘 어울릴 수 있는 대표 성격이지만, 권력을 쥔 자들이라는 뜻에서 이 둘에게 포괄적 대표성을 부여할 수 있다.

본문이 '헤롯과 빌라도'를 예수의 처형에 협력한 인물로 제시하는 것은 누가복음서의 수난 이야기와 부합한다. 저자는 여기서 예수 심문에 임했던 그들의 속사정과 태도를 자세히 다루지 않는다.[22] 하지만 예수 처형에 협력하여 의외의 유대관계를 보였던 두 인물을 예수의 치명적 가해자, 대적자로 짝지어 내세우고 있음은 흥미를 넘어 놀라움을 불러일으킨다. 가히 '적대적 짝패'가 주는 놀라움이다. 이런 '유대 권력자와 이방인의 연합', 곧 적과의 협력과 내통이란 사례는 어느 역사에나 흔히 있을 수 있는 배반의 흔적일 것이다. 그러나 흔한 사례라 하여 그 의미와 충격이

21 누가-행전의 저자는 이 사람에 관해 제수인 헤로디아와의 불륜, 세례 요한의 처형 등과 관련하여 이미 소개한 바가 있다. 눅 3:19-20, 9:7-9. Cf. 막 6:14-29.

22 누가는 여기 본문과는 다르게, 복음서에서 빌라도(Pontius Pilate, 26-36년 재임)라는 인물을 비교적 긍정적으로 처리한다. 그는 예수를 석방시키려 한 '공정한' 인물로 묘사되기도 한다.(막 15:6-15, 마 27:15-26에도 그런 인상이 남아 있다.) 눅 23:4, 13-25, 20-22 등에서 빌라도는, 세 번에 걸쳐 예수의 무죄를 언급하고, 두 번에 걸쳐 석방을 언급한다. 행 3:13에서도 유사한 언급이 나타난다. 물론 이런 누가의 묘사는 다른 문헌들, 예컨대 요세푸스(Josephus, *Ant.* XVIII.55-62, 85-88)나 필로(*Embassy*, 299-305)가 그리는 부정적 인상과는 어울리지 않는다. 유상현, 『베드로와 초기 기독교: 사도행전 1-3장』, 330-331.

덜해질 수는 없다. 이런 기록을 남기는 저자로서는 예수 고난에서 그들이 '함께' 이룬, 적대의 과거가 갖는 '이방인과의 동반'이라는 충격을 전달하고자 했을 것이다. 적대자들의 협력 관계를 이러한 '짝짓기' 형태로 제시하는 것은 누가 당시의 기독교에 대한 대적자, 반대자, 비우호적 무리들이 '대적의 협력'을 통해 연합전선을 형성하여 신도들에게 적대할 수 있다는 인식이 작용했을 수 있다. 그런 상황에 대한 경계심, 또는 경고의 뜻이 복합적으로 발동되어 이런 기록으로 남겨졌다는 뜻이다.

저자의 복음서에서 빌라도는 예수 죽음의 재판에서 적극적 역할을 수행하지 않았다. 누가복음 23장에서 보이듯 그는 예수 재판에 망설이거나, 소극적 태도로 참여한 것으로 되어 있다. 오히려 빌라도는 예수의 죄 없음을 언급하거나(눅 23:4), 그에게서 고소된 죄목을 찾지 못했다거나(눅 23:14), 예수를 석방시키려 했다거나(눅 23:20), 그가 사형에 해당되는 죄를 저지르지 않았다고(눅 23:22) 말하는 등의 무죄 선언을 반복하는 호의적 태도를 보였다. 그러나 여기 사도행전 본문에서는 그가 '거룩한 종 예수'를 대적하는 무리들과 함께 행동한 적대자의 대표로 간주된다. 누가로서는 빌라도가 예수 재판에서 상대적으로 소극적인 역할, 또는 마지못해 악역을 수행했음이 사실이라 해도, 그가 예수를 죽임에 내어주는 것을 허락했다는(눅 23:24-25) 결정적인 점을 기억했을 것이다. 빌라도는 비록 예수가 사형에 해당하는 잘못을 범하지 않았다고 발언했지만, 예수를 매질하여 내보내려 했다는 언급이 두 차례(눅 23:16, 22) 되풀이되고 있다는 것은 그가 예수에 대해 근본적으로는 우호적이지 않았다는 점을 말한다. 궁극적으로 그의 책임 아래 예수의 죽음이 결정, 수행되었다는 사실이 중요하다.

헤롯과 빌라도와 더불어 예수의 살해에 이방 사람들과 협력한 '이스라엘 백성'이 언급되는데, 실제 누가의 예수 고난 이야기에서는 '이스라엘 백성'의 역할이 축소된 듯한 모습이 나타난다. 재판 장면에서 '백성'이 등장하여 예수에게 반대하는 모습을 보이는 대신, '지도자들'이 그 역할을 맡음으로 비난의 표적이 된다는 것이다.[23] 그렇지만 사도행전에서는 이 백성이 예수 죽음의 책임으로부터 면제될 수 없음을 분명히 한다. 사도행전 2장 23절('여러분은 예수를 무법자들의 손을 빌려 십자가에 못 박아 죽였습니다.')을 비롯, 사도행전 2장 36절, 3장 13-14절 등에서 여러 차례 이스라엘 백성의 잘못을 지적하고 있는 것만 봐도 유대 백성이 완전히 면책되지 않는다는 것을 보여준다. 이 글을 쓰는 누가의 의식 속에는 헤롯과 빌라도의 협력이 발생했듯이, 이방인과 유대인이 예수의 죽음을 초래한 모의에 가담하고 연대하여 적대적 연합세력으로 협력했다는 확고한 인식이 깔려 있음을 알 수 있다. 어쩌면 이런 연합이, "이스라엘 민족이 메시아를 거부하여 주의 백성 되기를 중지함으로 불신 이방인들과 동열에 위치하게 됐다는 기독교적 이해의 시작을 표시하는 것"[24]일 수도 있다. 물론 저자가 양자의 책임 한계와 경중(輕重)을 집요하게 추궁하거나 잘못을 책망하기 위해 이런 표현을 드러내는 것은 아니다. 따라서 여기서 유대인과 이방인을 같은 무리로 간주하게 되는 시초를 보인다고 단정할 수는 없다. 하지만 저자가 의식 바탕에 예수 고난에 관해 그들이 협력했으며, 따라서 공통된 잘못이 엄연히 존재한다는 생각을 떨치지 못하고 있다는 점은 알 수 있다.

이런 이방인과 유대인의 적대적 협력관계 아래 '거룩한' 종 예수를 대적한 곳은 다름 아닌 '이 성(城)'(27절)에서였다. '이 성'이 어떤 곳인가? 바로 유대인의 '거룩한' 도성이다. 유대인의 '거룩한 성'에서 '이방인'과 협력한 유대인들이 '거룩한 종 예수'를 대적하여 죽음에 이르게 했다는 것이다. 여기서 누가는 '이 성'이란 말을 굳이 밝히며, 그곳에 얽힌 '배반을 극화'[25]시키고 있음을 알 수 있다.

---

23 Luke T. Johnson, *Literary Function of Possessions in Luke-Acts*, 115-121.

24 I. Howard Marshall, *The Acts of the Apostles: An Introduction and Commentary* (Grand Rapids: Eerdmans, 1980), 106.

25 Daniel Marguerat, *Les Actes des apôtres (1-12)*, 155.

### (2) 하나님의 뜻과 예수 사건

빌라도와 로마 병사들, 헤롯과 이스라엘 사람들 모두가 예수 죽음에 함께 가담하여 그 책임을 나누어 가진 것이 사실이다. 그래서 그들은 자신을 예수 운명의 결정자로 생각할 수도 있었을 것이다. 예수의 생명을 파괴한 그들은 역사의 주인공이요, 사건의 키잡이로 자처할 수 있었겠지만, 누가는 사건 진행의 본질을 달리 가르쳐준다. 그들은 자신의 손으로 예수를 죽게 했지만, 그 모든 일은 하나님의 계획과 구도 아래 집행된 것이라는 해석이요, 선언이다. 즉 헤롯과 빌라도가 이방인과 이스라엘 백성과 함께 예수를 대적해서 '예정하신 일들'을 행했다는 것이다.

> 주님의 손과 뜻으로 이루려 예정하신 일들을 모두 행하였습니다.(행 4:28)

이런 인식은 이미 사도행전 2장 23절('예수가 버림받은 것은 하나님께서 정하신 계획을 따라 미리 알고 계신 대로 된 일이다.')에서 보여준 바 있다.[26] 이 구절에서 예시되는 주님의 '손', '뜻'(boulē), '예정하신'(proorizein)[27]이라는 표현 모두가 하나님의 절대적 통치권을 가리킨다. '주님의 손'이라는 말은 이 기도의 30절에도 다시 등장한다. 그때 다시 재론하겠지만, 이 말은 하나님의 권능을 과시하는 구약적(출 13:3, 14, 16, 시 55:21) 구상(具象) 언어이다.[28] 이를 통해 하나님의 역사 내(內) 사건 집행과 통제력, 치료(30절), 표적과 경이를 이루시는 압도적 힘이 생생하게 전달되게 만든다. 게다가 주님의 '뜻'(boulē)[29]이라는 말 역시 하나님의 섭리와 지혜,

---

26 이 주제와 관련, 참고: John T. Squires, *The Plan of God in Luke-Acts* (Cambridge: Cambridge University Press, 1993), 166-185.

27 베드로의 오순절 설교(행 2:23)에서 이미 이 말이 제시된 바 있다.

28 물론 저자는 눅 1:66, 11:20에서도, 행 7:25, 50, 11:21, 13:11에서도 '손'에 관하여 되풀이 언급한다.

29 눅 7:30, 행 2:23, 13:36, 20:27.

통찰력 등을 나타내는 용어로 그의 권능을 드높이는 표현이다. 이 모든 표현은 하나님의 절대적 역사 지배력과 섭리의 초절(超絶)성을 숨막히게 드러낸다.

비록 유대인과 이방인들이 협력하여 "주님께서 기름 부으신 거룩한 종 예수를 대적하였지만", 그 모든 것은 '주님의 손과 뜻으로 이루려 예정하신 일들을 모두 행한 것'이 된다. 저자는 예수의 죽음에 가담한 이방인과 유대인의 협력이 하나님의 '예정하신' 일이라고 말하며, 사도행전 2장 23절에서 언급한 하나님의 '정하신 뜻과 미리 아신 그대로' 이뤄진 것이라는 인식을 거듭 표현한다. 예수의 죽음이 하나님의 '섭리와 예지'에 의해 집행됐다는 것이다. 그리스 세계에서 '운명'(運命)[30]이 작용한 것으로 볼 수 있는 '사건, 움직임들'을 누가는 하나님이 '예정하신' 것으로 해석한다. '예정하신'(proorizein)이라는 단어가 시간적으로 '미리 정해져 있다.'는 뜻으로 읽힐 수 있다. 그렇다고 이런 표현이 결정론적 함축, 운명론적 연상을 촉발시키지는 않는다. 그런 방향으로의 해석을 진전시킬 근거를 찾기 어렵기 때문이다. 다만 여기서는 예수 죽음에 대한 인간의 책임, 그리고 그 모든 과정이 하나님의 통치 아래 이뤄졌음을 단순 명쾌하게 지적하고 있을 뿐이다. 모든 역사 속 사건들은 하나님의 통제와 허락 가운데 이뤄진다. 하지만 그의 '손과 뜻' 안에서 이뤄진 사건일지라도, 유대인과 이방인이 연합한 '대적 행위'가 사면되거나 무효화되는 것은 아니다. 하나님의 뜻은 하나님의 뜻이고, 그들의 잘못은 그들의 잘못으로 남는다. 이것이 누가가 파악한 역사의 숨은 비의(秘意)이다.

30 그리스 문화와 종교에서의 '운명'(tuchē)에 대한 복잡하고 다양한 이해에 관해, Craig S. Keener, *Acts: An Exegetical Commentary: Introduction and 1:1-2:47*, vol. 1, 927-932를 참고.

#### 4) 하나님의 개입과 기적 요청(행 4:29-30)

신도들의 기도가 이어진다.

> [29]주님, 이제도 그들의 위협을 내려다보시고 주님의 종들이 참으로 담대하게 주님의 말씀을 전할 수 있게 해주십시오. [30]손을 내미시어 병을 낫게 해주시고, 주님의 거룩한 종 예수의 이름으로 표적과 놀라운 일들이 일어나게 해주십시오.(행 4:29-30)

초기 교인들의 기도는 구약 시대 예언의 내용과 예수 시대의 성취라는 '복합적 과거'로부터 그들이 기도하는 '지금 현재'의 시점으로 내려와 자신들의 기원을 토로하게 된다. "주님, 이제도"(kai ta nun)라는 표현을 통해 시편의 과거와 예수의 과거에서 기도하는 오늘 '지금'(nun)의 상황으로 관심을 전환시키면서 현재 직면한 어려움을 극복할 수 있도록 탄원한다. 그 어려움에는 "대제사장들과 장로들이 한 말"(23절)을 비롯한 위협과 사도들이 겪은 고난이 모두 포함될 것이다.

##### (1) 위협자의 동질적 성격

29절의 "이제도 그들의(autōn) 위협을 내려다보시고"라는 말 속의 '그들'은 누구를 가리키는가? 의미상으로는 예수 시대의 '빌라도와 백성들'(27절)을 뜻할 수도 있고, 사도들을 위협한 산헤드린의 권력자들(21절)을 지목할 수도 있다. 둘 중 어느 하나를 배타적으로 해석에 적용하기 어려운 측면이 있다. 어쩌면 여기에 저자의 '의도적 애매함'이 숨어있을지 모른다. 즉 두 위협자 모두가 '그들'에 해당될 수 있고, 그 두 권력자를 '위협'이라는 의미로 통합시켜 볼 수도 있다. '과거' 예수 시대의 '빌라도와 백성들'도 위협을 행사했는데, 오늘 베드로와 요한에게도 위협하는 권력자들이 있다. '이제' 위협을 겪는 이들은 기도하는 신도들이다. 그러나 예수 당시의 '그들이' 현재 기도하는 신도들에게 위협을 가하는 실제

대적자는 아니다. 다만 예수의 '그들'과 오늘의 '그들'은 위협을 가하고 고난을 준다는 점에서 같은 적대적 존재로 인식될 수 있다. 그렇게 해서 '그들'로 대변되는 예수의 대적자를 오늘의 대적자인 '그들'로 묶어 동일시함으로 예수와 신도들이 '공통의' 위협과 고난에 처하여 있다는 점, 곧 예수와 신도들 사이의 적대자 앞에서의 동질성을 경험하게 된다는 것이다. 달리 말해, 누가는 고난을 통해 예수와 신도들이 일체화를 겪게 될 수 있음을, '그들'이라는 적대자의 동일화를 통해 알리고 있다. 이 점은 추후 사도행전 5장 41절에서 사도들이 '예수의 이름을 위해 고난을 받는 자에 합당한 자로 여겨짐을 기뻐했다.'라는 에두른 방식으로 예수의 고난과 자신들의 고난을 동일시하여 표현한 데서도 발견할 수 있다.

(2) '내려다봄'의 공간적 은유: 초월의 능력

하나님은 '위에서 아래'를 내려다보시는 존재("주님, 이제도 그들의 위협을 내려다보시고")로 상정된다. '내려다보다'(ephoraein epi)는 입체적 공간 상황을 전제로 한 표현이다. '위에서 아래'로 내려다본다는 것은 수직적 위계 관계에서 위에 존재하는 이의 힘과 능력이 내려다보는 거리의 물리적 이격(離隔)보다 훨씬 크게 강조되고 있음을 시사한다. 즉 평면적 거리보다 수직적 거리에는 같은 척도로 잴 수 없는 공간적 '하늘', 무한의 차원이 개입된다는 말이다. 평면상 옆과의 간격은 말 그대로 떨어진 '거리'에 불과하지만, 위에서 아래의 간격은 단순한 산술적 거리가 아니라, 초월이라는 계산 불가의 신비가 포함되기 때문이다. 따라서 '위 아래' 사이의 공간적 간격이 야기하는 신비적 거리감은 공포와 두려움을 불러일으키고, 그것은 본문에서처럼 기도와 탄원의 대상에게 투사하는 외경(畏敬)을 동반하게 된다. 물론 '보다'(ephoraein)라는 동사가 갖는 인지적 '사로잡음'과 시각적 포획의 뜻은 보는 이의 위상을 한층 더 높이는 구실을 하는 게 사실이다. 그러므로 '내려다보시는' 하나님은 "하늘과 땅과 바다와 그 안에 있는 모든 것을 만드신 주님"(24b절)이라는 표현과 동일한 의미, 곧 초월적 권능을 가진 분임을 시사한다. 비록 이곳 본문과는 서로 다른 이미지로 제시되긴 하지만 그 본질은 인간의 운명과 자연, 역사의 진행을 통제, 관할하는 분임을 공간적 격리의 은유로 말하고 있는 것이다.

그런데 기도자는 그런 하감(下瞰)하시는 하나님이 무엇을 보시길 원하는가? 그것은 '그들 대적자'가 장차 자행할 수도 있는 '위협들'(apeilas)을 보아주십사 하는 것이다. 그 위협들을 지켜보시되, 위협자들을 제거하거나 위협들을 없애달라는 요청이 아니라, 그런 위협에도 불구하고 '주님의 종들이 담대하게 주의 말씀을 전하게 해달라.'는 기도이다. 이 말은 미래 선교 상황의 불확실성과 위협 앞에서 긴장하는 모습을 보여주는 한편, 그 보장 없는 미래의 예측하기 어려운 고난을 굽어보사 지켜달라는 간절함이 숨어 있다. 기도의 벽두(24b절)에 선언했듯, 주님은 '하늘과 땅과 바다와 그 안의 모든 것', 곧 천지만물을 '만드신' 창조주이시다. 역사와 자연, 인간의 운명을 지배하는 분이시다. 그러니 인간사의 모든 것, 심지어 주님 자신에게 적대하는 세력과 신도들을 위협하는 자들까지 다스리시고 제어하신다. 또한 그러하니 '그들의 위협을 굽어보시어 종들이 담대히 말씀을 전파할 수 있게' 해달라는 탄원을 할 수 있는 것이다.

### (3) 위협자 징벌 아닌 선포자의 담대함 요청

신도들이 기도로 요청한 것, 그리고 기도의 주요 목적은 "주님의 종들이 참으로 담대하게 주님의 말씀을 전할 수 있게"(29b절) 해달라는 것이다. 다른 것들, 이를테면 위협을 피할 수 있게 해달라거나, 고난이 없는 길로 인도해달라거나, 위협하는 자들에게 징벌을 내려달라거나, 자신들을 보호해달라거나 하는 등의 요구를 하지 않는다. 그 대신 선포할 때 필요한 담대함을 간청했다. 선포 자체는 전제된 당위요, 그것을 행하느냐의 여부는 문제조차 되지 않는다. 오직 위협과 고난을 이길 담대함만이 요구의 전부이다. 이런 모습이 무언의 교훈으로 독자들, 후대 신자들에게 인상적 모범으로 각인된다.

누가는 앞의 사도행전 4장 13절에서 기록하기를, 유대의 권력자들이 베드로와 요한을 '보잘것없는 사람'으로 알았는데 그들이 '담대하게' 말하는 것을 보고 놀랐다는 표현을 한 바 있다. 그 말은 사도들이 이미 '담대함'(parrēsia)을 가지고 있었다는 뜻으로 새길 수 있다. 그들이 담대하게 산헤드린에서 발언한 바 있으니, 이미 용기와 대담함을 가진 것으로 볼 수 있다. 그런데도 여기서 그들은 '담대하게'(meta parrēsia) 선포할 수 있기를 다시 기도하는 것이다. 그렇다면 이들은 담대함을 반복적으로 공급받아야 할 신적 선물이라는 인식을 가졌음을 보여준다.

사도행전에서 누가가 특징적으로 사용하고 있는 '담대함'(parrēsia)이라는 말은 사도행전 2장 29절, 4장 13, 29, 31절, 28장 31절 등에서 반복해서 나타난다. 이 말은 유대적 상응어를 찾기 힘든 전형적인 그리스적 개념어이다.[31] 이것은 본래 정치적 배경에서 이해될 수 있는 '발언권, 또는 모든 것을 말할 수 있는 권리'(pan-rēsis)와 관련된 말인데, 아테네의 의회에서 이방인이나 노예에게 강요됐던 침묵과 대비되어 시민들에게 부여된 특권이었던 듯하다.[32] 이런 발언의 자유가 그리스적 민주주의의 상징인 셈이었다. 거기에 이 말은 우정 또는 친교와 관련된 대화상대자 사이의 거침없는 발언, 곧 '동등성, 평등'과도 연관된 의미를 갖는다. 아무 제약 없이 기탄없는 대화와 발언을 하는 것은 담대함의 가시적 표현이다. 또 한 가지, 이 말은 윤리적 의미로서 권력자에게 진리를 말하는 능력이나 정직성을 가리키거나, 심리적 의미에서 청중들의 적대감에도

31 이에 관해 다음 문헌을 참고함: Willem C. van Unnik, "The Christian's Freedom of Speech in the New Testament," in *Sparsa Collecta* I (Leiden: E. J. Brill, 1973), 269-289; Willem C. van Unnik, "The Semitic Background of ΠΑΡΡΗΣΙΑ in the New Testament," in *Sparsa Collecta* II (Leiden: E. J. Brill, 1980), 290-306; Daniel Marguerat, *Les Actes des apôtres (1-12)*, 156.

32 *Ibid.*

불구하고 발언하는 용기를 가리키기도 한다. 누가는 이 말을 선교자와 증언자들의 선포 행위를 묘사하는 전형적 용어로 특별한 의미를 부여한다. 즉 선포자들의 '용감함, 단호함, 담대함, 자유로움' 등을 표현하는 데 이 단어가 사용되었다.[33] 주목되는 것은, 오순절 직후(행 2:29) 베드로의 첫 번째 선포를 이 말로 수식하게 하더니, 사도행전 전체의 맨 마지막에 바울의 선교를 최종적으로 '담대히 하나님의 나라를 선포했다.'는 말로 마무리하고 있다는 점이다. 이것은 누가가 복음 전도자의 바람직한 덕목이나 품새를 선포에서의 용감성, 담대함에 두었다는 사실을 강력히 시사한다.

(4) '손'의 '접촉'과 '예수 이름'의 기적

신자들의 기도는 좀 더 구체적인 요구사항을 담는다.

> 손을 내미시어 병을 낫게 해주시고, 주님의 거룩한 종 예수의 이름으로 표적과 놀라운 일들이 일어나게 해주십시오.(행 4:30)

하나님의 '손'에 관해서는 저자가 이미 28절에서 언급했는데, 그 손이 여기 다시 나타난다.(행 11:21, 13:11에도 등장) 하나님의 능력을 은유적 표현인 '손'[34]으로 나타내어 그 힘의 구체성과 생생함을 돋보이게 한다. 하나님이 절대 권능의 '손'을 내밀어 병을 치료해주시기 원하는 선포 행적에서 기적이 동반되길 기원하는 표현이다. 그렇게 사도들을 통해 병자를 치유하여 선교의 확대에 도움이 되기를 바란다는 것이다. 하나님이 '손을 내밀다'(ekteinein tēn cheira)라는 표현은 칠십인역에 등장하는데,

---

33 행 2:29, 4:13, 29, 31, 28:31. 그 동사형이 사용된 사례도 기억할 만하다. 행 9:27, 13:46, 14:3, 18:26, 19:8, 26:26.

34 '신인동형(神人同形)적 제유(提喩)법'(anthropomorphic synecdoche)이라는 말로 어렵게 이르기보다는 간단하게 신적 능력의 은유적 표현이라고 부를 만하다. Richard I. Pervo, *Acts: A Commentary*, 123, n. 29.

특이한 점은 이 말이 적대자에 대한 하나님의 징벌적 개입과 관련되어 나타난다는 것이다.[35] 그런데 여기서 누가는 하나님의 능력의 '손'이 대적자에 대한 징벌이 아닌, 선포를 위한 치유와 표적, 놀라운 일들이 일어나기를 기원하고 있는 것이다. 이것은 저자가 선포의 시작 장면에서 보여주는 구약 개념의 '긍정적' 적용의 한 예로 꼽을 만하다. '손'이 '질병' 치료와 나란히 등장하는 것은 하나님의 능력과 인간의 취약함이 '육체'를 매개로 만나고 있음을 상징한다. '하나님이 손을 내밀어 병을 낫게 해주십사' 할 때, '손'이 육체의 병을 겨냥하여 능력을 펼치시길 기원한다는 것이다. 그때 하나님은 인간 몸체의 한 부분인 '손'의 형상을 취하여, 인간 몸의 환부를 치유하시게 된다. '손'은 몸을 만지는 '터치'를 상정(想定)하여 채택된 상징어이다. 환부를 실제 만지냐, 안 만지냐가 중요한 것이 아니다. '손'을 내세워 하나님의 능력이 '표현됐다.'는 것은, 몸의 일부인 환부를 '만지는' 접촉을 전제로 할 때에야 그 은유의 본뜻이 살아난다. 그럴 경우 '손'은 대적자를 내리치는 강력한 응징의 도구를 상징하기도 하지만, 아픈 곳을 어루만지는 위로와 돌봄의 '섬세함'을 상징하기도 한다.

신도들이 "표적과 놀라운 일들"을 요청한 것은 '병을 낫게 해주십사'는 기도와 마찬가지로, 말씀을 전파하는 사도들의 권위를 높여서 효과적으로 그 선포 사역을 수행하기 위함이었다. 표적과 치유가 선포의 내용이 된다거나 거기에 영향을 주는 등 그 기적들 자체의 눈부신 성공을 과시하기 위함은 아니었다. 그것들은 사도들의 사명을 돋보이게 하고, 그 과업이 하나님께로부터 비롯된 신적 기원을 갖는 임무임을 드러내고자 하는 목적으로 요구된다. 그래서 결과적으로 선포 임무를 수행할 자들의

---

35 출 3:20, 7:5, 겔 13:9, 14:9, 13, 25:7, 13 등등. Christian Grappe, "Main de Dieu et mains des apôtres. Réflexions à partir d'Ac 4,30 et 5,12," in *La Main de Dieu/Die Hand Gottes*, éd. par René Kieffer & Jan Bergman (Tübingen: Mohr Siebeck, 1997), 120–121; Daniel Marguerat, *Les Actes des apôtres (1-12)*, 157에서 재인용.

권위 확대와 위상 제고를 낳게 하는 선교적 목적으로 그 같은 기도를 드린 것이다. 동시에 치유와 함께 '표적과 놀라운 일들'은 그들이 선포하는 말씀의 진실성, 신실함을 확증하는 구실도 한다. 선포의 '내용과 행위' 자체의 신실성이 신적 기원의 이적을 통해 보증된다는 뜻이다. 또한 신적인 기적을 행하는 선포자의 신실성 역시 그 기적을 이루게 만드신 하나님이 그런 기적을 통해 보장한다는 것이다.

그렇지만 신자들의 기도에서 "주님의 거룩한 종 '예수의 이름으로' 표적과 놀라운 일들이 일어나게 해주십시오."라고 한 말은 약간의 문제를 야기할 수 있다. 왜냐하면 사도행전 4장 18절에서 산헤드린 당국자들이 베드로와 요한에게 '예수의 이름으로 말하지도, 가르치지도 말라.'고 했던 명령을 정면으로 거스르는 것으로 이해될 만하기 때문이다. 그들이 금지시키고, 금기시한 '예수 이름'을 확실히 언급하고 있다는 점에서 산헤드린 명령의 적극적 묵살이라는 이해도 가능하다. 하지만 그 명령을 들었던 당시에도 베드로와 요한 두 사람은 '인간이 아닌, 하나님의 명령을 따라야 하고, 자신들이 보고 들은 것을 말하지 않을 수 없다.'는 강력한 소신을 펼친 바 있다. 그렇기 때문에 그런 주장의 연장에서 자연스럽게 이 같은 기도가 나왔을 것이라 추정하면 크게 심각한 문제는 아닐 수 있으나, 서술상 긴장의 측면이 있음은 사실이다.

이미 누가는 이전 기록에서 예수의 이름과 기적을 연관시키는 표현을 남긴 바 있다. 사도행전 3장 6, 16절, 4장 10절에서 장애인 치료 사건을 묘사하면서 '이름과 기적적 치유'를 긴밀히 결부시킨다. 그런데 예수의 이름과 기적과의 관련성을 찾기 위해서는 특히 사도행전 3장 6절("베드로가 이르기를, '은과 금은 내게 없지만, 내가 가진 것을 당신에게 줍니다. 나사렛 예수 그리스도의 이름으로 일어나 걸으시오.'")의 맥락과 의미를 고려할 필요가 있다.[36] 이 문맥에서 베드로는 '내가 가진 것을 준다'고 말한다.

---

36 아래의 논의는 이 책의 제1장에서 행 4:10의 '이름'에 대한 이 구절 해석과 관련

그렇다면 베드로가 '가진 것'은 무엇이고 '준 것'은 무엇인가? '은과 금'이 없다고 명시했듯이, 그것이 물질적 소유가 아닌 것은 분명하다. 치료를 가능하게 한 어떤 추상적 '능력'이 아닌 것(행 3:12에서 이를 밝힘)도 확실하다. 그렇다고 '예수의 이름' 자체를 가졌고, 그것을 준다고 말하는 것은 자연스럽지 않다. 하지만 베드로가 '갖고, 주는 것'이 '예수 이름'과 연관이 있는 것만은 분명하다. 베드로가 '가진 것'은 '예수의 이름 안에서', 즉 그의 인격과 존재 안에서 치유 '능력'이 나타나게 하는, 즉 말이 사건으로 현실화될 수 있도록 하는 자신의 구실이다. 그가 '주는 것'은, 이전에 예수가 '걸으라'고 말만 하면 걸을 수 있었던 그 능력처럼, '그의 이름으로' 걸으라고 말함으로써 '발언이 사건'으로 나타나게 하는 능력의 현실화이다. 이러한 '말의 사건화'는 '예수의 이름'으로 이뤄지는 예수 활동의 계승이요 연장이다. 예수가 지상생애 가운데 행한 기적과 활동이, '예수 이름', 곧 예수의 '인격'을 대변하는 그 이름을 반복적으로 언급하며 그와 연대하고, 함께 활동하고 있는 것으로 자처하는 베드로의 활동 속에서 유지되고 계승된다는 인식이 이 발언의 배후에 자리 잡고 있다.[37] 이런 발언과 행동을 하는 베드로의 모습은, 그가 가졌던 예수 계승자의 구실로서의 사도 기능을 드러내는 것으로 이해된다.[38] 이런 뜻에서 '예수 이름과 기적'의 연관은 누가에게는 필연적인 것으로 판단되었을 터이고, 그 이유로 '예수의 이름'이라는 표현은 그의 글에 지속적으로 등장한다. 그 이름으로 선포하고, 그 이름을 위해 고난당하는 등(행 5:28, 40, 41) 누가는 예수 이름을 기독교인의 존재 자체를 규정하고 설명하는 '상징성'까지 부여한다.[39]

---

해서도 언급했다. 유상현, 『베드로와 초기 기독교: 사도행전 1-3장』, 293-295를 참고함.

37 이런 모습은 다른 경우에도 적용된다. 예수 이름의 치유: 행 3:6, 16, 4:7, 10, 30, 19:11-20. Cf. 행 4:12.

38 유상현, 『베드로와 초기 기독교: 사도행전 1-3장』, 293-294.

### (5) 기도의 성격 정리

이렇게 하여 기도의 내용 소개는 마쳤다. 신도들이 행한 기도의 가장 큰 특징 하나는, 비록 하룻밤의 고난이라 해도 체포와 구금의 고통을 겪은 사도들은 개인적 '고난 경험'이나 그로부터의 구출에 관해서는 일언반구도 없다는 점이다. 억류의 고통이나 그로 인한 안타까움이 쉽거나 하찮은 것이어서 그리 된 것이 아님은, 사도들의 석방을 계기로 신도들이 이 같은 기도를 올렸다는 사실 자체가 입증한다. 하찮은 경험이 아니었기 때문에 함께 모였고, 이런 기도를 드릴 수 있었다는 것이다. 물론 '한마음으로' 기도한 사람들 중에 사도들도 포함되어 있어서, 스스로 자신들의 고난을 되뇌고 상찬(賞讚)하는 내용이 적절하지 않아서 그랬을 수는 있다. 그러나 사도들의 고난을 자랑스러워하거나 내세우는 형식이 아니라 다른 방식, 이를테면 그것들을 이기고 견딜 수 있었음을 감사하는 형태라든가, 그 고난 견딤을 경험 삼아 앞으로의 삶에서도 어려움을 잘 극복할 수 있도록 기원한다든가 등 여러 언급이 있을 수 있다. 그러나 그런 언급은 일체 없다. 다만 예수의 대적자에 대한 언급, 그리고 그의 고난 경험만을 짧은 기도문에 수록했다는 점이 주목된다. 이것은 서술의 포인트가 사도들의 고난이 아닌 예수의 수난에 모아져 있고, 바로 그 점을 누가가 강조하고 돋보이게 하려는 의도를 갖고 있었음을 나타낸다.

---

39 이미 제1장에서도 인용했지만, 시 54:1('하나님, 주의 이름으로 나를 구원하시고')의 내용이 예수를 통해 현실화되었다는 것을 '예수 이름으로'라는 표현의 반복적 언급 자체가 드러낸다. 그래서 '예수'라는 이름 자체의 본래 뜻이 '문자적으로' 실현되었다는 것을 확인하게 된다. 즉 '예수'(Iēsous)는 'יהושע'(Yehoshua, '하나님은 구원이다.')라는 이름의 일반적 그리스어 변환형이니, 그 이름의 의미대로 예수를 통해 '구원'이 이뤄진 것이라는 뜻이다. 유상현, 『베드로와 초기 기독교: 사도행전 1–3장』, 294. 'Yeshua', 또는 'Yeshu'라고 불리거나 표기된 이 이름은 당시 매우 흔한 것이라, 요세푸스의 글에만 동명이인이 약 20명 언급되었다. Hilary Le Cornu & Joseph Shulam, *A Commentary on the Jewish Roots of Acts*, vol. I (Jerusalem: Academon, 2003), 185–186.

그리하여 사도들이 수난 받음으로 예수의 고난에 참여하게 되고, 수난의 계승과 예수 과업의 계승을 위한 기도를 여기 제시하고 있는 것이다. 이 기도는 바로 거기에 초점이 모아져 있다. 즉 사도들의 선포와 수난 극복을 통해 예수의 과업과 고난을 잘 계승하고, 예수의 지상 활동을 연장, 계속할 수 있도록 기원했다는 점이다.

사도들의 고난은 신도들의 기도를 낳게 했다. 베드로와 요한의 억류와 심문 후 신도들이 모여 드린 기도는, "주님, 이제도 그들의 위협을 내려다보시고 주님의 종들이 참으로 담대하게 주님의 말씀을 전할 수 있게 해주십시오."라는 말을 통해 다짐과 앞으로의 태도를 보여준다. 고난에 굴하지 않을 것이며, 어떤 위협에도 불구하고 '참으로 담대히 말씀을 선포하리라.'는 결의를 토로하는 것이다. 이를 기도의 형식을 빌려 천명했다는 점에서 그 다짐의 정도는 비장함에 이른다. 누가는 박해나 공격이 교인들을 무릎 꿇게 할 수 없고, 어떤 위협도 그들을 위축시킬 수 없다는 점을 기독교인에 대한 '최초 제재'에 대응하는 신도들의 태도와 기도를 묘사하면서 표현한다.

### 3. 기도의 결과(행 4:31)

위와 같은 두 가지 요청을 담은 기도는 즉각 응답되는데, 저자는 다음과 같은 묘사로 그 상황을 그린다.

> 기도를 마치니 그들이 모여 있는 곳이 흔들렸다. 그들이 모두 성령으로 충만하여 하나님의 말씀을 담대히 전하였다.(행 4:31)

30절의 "표적과 놀라운 일들이 일어나게 해주십시오."라는 신도들의 기도는 어쩌면 베드로가 사도행전 3장 6-10절에서 보여줬던 성전 미문 곁의 장애인 치료 행적을 의식하고, 그런 이적이 더욱 발생할 수 있도록 기원한 것일 수 있다. 이 기도는 즉각적 반응을 불러일으킨다. '모여 있는 곳이 흔들리고', '그들 모두가 성령으로 충만한'(31절) 형태로 곧장 응답이 내린 것이다. 여기서 그치지 않고, 그 기도는 바로 이어지는 장면에서 보여주는 사도들의 권위 있는 역할과 위세를 통해서도 응답된다. 다시 말해, 신도들이 밭과 집을 팔아 그 판 값을 '사도들의 발 앞에 두었다.'[40]는 묘사(행 4:34-35)에서 사도들의 강력한 권위를 드러내는 '놀라운 일들로' 기도의 응답이 나타났다는 것이다. 이때까지의 행적, 특히 성전 미문 곁에서 기적적으로 발생한 지체장애인 치유를 통해서도 사도들의 권위가 축적되었겠지만, 실제로 드러나는 그들의 괄목할 권위는 이 장면, 곧 '고난과 기도' 이후에 이어서 등장하고 있음을 간파할 수 있다.

신도들이 '한마음으로' 기도한 데 대한 신적 응답은 다음 세 가지 형태로 제시된다. (1) 지진, (2) 성령 충만, (3) 말씀 선포.

### 1) 지진: 신적 임재의 중첩된 표지

먼저, 땅이 흔들리는 초자연적 현상이 있었다. "기도를 마치니 그들이 모여 있는 곳이 흔들렸다."(31a절) 이것은 30절의 '표적과 놀라운 일들'이 일어나게 해달라는 기도의 응답이다. 이 구절은 구약의 묘사를 연상시킨다. 역대하 5장 12-14절에 의하면, 나팔 부는 사람들과 노래하는 사람들이 '한 목소리로' 주님께 찬양과 감사를 드리고, '소리를 높여' 주님을 찬양할 때에 주님의 집에 '구름이 가득 찼다.'고 한다.[41] 물론 등장

---

40 이 표현은 연이어 세 차례나 등장한다. 행 4:35, 37, 5:2.

41 "노래하는 레위 사람들인 아삽과 헤만과 여두둔과 그들의 아들들과 친족들이 모두, 모시옷을 입고 심벌즈와 거문고와 수금을 들고 제단 동쪽에 늘어서고, 그들과 함께 나팔 부는 제사장 백이십 명도 함께 서 있었다. 나팔 부는 사람들과 노래하는 사람들이 일제히 한 목소리로 주님께 찬양과 감사를 드렸다. 나팔과 심벌즈와 그 밖의 악기가 한데 어우러지고, '주님은 선하시다. 그 인자하심이 영원하다.' 하고 소리를 높여 주님을 찬양할 때에, 그 집, 곧 주님의 성전에는 구름이 가득 찼다. 주님의 영광이 하나님의 성전을 가득 채워서, 구름이 자욱하였으므로, 제사장

인물의 성격이 다르고, 기도의 양상이나 신적 현현(顯現) 양상인 구름이 가득 찬 것과 지진이 난 것 등의 차이가 있다. 그러나 기도의 정황과 그 답변으로서의 초자연적 현상이라는 측면에서만 보면 이런 글을 쓰는 누가가 역대하 기록을 의식했을 수 있으리라는 추정은 할 수 있다. "기도를 마치니 그들이 모여 있는 곳이 흔들렸다."라는 말은 본문의 맥락상, 그들의 기원을 들으셨다는 '주님'의 응답으로 해석될 현상이다. '모인 곳이 흔들렸다.'는 지진 관련 보고는 저자가 나중에 바울 활동과 관련하여 사도행전 16장 26절("그러자 갑자기 큰 지진이 나서 감옥 터가 흔들리고 문이 모두 열렸다. 그러고는 모든 사람들의 묶인 것이 다 풀렸다.")에서 전하는 빌립보 사건과 비교된다. 사도행전 16장과 달리 여기서는 지진이 일어났다고 간단히 언급할 뿐 그 흔들림의 정도가 어떠했는지, 그 후 어떤 일이 벌어졌는지 등의 후속 사태나 지진 자체에 관한 상세한 설명을 하고 있지 않다. 다만 지진이라는 경이적인 사건이 발생했을 뿐이라는 점만 알린다.

'땅이 흔들렸다.'는 하늘의 응답은 가장 강력한 신적 존재의 임재와 현존을 웅변하는 현상이요, 그 표지이다. 구약 등 유대 문헌에서도 지진은 하나님의 능력, 또는 분노를 나타내는 증거로 여러 곳에 등장한다.[42] 본문의 이 지진이 하나님 현존의 표지임은 자명하다. 그런데 거기에는 여러 다른 '표지'의 의미가 중첩되어 있다. 우선 하나님이 그들과 '지금' 함께 임재하시며, 그들의 기도가 접수됐다는 표지라는 점이 가장 뚜렷하다. 그런 표지는, 그들의 기도 중에 언급했듯이, '과거' 발생한 '거룩한 종 예수'의 수난이 하나님의 '뜻과 예정'(28절) 아래 집행되었다는 것을 다시 확인하는 표지라는 의미를 지닌다. 또한 그것은 '미래'에 이뤄질 일, 곧 그들의 요청인 선포를 위한 담대함, 치유와 이적이 이뤄지게 해달라는 기

---

들은 서서 일을 볼 수가 없었다."(대하 5:12-14)

42 출 19:18, 암 9:1, 시 18:7, 68:8. 그 외 Josephus, *Antiquities of the Jews*, IV. 51, VII. 76-77 등.

도를 이루실 것이라는 표지요, 선포의 진전 과정, 즉 복음전파의 추후 과정에도 함께하시리라는 표지가 된다. 이처럼 과거, 현재, 미래를 아울러서 하나님이 동행, 임재하실 것이라는 표지로서, "주님의 손을 내미시어"(30절) '그들이 모여 있는 곳을 뒤흔든' 지진 이상의 더 확고한 메시지는 찾기 어려울 것이다. 이리하여 30절에서 "표적과 놀라운 일들이 일어나게" 해 주십사 요청한 그 기도는 지진을 통해 즉각적으로 응답될 수 있었다.

### 2) 성령 충만: '작은 오순절'

누가가 흔히 기록하듯이(행 1:14, 8:15, 그리고 눅 3:21–22, 11:13) 기도는 성령의 내림을 불러온다. 신도들의 기도는 성령강림, 충만으로 이어진다는 것이다. 그러니 본문의 기도도, "그들이 모두 성령으로 충만하여"(31b절)라는 묘사를 얻는 것이 자연스럽다. 이 기록을 토대로 여기 벌어진 사건을 예루살렘에서 발생한 '제2의 오순절 성령강림'이라 공식적으로 칭하기는 어렵다. 그러나 적어도 누가의 서술에 의하면 예루살렘 교인들이 두 번째로 겪은 '성령 충만'의 경험인 것만은 분명하다. 그런 뜻에서 '작은 오순절'[43]이라는 칭호가 어색하진 않다. 오순절에 처음 겪은 경험이 다시 여기에 나타났다는 것은 성령강림이 '또다시' 반복될 수 있다는 것을 보여주는 사례요, 그 사실의 환기로 볼 여지가 있다.[44] 이 경험이 처음 오순절의 성령 충만함을 새롭게 되새기게 하고, 어쩌면 갱신케 하는 의미를 가졌을 수 있지만, 누가가 그런 뜻을 본문에서 적극적으로 비친 흔적은 없다. 다만 처음 오순절에서 120명 정도의 신도들이 모여 겪은 성령 충만의 경험은, 여기서 그 숫자를 짐작하기 어렵지만 '그들 모두'(31절)의 경험으로 확대되고 있다는 점에서 오순절 경험의 지속적 확대, 또는 발전으로 해석될 수 있다.

---

43 Jacques Dupont, "La prière des apotres persécutés (Actes 4, 23–31)," 522.
44 Craig S. Keener, *Acts: An Exegetical Commentary: 3:1–14:28*, vol. 2, 1175.

### 3) 담대히 말씀 선포

아마도 흔들리는 터전의 기적을 경험한 후의 일정 시간이 경과된 상황을 전제한 것이겠지만, 신도들은 "모두 성령으로 충만하여 하나님의 말씀을 담대히 전하였다."(31c절)라고 한다. 산헤드린 심문과 지진 체험 이후의 상황이 요약 형태로 그렇게 묘사된다. 여기 '전하였다'로 번역한 'lalein' 동사는 미완료시제(elaloun)로 제시되고 있는데, 그 시제의 뉘앙스를 좀 더 살리면, 그들이 성령이 충만한 상태에서 말씀을 담대히 '전하곤 하였다.'는 지속적 선포 상태를 지시하고 있음도 유의할 필요가 있다. 초기 교인들이 가졌던 선교 열정의 담대함, 지속성과 끈기 등을 교훈 삼아 제시하고 있는 것이다.

결국 누가는 신도들이 원했던 "이제도 그들의 위협을 내려다보시고 주님의 종들이 참으로 담대하게 주님의 말씀을 전할 수 있게 해주십시오."(29절)라는 기도가 곧바로 답변되어 현실화되는 모습을 전달한다. 그들은 담대함을 응답으로 받은 것이다. 이런 응답과 더불어 이 기도는, 이어지는 단락에서 소개될, 어쩌면 가장 큰 이적일 수도 있는, 신도들이 '물건을 서로 통용하는' 나눔의 실천이라는 '표적'을 응답으로 받는 결과(행 4:32-35)를 낳는다. 이것은 이 책의 다음 제3장에서 취급하게 될 것이다. 이렇게 신자들의 기도가 '즉각적 응답'으로 실현되었다는 점을 강조하면서, 누가는 베드로와 요한의 산헤드린 심문과 석방 이후 기도의 장면 묘사를 마감한다.

## III. 결어: 기도의 배경과 의미

아래에서 취급하는 주제에 관해서 이미 위에서 논의한 것들도 있고, 그렇지 않은 것들도 있다. 그것들을 여기 다시 정리하는 것은 신도들의 기도 가운데 새삼 되뇌일 중요한 내용이 담겨 있기 때문이다.

## 1. 배경과 교훈

이 기도를 하게 만든 상황은 단순히 베드로와 요한의 석방 때문만은 아니었다. 그것은 오순절 이후 성전 미문 곁에서 이뤄진 장애인 치료로부터 시작하여 베드로와 요한의 구금을 거쳐 그들의 석방에 이르기까지 긴 서술 속에 수록된 사건들이 전제, 감안, 반영된 결과라 볼 수 있다. 이 기도에 제시된 표현 가운데 사도행전 4장 30절의 "병을 낫게 해주시고… 표적과 놀라운 일들"을 언급한 것은 사도행전 3장 1-10절에 나타난 장애인 치료를 반영한 것이고, 그런 이적들이 앞으로도 더욱 나타날 수 있기를 기원한 것이다. 또한 같은 절에는 그간 여러 차례 등장한 바 있는, '예수의 이름'을 다시 언급하며 이전의 그 '이름 기록들'을 환기시킨다. 29절의 '위협'이라는 표현은 베드로가 직접 겪은 산헤드린의 위협과 협박(행 4:21, 그리고 17절)을 상기시킨다. 같은 29절에 '말씀을 전하다'라는 표현이 등장하는데, 이 역시 이전에 베드로가 선포한 활동들(미문 설교, 산헤드린 대응 등)을 직접적으로 반영한 것으로 볼 수 있다. 선포와 관련하여 함께 나타나는 '담대함'이라는 표현 또한 이미 앞서(행 4:13) 지적된 바 있는 말이고, 그 표현이 여기 기도에서 반복되고 있을 뿐 아니라 기도가 끝난 후의 반응을 묘사하는 31절에도 등장한다. 30절에 예수를 '거룩한 종'으로 묘사한 것 역시 사도행전 3장 13절에 등장하는 표현을 되풀이하고 있다. 신도들의 기도 속에 나타나는 이런 묘사들, 곧 앞서 제시된 표현들의 다양한 반향(反響)은 이 기도가 단순히 사도들의 석방 끝에 나타난 후속 행동만이 아니라는 점을 입증한다. 이 기도는 오순절 이후 사도들의 활동을 정리하고 되짚는 의미가 있다. 그리하여 새로운 앞날을 내다보고 담대한 선포를 다짐하며, 도우심을 탄원하는 초기 교인들의 간절함을 저자가 표현하고 있다고 보아야 한다. 이런 간절한 기원에 대한 결정적 응답의 표현이 초자연적 지진(행 4:31)이었다고 누가는 주장하는 것이다.

위에서 분석한, 사도 석방 이후 신도들이 드린 기도, 하나님께 드린 요청사항을 정리하면, 두 가지로 요약될 수 있다. 이는 사도행전 4장 29절에 제시된 것인데, (1) 하나는 종들이 '담대하게 말씀을 전파하게' 해달라는 것, (2) 또 하나는 '치유, 표적, 이적' 등의 기적이 나타나게 해달라는 것이다. 즉 앞으로 이뤄질 신자들의 선교활동에서 하나님의 지속적 지원과 동행을 간청하는 내용의 기도이다. 계속하여 직면하게 될 위협 앞에서 담대한 선포가 이어질 수 있도록, 그리고 그 선포를 뒷받침할 수 있는 표적과 놀라운 일들이 지속적으로 벌어질 수 있도록 기도하는 것이다. 그것은 바꿔 말해, 지상에서의 선교사역이 계속되는 한 쉬지 않고 담대함과 이적이 선교자들에게 동반되어야 할 것이라는 점, 즉 위협과 고난 역시 연속적으로 발생할 수 있으리라는 수난 예견의 경고와 그에 따르는 위기의식을 표명함과 동시에, 이 모든 위기에서 하나님의 동행과 지원을 간원하지 않을 수 없음을 밝히는 것이다.

이 기도에는 고난을 견디며 신자의 삶을 계속하라는 교훈과 더불어 기도 자체의 요구, 곧 기도하라는 가르침도 동반된다. 누가복음 22장 39-46절에서 예수는 제자들에게 시험에 들지 않게 기도하라고 명령한다. 그러나 그 명령은 수행되지 않은 채 제자들은 잠들기도 하고, 예수를 부인하며(눅 22:54 이하) 그의 수난을 수수방관하는 행태를 보였다. 그와 비교하여 여기서의 제자들은 산헤드린을 통해 겪는 위기의 시기에 예수의 기도 명령을 준행한다.[45] 그 결과 지진과 '성령 충만', 담대함을 부여받는 대조적 모습을 보여준다. 이같이 예수의 기도하라는 명령의 이행 여부와 관련한 뚜렷한 행동의 변화를 제시함으로 누가는 신도들에게 분명한 교훈을 던져준다. '시험에 들지 않게', 곧 시련과 유혹의 시기에 '기도하라.'는 예수의 명령을 독자들 역시 집행하라는 것이다.

---

45 Cf. Robert C. Tannehill, *The Narrative Unity of Luke-Acts*, vol. 2 (Minneapolis: Fortress Press, 1990), 71-72.

기도를 통해 말씀 전파의 능력과 담대함을 간구하는 것은, 베드로와 요한이나 사도행전 저자 시대의 독자들 모두 마찬가지일 것이다. 다만 이 기도가 처한 특별한 상황, 곧 베드로와 요한이 산헤드린으로부터 심문을 받고 위협을 당한 이후의 기도는 각별한 의미를 가질 수밖에 없다. 그것은 위기와 고난 앞에서 좌절하거나 흔들리지 않아야 한다는 것, 이것이 누가 시대 교인들에게 교훈하고자 한 저자의 메시지일 것이다. 과거 사도들의 행적을 진술하는 누가는 선대(先代)가 역사 속에서 겪은 고난의 기억을 끌어모아 자신의 글월을 통해 전달하려는 분명한 목표를 갖고 있다. 그것은 어떤 경우에 처하더라도 '창조주' 하나님(행 4:24)을 의지하고, 담대히 예수 부활의 소식과 복음을 굳건히 전하라는 것, 그리고 비록 박해와 고난이 닥친다 하여도 예수의 뒤를 좇아, 앞선 사도들의 뒤를 좇아 굽힘도 낙심도 없이 그 난국을 극복하고 이겨야 한다는 확고한 메시지이다.

## 2. 적대 상황의 동일시: 예수 활동의 계승, 연속성

### 1) 예수, 베드로, 누가 시대의 유사 '대적 상황'

누가가 베드로가 받은 심문 일화를 서술하면서 예수의 수난을 새삼 언급한 것(행 4:26-27)은, 사도들이 펼치게 될 미래 선포사역에서 마주칠 수 있는 난관(행 4:29-30)과 예수의 고난을 연결시켜서 장차 어려움을 예비하고 극복하게 하려는 의도가 작용했기 때문이다. 그런 의도는 사도들을 넘어서 저자 당시의 독자들에게도 향한다. 그런데 예수가 겪은 권력자 앞에서의 수난은 그들과의 대치, 곧 '대적 상황'을 통해 이뤄졌다. 그와 마찬가지로 예수 이후, 산헤드린으로부터 심문과 위협을 받고 놓여난 베드로와 요한의 상황은 권력자들과의 대결, 즉 '대적 상황'에 놓여 있음을 드러낸다. 그렇다면 예수와 베드로와 요한은 공통적으로 권력과의 긴장 관계, 유사한 '대적 상황'에 노출되었다는 점을 뜻하며, 그것은 예수와 사도들 사이도 동일 상황에 놓였다는 일치성을 암시한다. 그리하여 예수와 베드로와 요한은 정체와 사명, 지향의 동일시를 경험하게 되고, 그런 동일시는 이 글을 쓰고 읽는 누가와 독자들에게도 예수와 사도들을 잇는 '동일시의 계승과 연장'을 유도하게 한다. 그래서 예수의 활동과 고난을 사도들이 이어 겪었듯이 누가의 교인이나 후대의 신자들도 그 활동과 사명을 계승, 연장시키기를 교훈하며 각성시키고 있는 것이다.

그러나 여기 기록된 예수와 사도들의 고난을, 누가 당시의 교인들이 겪는 어떤 '특정' 박해와 경험, 수난과 직접적·기계적으로 연관시키거나 직결시키기는 어렵다. 저자의 교인들이 겪은 고난과 관련된 구체적 방증이나 여타 유사 언급들을 발견하기 어려운 상황에서 본문 기록상의 수난을 저자의 정황과 직접 연결시키기는 어려울 것이기 때문이다. 다만 저자가 그러한 교훈과 신학적 지향을 담아 의미론적으로 연관시키려는 의도를 가졌으리라는 것이다. 위에서 지적했듯이, 이런 연관성을 시사하는 세목들은 여러 가지이다. 이를테면 예수가 겪은 고난과 사도의 고난을 겹쳐놓으며 양자 사이의 고난을 통한 동질성을 부각시키려는 이해는, 그들이 당한 고난의 '장소'를 통해서도 관련성을 찾을 수 있다. 예수가 '이 성(城)'(27절)에서 수난을 겪었듯이 사도들 역시 그 성 예루살렘에서 예수가 겪은 고난에 참여하고 있다는 것이다. 또한 예수를 '거룩한 종'(27, 30절)이라 지칭하면서, 기도하는 자신들 역시 '종'(29절)으로 호칭한다. 물론 자신들과 예수 사이에는 '거룩한'이라는 수식만큼의 위상과 신분의 격차가 자리 잡고 있음을 안다. 하지만 호칭을 '종'으로 함께 부르면서 예수와 자신들의 연대를 표현하고, 거기서 비롯된 동일시를 의식하고 있다는 점을 부정할 수 없다. 예수가 하나님의 '기름 부음'을 받았다는 점이 확실하지만, 그분과 사도들은 모두 하나님의 '종들'이라는 점 역시 분명하다는 것이다. 그런 뜻에서 양자는 같은 위상의 '종'이라 말할 수 없으나, 또한 같은 '종들'임도 분명하다. 여기서 '종들'의 연대와 연합이 가능하고, 그 활동의 동질성, 일체화의 근거가 마련된다.

### 2) '대적자'의 동일시

베드로와 요한을 억류하고 심문한 사람들은 산헤드린의 권력자들이었다. 예수의 고난에서도 산헤드린은 핵심 역할을 수행했다. 물론 예수 당시의 산헤드린 권력자들이 사도행전 묘사 속에서 신도들을 향해 위협하는 대적자들과 같은 사람들은 아닐 것이다. 그러나 산헤드린 구성원들이라는 점이 동일하고, 예수 '당시'의 권력자와 베드로를 억류한 '오늘'의 권력자가 위협을 가하고 고난을 준다는 점에서 동일한 적대세력으로 인식될 수 있다. 그렇게 해서 예수의 대적자와 오늘의 대적자를 유사한 항렬에 함께 놓고 동일시함으로 예수와 신도들이 '공통의' 위협과 고난에 직면하게 됐다는 점을 유추할 수 있다. 다시 말해, 예수와 신도들은 비슷한 종류의 적대자 앞에서 위협을 겪는 동질성을 경험하게 된다는 것이다. 누가는 예수와 신도들이 유사한 고난을 함께 겪는다는 고난을 통한 일체화, 동질화를 시사한다. 이 점을 '그들'(29절) 산헤드린 권력자들이라는 대적자의 동일화를 통해 알리고 있다. 이런 점은 앞서 언급했듯이, 29절의 "이제도 그들의 위협을 내려다보시고"라는 말 속의 '그들'에 관한 해석으로부터도 시사받을 수 있다. '그들'은 의미상으로 예수 시대의 '빌라도와 백성들'(27절)을 뜻할 수도 있고, 사도들을 위협한 산헤드린의 권력자들(21절)을 의미할 수도 있다. 둘 중 어느 하나를 배타적으로 해석에 적용하기 어려운 측면이 있는데, 이것은 저자의 '의도적 애매함'의 결과일 것이다. 두 위협자가 모두 동일한 자들은 아니지만 '그들'에 해당된다고 한다면, 그 두 권력자를 '위협'이라는 의미로 통합, 동질화시켜 놓았다고 할 수 있다.

'과거' 예수 시대의 '빌라도와 백성들'도 위협을 행사했는데, '오늘' 베드로와 요한에게도 위협하는 권력자들이 있다. 예수의 대적자를 오늘의 대적자인 '그들'과 동일선상에 놓음으로 예수와 신도들이 '공통의' 위협과 고난에 처하여 있다는 것, 즉 예수와 신도들이 적대자 앞에서 동질성을 경험하게 된다는 것이다. 누가는 고난을 통해 예수와 신도들이 일체화를 겪는다는 점을 '그들'이라는 적대자의 동일화를 통해 알린다. 이것은 나중에 사도행전 5장 41절에서 사도들이 "예수의 이름을 위해 모욕받는 일에 합당하게 여겨진 것을 기뻐하며"라는 표현으로 예수의 고난과 자신들의 고난을 나란히 놓고 있는 데서도 찾을 수 있다.

산헤드린으로부터 억류와 심문을 받고 풀려난 사도들은 권력자들로부터 '대적당한' 경험을 한 사람들이었다. 따라서 권력당국의 적대적 처우를 받은 사람들이 기도하며 시편 2편을 인용할 때, 권력자들이 "기름부음받은 분에게 '대적하였다.'"(행 4:26)라는 표현을 되새길 이유가 있다. 그것은 자신들이 겪은 '대적 상황'과 예수가 겪은 '대적 상황'이 유사하다는 인식을 간접적으로 드러내기 때문이다. 이어지는 27절에 헤롯과 빌라도로 대표되는 권력자와 이방인, 그리고 유대인이 함께 "주님께서 기름 부으신 거룩한 종 예수를 대적하여"라고 표현함으로 예수가 당한 '대적 상황'을 환기시켜 '대적 상황'의 지평을 넓힌다. 29절의 "이제도 그들의 위협을 내려다보시고"라는 기도에서도 신도들이 겪는 '위협 상황'을 거론하며 예수가 겪은 적대적 '위협 상황'과 맞물려 이해될 수 있도록 한다. 물론 자신들의 고난은 예수가 겪은 적대의 고통과 비교되기 어렵다는 이해는 있었을 것이다. 그러나 '대적을 당하는' 고난 상황 자체만은 비슷한 것일 수 있다.

따라서 예수가 당한 적대를 자신들도 당한다는 뜻에서 예수의 활동을 자신들이 계승한다는 적대 경험을 통한 사명의 동일시, 역할의 계승이라는 인식을 가질 수 있었으리라는 것이다. 이런 동일시는 사도행전 4장 29절의 "주님, 이제도"(kai ta nun)라는 특징적 어구를 통해 시편의 먼 과거와 예수의 가까운 과거로부터 기도하는 오늘 '지금'(nun)의 상황으로 관심을 전환시키면서 현재 직면하는 어려움을 극복하도록 하는 탄원으로 극명히 표현된다. 구약 시대 예언의 내용과 예수 시대의 성취라는 '복합적 과거'로부터 그들이 기도하는 '지금 현재'의 시점으로 강조와 주목의 초점이 내려와, 자신들의 기원이 토로된다는 점은 시대의 연결을 통한 예수, 사도들, 누가 시대인들의 통합과 동일화의 중요한 사례가 된다.

### 3. 기도: 고난 이야기의 시작과 동참 의지

누가는 사도들이 처음 겪었던 시련을 기록함으로써 앞으로 펼쳐질 선교자들의 고난 이야기를 위한 일종의 실마리를 제시한다. 고난 기록이 처음 풀려나가기 시작하는 '서설'(緒說)에, 즉 이 이야기의 맨 처음에 '기도'를 배치한 의도에는 독특한 뜻이 있다. 사도행전 서술 공간 속의 사도들이든, 선교자들이든, 아니면 자신들 세대의 신도들이든, 또는 자기 세대 이후의 미래 기독교인들이든 '복음선포'를 위해 당하게 될 '모든 신자들'의 거대한 '총량적 고통'을 위한 '첫머리' 기도로서 고난에 관한 이야기를 시작하게 했다는 뜻이다. 그런 뜻에서 이후로 이어지게 될 고난 이야기들 중 첫째 이야기의 도입부로, '참으로 담대히' 선포할 수 있게 해달라는 기원과 이적을 통한 주님의 동행을 간구하는 기도가 배치된 것이다. 이런 인식은 기독교의 성장과 발전이 신도들의 박해를 통해 달성된다는 테르툴리아누스식(式)[46]의 각성을 누가가 내면화하고 있다고 이해될 만한 것이다. 바울을 통해 사도행전 14장 22절에서 극명히 표현한 대로, "우리가 하나님 나라에 들어가려면 많은 고난을 겪어야 할 것이다."라는 인식은 누가를 비롯한 초기 교인들이 선교에 임하는 기본자세를 나타낸 것이라 말할 수 있다.

그러나 누가가 처음에 배치한 기도는, 위에서 언급했듯이 위험을 회피하게 해달라는 간청이 아니다. 그 위협을 견디고 담대히 선포할 수 있

---

46 "당신들이 우리를 더 많이 살육할수록 우리는 더욱더 성장한다. 기독교인들의 피가 씨앗인 것이다." Tertullian, *Apol.* 50.13. Richard I. Pervo, *Acts: A Commentary*, 123, n. 32에서 재인용.

도록 도와달라는 기원이다. 29절의 "주님, 이제도 그들의 위협을 내려다보시고 주님의 종들이 참으로 담대하게 주님의 말씀을 전할 수 있게 해주십시오."라는 기도에서 '위협을 내려다보시고'와 '담대히 말씀 전함' 사이에는 생략된 내용이 있다. 즉 '위협'과 '전파' 사이에는 '침묵 강요, 위험, 고난' 등의 외부적 강제가 제시되지 않은 채 전제되어 있다는 것이다. 그 양자 사이에서 침묵 강요에 넘어가고 위험과 고난에 꺾인다면 '전파행위'는 이어질 수 없다. 다시 말해 이런 기도를 드린다는 것은 고난을 극복하고 견디리라는 전제가 작용하였다는 것이고, 그럼에도 전파할 수 있게 해달라는 것은 그 고난을 감내하리라는 의지가 숨어 있다는 뜻이다. 고난의 회피가 아닌 박해의 견딤을 전제로 이 기도가 제시된다. 위협, 고난, 견딤을 "내려다보시고" 말씀을 담대히 전할 수 있게 해달라는 것이다. 이것은 신자들이 예수가 겪은 것과 같은 위협으로부터 멀어지려는 것이 아니라, 위협에 굴복하지 않고 예수의 고난에 참여하려는 의지가 숨어 있다는 뜻이다. 위협을 견디겠다는 의지는 예수의 고난을 나누고, 그에 동참한다는 것을 의미하기 때문이다.

위협을 피할 수 있도록 기도하지 않았다는 것과 더불어 주목되는 것은 초기교회 교인들이 박해자들이나 적대자들을 향해 원한과 미움을 품지 않으려 했다는 것이다. 자신들에게 고통과 위협을 가하는 존재들에 대한 저주나, 적대자 제거, 또는 징벌의 기원을 담고 있지 않다는 점은 기억할 만하다. 구약적 '원수 갚음'의 기원이 초기 교인들에게서 발견되지 않는 것은 권력자에 대한 저주가 탄압으로 이어지고, 보복과 박해의 악순환이 계속되리라는 현실 인식에 기인한 바가 있을 것이다. 하지만 그보다 더욱 뚜렷한 것은 자신들이 겪는 '부정적' 고난을 '긍정적으로' 받아들이고 해석하는 기본 태도, 곧 하나님이 집행, 통괄하시는 현실과 역사의 진행에 관한 낙관과 희망이 초기 기독교인의 의식 저변에 자리 잡고 있다는 점이다. 그것은 하나님의 권능과 섭리(행 4:28)에 대한 절대적 신뢰가 견지되고 있음을 의미한다. 그것은 기독교의 미래에 대한 낙관과 긍정을 누가가 확신하고 있음을 보여준다. 그래서 하나님의 뜻이 펼쳐지게 될 역사의 마당에 자신들이 고난을 무릅쓰고 참여하며, 그 일을 위해 박해와 모욕을 당하게까지 됨을 기뻐할(행 5:41) 수 있는 것이다. 이런 종류의 기도가 초기 교인들의 신앙생활 가운데 흔히 이뤄졌을 것이라는 점은 가능한 추론이다.[47] 그러나 이 기도의 배후에 작용했을 '구체적' 고난의 상황과 흔적, 그에 관한 직접적 자료나 이전 형태의 전승과 그 흐름 등을 추적하는 것은 쉽지 않다. 그 일은 근본적으로 추측의 한계를 벗어나는 어려운 작업이다.

### 4. 예수 정체와 십자가 사건의 해석

누가는 베드로와 요한이 석방된 후 드린 신도들의 기도 속에 예수의 정체에 관한 초기교회의 신학적 해석 작업의 일단을 드러낸다. 사도행전 4장 27절에서 예수를 "주님의 기름 부으신 거룩한 종"으로 부르면서(26절에서도) 그분의 존재와 의미를 '해석'한다. 이것은 예수가 누가의 복음서에 '실제로' 기름 부음받은 적이 없음에도 그렇게 지칭하고 전제하고 있다는 점에서 적극적으로 예수 정체를 해명하려는 노력이라고 평가할 수 있다. 이런 '해석'의 모습은 27-28절 묘사 전체("과연 헤롯과 본디오 빌라도는 이방 사람들과 이스라엘 백성과 함께 이 성에 모여서 주님께서 기름 부으신 거룩한 종 예수를 대적하여 주님의 손과 뜻으로 이루려 예정하신 일들을 모두 행하였습니다.")를 톺아보면 찾을 수 있다. 이 구절은 누가복음 23장 13절('빌라도가 대제사장들과 권력자들, 백성들을 불러모았다.')을 직접 반영하고, 나아가 누가복음 23장 전체를 한 문장으로 주석하고 있

---

47 James D. G. Dunn, *The Acts of the Apostles* (Valley Forge: Trinity Press International, 1996), 56. 그 외 Craig S. Keener, *Acts: An Exegetical Commentary: 3:1-14:28*, vol. 2, 1165에 열거된 학자들.

는 듯하다. 그런데 여기 사용된 '과연'이라는 말은 'ep' alētheias'라는 어구를 번역한 것인데, 이 표현은 앞에서 인용된 시편 2편 예언이 '사실상, 실제로' 성취되었음을 나타낸다. 누가가 기록하는 베드로 활동 시기 전후의 그 '현재 시점'에 시편 내용이 성취됐다는 것이다. 예수 사건의 의미를 드러내기 위한 신학적 강조의 용법으로 표현된 것이다. 바꿔 말해 시편의 온전한 해석은 예수 사건을 통해 달성되며, 시편 2편의 진정한 의미는 바로 여기 27-28절에서 찾을 수 있다는 뜻이다. 그런 형태로 누가는 독자인 교인들에게 예수 사건의 본질을 해석하며, 신앙 강화(講話)를 하고 있다.

빌라도와 로마 병사들, 헤롯과 이스라엘 사람들 등 예수 죽음에 가담하여 책임을 나누어 진 자들에 대한 역사적 해석도 누가의 고유한 평가에 따른 것이다. 가해자들은 권력을 행사하고 물리력으로 억압하면서 스스로를 예수 운명의 결정자로 생각했을 수도 있다. 예수의 생명을 파괴한 그들은 역사의 주인공이요 주체로서 세계 형성을 이뤄나간다고 자처하였을 수도 있다. 하지만 누가는 사건 진행의 본질을 다르게 해석하고 가르쳐준다. 인간의 손으로 예수를 죽게 했지만, 그 모든 일은 하나님의 계획과 섭리 아래 집행된 것이라는 단호한 '해석'을 제시한다. 이처럼 모든 역사 속 사건들은 하나님의 통제와 허락 가운데 이뤄진다. 하지만 하나님의 '뜻'(행 4:28) 안에서, 하나님의 '손'(행 4:30)을 통해 이뤄진 역사와 사건일지라도, 결과적으로 하나님의 뜻을 집행하게 된 권력자, 유대인, 이방인이 연합하여 자행한 '대적 행위'가 사면되거나 무효화되는 것은 아니다. 하나님의 뜻은 하나님의 뜻이고, 그들의 잘못은 그들의 잘못으로 남는다. 이것이 누가가 파악한 역사의 감춰진 의미요, 이 모든 해석적 표현은 하나님의 절대적 역사 지배력과 섭리의 초월적 절대성을 긴박하게 드러낸다.

제3장

# 신도의 재물 공유와 나눔

**사도행전 4:32-37**

## I. 서언

제2장에서 살펴보았듯이, 사도행전 4장 1-22절의 보고 대로 산헤드린에 끌려가 심문을 받은 베드로와 요한은 아무에게도 예수 이름으로 말하지 말라는 경고를 받고 풀려났다. 그런 다음 이들은 동료 신자들에게 가서 대제사장 등이 말한 내용을 전하고 모두 함께 기도드렸다고 한다. 그들이 기도를 마치자 모여 있는 곳이 흔들리고, 모두가 성령의 충만함을 받았다는 것이다. 그런 후 그들이 하나님의 말씀을 담대히 전했다는 것이 사도행전 4장 31절의 기록이다. 이 구절에 이어서 32-35절에 제시되는 것은 신자들의 물질 공동 소유, 나눔, 그리고 바나바라는 인물에 관한 언급(36-37절)이다.

특히 여기 사도행전 4장 32-35절은 누가가 소개하는 대표적 요약 구절 중의 하나로 흥미로운 내용을 담고 있다. 이 요약 단락의 주요 메시지는 첫째, 신도들이 재물을 필요에 따라 나누어 가졌다는 것이고, 그 유무상통의 본질은 가난한 자의 구제, 빈자 돌봄이라는 것이다. 둘째, 이런 교회 내 활동을 묘사하면서 뚜렷이 드러나는 사도들의 권위가 부각되고 있다. 셋째, 물질 나눔의 긍정적 사례로 꼽히는 바나바라는 인물의 등장과 그 모범 제시이다.

## II. 재물의 나눔

### 1. 재물의 공유와 나눔

사도행전 4장에서 제시되는 요약구절에는 이미 사도행전 2장 43-47절과 비슷한 내용이 되풀이되고 있다. 4장 32-35절에서 신도들이 재물을 함께 나누며 서로 돕고 살았다는 초기 예루살렘 신도공동체의 삶의 모습이 사도행전 2장에 이어 다시 한 번 더 묘사된다.

> 32믿는 무리가 한마음과 한 뜻이 되었다. 아무도 자기 소유물을 자기 것이라 하지 않았고, 모든 물건을 공동으로 사용하였다. 33사도들이 큰 능력으로 주 예수의 부활을 증언하였더니 큰 은혜가 그들 모두 위에 임하였다.
> 34그들 가운데 가난한 사람이 없었다. 땅이나 집을 가진 사람들은 그것을 팔아, 그 판 돈을 가져다가 35사도들의 발 앞에 두었다. (그러면) 그들은 각 사람에게 필요에 따라 나누어주었다.(행 4:32-35)

위 내용의 대강은 사도행전 2장의 요약문과 유사하다. 특히 2장 43-47절 중 44-45절["모든 믿는 사람들이 함께 있으면서 모든 물건들을 공유하였다. (또한) 재산과 소유물을 팔아 필요한 대로 그것들을 모두가 나누어 가졌다."]에 비슷한 내용이 집중되어 나타난다. 두 요약문 안에서 등장 순서와 무관하게 발견되는 동일하거나 비슷한 표현을 다음과 같이 정리할 수 있다. (1) '믿는 무리'(32절, 행 2:44에는 '믿는 사람들'). (2) '한마음과 한 뜻'(32절, 행 2:46에는 '한마음으로'). (3) '모든 물건을 공동으로 사용하였다.'(32절, 행 2:44). (4) '큰 능력'(33절, 행 2:43에는 '기적과 표징'). (5) '땅이나 집을 가진 사람들은 그것을 팔아'(34절, 행 2:45에는 '재산과 소유를 팔아'). (6) '각 사람에게 필요에 따라 나누어주었다.'(35절, 행 2:45)

이미 우리는 『베드로와 초기 기독교』라는 저술에서 사도행전 2장의 주요사항과 논의점에 관해 연구한 바 있다.[1] 두 요약문이 갖고 있는 핵심 내용의 유사성을 고려할 때, 반복되는 표현의 분석을 여기서 되풀이할 이유는 없을 것이다. 따라서 아래에서는 우선 겹치는 내용에 관한 해석을 요약한 후 사도행전 4장에 관한 논의를 이어가려 한다.

먼저, 사도행전에 나타난 물질 공유 관련 기록들이 유사한 내용을 담고 있다는 점에서 양자의 상호관계를 고려해야 한다. 이 요약문들의 기원과 누가 자신의 독자적 서술의 정도 등을 판단하려는 노력들이 '자료비판' 방법 등을 통해 꾸준히 이어져 왔다.[2] 이런 노력 가운데 주요 요약구절들(행 2:42–47, 4:32–35, 5:12–16)을 분석하면서, "문장 속 층위를 구분하여 누가의 순수저작과 그가 활용한 자료들을 분리하려는 시도들이 있었지만, 그것들은 애초부터 가설에 가설을 쌓는 상상력 발휘 그 이상, 이하도 아니었다. 그것은 세 개의 요약문 모두에 해당되는 얘기이다. 마찬가지로 세 개의 요약구절 사이의 관계, 이를테면 어느 단락이 어느 단락보다 우선하고, 다른 구절들은 또 다른 구절들을 요약, 확대, 또는 반복했다는 등 세 단락의 상호관계를 추정하는 작업 역시 추측 이상의 확실성을 갖기 어렵다."[3] 두 요약문의 비슷한 점들 중 핵심 사항을 꼽아 정

---

1 유상현, 『베드로와 초기 기독교: 사도행전 1–3장』, 227–274.

2 이에 관해, Maria Anica Co, "The Major Summaries in Acts: Acts 2,42–47; 4,32–35; 5,12–16 Linguistic and Literary Relationship," *Ephemerides Theologie Lovanienses* 68 (1992): 49–55에 제시된 열거 참고. Joseph A. Fitzmyer, *The Acts of the Apostles: A New Translation with Introduction and Commentary*, 268–269.

3 유상현, 『베드로와 초기 기독교: 사도행전 1–3장』, 261.

리하면 이렇다. '믿는 사람들이 한마음이 되어 모든 물건을 공동으로 사용하였으며, 재물 가진 자들은 그것을 팔아 각 사람에게 필요에 따라 나누어주는 생활을 하였다.' 사도행전 4장의 요약문 가운데 '물건의 공동 사용'과 '필요에 따른 분배'는 32, 35절로 나뉘어 제시되었지만 그것은 같은 내용의 상이한 표현으로 볼 수 있다. 요컨대 32-35절이 말하는 바는, 신자들이 재물을 공유하며 필요에 따라 분배했다는 것이다.

### (1) 재물 공동 사용

누가는 베드로와 요한이 산헤드린으로부터 풀려나 신도들에게 그간의 전말을 보고한 다음 모두 기도를 드렸다고 한다.(행 4:23-30) 그러자 그들이 모인 곳이 흔들리고, 모두가 '성령 충만'을 경험하며 하나님의 말씀을 담대히 전했다고 한다. 바로 그런 기도의 응답, 성령 충만을 언급한 후 곧바로 이어지는 묘사가 바로 재물과 관련된 공유, 나눔에 관한 보고이다. 아래에서 논의하겠지만, 누가는 재물 나눔을 성령 충만과 연관짓고 있음이 분명하다.

> 믿는 무리가 한마음과 한 뜻이 되었다. 아무도 자기 소유물을 자기 것이라 하지 않았고, 모든 물건을 공동으로 사용하였다.(행 4:32)

여기서 누가는 '믿게 된 지' 얼마 안 된 교인들의 '무리'(plēthos)라는 말을 사용하면서 그들이 '한마음 한 뜻'이 되었다는 점을 강조한다. 즉 기독교인 집단의 형성과정이 짧고, 예루살렘 출신과 갈릴리 출신자 사이 또는 사회계층간의 이질적 요소가 있음에도 그것이 극복되고, '신앙'('믿는 무리')에 입각한 공동체의 동질성이 수립되었음을 부각시킨다. 그러한 동질성이 구체적으로 표출된 것은 물질의 공유와 나눔이었다. '아무도 자기 소유물을 자기 것이라 하지 않았다.'는 표현에는 어쩌면 당연히 존재했을 법한 소유 논란의 여지, 다양성, 이질성 등 집단의 역동성이 암시되고 있는 듯하다. 소유의 논란이 있음직한 상황에도 불구하고, '성령 충만과 믿음의 결과, 한마음 한 뜻이 되어' '놀랍게도' 물질의 공동 사용과 같은 일이 벌어졌다는 자랑스러움이 배어 있는 것이다.

물질의 공동 소유와 나눔이 벌어진 배경에는 신자의 내면에서 '한마음 한 뜻'을 이뤄낸 성령(행 4:31)의 활동이 있었음을 간파할 수 있다. 성령 충만의 결과, 신도들이 '마음과 뜻이 하나가 되어'[4] 물질을 포기하는 일이 벌어졌다는 것이다. '자기 것'(idios)을 자기 것이라 하지 않고, '공동으로'(koinos) 사용했다고 한다. 여기서 두 가지 측면을 주목할 필요가 있다. 그것은 '물질'에 관한, '신자공동체'에 관한 심각한 고려가 각각 작용했다는 것이다. 즉 자기 물건에 대한 소유권을 주장하지 않고 다른 사람들과 함께 공동으로 사용하였다는 것은 먼저, 의심의 여지없는 '소유 욕망'의 포기이다. 인간 본능과 철저히 결부된, 존재 자체와 절연(絶緣)되기 어려운 그 무시무시한 소유욕의 포기이다. 이러한 포기 행위가 인간적 결단과 내면의 다짐으로 쉽게 이뤄질 수 없다는 점을 이해하는 저자가 그 원인을 신적 활동의 개입, 곧 성령 충만의 결과로 연결짓는 것은 어쩌면 당연한 귀결이다. 누가의 신학적 통찰이 뚜렷이 작용한 대목일 것이다.

다른 하나는, 사유(私有)의 영역을 포기, 또는 부정하고, 그것을 공유(共有)의 영역에 포함시키거나 동화시켰다는 것, 곧 사적 영역을 공적 영역으로 확대시킴으로써 이루는 '자아의 확대'가 돋보인다는 것이다. 일단 소유욕의 포기가 분명히 드러나지만, 포함된 공동체와 자기와의 동일시에 의한 '내 것의 공유화'라는 의식의 확대, '나'와 공동체가 하나이고, 공동체 안의 '나'로 자기 정체를 규정하는 자아지평의 공동체적 확장 역시 주목해야 한다. '내 것'이 '공동체의 것'이 된다는 것은 '나와 신앙공동체'의 본질적 관계와 그 합일에 관한 치열한 성찰과 고민이 수반되는 문

---

4 '한마음 한 뜻으로'라고 번역한 표현(kardia kai psuchē mia)은 '마음과 뜻이 하나가 되어'라고 새겨도 무방하다. NIV 등이 그렇게 옮겼다.

제이다. 누가의 암시에 따르면, 이것 역시 성령의 개입과 활동에 의한 각성으로 이해되어야 한다는 것이다. 그것은 단순히 플라톤적 '우정 관계 속의 물질 공유'[5]라는 그리스 주변 문화의 영향만으로 설명될 수 없는 깊은 차원의 나눔과 공유 의식의 발로요, 인간적이 아닌 신적 존재의 활동에 기인한다는 통찰인 것이다. 설령 그리스적 우정관계 속의 물질 공유가 당시 상황에서 달성되어야 할 이상(理想)의 형태로 그 역할을 했더라도 그것을 성취시킨 것은 초기 기독교인들이요, 그 성취의 배후를 움직이고 실현하게 한 이는 성령이라는 메시지가 누가에게는 명백하다.

저자는 32절에 이어 33절에서 "사도들이 큰 능력으로 주 예수의 부활을 증언하였더니 큰 은혜가 그들 모두 위에 임하였다."라고 언급하며 사도들의 활동에 포인트를 두고, 그것이 35절의 '사도들의 발 앞' 묘사까지 이어지면서 사도의 권위에 관해 말한다. 33절은 사도 위상의 문제를 다루는 아래 부분[6]에서 35a절과 함께 논의하게 될 것이다.

### (2) 재물 분배 방식: 필요에 따름[7]

재물의 공동 사용, 즉 '재물 공유'는 필연적으로 공유된 재산의 활용과 '배분 방식'에 관한 진술을 낳는다. 그 방식은 필요에 따른 분배이다.

> 34b땅이나 집을 가진 사람들은 그것을 팔아, 그 판 돈을 가져다가 35사도들의 발 앞에 두었다. (그러면) 그들은 각 사람에게 필요에 따라 나누어주었다. (행 4:34b–35)

---

5 "친구의 소유물은 공동의 소유물이다." Platon, *République* 4, 424a, 5,449c 등등. Daniel Marguerat, *Les Actes des apôtres* (*1–12*), 168에서 재인용.

6 곧 이어 제시될 "3. 사도의 위상 강화" 항목을 참고.

7 이 소항목은, 유상현, 『베드로와 초기 기독교: 사도행전 1–3장』, 245–250, 267–271을 첨삭, 정리한 것이다.

사도행전 2장 45절에는 '재산'(ktēmata)과 '소유물'(huparkseis)을 팔아 필요에 따라 나누어 가졌다고 표현한다. 그중 'ktēmata'(재산)를 고정자산이나 부동산으로 이해하고, 'huparkseis'(소유물)를 개인 소유 동산으로 보는 것이 일반적 이해이겠으나, 그 확실한 뜻을 알기는 어렵다. 그저 '부동산, 동산' 개념으로 각각 해석하는 것이 무난할 듯하다. 그런데 사도행전 4장 34절에서는 그 매각 대상이 '땅'(chōrion)과 '집'(oikia)으로 명시되어 있다. 이를테면 모두가 부동산인 것이다.

사도행전 2장에는 재물을 판 사람이 누구인지, 또 그 판 돈이 누구에게 어떻게 바쳐졌는지 드러나 있지 않다. 하지만 여기서는 '땅이나 집을 가진 사람들'이 그것을 팔아서, 그 판 돈을 가져다가 '사도들'의 발 앞에 두었다고 한다. 그러면 사도들은 '각 사람에게 필요에 따라' 매각금을 나누어주었다는 것이다. 사도행전 4장 기록이 2장 기록보다 다소 자세하지만, 그것 역시 분명한 상황을 보여주지는 않는다. 바친 것이 재산을 판 돈 전부인지, 일부인지, 사도들의 발 앞에 두었다는 표현 이면에 어떤 상세한 헌납 과정이 있었는지, 사도들이 그 판 돈을 현금으로 직접 나누어주었는지, 아니면 현금으로 물품을 구매해서 그 물건을 나누어주었는지, 그런 일들을 사도들이 직접 행했는지 다른 사람들이 일을 분담하거나 대신했는지 등등 궁금한 바가 적지 않다. 누가는 여기서 그 상세한 장면을 자상히 그리지 않는다. 이 글은 말 그대로 전체적 상황, 어느 역사적 현상에 관한 '요약적' 관찰 결과만을 제시하기 때문이다. 여하튼 이곳 문맥을 존중하여 여기서는 사도들이 헌납된 '돈'을 각 사람의 '필요에 따라' 나누어준 것으로 일단 이해하기로 한다.

'필요에 따라' 재물을 나누었다는 것은, 생존을 위한 물질적 욕구의 '필요성'을 인정했다는 점을 전제한다. 이것은 삶의 욕구를 부정하거나 물질생활을 절제, 거부하는 금욕적 성격을 내세우는 것이 아니다. 이 땅에서 삶의 가치와 생존을 존중하고, 어떻든 살아남아 이어가야 할 삶의 의미를 긍정한다는 것이 암시된다. 다시 말해, 내세를 위해 현세를 부정하는 종말적 긴박함이나 재림 기대의 시급함에 따라 현재의 생활을 소홀히 하는 상황이 반영되지 않았다는 것이다. 본문이 말하는 '필요'는 지상 생명의 연장을 위해 필수적인 '기본 요청'과 관련된다. 그것은 생존을 위해 요구되는 최소의 물질적 소용을 일컫는다. 물론 '필요'에 관한 개인별, 상황별 이해의 정도가 다를 수는 있다. 하지만 분명한 것은, 초기 교인들이 '물질적 필요'가 필연적으로 존재하는 '지상의 삶' 자체를 긍정하고, 그 삶의 '진부한 일상성'이 갖는 의미를 긍정했음을 감안해야 한다는 것이다.

그런데 여기서 재물을 '필요한 대로' 나누어주었다는 묘사가 갖는 중요한 측면이 있다. 그것은 이 나눔이, '재산 가진 자'와 '가난한 자'의 관계에서 가난한 자가 소유의 양을 늘리는 쪽, 곧 빈자에게 혜택이 더 가는 쪽으로 물질 관계가 형성됐음을 주목해야 한다는 것이다. 따라서 이런 '공유와 나눔'의 본질은 '부자의 물질 양보'와 그에 따른 '빈자의 유익'으로 귀결되는 것이 핵심이다. 그것은 결국 '주는 것이 받는 것보다 더 복되다.'라는 것을 현실화시키는 것이다. 따라서 나중에 기록될 사도행전 20장 35절은 여기의 '줌과 나눔' 관련 구절을 이해하기 위한 조명 역할을 한다. 저자가 20장 35절에서 말하는, '받는 것보다 주는 것이 복되다.'라는 언명이 이곳 '소유물 가진 자'(32절), '땅이나 집을 가진 자'(34절)의 재물 헌납에 대한 해명이 된다. 물질 공유와 나눔의 핵심에는 가진 자의 '양보와 물질 포기'가 있다는 것이고, 그것은 "그들 가운데 가난한 사람이 없었다."(행 4:34a)라는 가히 이상적 상황의 실현으로 귀결됐다는 것이다.

한편, 35절에서 사도들이 각 사람에게 '필요에 따라'(kathoti an tis chreian eichen) 나누어주었다는 것은 재물 분배의 '방법론'을 제시한 것이다. 추정컨대, '필요'를 가늠하는 데는 두 가지 요소가 작용한다. 첫째는 재물 수요자의 '물질적 필요'를 상정할 수 있고, 둘째는 그러한 물질적 수요가 발생하는 '시점', 곧 그 필요의 때를 고려할 수 있다.

첫째, 수요자의 '물질적 필요' 그 자체를 살펴봐야 한다. 사도행전 2장에서 신도들이 스스로 나누어 가지는 행위를 묘사한 것과 달리, 4장에서는 그 '필요'를 사도들이 평가하여 나누어주는(35절) 과정이 제시된다. 그 '필요'를 신자 스스로 계량하든, 사도들이 측정하든, 거기에는 소비의 질과 양에 '차이'가 존재한다는 인식이 전제되어야 한다. 따라서 이 실천의 배후에는 매우 민감하고 어려운 문제가 숨어 있다. 즉 '필요 이상'의 물건을 취하지 않는다는 물욕에 대한 자제와 필요의 '적정성'에 대한 양식 있는 판단이 전제로 작용한다. 그 '필요'를 누군가가 따지거나 통제하지 않는다면 거기에는 자발적 계측, 자발적 통제 등의 '절제의 양식'(良識)이 전제된다는 뜻이다.

물질에 대한 '필요'는 주관적 계산에 의할 수밖에 없다. 물질에 대한 욕심이 개입되지 않았다고 해도, 누군가 필요로 하는 물질의 양은 다른 누구의 필요량 기준에 의하면 과하거나 덜할 수 있다. 이때 필요량 과다라는 판정이 나오게 되면, 그것은 다른 누군가에게는 '필요에 따른 나눔'이 아닌 과욕에 의한 독점이 될 것이고, 그것은 공동 소유와 나눔의 기본 가치를 훼손하는 것으로 비쳐진다. 이렇게 되면 물질 나눔의 이상은 점차 퇴색되거나 더 이상 실천되지 못할 어려움에 처할 수 있다. 바로 이런 점들이 '재산 공유와 나눔'이 갖는 실천적 한계로 지목될 수 있고, 그 실현이 얼마나 어려운 것인가를 짐작하게 한다. 뒤집어 말하면, 그런 극도의 어려움에도 불구하고 '물질 나눔'의 실천을 시도했다는 것 자체가 의미 있고, 그 노력조차 경이롭다는 평가가 가능하다.

둘째, '필요에 따라'라는 말을 '시간'의 차원에서 해석할 여지가 있다. 즉 이 말은 '필요한 상황과 때에 따라'라는 뜻으로 새길 수 있다. 이것은 신도들에게 물질이 필요한 '시점', 곧 '필요의 경우'에 따라 물질의 헌납과 처리, 배분이 일어남을 시사한다. 만약 이런 이해가 유추될 수 있다면, 물질을 바치고 그것을 나누는 '모든 경우'는 '필요'에 따르게 된다. 모든 나눔은 오직 필요한 사람들의 필요한 수요에 따라, 필요한 때에 이뤄지는 '필요' 개념에 의해 지배된다는 이해가 가능하다. 어쩌면 재물의 헌납이 '일시에' 이뤄지지 않고 수시로, 또는 상황의 요구에 의해, 말 그대로 '필요한 때에 따라' 벌어졌을 수 있다는 것이다.

이미 위에서도 지적했듯이, 이런 재물의 공유와 나눔을 이루는 데는 현실적으로 다양한 어려움이 있었으리라고 보아야 한다. 먼저, 기독교인들이 나눔의 가치관에 공감하여 거기 참여하는 이상을 내면화한다는 것 자체가 극히 어려운 일이다. 개인적 신앙의 감동이나 설득, 감화에 의해 재물을 나눔으로써 교인들 사이의 빈곤을 추방하고, 모두를 두루 유익하게 하며, 물질적인 생활의 균형과 평등을 유지한다는 등의 선한 의도와 이상에 공감할 수는 있다. 그렇다 해도, 그것을 구체적으로 실천하고 현실화하여 막상 자기 소유물을 포기하고 내어놓는다는 것은 이상과 실천 사이의 괴리라는 진부한 표현으로 담을 수 없는 심각한 망설임, 고심 이상의 치열한 내면적 고투를 거쳐야 가능했을 것이다. 재물의 포기는 인간이 갖는 끈질긴 본능 중 하나인 소유 본능을 거스르고 극복하는 것을 의미하기 때문이다. 재물 나눔은 지상적 가치관이나 세계관의 철폐나 조정 이상의 깊은 인간 본질의 차원과 연결되는 '사건'으로 보아야 한다.

위와 같은 원론적 난관 외에도, 그 실천 방법과 구체적 실현 방안에서도 적지 않은 어려움을 상상할 수 있다. 본문에서 '땅과 집'으로 제시된 부동산을 판 돈을 받아, 그것을 보관하고 분배하기에 앞서 가난한 사람의 '필요'를 조사하는 일 등 분배의 과정도 간단한 일은 아니었을 것이다. 특히 가난한 사람들의 실제 '필요'를 알아보는 일은, 교인들 개인 또는 가족의 구체적 요구를 파악하는 핵심 과정이었을 것이다. 그러니 여러 상황을 종합적으로 고려해야 했을 것이요, 모두가 관심을 가질 예민한 사안이었을 것이다. 헌납 금액의 많고 적음에 따라 실천의 어려움에도 정도 차이는 있었을 것이다. 하지만 아무리 적은 자산의 처분이라도 그것이 '공유물'인 한, 재물 처리의 측정과 계산, 적정한 분배, 가동(稼動) 자원의 수급에 관한 전체적 전망과 예측 등을 고려하면, 이런 모든 과정을 통괄하며 처리하는 것이 쉽지 않은 과제였을 것이다. 따라서 사도들이, 바친 헌금을 '필요에 따라 각 사람에게 나누어주었다.'라는 간단한 묘사의 배후와 저간의 숨은 사정을 깊이 고려한다면, 공유와 분배의 '과정 자체' 역시 심각한 어려움을 주었을 것이다. 그러므로 결과적으로 보면, 어쩌면 위와 같은 '재물 공유' 실천의 여러 '현실적' 어려움이, 이런 전통이 지속적으로 계승되거나 확산되지 못한 이유였던 것은 아니었을까라는 추정이 가능하다.

누가가 혹시 영향받았을지 모를 유대교 이외 그리스 문화권의 사회에서 물질의 나눔이 '동일한 계급' 안에서 '친구 사이'에나 이뤄질 수 있는 행동이었다면, 초기 기독교인들이 행한 재물의 공동소유와 나눔은 계급간의 경계와 동질성의 한계를 벗어나 모든 '믿는 무리들'(행 4:32) 사이에서 이뤄질 수 있는 것이라는 사실을 저자는 보여주고자 한다. 이것은 보편적 인간 사회가 그때껏 설정한 가치체계, 행동과 사유의 규범과 한계를 철폐하고 무효화하는 '새로운 세계관'을 천명하는 것이다. 거기에는 인간 본능의 최(最)심층에 위치한 물질에의 맹목적 집착을 거부, 극복하는 극도의 절제가 포함된다. 그것은 신자들로 구성되어 새로 출범하는 '교회' 공동체가 새롭게 품은 새 삶의 척도와 지향, 질서를 가리키는 중요한 가늠자이다. 또한 그것은 '동류의 친구들' 사이에서만 적용되는 배타적 폐쇄가치가 아니라, 모든 계층과 집단을 포함한 믿는 사람들 '모두'에게 적용될 새로운 규범이 되는 것이다.

누가는 신자들 가운데 가난한 사람이 없었다고 말하면서, "땅이나 집을 가진 사람들은 그것을 팔아, 그 판 돈을 가져다가 사도들의 발 앞에 두었다. 그러면 그들은 각 사람에게 필요에 따라 나누어주었다."(행 4:34-35)라는 매우 '이상적'인 묘사를 하고 있다. 이런 나눔, 가난한 자 없는 공동체의 형성은 근본적으로 '가진 자'의 헌납이라는 전제 아래서만 성립된다. 빈자가 포함된 신도들만의 공동체의 경제 상황에서 가난한 사람이 없는 유일한 길은, 가진 자의 물질 공여(供與)에 의한 분배만이 있을 뿐이다. 외부로부터의 재물 유입이 없는 한 그것만이 가난한 자가 없게 되는 오직 하나의 방책이다. 여기서 제기되는 중요한 질문이 있다. 그것은 헌납의 '자발성' 문제이다. 누가의 본문 묘사에 의하면, 빈자의 곤궁을 없앨 가진 자의 재물 헌납은 자발적이었던 것으로 보이는데, 왜 사도행전 5장 1-11절에서 보고하는 아나니아와 삽비라 부부의 비극적 죽음이 발생했느냐는 물음이 제기될 수 있다. 이 부부와 관련된 상세한 논의는 다음에 이어질 제4장에서 취급하겠지만, 헌납의 자발성에 관해 짧게 언급한다면, 사실 이 문제에 관해 만족할 만한 답변을 제시할 누가의 확실한 기록은 부족하다. 재산 공유와 나눔이라는 '제도와 실천'의 자세한 집행 과정과 방식에 관한 저자의 설명이 상세하지 않기 때문이다. 다만 사도행전 2장과 4장에 나타나는 '재산 공유'와 '필요자 분배'라는 묘사의 틀, 또는 원칙이 분명히 제시되고 있다는 점에 비추어볼 때, 그것이 강제가 작용되지 않은 '자발적' 성격이었을 공산이 크다는 것은 말할 수 있다. 물론 아나니아 부부의 징벌적 죽음이 나타나는 등의 문제가 있지만, 초기 신도들의 자발적 헌납의 윤곽은 비교적 분명한 것 같다. 그렇기 때문에 소유물을 숨기고 감추며, 재산 공유와 나눔을 회피하거나 거부하는 상황을 가정하여 다양한 설명을 시도하는 것 자체로는 의미가 있으나, 이는 추측을 위한 추측의 반복이 될 수 있다.

## 2. 공유와 나눔: 성령 충만의 결실

앞서 지적했듯이, 사도행전 2장과 4장은 전체 내용도 유사하고, 구체적 표현도 비슷한 것들이 등장한다. 특히 물질 공유 기록과 직접 연관이 있는 '직전 배경'이 비슷하다. 2장에서 오순절 '성령 충만'한 신도들이 재물을 함께 나누는 공유 실천을 하고 있는 것과 마찬가지로, 4장의 유무상통 기록에서도 바로 직전 구절인 4장 31절에서 "기도를 마치니 그들이 모여 있는 곳이 흔들렸다. 그들이 모두 성령으로 충만하여 하나님의 말씀을 담대히 전하였다."라는 언급이 나온다. '기적적 사건인 땅 흔들림, 성령 충만과 말씀 전파'라는 사전 기록 이후에 재물 공유와 나눔의 보고가 이어지는 것이다. 이것은 성령 충만과 경제적 나눔 실천이 긴밀히 연관되고 양자가 인과적 관련이 있다고 이해될 만하다. 누가의 '인식과 관점'에서는 재물의 공유와 나눔이 다른 어떤 상황의 필요나 현실적 이유가 있어 이뤄졌다거나, 고대사회의 이상적 모델에 영향받아 이뤄진 '인간적 선택'이 아니라, '성령 충만함'이 가져온 신앙의 결실이요 결과였다는 파악이 선행되었던 것 같다. 이와 비슷한 상황이 사도행전 2장에도 등장한 바 있다. 2장의 내용이 4장과 구조적 유사성을 갖고 있기 때문에 이미 조사된 그 본문과 관련된 해석[8]을 다시 소개하면서 논의를 이어가는 것이 나을 듯하다.

'재산 공유와 나눔'을 취급하는 사도행전 2장 43–46절은 2장 1절 이하의 문맥에서 일련의 '오순절 관련 사건들'의 진술 가운데 속해 있다. 2장 1–13절의 오순절 성령강림 사건과, 2장 14–41절에 계속되는 베드로의 오순절 설교에 이어 이 단락이 이어진다. '오순절 이야기의 거대 맥락' 가운데 마지막에 등장하는 것이다. 그러한 진술의 흐름을 인정할 경우, 2장 43–46절은 오순절 사건과 연관된 서술의 정점에서 일련의 기록을 마무리하는 역할을 한다고 봐도 된다. 즉 누가의 기록 순서에 의하면, 초기 신자들은 '성령의 충만함'을 받으면서 정신과 영혼의 '내면적' 차원에서 새로운 존재가 되는 모습을 먼저 보여줬다. 그들의 신앙과 신념, 세계관이 '성령 세례'를 통해 새롭게 되는 상황을 베드로의 설교를 통해 환기시켰다. 베드로의 설교 중 예수의 부활을 말하고, 그에 대한 증인 됨을 말하며 '성령 세례'를 언급한 것(행 2:32–33)은 그런 존재 상황의 변화가 성령 세례와 연관됨을 암시한다.

---

8 아래는 유상현, 『베드로와 초기 기독교: 사도행전 1–3장』, 227–274을 손보고, 재정비하여 제시한 것이다.

이 같은 신자의 '내면적 변화'와 연관된 성령의 활동은 신자의 '외면적 변화'에 영향을 미치게 된다. 그것이 바로 '재산 공유와 나눔'의 삶을 통해 나타나는 성령강림의 여파요 결과이다. 그래서 성령의 세례를 받은 신자들은 '교제와 재물 공유'를 실천함으로써 그들이 '성령 충만'함을 받았다는 사실을 입증하고, 그것을 외부로 드러냄으로써 '사회화'하는 모습을 보여준다. 성령이 개인의 마음과 '내면'에서 신앙의 확신을 심으며 활동의 증거를 보였다면, 사람들의 겉으로 드러난 '외면'의 삶에서 성령은 사귀고, 재물을 공유하며, 나누는 모습을 보이게 함으로 그의 현존을 드러냈다는 이해가 가능하다. 누가의 관점에 의하면, 초기 교인들의 사귐, 나눔, 연합은 성령의 활동을 객관적으로 '구체화'시킨 것으로 파악한 셈이고, 그것은 '오순절 성령강림 사건'의 최종단계를 보여준 것이다.[9] 어쩌면 그것을 '성령이 이루는 윤리의 구체화'[10]라고도 표현할 수 있을 것이다. 이리하여 오순절 성령 충만은, 신자들의 '재물 공유와 나눔, 사귐'의 공동체를 실현시킴으로 일련의 오순절 관련 이야기의 마지막을 장식한다. 기독교인들은 '재물의 공유'를 실천함으로 '성령 충만한 자'로서의 본디 모습을 보여준 것이다. 바꿔 말하면, 그들이 '재물의 공유와 나눔, 사귐'을 통해 '성령에 사로잡힌' 새로운 종교적 정체의 사람들임을 나타냈다는 뜻이다.

이상의 논의와 마찬가지로, 사도행전 4장의 요약문도 위에서 제시한 2장의 내용이 갖는 의미와 동일하게 '성령 충만'(행 4:31)의 사회적 파급 결과로 이해될 수 있다. 4장 24-30절에서 신도의 기도에 이어 벌어진 즉각적 응답으로 지진, 성령 충만, 말씀 선포가 있었음을 4장 31절이 보고한 바 있다. '첫 번째' 오순절 성령강림과 베드로의 선포 이후 그 영향과

---

9 Edgar Haulotte, "La vie en communion, phase ultime de la Pentecôte. Actes 2,42-47," *Cahiers bibliques* 19 (1981): 69-75; Daniel Marguerat, *The First Christian Historian: Writing the 'Acts of the Apostles,'* 122-123.

10 *Ibid.*

결과로 유무상통의 나눔이 발생했듯이, '두 번째' 성령강림 사건, 즉 사도행전 4장의 '작은 오순절 사건'과 말씀 선포 이후에도 똑같은 재물의 유무상통이 있었다. 이를테면 신앙의 강화나 성령강림 등 천상(天上)의 은혜가 신도들의 구체적 삶의 변화와 형성에 직접적으로 긴밀히 연관된다는 점이 두 번째 성령강림 사건에서도 적용된다. '신앙과 은사'는 삶의 구체적·가시적 변화와 나란히 나아간다는 점을 밝히는 것이다. 이를 입증하듯이, 33-34절에서도 비슷한 이해를 나타내는 서술이 발견된다. "큰 은혜가 그들 모두 위에 임하였다."(33절)라는 표현을 34절의 "그들 가운데 가난한 사람이 없었다."라는 묘사와 연관되는 것으로 읽을 수 있다. 즉 '큰 은혜'를 받은 사람들의 삶의 변화, 가진 자가 그들의 재물을 가난한 자와 함께 나누는 실천으로 변화되는 모습을 보여주는 것이다. 달리 말하면, 사람들 위에 임한 '큰 은혜'가 구체화되는 양상은 물질 나눔, 빈자 돕기에서 발견될 수 있다는 것이다.

사실 "그들 가운데 가난한 사람이 없었다."라는 표현은 구약적 이상의 실현이라는 측면을 갖는다. 신명기 15장 4절('너희 가운데 가난한 사람이 없어야 한다.')의 상황이 현실에서 구체화되었다는 점을 누가가 의식하고 이 글을 썼을 가능성을 배제할 수 없다. 이런 구절은 신명기 15장 2절의 '누구든지 이웃에게 돈을 꾸어 준 사람은 그 빚을 면제하라. 주님께서 면제를 선포하였기 때문에 이웃이나 동족에게 빚을 갚으라고 독촉해서는 안 된다.'라는 명령에 따라온 것이다. 결국 가난한 자를 위해 재물을 내어놓는 것은 구약의 빈자 구제에 대한 교훈을 되새겨 실천하는 것이다. 새로운 기독교운동은 그 같은 신명기적 가치를 현실에서 구현해내는 실질적 유대 전통의 계승자로 역사 속에 자리 잡았다는 인식의 반영이다. 이런 구약적 맥락에서의 논의는 우정 관계 속의 재물 공유라는 그리스적 이상과 접합점을 이루는 측면도 있다. 마르그라가 지적했듯이,[11] 사

---

11 Daniel Marguerat, "Luc-Actes entre Jérusalem et Rome: Un procédé

도행전에서 각양각색의 구문, 개념, 주제들에서 발견되는 애매한 표현들은 유대적 의미와 그리스나 로마적 의미, 곧 이방적 가치의 통합을 목적으로 한 누가의 의도된 기획이었을 수 있다는 제안을 참고할 수 있다. 즉 유대적 의미와 이방적 의미 사이의 애매함, 또는 양쪽에 등장하는 공통의 주제들을 통해 '양자를 포함, 통합'하려 했고, 이 점을 누가의 재물 공유에 관한 기록에 적용할 수 있으리라는 것이다. 신명기 15장 4절의 내용과 그리스의 우정 관련 기록들[12]이 누가 문헌에 반영되었을 가능성을 시사하는 것이다. 이중적 의미의 반영은 애매성을 시사하고, 그 애매성은 전통 유대적 가치와 그리스적 가치의 통합을 지향할 수 있다는 점은 고려할 가치가 있다.

또한 신도들 사이에 '가난한 사람이 없었다.'는 것은 새로 이룬 기독교 공동체가 진정한 의미에서 일치와 화합을 이뤘다는 객관적 표징이 된다. 새로운 신앙을 중심으로 모인 신자들이 신념의 통합과 심정의 동일체 의식을 갖고 '정신적' 일체감을 이룰 수 있으리라는 점은 쉽게 수긍이 간다. 그러나 빈부의 격차나 사회적 구별, 외형의 이질적 상황을 넘어서 진정한 일치, 공동체의 실제적 화합은 그러한 무형적 내면의 동질성 형성만으로는 달성되기 어렵다. 가시적, 구체적, 사회적 통합의 실증이 필요한 것이다. 거기서 핵심 역할을 하는 것은 온갖 사회, 문화, 종교적 단절의 상징이라 할 '빈자와 부자' 사이의 숙명적 경계를 넘어, 가진 자의 양보를 토대로 이뤄진 '빈곤한 자 없는' 모임의 형성이다. 이것이야말로 화합과 일치의 절정이라 할 수 있고, 바로 그것을 '성령이 충만한' 초기 신도들이 이루었다는 것이 누가의 메시지이다.

---

Lucanien de double signification," *New Testament Studies* 45 (1999): 70–87, 특히 78–79.

12 *Ibid.*, 79, n. 28에 아리스토텔레스, 플라톤, 플루타르크 등 마르그라가 조사한 다양한 사례들이 소개되어 있다.

### 3. 사도의 위상 강화(행 4:33, 35, 36-37)

사도행전 4장의 요약문 속의 베드로와 사도들의 권위를 강화하는 모습은 사도행전 2장과의 뚜렷한 차이점이다. 2장의 요약문에서는 사도의 역할과 존재감이 여기 4장에서처럼 분명하게 드러나지 않는다. 그런 만큼 두 요약문의 가장 큰 상이점은 사도들에 관한 묘사 여부이다. 사도의 권위를 드높이는 누가의 의도는 사도행전 4장 33절에서 분명히 나타난다. "사도들이 큰 능력으로 주 예수의 부활을 증언하였더니 큰 은혜가 그들 모두 위에 임하였다." 베드로 등 사도들에 관한 이 언급은 명백히 사도행전 1장 8절에서 제시한 예수의 말씀('성령이 너희에게 임하시면 너희가 능력을 받고 예루살렘과 온 유대와 사마리아와 땅끝까지 이르러 내 증인이 될 것이다.')을 상기시킨다. '능력, 부활, 증언'이라는 단어들이 한데 어울려 여기 등장하는 것이다. 거기에 '성령 충만'을 말하는 31절의 언급까지 보탠다면 이 구절은 거의 정확하게 예수의 말씀을 반영한다.

사도들은 '큰 능력으로' 여타 다른 일을 행한 것이 아니라, '예수의 부활'을 증언한다. 요약 구절에서 압축적으로 묘사하고 있는 이 표현은 초기교회 지도자들이 전한 메시지의 핵심을 드러내고, 처음 교인들의 압도적 관심사가 예수의 부활에 있었음을 입증한다. 적어도 누가가 보여주고 강조하려는 초기 신도들의 활동, 그 정수(精髓)는 호기심을 불러일으키는 사건, 행동, 기적 등에 있지 않다. 그것은 예수의 부활 사실을 '말씀'으로 증언하는 데 있다. 사도들의 '능력'은 부활 증언을 위해 나타났고, 그것은 오직 예수의 부활을 전파하는 데 종사한다. 사도들의 증언에 의하여 예수의 부활은 과거로부터 걸어나와 '사도행전 속 오늘'의 사건이 되고, 그 증언에 의해 사도들은 예수의 부활에 참여하고, 승천한 예수를 지금 남아 있는 신자들에게 소개하며 만나게 한다. 예수는 사도들의 증언과 선포를 통해 대화와 상상과 동경 가운데 현재의 인격으로 신도들의 삶 중심에 살아 있게 된다. 개인적 회상의 폐쇄회로 속에 그림자와 이미지로만 출몰하는 옛 기억 속의 정물(靜物)적 예수가 아니라, '큰 능력'과 사도들의 집단적 '증언'이 역동적으로 상호작용하며 벌이는 신도들 무리의 생생한 삶 한복판에 여전히 동행한다. 그 매개 역할을 사도들이 행했다는 것이니, 베드로와 동료들은 예수 현존의 증인일 뿐 아니라, 그의 대행자요, 사명의 집행인이 된다. 그리하여 사도들은 예수의 분부를 그대로 지키고, 그의 활동을 이어나가는 계승자가 되는 것이다. 그 결과 베드로와 사도들은 예수가 행사한 권위와 위상을 덧입으며 새로운 시대의 지도자들로 나서게 된다. 저자가 사도들의 권위를, 다른 것이 아닌 예수 명령을 오롯이 받들어 수행한 데서 찾도록 했다는 점을 주목해야 한다. 이것이 바로 예수의 권위를 물려받아 이어가는 존재로서의 사도들 모습이라는 것이다.

35절에서 누가는 교인들 가운데 땅이나 집을 가진 사람들이 그것을 팔아 만든 돈을 '사도들의 발 앞에'[13] 두었다고 한다. 누군가의 '발 앞에 물건을 놓는 것'은 그 사람의 지위나 권위에 대한 경의와 복종을 표현하는 '몸짓 언어'임이 분명하다.[14] 이 표현 역시 명백하게 사도들의 위상을 강화시켜 높이고 있는 것이다. 사도들의 '발 앞에' 땅 판 돈을 두었다는 것은 사도에 대한 바치는 사람의 복종을 여실히 드러낸다. 이런 묘사는 사도들이 가졌던 권위, 지위, 힘의 행사와 같은 '사도적 권력'의 존재를 연상시킨다. 이 기록의 대상이 되는 시기가 주후 30년대라면, 이미 어느 정도는 사도적 권위나 권력이 소박한 형태로 행사되었으리라고 추측할 수 있다. 그런 과거 상황에다가 누가 시대(주후 80년대 중반)까지 50여 년간 교인들이 보아온 사도의 영향력, 권위를 행사하는 모습들이 이 기록 속에 투영되었

---

13 사도행전에 '발 앞에'로 번역한 말이 여럿(행 4:35, 37, 5:2, 10, 7:58, 10:25) 등장하는데, '앞에'로 표현한 전치사는, 'para, pros, epi' 등으로 각기 상황에 따라 달리 제시된다.

14 삼상 25:24, 41, 삼하 22:39, 시 17:10, 98:5, 109:1 등등. 누가에서도, 눅 7:38, 44-46, 10:39 등.

으리라는 추측은 자연스럽다. 여기 제시되는 사도적 권위의 이미지는 초기 신도들의 재물 헌납과 공유 과정 중에 지도자들이 행한 관리의 역할과 지도력을 보여준다고 할 수 있다. 그러나 베드로와 사도들의 존재는 쿰란공동체의 '메바케르'(Mebaqqer)가 수행한 단순한 '행정집행자'로만 볼 수도 없고, 플라톤의 이상적 공동체의 '관리자 계급'으로만 볼 수도 없다.[15] 사도들의 활동은 재물 헌납 과정을 돌보는 책임자의 역할을 수행했겠지만, 단순한 관리인에 그치는 것이 아니라, 신앙적 양육자, 증언자, 공동체 전체의 향도(嚮導)로서 포괄적 지도력과 권위를 행사하는 존재였을 것이다.

### 4. 재물 나눔의 본보기: 바나바

가진 자의 헌납된 재물을 사도들이 필요에 따라 분배했다는 언급 바로 다음에 이어지는 묘사는 바나바라는 사람의 소개이다.

> 36 키프로스에서 태어난 레위 사람인 요셉이라는 이가 있었다. 사도들이 그를 '위로의 아들'이라는 뜻을 갖는 바나바로 불렀는데, 37 그가 자기 가진 밭을 팔아 그 돈을 가져다 사도들의 발 앞에 놓았다.(행 4:36-37)

'바나바'라는 이름의 성격이 어떤지는 여러 갈래에서 추정된다. 아버지나 부계 조상의 이름을 따온 것(patronym), 즉 기원(起源)을 보여주는

---

15 "플라톤의 이상세계에서는 '모든 사람들'이 아닌, '관리자 계급'에 해당되는 사람들이 모든 재산을 공유되도록 관리한다. 만약 누가가 플라톤의 기록을 따랐다면, 사도들은 다른 시민들에 의해 재정적 원조를 받는 '관리자 계급'에 해당돼야 한다. 이것은 행 2:44-45와 3:32가 보여주는 예루살렘 공동체의 모습과는 부합되지 않는다. 누가의 묘사에서는 '모든 믿는 자들이 모든 것을 공유'하고, 자신의 재산을 모든 사람을 위해 내놓는다. 거기에 플라톤적 '관리인들'은 존재하지 않는다." 유상현, 『베드로와 초기 기독교: 사도행전 1-3장』, 245.

이름이거나,[16] 단순한 별명일 가능성 등 다양한 짐작을 낳는다. 그러나 확실히 어떤 성격의 이름인지를 확정하기는 힘들다. 이방신(느보) 어원이 이 이름에 관련됐을 것이라는 점을 심각하게 고려하지 않은 채, 다만 레위 족속 유대인이 그저 관습적 인명으로 사용했을 것이라는 추정은 할 수 있다. 또 이 이름의 뜻이 '위로의 아들'로 불리게 된 경위에 대해서도 정확하게 알기 어렵다. 저자가 바나바를 여기에 소개하는 이유는 사도행전 4장 32–35절에 기록한 신도들 사이의 재산 공유와 '땅과 집'을 팔아[17] 사도들에게 바친 돈으로 재물을 나누어준 구체적 모범 사례를 제시하기 위함이다.

사도행전에는 바나바가 등장하는 여러 장면이 그려져 있다. 여기 이 본문에 처음 출현한 다음, 다시 9장 27절에 나타나 회심한 바울을 꺼리고 멀리하려는 예루살렘 사람들에게 그를 소개시키고 교유하게 한다. 바나바는 고향 다소에 가 있던 바울을 안디옥교회로 데리고 와서 1년간

---

16 아람어의 '나바스의 아들'이라는 합성어에서 비롯되었을 것이라는 추측이 널리 받아들여지는데 이와 관련해서는 문제가 있다. '나바스'란 바빌론의 신 '나부'에서 나온 말로서 구약 사 46:1에 '느보'라는 이름으로 소개되는데, 이 이름이 인명으로 사용되기도 했다는 것이다. 그런데 레위 사람에게 이방 신명에서 비롯된 이 이름을 붙이는 것이 가당한 일이냐의 논란이 제기된다. Joseph A. Fitzmyer, *The Acts of the Apostles: A New Translation with Introduction and Commentary*, 320–321에 소개된 논의 참고.

17 바나바가 레위 사람이라고 했는데, 민 18:20(주님께서 아론에게 말씀하셨다. '너는 그들의 땅에서는 아무런 유산도 없다. 그들과 더불어 함께 나눌 몫이 너에게는 없다.')과 신 10:9에 의하면 레위인들은 이스라엘에서 자기 땅을 가질 수 없다고 했다. 그래서 바나바가 판 땅이 고향인 키프로스에 있었으리라는 추측도 한다. Joseph A. Fitzmyer, *The Acts of the Apostles: A New Translation with Introduction and Commentary*, 321. 하지만 이것은 별로 그럴 법하지 않고, 고대 율법이 주후 1세기에 엄격히 지켜졌으리라 보기는 어려울 것이다. 이를 뒷받침하듯, 요세푸스의 글(Josephus, *Life*, 68–83) 가운데 당시 레위인의 토지 소유에 관한 언급이 나타난다. Luke T. Johnson, *The Acts of the Apostles* (Collegeville: Liturgical Press, 1992), 87.

동역하다가 구제헌금을 전달하기 위해 함께 예루살렘에 가기도 한다.(행 11:25-30) 바울의 제1차 선교여행 전체 기간에 동행하기도 했고(행 13:1-4), 할례 문제를 논의하기 위해 안디옥교회의 보냄을 받아 바울과 함께 예루살렘에 오르기도 했다. 그러나 마가 요한[18]을 바울의 제2차 여행에 동행시키느냐의 문제로 바울과 '심하게 다툰 후' 바나바는 마가를 데리고 고향인 키프로스로 떠난다.(행 15:36-39)[19] "이 결별 이후 사도행전 묘사 가운데서 바나바, 마가 요한의 행적은 사라진다. 물론 그들이 누가 기록에서 종적을 감추었다 해서 그들 나름의 선교를 지속하지 않았다고 말할 수는 없다. …비록 누가가 바나바를 '착한 사람이며 성령과 믿음이 충만한 사람'(행 11:24)이었다고 매우 호의적으로 평가하고 있지만 그들이 벌였을 키프로스, 또는 그 이외의 선교활동 등에 대해서는 서술의 추적을 그친다. 누가의 관심은 바울의 행적에 집중된 것이다. …누가는 바울에 대한 전반적 지지와 동의를 간직하면서도 동시에, 바울과 이방인 문제에 관해 심각한 신학적 입장의 차이를 갖고 있던 바나바, 더구나 마가 요한에 관한 감정적 문제까지 얽혀 있던 지도자에 대해서도 사도행전 11장 24절에서 특징적으로 표출되었듯 대단한 긍정적 평가를 간직할 수 있었다는 점을 지적하게 된다. 즉 이런 누가에게서, 바울과 바나바가 다르지만 둘 중 어느 하나가 일방적으로 옳은 것은 아니라는 복합적 사유, 또는 다원적 시각을 가졌음을 찾을 수 있다는 뜻이다. 누가가 지녔던 보편적 인식의 어느 한 지평을 발견할 수 있는 측면이기도 하다."[20]

바울이라는 출중한 지도자를 예루살렘 신자들에게 소개하고, 고향에 가 있던 그를 안디옥교회로 데려와 함께 활동하는 등 바울로서는 개인적으로 잊지 못할 고마운 인물로 제시된다는 점에서 바나바의 존재를 긍정

---

18 골 4:10에 의하면 마가 요한은 바나바의 사촌이라고 한다.

19 이 장면에 관한 필자의 분석, 유상현, 『바울의 제2차 선교여행』, 28-39를 참고할 것.

20 유상현, 『바울의 제2차 선교여행』, 36-37.

적으로 받아들일 수 있다. 그러나 그보다 더 중요한 것은, 누가가 '바나바는 착한 사람이요, 성령과 믿음이 충만한 사람이었다.'(행 11:24)라고 결정적으로 평가하고 있다는 점이다. 게다가 34절에서 "그가 자기 가진 밭을 팔아 그 돈을 가져다 사도들의 발 앞에 놓았다."라는 묘사를 제시함으로 그에 대한 칭찬의 강도를 높인다. 땅 판 돈을 바치는 나눔과 희생의 본보기는 '착하고, 성령과 믿음이 충만한' 바나바이다. 그렇게 땅을 팔아 마련한 돈을 '사도들의 발 앞에' 놓았다는 점도 바나바를 긍정적으로 보이게 하는 한 요인이라고 누가가 생각했을지 모른다. 사도들에 대한 복종과 사도로 대변되는 교회공동체에 대한 헌신과 경의가 그의 이미지를 긍정적으로 파악하게 했으리라는 것이다. 누가의 묘사에 의하면, "사도들이 그를 '위로의 아들'이라는 뜻을 갖는 바나바로 불렀다."라고 한다. 즉 그를 바나바라고 부른 이들이 바로 사도들이고, 바나바가 이 호칭을 수용한 것이라면 이 또한 그가 '사도들에 대해 복종'한 다른 사례로 받아들여질 만하다.

이처럼 저자는 바나바를 초기교회의 헌신과 희생의 대표적 모범으로 그리고 있다. '성령과 믿음이 충만한 사람'이 행할 수 있는 최선의 모델을 바나바에게서 발견하기를 바랐다는 것이다. 단순화시켜 말하면, '성령 충만한' 사람은 '밭을 팔아 바친' 바나바 같아야 된다는 것이다. 다시 한 번 은사와 사회적 실천이 나란히 가야 된다는 점이 역설적으로 드러난다.

## III. 결어

### 1. 빈자 돕기

이 요약문의 핵심은, 성령 충만한 초기 기독교 신자들이 재물을 나누어 '가난한 자'가 더 이상 공동체에 없도록 서로 도왔다는 것이다. 이런 실천은 삶과 동떨어진 '사회적 이상'을 강제 적용한 결과가 아니었다. 따라서 인위적 재물의 집중화나 사유재산제의 폐지 등 소위 이념적·경제적 평등주의의 실현을 위함은 아닌 것이다. 그것은 '믿는 무리가 한마음과 한 뜻이 되어', '큰 은혜'를 받은 결과 이루어진 신앙의 한 끝에 재물의 포기와 나눔의 실천이 자리 잡고 있다는 뜻이다. 높은 차원의 고상하고 심오한 신앙은 형이상학적 언어의 집적물이나 깊은 인식 세계 안에 유폐된 각성, 통찰에서만 찾기는 어렵다. 그것은 삶을 이어가게 할 누추한 물질, 한낱 물질의 나눔이라는 진부한 일상 속 실천이 동반되어야 한다. 그런 뜻에서 누가는 영성과 물질적 삶을 통합하려는 익숙치 않은 의제를 제기한다. 어쩌면 그 연장에 이념과 실천, 정신과 육체, 신성과 인성 등의 이분법적 분리의 과제를 통합하여 넘어서려는 노력이 깃들어 있을지도 모른다.

## 2. 물질 공유와 나눔의 역사성

### 1) 유무상통의 역사적 실체 여부

사도행전 2장과 마찬가지로 4장의 재산 공유에 관한 '기록과 실천'이 과연 사실을 바탕으로 이룩된 것이냐의 질문이 따른다. 이런 공유와 나눔이 역사적 실체를 반영하고 있느냐는 것이다.[21] 이 문제와 관련하여 여러 질문이 제기될 수 있다. 가령 이 기록이 사실에 바탕을 둔 내용이라면, 이런 물질 헌납과 나눔의 행위가 얼마나 지속적으로, 또 일관된 형태로 유지되었는가? 어느 정도의 기간 동안 이어졌는가? 그저 짧은 시간 동안 시행된, 단기간의 사건들을 기술해 놓은 것인가? 아니면 이 기록은 전혀 역사적 근거나 사실에 기초하지 않은 저자의 순전한 창작의 결과,

---

21 아래의 역사성 관련 내용은 필자의 책, 『베드로와 초기 기독교』, 261-267을 저본으로 다시 구성해 놓은 것이다.

곧 허구로 봐야 되는가? 즉 이 공동 소유에 관한 누가의 묘사 단락을 '이상화'된 장면으로 보아야 하느냐의 문제이다.[22] 물론 그런 주장을 하는 이들도 이 장면을 구성하는 자료나 서술 동기가 교회 내의 전승이나 쿰란공동체의 상황, 그리스 문헌의 이상적 묘사 등을 참고하였다고 보기는 한다. 하지만 그런 이들은 누가의 글에서 어떤 역사적 사실성도 찾을 수 없으며, 따라서 이 글에서 무슨 이상적 공유의 '실험 실패'니 하는 언급도 하기 어렵다고 본다.[23] 논의의 본질은 이런 단락이 많건 적건 '일정 정도' 이상의 역사적 사실을 반영한 것이냐, 아니면 완전한 허구냐에 관한 토론이다.

이 같은 논란이 제기되는 이유는, 저자의 기록 자체에서 발견되는 '재산 공유' 실천과 상충되는 내용들 때문이다. 특히 사도행전 2장 46절의 기록("날마다 한마음으로 성전에 열심히 모이고, '집에서' 빵을 떼며, 기쁨과 순수한 마음으로 음식을 먹고") 가운데 모순적 사실이 드러난다. 이 묘사는 재산 공유 실천 '이후'에도 여전히 '집'을 소유하고 있는 사람이 있었다는 것, 그 '집에서' 공동식사를 나눴다는 것을 보여준다. 게다가 사도행전 5장 1-11절의 아나니아와 삽비라 부부의 죽음 이야기가 시사하는 것은, 초기 교인 중에는 '자신들이 죽음을 맞이할 때까지 자기 소유를 가지고 있었던 사람들'이 있었음을 가리킨다. 즉 재산 공유를 조직적으로 행한 적이 없었던가, 아니면 재산을 공유물로 내놓는 것이 '자발적', '전면적'으로 이행되지 않았다는 것을 누가의 기록 자체가 보여주고 있다는 것이다. 또 사도행전 11장 27-30절에는 안디옥의 교인들이 가뭄으로 인해 어려움에 처한 예루살렘의 가난한 사람들을 돕기 위해 모금했다는 기록이 나온다. 그렇다면 비록 가뭄의 극심함을 전제하더라도, 재산 공유

---

22 Hans Conzelmann, *Acts of the Apostles*, tr. by J. Limburg et al. (Philadelphia: Fortress Press, 1987), xliii, 24.

23 *Ibid.*

와 유무상통의 실천이 적극적으로, 성실하게 이뤄졌다면 그 같은 '구제 요청'을 할 지경까지 이르렀겠는가라는 물음이 제기된다. 다시 말해, 재산 공유 실천의 사실성 여부와 그 실행이 심각하고 조직적으로 이뤄졌느냐는 실천의 강도(强度) 등에 관한 물음이 따른다는 뜻이다. 또한 사도행전 12장 12절에서는 베드로가 감옥에서 놓여났을 때 찾아갈 '집' 소유자가 여전히 있었던 것을 알 수 있는데, 이 묘사 역시 재산 공유의 실천이 과연 존재한 것인지, 존재했다면 그것이 치밀하고 집요한 형태로 이행된 것은 아니지 않았는가라는 의문을 갖게 한다. '자발적으로' 공유 행위에 가담하지 않은 일부 신자들이 있었을 가능성도 배제되기는 어렵지만, 여하튼 이런 사도행전의 몇몇 기록을 감안할 때, 누가가 제시하는 재물의 공유와 나눔 관련 기록을 전적으로 정확한 '역사적 사실'의 진술이라 말하기는 어렵지 않느냐는 것이다.

공유 실천의 사실성 문제는 사도행전에 묘사된 각종 사건들의 일반적 역사성 논의와 밀접히 연관되어 있다. 그 논의는 항상 누가의 기록물 전체에 대한 긍정적·부정적 평가의 대립이 뒤따른다. 인과론에 입각한 사실의 전개과정이나 기적 묘사와 같이 사실 자체의 합리적 기반 자체가 문제되는 저자의 기록들은, 모두 역사적 회의론의 점검 아래 엄정한 비판을 받는다. 그 비판에는 늘 합리적 개연성의 '기준'이 문제가 된다. 논리적 정합(整合)성, 인과율, 문맥의 전후 상관론 등에 저촉되거나 이해되기 어렵다는 판정을 받게 되면, 곧잘 저자의 '자의(恣意)적 구성'이라거나 창의의 '자유로운 발동'이라고 하는 그럴 듯한 말로 포장된 '허구론'이 등장한다. 이런 허구 논의는 고대 작가의 제한된 세계관, 그들이 가졌던 '서사'에 관한 '또 다른' 관점이나 가치관을 감안해야 한다는, 저자에 우호적인 온정적 반박이 대두되기도 한다. 오늘과 '다른' 옛 사람의 인식범주를 그것 그대로, 그 가치 그대로 인정해야 한다며 판단의 신축성을 요구하는 것이다. 그러나 논의의 진전과 관련 없이, 결정적 문제는 서술의 중추요 뼈대인 '사실'(事實)이 역사의 시공에서 실제 존재했느냐는 것이다. 이것이 논쟁의 중핵이다. 하지만 이 문제는 대개가 한 치도 토론의 진척을 보이지 못한 채 겉돌기와 맴돌기를 반복한다. 관련 사실을 검증할 수 있는 '객관적' 비교 자료가 거의 없는 실정이기 때문이다. 누가의 역사적 진실성을 추상(秋霜)같이 논단(論斷)하는 이가 되레 '주관적 판단'의 함정이라는 비판을 아주 넘어서지 못하는 것도 바로 그 자료의 부재 때문이다. 긍정적 판단이든, 부정적 추단(推斷)이든, '주관성'의 한계는 그래서 끝내 극복되기 어려운 고대 문헌 이해의 숙명이다.

### 2) 재산 공유의 정황

위와 같은 일반적 이해를 전제로 재물 공유에 관한 기록의 역사성, 곧 예루살렘 초기 교인들의 '재산 공유'의 배경을 추론할 수 있을 것이다. 처음 갈릴리에서 상경한 예수 추종 그룹은 많은 숫자는 아니었을 터인데, 그들은 경제적 여유가 없는 가난한 사람들이었을 것이다. 이들이 객지 예루살렘에서 최소 생활을 유지하기 위해선 자구적으로라도 공동소유와 공동생활을 통해 경제난 타개의 돌파구를 찾지 않을 수 없었을 것이다. 이들은 제한된 자원으로 생활을 유지하고 재산을 효율적으로 관리하고 활용하기 위해 나름의 노력이 필요했을 것이다. 그래서 소득과 재산을 집중시키고 '필요에 따르는' 공동 소비생활로 합리적 지출을 하려 했을 것이고, 그럴 경우 '유무상통'의 방안은 어쩌면 현실적 대안이었을 수도 있다. 그들의 수효가 많지 않았기 때문에 이런 방안을 실현할 의욕을 불러일으켰을 수 있다. 이런 일은 인원이 적을수록 이뤄지리라는 기대와 가능성이 크기 때문이다. 예수 생전에 그를 따르던 사람들이 물질적으로 풍족한 생활을 했으리라고 짐작하기 어렵다면 그들은 이미 예수 당시 어떤 형태로든 재물 나눔의 공동생활을 경험했을 수 있다. 물론 그 공동생활의 세부 상황에 관해서는 알려진 바도 없고 자세히 알 도리도 없다. 그러나 예루살렘 신자의 공동생활과 동일한 형태는 아닐지라도, 유사한 형태나 덜 조직된 모습으로 물질을 나누어 쓰고 공유하며, 절제와 내핍의 경험을 한 바가 있었을 것이다. 그렇다면 사도행전 2장과 4장에 묘사된 공유, 나눔과 정확히 같지 않을지는 모르지만, 그것과 거의 비슷한 공동생활이 과거 예수 생시에 실제 이뤄졌을 가능성도 있다.

초기 기독교인들이 회당의 빈자구제 사회안전망으로부터 보호와 혜택을 못 받고 빈곤에서 벗어나기 어려운 상황이 계속되었을 경우,[24] 문제의 심각성은 더하다. 타지에서 유입된 가난한 외부인들을 예루살렘의 기존 유대인들이 자신들의 구제혜택 대상으로 삼고 돌보았을 가능성은 낮다. 그럴 경우, 결국 예루살렘 현지 동료 신자들의 도움과 교인들의 자조(自助) 노력으로 어려움을 극복할 수밖에 없었을 것이다. 따라서 기독교인들은 재산과 소득을 공유하고, 그 분배에 관한 자구방책을 모색하는 노력을 기울였으리라는 추측은 가능하다. 이런 방안 마련과 현실화의 구상을 위해 도움이 되었을 것들이 각종 이상론, 주장들, 현실적 모델 등이었을 것이다. 여러 유토피아니즘적 이상과 우정 관념, 플라톤의 이상국가 모델, 고대 이스라엘의 소유 평등(출 16:17-18), 신명기적 이상(신 15:4), 쿰란공동체의 실천, 예수 교훈의 상기 등 '공동 소유'와 연관 있는 여러 내용 중 몇몇 사항이 그 실천을 모색하는 신자들에게 영향을 미쳤을 수 있다.

그러나 실제 '재산 공유'가 여러 현실적 이유로 실천되었다 해도, 그것이 전면적, 장기적, 무조건적으로 지속된 것은 아니었으리라는 추정 역시 가능하다. 그 이유는 우선 갈라디아서와의 비교를 통해 짐작할 수 있다. 갈라디아서 2장 10절에서 바울은, 예루살렘 회의에서 야고보, 게바, 요한이 예루살렘 교회의 가난한 신도들을 위한 선처를 부탁했다고 한다. 주후 49년 정도에 있었으리라 추정되는 이 회의에서 사도들이 그

---

24 행 6:1의 과부들 관련 논의에서 바레트가 이런 견해를 보인다. Charles K. Barrett, *A Critical and Exegetical Commentary on the Acts of the Apostles: Introduction and Commentary on Acts 1-14*, vol. I, 168.

러한 부탁을 했다는 것은 무엇을 뜻하는가? 그것은 누가의 기록과 달리 예루살렘 교인들의 빈민구제와 재물 나눔의 노력에도 불구하고 가난한 자들이 여전히 교회에 남아 있었다는 것을 의미한다. 재산 공유와 나눔이 철저하게 시행되고 있었다면 '모두'가 평균적으로 빈곤할 수는 있어도, 특별히 '가난한 자들'의 존재가 이처럼 부각될 수는 없었을 것이다. 그렇게 됐다면 세 지도자는 어려움에 처한 (빈곤한) '우리 모두'를 도와달라고 청탁했지, 특정한 '가난한 자들'을 도와달라고 부탁하지는 않았을 것이다. 물론 이 가난 문제는 그 사이에 예루살렘에서 발생한 심각한 가뭄이 배경이요 원인이었을 것으로 짐작된다. 하지만 이 세 지도자가 바울에게 모금 주선까지 부탁한 것은, 비록 가뭄 상황을 감안하더라도 교인들 스스로 이 문제를 해결할 수 없을 정도로 곤궁한 신자들이 존재한 당시의 심각한 현실을 반증한다. 그 점은 신자들 사이의 '재산 공유'의 실천이 미온적·소극적으로 이뤄졌든가, 아니면 제대로 작동되지 않은 채 유명무실하게 되었음을 시사한다.

## 3. 재물 공유와 나눔의 누가적 의미

### 1) 복음의 사회적 화육(化肉)

사도행전의 저자가 초기 신자의 유무상통에 관한 기록을 제시하는 이유는 무엇인가? 그 까닭을 정확히 밝히기 어렵지만, 일단 저자는 과거 어떤 특정 시기에, 교인들 사이에서 '어떤 형태'로든 이뤄졌던 재산 공유 상황을 '보고하는' 사실 전달의 의도를 가지고 있었을 것이다. 물론 그 실행 상황이 누가의 기록과 정확히 부합하는지의 여부를 확인할 길은 없다. 그러나 기독교 발생 초기 어느 시점에, 기독교인들은 가히 이상적 재산 공유와 나눔의 삶을 살았다는 점을 되새기고, 그 확고하고 인상적인 기억을 남기려는 의지가 저자에게 작용했으리라는 점을 부정하긴 어렵다. 그런 기억은 단순히 '회상을 위한 회상', 곧 '집단 기억' 계승에 봉사하는 기록 남기기를 위한 것만은 아니었다. 그것은 그의 복음서에서 제시했던 예수의 사회-경제적 사랑과 정의의 실현을 위한 요구가 초기 교인들을 통해 이룩되었음을 보여주는 서술이며, 이런 모습은 '복음의 경제적 성육신이요, 그 본보기'[25]라는 말로 표현될 만한 것이었다. 그것은 결국 주후 1세기 후반의 누가교회 교인들을 위한, 아니면 저자 스스로를 위한 '교훈'의 목적이 첨가된 기억이 되었을 것이다. 곧 예수의 가르침을 좇아 재물의 공유와 나눔의 이상과 새 가치의 실현을 위해 노력해야 한다는 깨우침을 주려 했다는 것이다. 오래 지속되지 못했지만, 부자와 빈자가 모두 '필요에 따라' 물질을 나누고 재산을 공유하는 그 이상의 실현을 언제나 되풀이하기 위해 '불가능한 가능'의 실험과 노력을 끝없이 계속해야 한다는 다짐이 이 기억 속에 담겨 있다는 뜻이다.

비록 주후 1세기 초반, 기독교 탄생 시기의 현실적 이유와 빈곤 상황에서 탈출하기 위한 실천적 의지가 작용하여 재물 공유와 나눔이 발생했다 하더라도, 누가의 눈에 비친 그 현상은 인간적 노력이나 궁리에 의한 현실적 자구노력에만 전적으로 의거(依據)하지 않았다. 누가가 해석한 그러한 공유와 나눔은 인간의 내면을 움직이는 성령의 활동과 감화에 의한 동기가 현실적·인간적 실천 사유와 동시에 불가분리적으로 함께 작동됨으로 성취된, 기독교 역사의 빛나는 순간이었다는 것이다. 그리하여 비록 유무상통의 온전한 실현과 그를 위한 시도 자체가 극히 어렵거나 거의 불가능한 목표임이 분명하더라도 접근의 노력만은 쉬지 않아야 할 것이 아니냐, 이런 공유와 나눔 실천의 본질인 '빈자 구제, 재물 숭배 탈피'의 근본적 교훈을 기억하여 그 실현을 위한 시도와 노력을 계속해야 할 것이 아니냐고 저자가 묻는 것이다.

---

25 Daniel Marguerat, *Les Actes des apôtres* (*1-12*), 163.

### 2) 나눔의 해석학

누가가 그려주는 초기 기독교인들의 '재산 공유', '나눔'의 모습은 '인간 이해'의 근본적 차원에서 보다 심각한 의미를 갖는다.[26] 지상의 인간관계의 본질 중 하나는 어떤 형태이든 유무형(有無形)의 대상을 '주고-받는' 법칙에서 벗어날 수 없다는 것이다. 이것은 특정 지역, 특정 문화, 이를테면 지중해적 문화나 고대세계 어느 공간만의 고유한 특질이 아니다. 이는 인간이 존재하는 곳 어디서나 어느 때든지 성립, 적용되는 가장 기본적인 삶의 법칙이다. '등가교환'(等價交換)의 법칙은 인간이 갖는 힘과 자원의 한계와 만인에 의한 무한 투쟁을 제어하려는 필연성의 표현일 수 있다. 물질을 받고 호의나 존경으로 갚든, 보호를 주고 충성심을 헌정받든, 명예를 하사받아 복종으로 되갚든, 아니면 이 모든 것을 적절히 혼합 배분하여 서로 유무형의 것들을 주고받든, 인간이 사회적 상호관계를 형성하는 거의 모든 국면에서 '주고-받음'의 본질이 핵심으로 떠오른다.

그런데 그 '주고-받음'의 보편적 관계를 정지 또는 폐기하고 '나눔', 즉 일방적 '줌'의 관계로 인간관계의 본질을 재구축한다는 것이 이 유무상통 묘사 장면의 저변에 숨어 있는 의미라 말할 수 있다. 물론 그것이 구체적으로는 상호 호혜적·지중해적 인간관계, 곧 '패트론-클라이언트' 사이의 '주고-받음' 문화의 본질에 대한 전면적 부정 또는 수정의 의미를 갖고 있음도 사실이다. 그러나 이것은 단순히 지중해적 가치만을 문제로 삼지 않고 보편적 의미로의 확장성을 지닌다. 이것은 되갚음, 곧 '받음'이 없이 일방적으로 주고 말아버림으로써 지상적 가치체계, 지상적 존재의 논리와 기반으로서의 '주고-받음' 구조를 무력화시키는 것이다. 이것은 '주고-받음'이라는 인간 사회의 근본적 논리와 법칙을 뒤집거나 파괴하는 의미를 갖는 것이며, 그런 뜻에서 '혁명적'이다. 이것을

---

26 이하는 필자의 다음 글을 새로 손질하여 세시한 것이나. 유상현, 『베드로와 초기 기독교: 사도행전 1-3장』, 268-272.

초기의 기독교인들은 '은혜'의 본질, 하나님 나라 개념의 핵심으로 파악하게 된다.

이런 인식의 연장에서 누가는 추후 바울의 선교여행 마지막 단계에서 다음과 같이 언명을 한다. "내가 이같이 수고하여 약한 사람들을 도와야 함과, 또 주 예수께서 '주는 것이 받는 것보다 더 복이 있다.'라고 이르신 말씀을 기억하여야 함을 모든 면에서 여러분에게 보여주었습니다."(행 20:35) 누가의 바울은 예수의 '주는 것이 받는 것보다 복이 있다.'라는 말씀에 깊이 공감한다. 사실 경제행위에서만이 아니라 지상의 보편가치는 '받는 것', '누리는 것', 그 받음의 축적 결과인 '풍요'에 안주하는 것이다. 그런데 사도행전 20장에서 누가가 예수의 교훈을 빌려 환기시키는 가치관은 풍요를 위한 축적, 그것을 달성하기 위한 '받음'보다는 '줌', 즉 잉여와 축적을 유보하면서 자신만의 부요를 부정하는 '나눔'의 가치를 선양한다.[27] '줌'이 '받음'보다 복되다는 언명은 "'받음'의 지속 끝에 보장되는 풍요 속의 안정이나 자기에의 집중과 그 확대로의 자기중심성이 아닌 '줌'으로 이어지기 위해 순간순간 이뤄지는 자기 결단과 물질적 포기, 그 결과로의 정화(淨化), 이타적 자아의 확대 끝에 '행복이 있다.'라는 시사이다."[28] 이런 인식을 누가가 철저히 내면화했는지 단언하기는 어렵지만 그런 가치의 지향은 그의 기록 도처에 산재해 있다. '물질 공유'의 실천은 사실 "본능이 가르치는 지상적 삶의 방식과 지향을 정면으로 거스르는 선택이다. 단순히 가볍게 던져주는 자기만족적 보시(布施)나 시혜를 뜻하는 것이 아니라, 보다 '근본적'인 가치체계의 변화를 담고 있는 가르침인 것이다."[29] 소유와 축적, 누림과 자기만족으로 이어지는 탐욕에의 끝없는 회귀와 이기(利己)로의 무한 복귀를 끝장내는 형태로 인간성의 근본적

---

27 유상현, 『바울의 제3차 선교여행』, 333.

28 *Ibid.*, 333.

29 *Ibid.*, 333-334.

변혁을 지향하는 의미가 거기에 담겨 있다. 인간 존재의 조건과 본질의 바탕을 뒤엎는 발상의 전환이 내포되어 있다는 뜻이다.

그러므로 재물의 '공유와 나눔'에 관한 서술 단락은, 그것이 저자가 그리는 '이상의 투사'(投射)라 말하든, '기록 전체'가 역사적 사실의 착오 없는 반영이라 주장하든, 아니면 실제 벌어진 사건들을 각종 내외적 영향과 이상적 모델들을 감안하여 '누가적' 터치로 서술했다고 이해하든, 핵심 포인트는 그 '사실' 자체의 진술에 있지 않다. 저자가 펼치는 서술의 초점은 '재물 공유'를 통해 '물질'의 파괴적 영향력, 그 무소불위의 가공할 위세를 차단하고 '소유 집착' 아닌 '나눔 실천'을 보여줬다는 데 있다. 그렇게 하여 '물질'과 '소유' 사이에 자동 연결되는 '필연적 묶임'으로의 '물질-소유'로부터 인간이 벗어나야 함을 가르치고 있다. 물질의 '소유', 그 '움켜쥠'은 난치(難治)의 중독증과 관련된다. 이것은 피하기 어려운 욕망의 마성적 자장(磁場) 안에 사로잡힌 인간 존재의 본질과 깊게 연관되어 있다. '재산 공유'란 그것으로부터의 해방을 예시한다. 그리하여 '공유와 나눔'을 실천한 결과 "그들 가운데 가난한 사람이 없었다."(행 4:34)라는 선언을 남김으로 인간성 변화의 실체를 가시적·모범적으로 확인하게 한다. 그것이 지상 세계에서 '신앙인'으로 살아갈 때 나타나는 구체적·필연적 결과가 되어야 한다는 저자의 인식이다.

제4장

# 베드로와 아나니아, 삽비라

**사도행전 5:1-11**

## I. 서언

누가의 사도행전은 어느 의미에서 기독교의 처음 시작점, 교회 태동의 창세기라 할 '개벽(開闢)의 시간', 이상적 원(原)역사의 시기에 관해 기록하고 있다.[1] 그 탄생과 성장에 관해 오순절 사건과 이후의 발전을 그려나가다가 교회의 최초 죄상(罪狀), 곧 일종의 '원죄' 사례를 하나 거론한다. 마치 아담과 하와 '부부'가 인간사의 한 처음에 등장하여 '부부 범죄'의 원형을 제시했듯, 교회역사 한 처음에 아나니아와 삽비라가 '부부 범죄'의 비극적 주인공으로 등장한다.[2] 인류의 원죄에 부부가 공모했던 것처럼 교회의 원죄에 또 다른 부부가 공모하며 등장한 것이다. 그런데 그들의 잘못은 다름 아닌 '재물'에 얽힌 물질 관련 죄악이고 그 징벌은 참혹한 결말을 낳는다. 이처럼 이 부부가 문제의 재물을 따로 떼어놓고

---

1 Cf. Daniel Marguerat, *The First Christian Historian: Writing the 'Acts of the Apostles.'* 155–178.

2 *Ibid.*

헌납한 뒤 겪게 되는 사건들, 곧 아나니아와 삽비라 부부의 죽음에 관한 일화(행 5:1-11)는 잘 알려진 이야기이다.

이 부부의 갑작스러운 죽음은 대체로 초기 기독교인들이 경험한 징계와 훈육의 관점에서 파악될 수 있다. 이 일화에 등장하는 '사도들의 발 앞'(행 5:2)이라는 기록이 사도의 권위와 규율, 징계 등의 성격을 뚜렷이 부각시킨다. 그런데 아나니아 부부의 사망 기록이 '징계'의 의미를 담고 있음이 분명하다 해도, 이 단락은 신약 연구에서 매우 난감하고 부담스러운 주제 중 하나이다. 그 난감함의 가장 큰 이유는 과연 이 부부가 저지른 잘못이 죽음에까지 이를 정도로 그토록 중대한 것인가라는 점이다. 게다가 아무런 회개의 기회조차 없이 부부가 죽었다는 점이나, 부인도 모른 채 남편의 장사(葬事)가 이뤄졌다는 점, 사건 진행에서 베드로가 보여준 냉정한 역할 등은 누가의 이 기록에 관한 다양한 관심을 증폭시킨다. 그 외에도 부부의 죽음을 낳게 한 직접적 원인인 예루살렘 신도들의 '물질 공유'의 과정과 상황, 그리고 관련 규율 등에 대한 관심 역시 사건 이해를 위해 흥미 이상의 주목을 끈다. 이 일화는 예루살렘 신도들의 재산 공유가 어떤 배경과 영향 아래, 어느 정도의 강도로 실천되었는지, 물질 헌납의 성격이나 과정은 어땠는지 등에 관한 여러 질문을 추가로 불러일으킨다.

제4장에서는 누가의 아나니아 부부 사건 기록이 내포하고 있는 위의 여러 난제를 다음 몇 가지 관점을 중심으로 분석, 해명하고자 한다. (1) 아나니아 부부의 범죄는 무엇이었나? (2) 부부 범죄의 근거로서의 재산 헌납 상황, 즉 자발적 헌납인가, 강제적 헌납인가의 논의와 범죄의 구성과 내용. (3) 징계의 성격 규명 및 이 부부의 죽음에 얽힌 누가 기록의 심층적 의미 탐구. 특히 '물질'에 대해 예외적 중요성을 부여한 저자의 관심에 주목하여 재물에 얽힌 누가의 신학적 의미 조사.

## II. 재산 헌납의 상황

누가가 '물질'에 기울였던 관심과 의미 부여는 남다르다. 그가 그려주는 초기 기독교 형성기의 모습을 보면, 집단으로서의 '교회'는 스스로의 생존과 자기 존립을 위한 내부 규칙과 공동체 규범을 정립하고 점차 가꿔나가게 된다. 이런 와중에 누가는 초기 신도들이 경험한 '최초'의 '징벌, 심판'을 보고한다. 그 최초의 내부 제재, 또는 잘못에 대한 처벌은 개인 사이의 도덕적 죄나 사회적 범과(犯過)와 관련된 것이 아니었다. 그것은 '물질' 헌납과 관련된 것이었으며, 그 결과는 '아나니아와 삽비라' 부부의 비극적 죽음으로 결말을 보게 된다.

이 사건이 관심을 더하는 이유는, 아나니아 부부의 이 '첫 징계'와 마찬가지로 누가가 파악한 '최초'의 교회 내 '충돌, 다툼' 역시 어떤 '이념, 신학, 주장'과 관련된 것이 아니었다는 점에 있다. 그 충돌은 사도행전 6장 1-6절에서 예시되듯, 예루살렘 이방지역 출신 과부들이 관여된 '물질 다툼'이었다. 아나니아 부부와 사도행전 6장의 두 사례가 시사하듯 누가의 '물질'에 관한 문제의식은 교회 내 '난제들'의 원인이라는 단순한 차원을 훨씬 벗어난다. 물질 문제는 신자들의 지상 삶의 기초적 조건으로서 재물이 갖는 한계와 영역을 넘어서 교회의 형성과 존립에 간섭하는 '정신적 실재'나 '도덕적 실체'와도 연관될 수 있다는 강력한 이해가 반영되었다. 누가에게 물질은 정신만큼, 또는 정신보다 더 끈질긴 인간관계 해명의 열쇠인 것이다.

### 1. 아나니아 부부의 행위와 범죄

#### 1) 부부의 행위

사도행전 5장 1-11절에 진술된 부부의 행위는 세 가지로 나누어 설명된다. '(1) 소유물 판매, (2) 판매 대금 떼놓기, (3) 나머지 금액을 사도들의 발 앞에 바침'이 그것들이다. 먼저, 누가에 의하면 두 사람이 "(1) 함께 소유를 팔아서, (2) 그 값에서 얼마를 따로 떼어놓았다."(행 5:1b–2a) 이 언급은 앞서 나타난(행 4:32–35) 신도들의 재산 공유 생활 묘사에 연이어 진행되는 서술이다. 여타 다른 종류의 생활 모습이나 활동상 등에 관한 부가설명 없이 곧바로 부부의 재산 처분 사정만을 이어서 전달한다. 부부가 재산을 공동으로 처분했고, 그 매도금 일부를 따로 떼어놓았다고 한다. 하지만 문제된 판매대금의 전체 액수가 얼마인지, 떼어놓은 액수가 얼마인지를 짐작할 도리는 없다. 또한 팔았던 소유물이 부부의 전 재산이었는지, 재산의 일부였는지도 알 수 없다. 다만 누가는 '소유물 판매'와 '판매대금 일부를 떼어놓음'만을 보고할 뿐이다. 이 '소유물'은 3–4절에 의하면 '토지'(chōrion)였다. 즉 땅을 매도했고, 그 금액 중 일부를 따로 떼어놓은 것이다.

그런 다음 부부는, "(3) 떼어놓고 난 나머지만 가져다가 사도들의 발 앞에 두었다."(행 5:2b) 이미 이 책 제3장에서 사도행전 4장 35, 37절의 '사도들의 발 앞'이란 표현을 검토하며 다룬 바 있듯이, 그들의 '발 앞에' 재산 판매대금을 두었다는 것은 자연스레 사도들의 권위와 그들의 지위, 힘의 행사와 같은 '사도적 권력'의 존재를 연상시킨다. 앞 장에서 언급했듯, 실제 이 기록의 역사적 현실이 주후 30년대 예루살렘 상황이라면, 그때 이미 '사도권'이 기성권력으로 어느 정도 행사되었으리라는 추측이 아주 불가능하지는 않다. 그렇다 해도, 누가의 저술 시대인 주후 80년대 중반까지 거의 두 세대 동안 축적되었던 사도적 권위의 이미지가 이 묘사 속에 소급, 반영되었으리라는 점을 부인하긴 어렵다. 여하튼 '사도들의 발 앞'으로 상징되는 사도의 권위 제시는 어쩌면 초기 교인들이 헌납한 재산을 공유하는 과정에서 공동체 지도자들이 구체적으로 관리의 역할과 지도력을 행사했음을 시사한다고 볼 수 있다. 굳이 쿰란공동체 사례와 이 기록을 연관짓지 않더라도,[3] 사도들이 행사한 재물과 관련된 권위를 누가의 기록에서 배제하긴 어렵다. 이 점은 사도행전 4장 34–35절

("땅이나 집을 가진 사람들은 그것을 팔아, 그 판 돈을 가져다가 사도들의 발 앞에 두었다. 그러면 그들은 각 사람에게 필요에 따라 나누어주었다.")에서도 드러난다.[4] 만일 사도들이 재물 헌납과정에서 핵심 역할을 수행했다고 본다면, 그들의 활동은 재물 헌납의 '복잡한 과정'을 지휘하는 관리 책임자이며 동시에 전체 공동체의 향방과 운영원칙 등을 포괄적으로 지도하는 실질적 수뇌부의 구실을 행하는데 있었을 것이다.

### 2) 베드로의 지적: 부부의 범죄

사도들(2절)의 대변자로 등장하는 듯한 베드로는 아나니아가 따로 떼어놓은 금전을 문제시한다. "아나니아여, 어찌하여 사탄이 당신의 마음에 가득하여 당신이 성령을 속이고 땅 값에서 얼마를 떼어놓았느냐."(3절) 다시 말해 '땅[5] 판 돈' 중 얼마를 따로 '떼어놓은' 행위는 '성령을 속인 거짓 행위'이며, 또한 '사탄이 당신 마음에 가득하여' 이뤄진 것이라 하여 그 행위의 원인을 '사탄'[6]과 관련시킨다. 베드로의 이 발언은 몇 가지 논란거리를 담고 있다.

---

3 여기 베드로를, 쿰란공동체에서 주요 역할을 수행한 '메바케르'(Mebaqqer)와 같은 존재로 단순 비교하기는 어려울 것이다. 메바케르는 공동체를 감시, 감독하고 심판을 수행하는 역할보다는 구성원을 돌보고, 조사자로서, 또는 행정집행자로서의 구실을 한 것으로 보아야 할 것이다.

4 행 2:44-45의 공동 소유와 나눔 관련 기록에서는 행 4장 서술과 달리 사도의 역할이 두드러지게 드러나지 않는다.

5 이 '땅'에 관한 무성한 추측이 있다. 그 땅이 예루살렘에서 떨어져 있었을 것이라든가, 토지 판매대금 액수 조사와 영수증 체크 등에 대한 짐작들(Craig S. Keener, *Acts: An Exegetical Commentary: 3:1-14:28*, vol. 2, 1186)은 이 이야기의 생략된 사실들과 묘사의 간극을 메워줄 흥미로운 상상은 될지언정 본문 이해에 큰 도움은 되지 않는다.

6 초기 유대교에서 사탄의 의미는 대개 다음 세 가지로 요약될 수 있다. (1) 고발자, (2) 유혹자(시험자), (3) 기만자가 그것이다. 유상현, "신약의 귀신," in 『마귀론 이해』, 예영수·유상현 외 (서울: 은성, 1998), 18-45. 이들 개념 중 아나니아 부부 이야기와 관련해서는, 유혹자(행 5:9), 기만자(행 5:3-4)의 정의가 해당될 것이다.

(1) 재산 '떼어놓기'

베드로의 발언에서 사용된 동사 '떼어놓다'(nosphizomai)는 누가가 사도행전 5장 2, 3절에서만 사용했고, 그 외 신약에서는 오직 디도서 2장 10절에서만 발견된다. 칠십인역에서는 여호수아 7장 1절(아간의 죄), 마카비후서 4장 32절(성전 그릇 훔침)에서 찾을 수 있는데, 이 두 구절 모두 '공동체'에 저지르는 죄와 관련된다는 점에서, 그리고 아나니아 부부의 잘못이 아간의 죄를 연상하게 한다는 점에서 누가가 사용한 이 동사에 주목하게 된다. 곧 칠십인역의 구절들이 누가 기록과 어떤 연관이 있는 것은 아닐지 물음을 갖게 하지만, 그 관계를 알기는 어렵다. 이 단어의 용례에서 알 수 있듯이, 이 말은 '자기 것'이 아닌 다른 사람의 물건을 '절취'(竊取)한다는 부정적 의미가 함축되어 있다.[7] 그렇다면 사도행전 5장 2절의 '소유를 팔아 따로 떼어놓은 행위'를 어떻게 이해할 것인가의 문제가 제기된다. 이런 언급을 하는 누가의 의중에는 땅 판 돈은 '한 푼도 떼놓지 말고 바쳐야 할 것'이라는 점이 '전제'되어 있다고 보는 것이 타당하다.[8] 그래서 부부의 행위를 부정한 범죄로 표현한 것으로 판단해야 한다는 것이다. 만일 그렇게 보지 않는다면, 저자가 이 행위 자체에 아무런 부정적 평가 없이 중립적 묘사만을 하고 있다고 살펴야 되는데,[9] 이는 본문 자체에서 곧바로 부인된다. 저자는 3절에서 베드로 발언을 통해 땅 값 떼어놓

---

참고: Craig S. Keener, *Acts: An Exegetical Commentary: 3:1-14:28*, vol. 2, 1189; Joseph A. Fitzmyer, *Luke the Theologian* (London: Geoffrey Chapman, 1989), 146-174.

7 이 동사의 의미가 내부자의 도둑질과 관련된다는, Joseph A. Fitzmyer, *The Acts of the Apostles: A New Translation with Introduction and Commentary*, 322; Daniel Marguerat, *Les Actes des apôtres (1-12)*, 173; Craig S. Keener, *Acts: An Exegetical Commentary: 3:1-14:28*, vol. 2, 1188 등을 참고하라.

8 에른스트 헨헨, 『사도행전 I』, 이선희 · 박경미 역, 369.

9 Ivoni R. Reimer, *Women in the Acts of the Apostles*, tr. by L. M. Maloney (Minneapolis: Fortress Press, 1995), 6.

은 행위를 부정적으로 규정하기 때문이다.("'사탄'이 당신의 마음에 가득하여 당신이 성령을 '속이고'") 이 점을 감안하면 저자는 부부의 토지 매각대금 전체를 온전히 바쳐야 된다는 전제 아래 자신의 서술을 전개하고 있다고 봐야 한다.

그런데 과연 이 부부가 자신들의 재산인 토지 매각대금의 일부를 떼어놓고 헌납한 것이 잘못인가? 이 질문이 제기되는 이유는, 이어지는 5장 4절의 "땅이 그대로 있을 때에 당신의 것이 아니었으며, 팔리고 나서도 그것은 당신의 권한에 속한 것이지 않습니까?"라는 베드로의 발언과 상충되는 듯한 인상을 주기 때문이다. 4절의 의미는 땅이 팔리기 전 소유권 행사나 팔린 후의 판매대금 처분에서 지주(地主)인 이 부부의 권한을 온전히 인정하는 것으로 이해된다. 그들의 소유물 관련 권한은 땅을 '팔 수도, 안 팔 수도' 있다는 것과, 팔더라도 그 대금의 사용처는 전적으로 부부의 판단에 속한 것이라는 의미를 담고 있기 때문이다. 만일 그런 뜻이 아니라면, 베드로의 언급은 부부가 갖는 '소유권 자체'만 형식적으로 지적한 것이어야 한다. 즉 다만 '명목상'의 소유권을 부부가 갖고 있고, 실제적 소유의 주체는 공동체라는 암시가 깔린 말일 수 있다는 것인데, 그런 이해는 지나친 상상에 의존한 것이다.[10]

그런 상상은 비록 명목상 소유권이 그들에게 귀속된다 하더라도 교인의 '재산 헌납'은 의무적이고, 더구나 그것은 일부가 배제되지 않은 '전 재산' 헌납이 필수적이라는 인식 아래서만 가능하다. 이런 이해는 본문 해석에서 꼼꼼히 짚어야 할 여러 가설 단계를 무작정 건너뛴 이후에나 가능하다.

---

10 상상에 의존하는 또 다른 예는, 이 같은 재산의 자유 처분권한이 누구에게나 해당되는 것이 아니라, 오직 행 4:32에 표현된 '한마음 한 뜻'으로 공동체의 이상에 온전히 동화된 사람들에게만 적용된다는 주장이다. Ivoni R. Reimer, *Women in the Acts of the Apostles*, 13. 이런 이해 역시 자명하게 드러나는 본문의 의미라기보다는 자의(恣意)에 의한 편의적 적용으로 여겨진다.

한편 4절 논의와 관련하여 아미도비치는 쿰란문서 중 "공동체 규칙서"와 "다마스쿠스 문서"를 비교 분석한 결과, 공동체 구성원이 재산을 헌납한 후에도 재산의 '소유권'은 공동체에 있지만 그 '사용권'(usufruit, usufruct)은 헌납한 소속원에게 귀속되어 있다는 주장을 제시한다.[11] 그렇게 되면 아나니아 부부가 여전히 자신의 재산에 대한 권한을 유지할 수 있다는 가설이 성립된다. 이 견해는 혹시 쿰란공동체의 상황에 적용될는지 모른다. 하지만 이것이 사도행전에 묘사된 예루살렘 신도공동체의 재산 공유, 특히 아나니아 부부와 관련된 기록에 적용되어 그 해석의 실마리를 제공한다고 보기는 어렵다. 여전히 쿰란공동체와 기독교 공동체 사이에 공유재산과 관련하여 직접적 연관 관계를 설정하기엔 사도행전에서 끌어낼 관련 근거가 미약하고, 설령 그 연관성이 인정된다 하더라도 아미도비치의 해석은 여러 흥미 있는 가설들 중 하나로 이해하는 게 마땅하다.

또한 초기 신도들의 재물 소유권과 관련하여, 라이머는 '떼어놓다.'라는 동사의 다양한 용례(요세푸스, 폴리비우스 등)를 근거로 아나니아 부부가 더 이상 자기 소유가 아닌 재물을 훔친 것이라는 주장을 편다.[12] 따라서 사도행전 5장 4절("땅이 그대로 있을 때에 당신의 것이 아니었으며, 팔리고 나서도 그것은 당신의 권한에 속한 것이지 않습니까?")에서 베드로가 시사하는 '자유 결정권'은 공동체에 처음 들어갈 때 내린 '입회 결정'을 의미하는 것이고, 구성원들은 어떤 재물이든 그 매각대금은 공동체에 귀속된다는 점에 동의했다는 것이다.[13] 하지만 이런 추정은 사도행전의 기록과는 거리가 있다. 4절에 의하면, 베드로는 오히려 땅을 팔 때나 바칠 당시에도 소유권이 이들 부부에게 속해 있다고 말한다. 즉 재산 소유

11 David Hamidovic, "La remarque énigmatique d'Ac 5,4 dans la légende d'Ananias et Saphira," *Biblica* 86 (2008): 407–415.

12 Ivoni R. Reimer, *Women in the Acts of the Apostles*, 9.

13 *Ibid.*, 12–13.

권은 사도들 발 앞에 재물을 바치려고 가져다 놓을 때도 이들 부부에게 귀속돼 있다는 점을 밝힌다. 누가의 본문에서는 매각대금의 '소유권, 처분권'이 공동체에 속했다고 밝힐 만한 근거를 찾기 어렵다는 사실을 분명히 해야 한다. 이런 식의 헌납 과정에 관한 '단계적' 이해의 다른 사례도 있을 수 있다. 베드로는 4절에서 토지 '판매 이후' 대금의 소유권을 인정한다. 그러나 토지 대금 '헌납 이후'의 소유권을 인정하는 것은 아니지 않느냐는 질문이 제기될 수도 있다.[14] 토지의 '매각 시기'와 그 대금의 '헌납 시기' 사이에 시간적 간격을 상정하여 헌납 이전에는 부부의 재산 소유권을 인정할 수 있지 않느냐는 이해이다. 그러나 본문에서는 그 같은 시간의 구분이나 헌납 절차에 관해 명시적으로 언급하고 있지 않기 때문에 이 역시 흥미 있는 추정이긴 하나 근거가 미약하다는 평가를 할 수밖에 없다.

그런데 가령 베드로 발언이 부부의 토지 소유권을 온전히 인정한 것이라고 하더라도, 그런 말을 한 베드로가 두 사람의 땅 값 떼어놓기를 범죄로 규정하고 비판한 것이 적절하였는지 묻지 않을 수 없다. 베드로의 발언 속에 모순을 안고 있다는 뜻이다. 재물의 소유권이 확실하게 부부에게 있다고 인정되는데도, 베드로가 대금 일부를 떼어놓은 것을 비난했다면 두 가지 측면에서 고려할 여지가 있다. 하나는, 베드로가 자신의 발언이 모순됨을 무릅쓰고 자의적으로 근거 없는 비판을 부부에게 퍼부은 것일 수 있다. 하지만 저자가, 베드로가 방금 행한 발언을 뒤집고 앞뒤가 맞지 않는 모순된 내용을 다시 말하게 했으리라고 보는 것은 합리적이지도 상식적이지도 않다. 아니면 또 하나의 가능성, 곧 교인들의 재산 헌납이 '전 재산 완전 납부'라는 '강제적 의무' 규정이기 때문에, 그 규정에 따라 부부가 신도공동체에 들어가기를 원하고 다짐했다는 것은 이미 재산

---

14 Cf. Craig S. Keener, *Acts: An Exegetical Commentary: 3:1-14:28*, vol. 2, 1187.

의 실제 소유권이 공동체에 귀속된 것으로 볼 수 있다는 것이다. 그러므로 토지 매각대금 중 일부를 빼돌린 것은 절도요, 횡령인 범죄가 된다는 것이다. 그런데 이런 이해 역시 4절에서 베드로가 말하는 재산 처분의 '자유'에 관한 언급과 잘 맞아떨어지지 않는다.[15] 여전히 모순은 해명되지 않은 채 문제 그대로 남게 된다는 뜻이다.[16]

(2) 성령 기만

베드로가 말했듯이, 부부의 '땅 값 떼어놓기'를 과연 '성령을 속인' 행위로 이해할 수 있는가? 이미 지적했듯, 자신이 처분할 권한을 가진 소유물 일부를 따로 떼어놓은 것이 왜 '성령 기만'으로 규정되는지 얼핏 납득하기 어렵다. 그것이 성령을 속인 행위가 되기 위해서는 그래서는 안 된다는 합의와 공유된 인식, 또는 관련 규칙이 전제되어야 한다. 그렇지만 본문 어디에서도 그런 암시를 찾을 수 없다. 그렇다면 '성령 속임'이 아나니아 부부의 잘못으로 제대로 확정되려면 재산처분 금액 전부를 헌납해야 한다는 규칙과 부부의 행위가 절도로 규정된다는 점이 먼저 결정되어야 한다. 그렇지 않을 경우 '재산처분'은 부부에게 귀속된 고유 권한이기 때문에 그 일부를 떼어놓았다고 해서 성령을 속인 잘못이라고 비판할 수 없을뿐더러, 그 추궁 자체가 애초에 잘못된 것이 된다. 그런데 그러한 규칙이나 합의된 인식을 찾기 어렵다는 데 해명의 근본적 어려움이 있다.

3절과 관련하여 주목하게 되는 것은 베드로가 아나니아의 죄를 꿰뚫어보고 있다는 점이다. 이것은 누가가 예수에게도 적용시켰던 능력으로 예언자에게 고유한 것으로 인정된다. 저자는 누가복음 7장 39절에서 타

---

15 이 문제는 '자발성, 강제성'에 관한 진전된 논의와 더불어 고려되어야 할 것인데, 이 장(章)의 아래에서 취급될 관련 부분을 참고할 것.

16 이런 모순점을 설명하기 위해 본문 배후 자료의 상호 충돌을 이유로 든다거나, 저자의 어설픈 진술방식, 또는 서술 기교의 미흡 등의 가능성 거론은 논외로 한다.

인의 마음을 읽는 능력이 예언자의 표지로 간주될 수 있음을 보인 바 있다.[17] 그런 능력이 예수에게서, 그리고 베드로에게서도 발견된다는 점은 베드로가 예언자의 능력을 가졌음은 물론이요, 예수의 능력을 계승했다는 점을 내보이는 것으로 이해된다. 베드로의 위상을 높이는 표현의 일환인 것이다. 저자는 3절에서 '성령 속임'에 대해 말하고, 4절에서는 '하나님께 거짓말한'(속인) 사실을 언급한다. 하지만 하나님은 속임을 당하는 분이 아니다. 즉 "하나님은 너희의 마음을 아신다."(눅 16:15) 이런 분이 어떻게 사람들의 속임수에 넘어가겠는가. 그런 표현은 아나니아 부부가 행한 기만행위를 돋보이게 강조하려는 뜻이지, 하나님이 속임의 대상으로 기만당할 수 있다는 의식이 반영된 것으로 볼 수는 없다. 9절에서 삽비라가 베드로로부터 '주의 영을 시험하려 하느냐?'라는 질책을 듣는다든가, 추후 사도행전 15장 10절에 베드로가 예루살렘회의에서 유대인 기독교 지도자들에게 말하기를, 감당할 수 없는 멍에를 제자들에게 메게 하여 '하나님을 시험한다.'고 지적하는 것도 마찬가지로 인간 편에서의 잘못을 강조하려는 뜻이다.

### (3) '사탄이 가득하여': 사탄 책임론과 재물 관련 초자연적 성격

베드로는 재산 매각대금 중 일부를 따로 떼어놓은 부부의 행동을 '사탄이 마음에 가득하여' 범한 잘못으로 비난한다. 비록 재산처분의 권한이 부부에게 있다 해도, 따로 떼어놓는 행동은 잘못일 수 있다라고 가정하자. 만일 그렇다면, 그런 '떼어놓기'의 횡령은 아나니아의 마음에 가득한 '사탄'의 잘못인가, 아니면 아나니아의 잘못인가? 사탄과 아나니아의 책임한계는 어느 선에서 구분될 수 있는가? 이런 질문들이 교부 문서 등에서 제기된다.[18] 물론 키너 같은 이는 누가에게서 사탄이 누군가를 강제

17 그 외에도, 눅 5:22, 9:47, 24:38. Luke T. Johnson, *The Acts of the Apostles* (Collegeville: Liturgical Press, 1992), 88.

하여 행동하게 하는 사례가 없기 때문에 아나니아 부부를 면책할 수는 없다고 한다.[19] 하지만 그런 유례가 없다는 것으로 문제가 자명하게 해결되는 것은 아니다. 여기서의 관심은 부부의 책임을 면제하고 잘못의 책임을 사탄에게 전적으로 묻자는 게 아니다.

분명한 것은 누가가 이들 부부의 잘못에 사탄의 개입이 작용했다는 점을 명기하고 있다는 사실이다. 그렇다면 부부의 과오에 그들의 책임이 전혀 없다는 접근이 아니라, 그 잘못에 어떤 형식으로든 사탄의 역할이 있었고, 그 역할 부분만큼의 책임이 사탄에게 전가될 수 있다는 시각을 저자가 갖고 있었음을 무시할 수 없다는 것이다. 누가의 서술이 제시하는 바는, 부부의 잘못에 사탄이 원격조종으로 작용했든, 혹은 전체 행동에 대한 포괄적 영향으로 작용했든, 그도 아니면 부부의 의식과 상관없이 배후에서 암약(暗躍)했든 간에 사탄의 활동이 분명히 있었다는 점이다. 그 활동의 속성을 불문하고 부부의 기만행위 이면에 사탄의 역할이 있었다고 전제한다면, 부부의 책임과 동시에 사탄의 책임 역시 물어야 한다는 것이다.

누가가 기록했듯, 예수에게도 사탄의 시험이 있었다.(눅 4:2) 그러나 예수는 시험을 이기고 사탄을 물리쳤다.(눅 4:1-13) 이 경우 사탄의 역할은 아무 영향도 끼치지 못한 것이 된다. 그러나 아나니아의 경우, 사탄의 시험과 개입이 있었을 때 거기 넘어가 굴복했다. 따라서 사탄의 시험은 성공했고, 그 성공한 만큼의 책임이 아나니아의 패배에서 차지하는 사탄의 역할로, 사탄의 영향으로 지적돼야 한다는 뜻이다.[20] 물론 아나니아의

---

18 참고: Daniel Marguerat, *Les Actes des apôtres (1-12)*, 175; Jaroslav Pelikan, *Acts* (Brazos Theological Commentary on the Bible) (Grand Rapids: Brazos, 2005), 134.

19 그러면서 교부들의 이 문제 지적에 관하여, 그들이 사탄의 활동을 부부의 잘못을 경감시키는 수단으로 활용했음을 언급한다. Craig S. Keener, *Acts: An Exegetical Commentary: 3:1-14:28*, vol. 2, 1190.

20 눅 22:3에서 가룟 유다의 경우도 마찬가지이다.

책임과 사탄의 책임은 같은 평면에서 따질 수 있는 분량과 한계, 성격이 아니다. 누가는 아나니아의 죄악에서 사탄이 작용한 '정확히 계량할 수 없는' 책임과 활동의 몫을 지적하고 있다. 기독교인의 배후에, 특히 공동체의 통합과 발전의 배후에서 작동되는 불가사의한 악의 존재와 그 파괴적 영향력에 경종을 울리고 있는 것이다. 또한 저자는 자신의 복음서에서 베드로가 당한 사탄의 시험과 '밀 까부름', 베드로의 헛된 다짐과 예수의 예고, 시험에 넘어간 베드로와 통회 등을 극적으로 전개하고 있는데(눅 22:31-62), 예수 생애 말기 베드로에게 작용한 사탄의 역할이 갖는 역동성을 예수의 경우와 관련하여 주목하게 한다. 이 미묘한 기록에 관한 해석의 요점은, 이런 유혹/죄악에 직면한 인간의 유약함, 한계에 관한 심각하고도 통렬한 성찰을 갖게 하여 더욱 경각심과 깨우침을 갖도록 경고한다는 것이다.

이 같은 해석의 연장에서 또 하나 고려해야 할 것은, 이 장면에 등장하는 '사탄과 성령'의 대립 관계에 대하여 좀 더 의미를 부여할 필요가 있다는 것이다. 여기서 작용, 개입한 이들에는 단순히 인간 아나니아 부부, 인간 베드로와 사도들만이 아닌 사탄이나 성령과 같은 초월적 존재도 등장하기 때문이다. 그렇다면 인간 너머의 초자연적 존재의 활동을 거론하는 이면에는 누가가 상정한 초월적 대립의 양상이 있다는 것이다. 즉 여기 아나니아 부부 사건에 성령/하나님(행 5:3-4)과 사탄의 대립, 대결이 있음을 '베드로를 통해'[21] 누가가 지적하고 있다는 뜻이다. 이 갈등은 인간에 대한 인간의 대립이 아닌 하나님과 사탄의 대결이라는 측면을 저자는 의식하고 있다. 그런데 그 대결의 동기와 원인이 일차적으로 '재물'과 관련이 있다는 점은 시사하는 바가 크다. '재물'이 문제될 때 그것은 단순히 인간의 욕망만이 작용하는 것이 아니다. 물질의 소유욕은 인

---

21 Cf. Justo L. Gonzalez, *Acts: The Gospel of the Spirit* (Maryknoll, NY: Orbis, 2001), 76; James D. G. Dunn, *The Acts of the Apostles*, 64.

간에 내재한 본질적 속성으로만 돌릴 수 없다는 측면을 지시한다. 거기에는 어떤 초자연적 불가해한 차원이 개입되는 것이고, 그렇기 때문에 재물을 둘러싼 갈등은 인간 내면의 자기 투쟁만 있는 것이 아니라, 하나님과 사탄의 대결이 벌어지는 다른 측면이 내재할 수 있음을 저자는 암시한다. 그렇기 때문에 물질숭배는 새로운 시대, 교회 시대의 우상숭배요("한 종이 두 주인을 섬기지 못한다. 하나를 미워하고 다른 하나를 사랑하거나, 하나를 귀중히 여기고 다른 하나를 무시하거나 할 것이다. 너희가 하나님과 '맘몬'을 함께 섬길 수 없다."—눅 16:13), 또 다른 이름의 바알 신앙이 되는 것이다.

이런 관점을 강화하는 또 다른 시사점도 있다. 그것은 아나니아 부부의 이야기가 가룟 유다가 예수를 배반한 이야기와 비교되는 측면에서 발견할 수 있다. 이 두 다른 이야기들은 몇 가지 유사한 항목을 공유하는데,[22] 이를테면 마음에 사탄이 작용했다는 점(눅 22:3, 행 5:3), 두 이야기에 금전과 재물의 동기가 핵심 위치를 차지하고 있다는 점(눅 22:4-6, 행 5:9), 두 이야기에 하필이면 '땅'이 관련되고 있다는 점(행 1:18, 5:3) 등이 비교에 흥미를 더한다. 어쩌면 예수를 배신한 중죄를 저지른 유다의 잘못과, 재물이 관련된 공동체 규율을 어긴 아나니아 부부의 잘못을 동일한 비교 평면에 놓고 대조시킨 듯한 느낌을 불러일으킨다. 그만큼 저자가 이 부부의 행태를 엄중하게 관찰했으며 그 잘못을 심각하게 인식했다는 점을 보여준다.

물론 이런 이해와 달리 부부 범죄에서 사탄의 책임보다는 이들 부부의 잘못을 전적으로 살펴야 된다는 시각도 있다. 그 같은 시각은 4b절의 "어찌하여 이 일을 당신의 마음에 두었습니까?"라는 표현이 아나니아에게 잘못의 책임이 있음을 지적한다는 해석에 근거한다. '사탄이 아나니

22 Craig S. Keener, *Acts: An Exegetical Commentary: 3:1-14:28*, vol. 2, 118; Luke T. Johnson, *The Acts of the Apostles*, 40.

아의 마음에 가득'했지만 '이 일을 마음에 둔 이'는 아나니아 자신이라는 것이다.[23] 이처럼 아나니아의 직접 책임을 거론하는 것은 4c절의, "당신은 사람에게 거짓말한(속인) 것이 아니라 하나님께 한 것입니다."라는 말에서도 찾을 수 있다. 베드로의 이 비판은 아나니아의 행위를 '성령을 속인 것'이라고 말한 3절 내용을 달리 표현한 것으로, 그의 범행 책임을 확인하는 셈이라는 것이다.[24] 그러나 그러한 언급들은 아나니아의 총체적 책임 분량을 가리키기보다는, 그가 범한 일정 정도의 잘못을 환기하고 거듭 지적하는 의미로 읽는 것이 옳다. 왜냐하면 '사탄이 당신의 마음에 가득하여'라는 말로 일단 아나니아에게 작용한 사탄의 역할을 분명히 하고 있음을 감안할 때, 아나니아에게만 전적인 책임을 부과하는 것은 '사탄 관련 언급'을 묵살하는 것이기 때문이다. 그보다 4절의 표현은 사탄과 협력한 아나니아의 동조, 또는 공모의 잘못을 지적하며, 그의 몫에 대한 책임을 명확히 하고 있는 것으로 이해해야 할 것이다.

누가의 베드로는 한 번 더 인간 마음의 바탕과 움직임을 꿰뚫어보는 예언자의 능력을 보이며 범접 못할 권위와 카리스마를 과시한다. 4절의 "어찌하여 이 일을 당신의 '마음'에 두었습니까?"라는 구절은 누가복음에서 돈을 좋아하는 바리새인들이 예수를 비웃자(눅 16:14) 예수가 했던 말("당신들은 사람 앞에서 스스로 의롭다고 하는 자들이오. 그러나 하나님께서는 당신들의 '마음'을 아십니다."—눅 16:15)을 상기시킨다. 이 부부의 재물에 관한 은밀한 동기와 내면의 움직임을 하나님은 모두 아신다는 것이다. 그리고 그런 모든 동향을 베드로도 알고 있다는 뜻이다. 누가는 베드로의 위상과 권위를 더 이상 높이기 어려울 정도로 드높인다.

---

23 Joseph A. Fitzmyer, *The Acts of the Apostles: A New Translation with Introduction and Commentary*, 323.

24 *Ibid.*

### 3) 부부의 공동 매도(賣渡)

이 부부사건에서 작용된 행동 '원리'라 말할 수 있는 것은, 부부가 '함께' 소유를 매각했다는 것이다. 이 점은 사도들도, 아나니아 부부도 의문시할 수 없이 전제된, 또는 확인된 행위였음을 시사한다. 여기에 질문 하나가 제기된다. 즉 '소유물 매도'는 이 부부를 포함하여 사도들, 그리고 앞선 단락의 사도행전 4장 32-37절의 신도들이 이의 없이 받아들이는 예루살렘 교인들의 합의된 행위였다는 점이다. 다른 말로, 이것은 일종의 필수적 요청, 그것을 세분하여 '강제적 매도'였건, '자발적 매도'였건, 그 강제성 여부를 불문하고 모든 교인들이 받아들였던 듯한 경제행위였다는 것이다.

그런데 아나니아 부부가 토지를 매도하려는 결심을 하게 된 이유는 무엇이었을까? 그의 결심 저변에 작용한 상황과 요인들을 다음과 같이 추론할 수 있다. 4절("땅이 그대로 있을 때에 당신의 것이 아니었으며, 팔리고 나서도 그것은 당신의 권한에 속한 것이지 않습니까?")에 기록된 대로 부부의 땅 소유권과 처분 권한을 온전히 인정할 경우, 그들은 토지를 '반드시' 팔지 않아도 되었을 것으로 추정할 수 있다. 그런데도 부부가 땅을 팔고자 '마음먹었다면' 이 결심의 바탕에는 '팔아야 될' 내적 이유가 있었을 터이다. 그 배경에는 물질과 관련된 외부적 논의나 권유에 의해 접하게 된 공동체의 요구나 규율 등이 있었을 것이고, 그 논의나 요구 등에 대한 자발적 숙고와 내면적 동의가 우선되었을 것이다. 이런 내면적 과정을 거쳐, 매도와 헌납에 대한 스스로의 결심과 자발적 동조가 있었기 때문에 그런 행동이 이뤄졌을 것임이 분명하다. 여기에 물리적 억압과 강요가 작용하였을 리는 없다. 결과적으로 토지를 '팔아야 되겠다.'는 내적 요구와 필연성이 있었고, 그렇게 하려는 자기 결심이 있었으리라는 것이다. 부부는 토지를 팔지 않아도 됐다. 만일 팔지 않았다면 부부의 죽음으로 귀결되는 비극도 발생하지 않았을 것이다. 그러나 그들은 땅을 팔았다. 토지를 팔아 바쳐야겠다는 결심이 서자, 그 내적 다짐이나 의무감에 따라 그들은 매각대금을 바치게 된다. 그런데 부부는 이 결심의 구체적 실현과정에서 일종의 선택을 하게 된다. 매도금의 전체 헌납이냐, 일부 헌납이냐의 기로에 선 것이다. 그들은 대금의 일부를 떼어놓고 바치는 선택을 하게 된다.

이 미묘한 선택을 바라보는 몇 개의 시각을 상정할 수 있다.

첫째, 만일 부부에게 토지 판매대금 전부를 바쳐야만 된다는 의무감, 그래야만 한다는 강제적 인식이 있었다면 그들의 '돈 떼어놓기'는 일종의 의식적 '횡령'이 될 것이다.

둘째, 그렇지 않고 자신들의 자유로운 재산처분의 권한에 근거하여, 일부를 떼어놓고 바쳐도 문제없다는 인식을 부부가 가졌다면 횡령죄가 성립되지 않음은 물론이요, 오히려 베드로의 판단과 정죄에 문제가 있고 거기에 오류가 있었던 것이 된다. 이 경우 부부는 영문도 모른 채 억울한 죽음을 당한 셈이 된다.

셋째, 위 두 사항이 아니라면, 부부와 베드로 사이에 인식과 규율에 관한 오해, 또는 불일치가 존재한 것이 된다. 즉 베드로는 자신의 4절 발언에도 불구하고 재산의 '전체 헌납'이 의무적이라는 인식을 가졌던 것이고, 부부는 자신들의 재산처분권이 온전히 자기들에게 귀속돼 있기 때문에 자신들이 잘못했다는 인식을 하지 못했을 수 있다는 것이다.

본문이 제기하는 위 문제를 해명하기 위한 하나의 가설로, 재산의 헌납을 의무로 규정한 또 다른 내부 그룹, 즉 '열외자, 완전자'의 존재를 상정할 수 있다.[25] 그 가정된 내부 그룹에는 재산 헌납이 강제적으로 적용됐고, 아나니아 부부가 그런 그룹에 속했을 경우가 있을 수 있는데, 그런 상황에선 위의 첫 번째 사례에 해당되어 의도적 횡령으로 규정된다. 이런 견해는 기독교 공유공동체의 형성이 쿰란의 영향을 받은 것으로 보고,

---

25 에른스트 헨헨, 『사도행전 I』, 374–375. 헨헨은 이런 가설을 제기하는 슈미트와 트로크메의 견해를 소개하며 비판한다.

모종의 강제성이 행사되는 특별한 그룹의 존재를 가정한다. 즉 재산을 헌납해야 허입(許入)되는, 또는 재산 공유를 실천하는 내부 그룹을 상정하는 것이다.[26] 이런 주장에 의하면, 재산 공유의 실천이 모두에게 적용되지는 않았을 것이고, 특정 그룹에 적용되었으리라는 것이다. 이 같은 설명은 아나니아 부부 관련 본문이 갖는 난제에 대한 해석의 실마리를 제공하는 것이 사실이다. 하지만 결정적인 것은, 이런 추정이 본문의 분명한 지지를 받지 못한다는 것이다. 특히 이 주장은 사도행전 5장 4절에 명백히 제시된 재산 헌납에서의 자발적 성격을 보여주는 누가의 기록과 배치된다는 것이 중요한 약점이다.[27] 또한 신자들의 재물 공유 상황을 쿰란과의 직접적 비교 대상으로 놓고 영향 관계 아래 파악하는 것 역시 논란이 일 수 있다. 비록 쿰란 영향의 범주 안에서 신도공동체를 관찰하는 것이 의미 있다 하더라도, 이 문제는 여전히 논쟁거리로 남아 있기 때문에 직접적 해석의 실마리로 삼을 수는 없다. 결국 위의 제안 역시 확실한 근거나 본문의 분명한 지지를 확보하기 어려운 근본적 한계, 곧 추측의 한계를 벗어나지 못한다. 따라서 이 문제에 관한 결정적 해명을 기대하기가 힘들다. 다만 상황의 가설적 설명으로 그나마 개연성을 갖춘 것으로는 '내부 그룹'의 존재를 설정하여 본문을 설명하려는 추정이 그중 그럴 듯하나, 추측과 가설의 한계를 아주 벗긴 어렵다.

---

26 Brian J. Capper, "The Interpretation of Acts 5:4," *Journal for the Study of the New Testament* 19 (1983): 117–131; Brian J. Capper, "The Palestinian Context of Community of Goods," in *The Book of Acts in Its Palestinian Setting*, ed. by R. Bauckham (Grand Rapids: Eerdmans, 1995), 323–356.

27 물론 이와 관련된 추론도 제안된다. 행 5:4을 재산 공유의 내부 그룹에 들어오기 위한 복잡한 과정을 반영하는 구절로 이해하고, 아나니아에게 재산권이 있었다는 이 구절은 그가 초기 훈련(initial training) 기간을 거쳐 수련 과정(novitiate)에 있었다는 점을 시사하며, 이것은 쿰란공동체의 상황을 반영한다는 것이다. Brian J. Capper, "The Palestinian Context of Community of Goods," 339.

## 2. 물질 헌납의 성격

누가의 글 속에는 재물 헌납이 '강제적'으로 이뤄진 것으로 이해될 만한 묘사가 있는가 하면, 다른 한편에는 그것이 '자발적'으로 시행됐을 것으로 짐작케 하는 묘사가 발견된다.

### 1) 자발적 헌납 암시

아나니아 부부 이야기의 앞 단락인 사도행전 4장 37절에서 키프로스 출신 바나바가 "자기가 가진 밭을 팔아 그 돈을 사도들의 발 앞에 두었다."라고 재물을 헌납한 긍정적 사례에 대한 묘사에서도 그의 행위의 '자발성'과 헌신의 열성이 제시된다. 그 묘사에서 어떠한 억압과 강제의 자취도 엿보기 어렵다. 4장 32절 이하에서 이어지는 재산 공유의 자연스러운 실천 상황을 바나바를 통해 입증하고 있다는 뜻이다. 이런 이야기의 흐름이 아나니아와 삽비라 부부의 일화에도 이어지고 있다.

물론 사도행전 4–5장의 재산 공유 관련 본문에서 재물의 '자발적' 헌납 상황을 직접적 언어로 표현하고 있는 구절은 찾기 어렵다. 그러나 다음과 같은 사정을 지적할 수는 있다. 4장 32절의 "믿는 무리가 한 마음 한 뜻이 되어 아무도 자기 소유물을 자기 것이라 하지 않고 모든 것을 서로 공동으로 사용하였다."라는 표현을 주의 깊게 읽을 필요가 있다. 이 구절은 먼저, 재산의 사유화가 '계속' 유지되고 있었던 상황을 전제한다.[28] 그러고는 신도들이 각자 자신에게 속한 물건의 소유권을 주장하지 않았다는 점을 뚜렷이 밝힌다.("아무도 자기 소유물을 자기 것이라 하지 않고") 게다가 '모든 것'을 '모든 사람'이 공동으로 사용할 수 있도록 허용했다고

---

28 에른스트 헨헨, 『사도행전 I』, 361. 그러나 행 2:44–45에 의하면 예루살렘 교인들 사이에 이미 재산 공유화가 실행되었는데 어떤 연유로 사도행전 4장인 이곳에서 '다시' 그런 행동들이 재개되었는지, 그 사정을 설명하기 위해서는 다른 논의의 마당이 필요하다.

한다.("모든 것을 서로 공동으로 사용하였다.") 즉 물건을 가진 이의 개별 소유권을 포기하고 모든 이가 물건을 갖는 '공동소유'로 돌렸다는 뜻이다. 이 표현의 행간에서 물리적 강요나 강제의 흔적을 발견하기는 어렵다. '한마음 한 뜻이 되어'란 말이 그 같은 추정을 뒷받침한다. 강제에 의한 공유(共有) 실천이었다면 '한마음, 한 뜻으로'란 표현을 여기에 새겨 넣을 수는 없다. 원문에서도 'kardia kai psuchē mia'란 말은 그 뒤에 이어지는 '아무도 자기 소유물을 …서로 공동으로 사용하였다.'라는 표현 모두에 적용된다. 억압적 강제와 강요는 없었다. 게다가 '강제와 강요' 논의와는 별개로 '재산 전부'를 바치는 완전한 헌납이 아니었다는 것은, 추후 사도행전 12장 12–13절에서 마가 요한의 어머니 마리아가 예루살렘 가옥을 소유한 모습을 보이고 있다는 점에서 명백하다. 그러나 혹시 공동체 입회의 전제가 재산 헌납이라는 사실을 인지한 상태였다면, 비록 자발적 형식의 헌납이었다 해도 혹시 '의무적' 헌납, 또는 느슨한 '강제'가 작용된 것은 아닌지 하는 의문은 남는다. 그런 뜻에서 '강제 헌납'에 관한 논의를 건너뛸 수는 없다.

### 2) 강제적 헌납 암시

비록 사도행전 5장 4절에서 베드로가 땅 판 돈의 소유와 처분권이 아나니아에게 있음을 말하지만, 3–4절과 8–9절 묘사의 전제는 판매대금의 전부를 모두 낼 것을 예상하던 '기대'가 작용했다. 그런 기대를 달리 말하면 토지대금의 헌납에 묻어 있던 강요의 흔적이라고 할 수 있을 것이다.

누가가 앞서 기록한 사도행전 4장 32a절, "아무도 자기 소유물을 자기 것이라 하지 않고"라는 말 속에서 자발적 소유 포기의 의미도 찾을 수 있지만, 어느 의미에선 자기 것을 자기 소유라 하지 '못하는' 어쩔 수 없는 상황도 포함될 수 있다. 그 상황 중에 물질 헌납과 관련하여 주변의 지켜보는 불편한 눈길이 있었다면 그것은 감시의 살핌이 되어, 그 과정에 '강제 아닌 강제'가 작동되었다고 볼 수 있다. 게다가 '아무도 소유물을 자기 것'이라 하지 않았다면 그것은 다른 말로 해서 재산은 곧 '공동체 소유'라는 뜻이 함축된다. 그러니 거기서 강제의 의미를 찾는 것은 자연스러울 듯하다. 또한 사도행전 4장 32b절의 "모든 것을 서로 공동으로 사용하였다."는 표현 역시 재산의 실제 소유권이 공동체에 있다는 점을 나타낸다. 즉 아무도 개인 소유권을 주장할 수 없다는 뜻에서 '공유의 강제' 개념이 포함될 수도 있다는 것이다.

만일 그처럼 '재산은 공동체 소유'라는 점이 이 구절의 바탕에 깔린 전제라면, 재산을 임의로 일부 따로 떼어놓는 것은 공동체 소유물을 훔치는 행위가 되고, 그런 뜻에서 베드로의 아나니아 비판이 성립된다. 그러나 거기서 역시 문제되는 것은 4절, 재산 처분권이 부부에게 있는 듯 언급한 베드로의 발언이다. 이 문제는 쉽게 해결되기 어려운 난제라 할 것이다. 어쩌면 위에서 언급했듯이 공동체에 '외부 그룹'과 '내부 그룹'의 존재를 가정할 경우, 내부 그룹에 적용됐을지 모를 강제 개념을 짐짓 상정할 수는 있을 것이다. 곧 4절 언급이 혹시 아나니아가 초기 훈련 시기를 지나, 수련 기간에 있었음을 시사하는 것이 아니냐는 것이다.[29] 그렇게 추정한다면 그나마 설명이 불가능하지는 않겠지만 앞서 지적했듯, 이 역시 가설의 한계를 벗어날 수는 없다.

여하튼 이러한 강제적 의미를 뒷받침하는 것 중 하나는, 쿰란공동체의 헌납이 비자발적인 의무의 형태로 집행되었다는 점이다.[30] 물론 이미 위에서 거론했고 아래에서도 언급되겠지만, 쿰란과 예루살렘 기독교와의 재물 헌납과 관련된 직간접 영향 관계를 단정할 수는 없다. 이 상황에서 쿰란의 비자발적 헌납 행태로부터 사도행전 본문의 해석을 위한 믿을 만한 근거를 확보할 수는 없으나, 간접적 참고가 되는 것은 사실이다.

---

29 Brian J. Capper, "The Palestinian Context of Community of Goods," 339. 이 기간 중 재산권은 여전히 후보자들에게 있다고 보는 것이다.

30 1QS I, 11–12.

누가의 본문은 토지 매각대금 중 일부를 '떼어놓은 동기'에 관해 분명한 이유를 밝히고 있지 않다. 그렇다면 혹시 동사 '떼어놓다'(nosphizomai)의 성서적 의미 속에 그 동기를 추정할 만한 실마리가 숨어 있는 것이 아닐까?[31] 위에서 이미 언급했듯이 여호수아 7장 1절, 마카비후서 4장 32절, 디도서 2장 10절에서 사용된 이 동사에는 '자기 것'이 아닌 타자의 물건을 취한다는 절도 등의 부정적 뉘앙스가 배어 있음을 알 수 있다. 만일 그런 뜻이 여기서도 유효하다면, 그것은 이 부부가 실질적으로는 '자기들의 것'이 아닌 공동체의 소유물이거나, 하나님의 소유물에 손을 대어 '절취했다.'는 뜻이 성립된다. 그런 '타자 소유'가 가리키는 바는 재물의 강제적 헌납이 전제되어 있다고 볼 만하다는 것이다.

### 3) 쿰란공동체와의 관계

여기서 예루살렘 신도들의 재물 공유 배경과 관련하여 자주 거론되는 쿰란공동체와의 관계를 나란히 놓고 살펴보고자 한다. 즉 쿰란공동체의 재산 헌납 과정과 예루살렘 교인들의 상황을 극히 간략하게 비교해보려는 것이다. 먼저 분명히 해야 할 것은, 누가 기록과 쿰란문헌은 '재물헌납' 주제와 관련하여 명백한 묘사의 차이가 존재한다는 점이다. 이를테면 헌납 '과정'이 쿰란문헌에는 보다 상세히 기록되어 있지만 사도행전 기록에서는 그 구체적 과정을 추측해내기가 쉽지 않다. 그러나 비슷한 점들 역시 발견되고 있음도 부정하기 어려운데, 특히 재산 헌납과 관련된 '징계'가 있었다는 점은 부인할 수 없다. 사도행전과 쿰란문서의 비교를 통해 추측할 수 있는 최소한의 유사한 언급이 있지만 추정의 선을 더 넘을 수 없는 자료의 한계 역시 존재한다. 쿰란에서도, 사도행전에서도 재산의 헌납 상황에 관한 묘사가 적어도 두 군데 이상(행 2, 4장과 쿰란 기록 다수) 제시된다는 점은 누가의 기록이 쿰란의 상황으로부터 직·

---

31 Daniel Marguerat, *Les Actes des apôtres* (*1–12*), 173.

간접적 영향을 받았거나, 누가의 서술대상인 초기 교인들이 쿰란공동체의 영향권 안에 있었으리라는 점, 그들의 행태로부터 묵시적 자극이나 일정한 감명을 받는 등의 파급효과를 경험했으리라는 추측이 가능하다. 두 공동체에는 재산 헌납과 관련한 징계의 사유가 발생했으며, 공동체 상황에 따라 직접 비교하기 어려운 각기 다른 징계들이 존재했으리라는 점 역시 짐작 가능하다. 혹시 아나니아 부부를 면담하고 재산 관련 문답을 주고받았던 베드로가 쿰란공동체에서 활동했던 '행정관리자'(1QS VI, 14, 20)의 역할을 수행한 것을 가정한다면,[32] 그런 기능을 수행하는 사람이 존재했다는 점도 기독교와 쿰란공동체에 공통적으로 발견되는 유사점이라 꼽을 수 있다. 그러나 누가의 묘사를 통해서는 쿰란에서 실현된 것으로 추정되는 헌납의 다양한 단계나 절차,[33] 쿰란문서에 등장하는 재산 '조사자'의 존재나,[34] 헌납 시 발생할 수 있는 징계의 '내용과 강도(強度)'에 관해서는 어떤 확실한 답변도 제시하기 어렵다. 그런 사안들에 관해 '상상과 추정' 외에 사도행전 본문으로부터 근거 있는 설명을 도출하기는 힘들다.

초기 교인들이 쿰란공동체로부터 재산 공유에 관하여 직·간접적 영향을 받았는지 확언할 수는 없다. 하지만 만약 쿰란 사람들의 여러 행동이 초기 기독교인의 모델로 참고가 됐다고 전제한다면 몇 가지 고려할 점이 있다. 우선 재산 헌납과 공동체 허입과정 사이의 연관성이다. 쿰란에서 신입자가 정식 공동체 구성원이 되는 데는 몇 개의 단계가 있었다.[35] 새로

---

32 물론 그 가능성은 희박한 것으로 보이고, 헨헨 같은 이도 이런 이해에 동의하지 않는다. 에른스트 헨헨, 『사도행전 I』, 375.

33 예컨대, 쿰란문서 중 "공동체 규칙서"의 1QS I, 11–13, 1QS VI, 16b–23a.

34 1QS VI, 14, 20. 여기 '조사자'(paqid–v. 14, 또는 mebaqqer–v. 20: officer, inspecteur)는 '의(義)의 교사'와는 달리 행정집행자 역할을 하는 사람으로 볼 수 있다. A. Robert C. Leaney, *The Rule of Qumran and Its Meaning: Introduction, Translation and Commentary* (London: SCM, 1966), 189, 195–196.

35 1QS VI, 16b–23a.

온 구성원은 첫 번째 해(年)에는 재산 헌납을 하지 않았다. 다만 신입 1년 후 조사자로부터 재산을 검사받게 되고, 2년 후 끝 무렵에야 재산을 바치게 했다. 그러니까 입회 후 2년을 지나고 심사를 받은 후에 정식 구성원이 되었다는 것이다. 쿰란공동체의 형벌 규칙에 재산과 관련한 징계가 존재하였지만,[36] 징벌을 받을 경우에도 공동체 구성원으로서의 자격과 위치는 유지된다. 다만 잠정적으로 공동체 정결례로부터 배제되든가, 급식에 제한을 둔다든가 하는 일시적 제재가 존재했다. 이를테면, 재산 관련 기만 죄를 저질렀을 경우 1년 동안 정결례로부터 배제되고, 급식의 4분의 1이 삭감되는 벌을 받는다.[37] 또한 10년을 공동체 협의회에 속하여 일했으면서도 정결과 재산에 관련된 잘못을 범했을 경우 협의회로부터 영구 제명된다는 벌칙도 제시된다.[38] 그러나 쿰란 형벌 규칙에서 사도행전 5장의 아나니아 부부가 겪은 것과 같은 정도의 준엄한 벌칙 조항은 발견되지 않는다.

한편, 이런 논의와 관련하여 아나니아의 시신을 매장한 예루살렘 초기교회의 '젊은이들'(hoi neōteroi, 행 5:6, 10)이라는 말에 주목하게 된다. 이 표현을 사도행전 5장 1–11절의 본문과 쿰란공동체와의 연관 아래 살피면서 이것이 혹시 쿰란공동체의 '초심자'나 '수련생'에 해당하는 것으로 볼 수 있지 않느냐라고 연상할 수 있다. 물론 이런 연관성을 입증할 확실한 증거는 없다.[39] 그러나 'neos'는 '젊은이'란 뜻과 함께 '새 사람'이라는 뜻도 함께 갖는다는 점을 고려하면, 명백한 쿰란과의 연관성을 뒷받침할 근거는 될 수 없더라도 간접적, 또는 희미한 관련을 유추할 이유

---

36 이와 관련한 형벌 조항 참고: 1QS VII, 6b–8a "만일 그(한 구성원)가 과실로 인해 공동체 재산을 잃게 되는 손해를 입히면, 그는 손실 전체를 상환해야 한다. 만일 그 손(手)이 그것을 상환하지 못할 경우, 그는 60일 동안 징계를 받게 된다."

37 1QS VI, 24–25a.

38 1QS VII, 22–25.

39 Joseph A. Fitzmyer, *The Acts of the Apostles: A New Translation with Introduction and Commentary*, 324.

는 된다. 쿰란의 영향 아래 초기 교인의 유무상통이 이뤄졌다는 것이 아니라, 주변의 다양한 직간접적 영향과 자극 속에서 기독교인의 물질 나눔이 실현되었으리라는 점을 방증하는 한 가지 사례가 될 수 있다는 것이다. 그렇지만 사도행전에서 위와 같은 비교적 상세한 내용의 허입과 징벌 관련 규칙이 언급되지 않은 상황에서 양자를 직접 관련짓기는 불가능하다. 다만 희미한 추정이나 개연적 연관성만을 추론할 뿐인데, 그런 추측으로부터 신뢰할 만한 단정적 근거를 끄집어내기는 어렵다. 따라서 이 문제에 대한 쿰란과의 간단한 비교와 대조가 환기시키는 바는, 당시 주변의 다른 신념공동체의 물질 관련 행위가 신생 기독교에게 그 '정도'를 알기 어렵지만 일정 정도 영향을 줄 수도 있었으리라는 것, 곧 상황 정보를 위한 이해와 참조적 의미를 찾을 수 있을 뿐이라는 것이다.

#### 4) 자발과 강제의 애매한 경계

결국 논의를 정리하면 누가가 제시하는 재물 헌납 관련 묘사에는 강제적 성격을 찾을 수 있는 측면과, 자발적 성격이 돋보이는 부분이 공존한다는 점이다. 그렇다면 누가의 진술은 강제적·자발적 두 가지 성격을 동시에 드러내고 있다는 이해가 가능하다. 하지만 그 기록이 의도적으로 애매하게 제시된 것인지, 아니면 묘사하려는 대상의 현실이 실제로 꼭 집어 밝히기 어려운 복잡함과 모호함이 있었기에 이런 서술 결과가 발생한 것인지 확답하기 어려운 측면이 있다. 그 사정을 정확히 가늠하기는 어렵지만 또 다른 짐작 가능성은 남아 있다. 이를테면 재물 헌납이 자발적 성격을 갖는 자유의지에 의한 헌납이었지만, 동시에 그것은 교회공동체에 암묵적으로 부과된 의무, 간접적으로 넌지시 추궁하듯 몰아가는, 약화된, 암묵적 억압상황이 낳은 결과는 아닌지 묻게 된다.

더구나 신도공동체에 가입하는 것이 물질 공유의 약속을 전제한 상황이라면 헌납의 자발성은 보다 '의무적 요구'에 묻힐 수 있는 정황이 된다. 즉 입회 시의 동의가 불러일으키는 비자발적 분위기, 거기서 형성된 보이지 않는 제약, 또는 희미한 강제의 흔적이 반영된 것은 아니냐는 뜻이다. 어쩌면 명백한 물리적 강압이 행사되지는 않았을지 모른다. 그러나 입회 시 약속과 그 약속이 전제된 전반적 공동체 상황은 은근한 압력이 될 수 있었다. 이런 입회 시의 정황에 더하여, 만일 쿰란공동체 등을 통해 물질 공유의 이상(理想)이 일종의 긍정적 '모델'로 초기 기독교인의 집단적 삶의 양식에 영향을 미쳤다고 한다면, 그 모범적 행동 양태를 닮으려는 노력은 보이지 않는 규범이나 강제되지 않은 의무의 무게를 지닌 채 신도들의 참여를 은근하게 압박했을 수 있다.[40]

초기 기독교인들의 주축은 갈릴리에서 상경한 예수 추종 그룹이었을 것이고, 그들은 경제적 여유가 없는 가난한 사람들이었을 것이다. 이들은 예루살렘에서 최소의 생활을 유지하기 위한 방책으로라도 공동 소유와 공동생활을 통해 경제적 어려움을 극복해야 했을 것이다. 혹시 이들이 예루살렘의 기존 빈민구제 사회안전망으로부터 보호와 혜택을 받지 못하고 어려움에 처해 있었다면, 현지 주민인 동료 신자들의 도움과 교인들 스스로의 노력으로 경제난을 타개할 수밖에 없었을 것이다. 따라서 교인들은 재산과 소득을 공유하고, 그 분배에 관한 적절한 방책을 찾아 노력했으리라는 추측이 가능하다.[41] 그 적절한 방책 중 하나가 자발적이면서도 '요청적'인 헌납과 분배의 노력이 있지 않았겠느냐는 추론이다. 공유 이상의 실현 열망이 클수록, 또한 궁핍한 예루살렘 신도들 삶의 핍절(乏絶)이 절실할수록 재물 나눔의 현실적 필요성은 강력해졌을 것이고, 그 실현은 자발적이지만, 말 그대로의 '자발'(自發)은 아니었을 가능성이

40 고대의 각종 유토피아니즘적 이상과 우정 관념, 플라톤의 이상국가 모델, 고대 이스라엘의 소유 평등(출 16:17-18)과 신명기적 이상(신 15:4)의 기억, 쿰란공동체의 재산 공유 실천 상황, 재물 포기와 관련된 각종 예수 교훈의 상기 등 재물의 공동 소유나 나눔과 관련이 있는 역사적 문헌과 사실들이 초기 신자들에게 직간접적 영향을 미쳤을 수 있다. 유상현, 『베드로와 초기 기독교: 사도행전 1-3장』, 244, 265.

41 *Ibid.*, 264-265.

있다. 어떤 드러나지 않는 추진 동력에 의해서나 은밀히 이뤄지는 집단적 암시를 통해서, 아니면 공동체의 묵시적 합의를 전제로 이뤄진 말없는 요청을 통해, 보이지 않는 손이 재물 헌납을 향해 등을 떠밀 수도 있었을 것이다. 또는 유·무언(無言)으로 공유에의 가담을 종용하는 전반적 환경에서 무시할 수 없게 압박하는 비자발적 선동과 청유(請誘)의 힘이 작용한 것은 아니었을까 질문하게 된다. 그러한 암묵적 권유와 요청이 집단적으로 행사되면 그것은 '강제 없는' 강요, '자발적이지 않은' 자발성이라는 기묘한 현실, 곧 '자발적 의무감'의 형태로 드러날 수 있다. 자발적이라고 보기엔 강요의 요소가 묻어 있고, 강제라고 보기엔 자발적 성격이 깔려 있는 역설적 상황이 벌어질 수 있었다는 것이다.

## Ⅲ. 부부 사망의 징계적 성격

누가에 의하면, 아나니아 부부의 잘못은 성령을 속이고(3절), 하나님을 속인 것(4절)이라고 언급된다. 즉 '성령'을 속인 것은 곧 '하나님'을 속인 것이라는 등식이 성립되면서, 이들 행위의 잘못됨이 더욱 극화되어 범행의 정도가 훨씬 심각해진다. 이런 잘못에 기초하여 부부가 징계를 받았다는 점을 누가의 기록은 보여준다. 그렇다면 도대체 이들 부부는 구체적으로 무슨 규정이나 금령을 어겼기에 성령과 하나님을 속이고 징계를 받았다는 것인가? 즉 성령과 하나님을 속인 것의 내용, 그들 잘못의 실체는 무엇이었나?

### 1. 징계의 전제: 물질 공동체의 규정

누가는 아나니아 부부 이야기의 전제로서 신도의 물질생활 모습을 앞세운 바 있다. 바로 전 기록인 사도행전 4장 32–35절에서 초기 예루살렘 신도들의 공동체 생활상을 소개한 것이다. 이것은 2장 43–47절에서 저자가 이미 보여준 물질 공유의 공동체와 비슷한 양상으로 나타난다. 아나니아 부부에 관한 일화는 직전에 제시된 유무상통의 교인 생활 묘사에 곧바로 이어 등장하기 때문에 공동체 묘사와 직접적 연관성을 갖는 것으로 간주된다. 따라서 아나니아 부부 단락은 바로 앞의 공동체 상황을 전제하여 읽게 된다. 4장 32–37절에서 누가는 예루살렘 신도들이 "한 마음 한 뜻으로 모든 물건을 공동으로 사용하였으며, 땅과 집을 가진 사람들은 그것을 팔아 그 돈을 사도들의 발 앞에 두었고, 사도들은 각 사람의 필요에 따라 나누어주었다."라고 한다. 그리고 그러한 행동의 긍정적 사례로 '바나바'라는 인물을 소개한다. 이어서 저자는 5장 1–11절에서 그런 행동의 부정적 사례로 아나니아 부부를 열거하는 것이다. 이 단락은 앞부분의 공동체 관련 서술을 '전제'로 하여, 그 묘사의 연장에서 취급돼야 한다. 그러므로 아나니아 부부 단락의 해명을 위해서는 물질 공유 공동체에 관한 일반적 이해가 선결되어야 한다.

이상의 요소들은 확실히 조직적 형태는 아니지만 쿰란공동체에서 작용되던 재산공유의 장면들을 연상시키고, 누가가 그려주는 예루살렘 신도들의 그림에서 그들과 겹치는 일정한 모습을 발견할 이유를 갖게 한다. 그렇다면 교인들의 유무상통 실천에서도 이미 위에서 언급했듯이 전체적으로 '자발성의 틀'이 기본으로 작용하지만, 어느 정도 '강제'의 측면이 발동되었으리라는 추측이 지나치지 않다. 그런 추정을 가능하게 하는 결정적 모습이 사도들의 아나니아 부부 추궁과 그 결과인 그들의 죽음이다. 만일 강제적 성격 없이 순전한 자유로움과 개별 선택에 의한 헌납이 이뤄졌다면, 이들 부부가 땅 판 돈의 일부를 떼어놓았다 해도 그것이 자의(自意)에 의한 선택인 한 문제될 것이 없었을 것이다. 그런데 누가의 기록에서 땅 값 일부를 따로 떼어놓는 행위는 성령을 속인 것으로 간주되고 있다.(행 5:2–3) 즉 매도금 '따로 떼어놓기'를 '성령과 하나님 속이기'(행 5:3–4)와 동일시했다는 것은 '재산 따로 떼어놓음'이 허용되지 않았다는 점을 보여주고, 그것은 일괄적 전 재산 헌납이 어느 정도는 강제되고 있었음을 가리킨다. 아나니아 부부는 그 정도를 구체적으로 가늠하기 어렵지만, 교회공동체에 작동되던 '어렴풋한 강제'의 원칙과 암묵하에 적용되던 '의무적' 규정을 위반했으리라고 보는 것이다. 그 결과에 따른 징계가 이뤄졌다는 뜻이다.

## 2. 부부의 '공범 행위'

누가는 부인 삽비라가 아나니아의 '땅 판 돈 떼어놓기' 행위를 처음부터 알았다고 한다.(행 5:2) 하지만 이 모든 행위는 남편인 아나니아의 주도 아래 벌어진 것으로 사도행전 5장 1–6절에 제시된다. 저자의 묘사에 의하면, 삽비라는 애초부터 남편과 함께하는 모습을 단락 처음인 1절부터 보인다. 하지만 그녀가 땅 판 값을 따로 떼어놓고 나머지를 사도들의 발 앞에 내어놓는 남편의 행동에서 주도적 역할을 수행하지는 않는다. 누가는 아나니아가 행한 잘못을 소개하면서, 아내인 삽비라의 범과(犯過)와 남편의 잘못에 조심스러운 차별을 두는 것이다.[42] 저자가 두 부부의 잘못을 서로 다른 층위와 각도에서 파악하고 있다는 이런 이해는 부부 각자에 대한 베드로의 반응(행 5:3–4, 행 5:8–9)이 다르다는 점에서도 확인된다. 그렇더라도 이 둘의 잘못은 '공범 행위'로 묶을 수밖에 없다. 엄밀히 말하면 아나니아가 주도한 행동에서 남편의 잘못은 부인보다 크다고 말할 수 있다. 물론 1절의 "함께 소유를 팔아서", 2절의 돈 떼어놓음을 "그 아내도 알고 있었다."라는 묘사나,[43] 8절에서 삽비라가 바친 돈이 땅값 전부냐고

---

42 Ivoni Richter Reimer, *Women in the Acts of the Apostles: A Feminist Liberation Perspective*, 22.

43 2절의 '아내도 이를 알고 있었다.'라는 공모에 대한 시사는 7절 이하의 삽비라 이야기를 기술하게 한 사전 포석이고, 뒷부분의 원인으로서 두 이야기의 인과관계를 잇는 구실을 한다.

묻는 베드로의 물음에 거짓으로 답했음을 상기하면 부인의 잘못을 부정할 수 없다. 또한 9절에서 베드로가 '당신들이 공모하여'(sunephonethe)라고 묘사하고 있다는 점도 그에 덧붙일 수 있다. 요컨대 부부의 공동모의와 공범 관계를 부인하기 어렵다는 뜻이다. 그러나 1-7절에 나타난 아내 삽비라의 역할은 누가가 묘사하는 그들의 잘못에서 부차적이거나 남편 행동에 따라가는 모습을 보일 뿐이다. 이 점을 뚜렷이 보여주는 것은, 3절의 베드로가 '사탄이 마음에 가득하여 성령을 속이고 땅 값을 떼어놓았소?'라고 한 발언은 남편인 아나니아에게만 적용된다는 점이다. 부인은 기껏 수동적 '종범'(從犯) 구실밖에 하지 않았던 것이다. 그런 상황에서는 적어도 부인의 경우엔 정상 참작이 가능했음에도 '주범'(主犯)이랄 수 있는 남편과 동일한 죽음의 형벌을 받게 됐다는 것이다.

### 3. 징계의 이유

베드로는 1-6절에서 아나니아의 죽음을 목격하고도 그에 대한 애석함이나 유감스러운 감정을 갖지 않은 것으로 나타난다. 삽비라를 위한 동정이나 그녀를 불쌍히 여기는 모습도 보이지 않는다. 이것을 베드로의 비정함으로 관찰할 수 있지만, 한편으론 그렇게 냉정하게 취급할 정도로 이 사건이 엄중하고 중대한 의미를 지닌 것으로 이해할 수도 있다. 이를테면 베드로의 무정함을 통해 의도된 징계의 삼엄함, 물질 관련 규율의 엄격함이 드러난다는 것이다. 부부의 그러한 희생을 감수하고서라도 지켜야 될 것이 '물질 공유의 가치, 공동체의 도덕성, 교회의 윤리적 정체성'이었다고 판단했을 수 있다. 이 점은 이들 부부에게 요구된, 또는 적용된 규율이 매우 삼엄하게 작동됐음을 반증한다. 다시 말해 예루살렘교회에서 물질 공유의 원칙을 실현하거나 준행할 때 이뤄졌던 규칙 집행이 엄격했으리라는 점을 보여준다. 심지어 종범일 수 있는 부인에게도 극형과도 같은 죽음의 형벌이 내려졌다는 점이 이를 입증한다. 이처럼 준엄한 징계가 이들 부부에게 가해진 것은 그들의 잘못이 죽음을 가져올 정도로 심각한 것이었다는 점을 뜻한다. 그 심각성을 반영하는 아래 몇 가지 측면을 살펴볼 수 있다.

### 1) 신도공동체의 존립 기반 위협

이 부부의 징계의 사유에는 예루살렘 신도공동체의 순수성과 통일성, 신적 거룩함을 유지 보존하고자 한 원인이 작용했을 것이다. 기독교 공동체가 처음 발생하여 오순절 성령강림 사건을 통해 종교적 거룩함을 획득했다면, 그 거룩함의 '사회적·유물(唯物)적' 연장과 소산이라 할 수 있는 재산 공유 공동체가 물질적 통합의 존엄함과 순수성도 유지해야 한다는 의도가 작용했으리라는 것이다. 그런 의지가 교인들의 훈육, 경고를 위한 형태로 드러난 것이 아나니아 부부의 징계라고 할 수 있다. 일찍이 예수가 말씀한 "소유를 포기하지 않으면 내 제자가 될 수 없다."(눅 14:33)라는 교훈이나, 누가복음 12장 33-34절, 18장 22절에서 보여준 물질에 대한 집착 거부의 가르침 등을 심각하게 받아들였다면 신도들의 재물 관련 태도는 자명하게 드러난다. 게다가 새로운 기독교운동이 태동된 후에도 사도행전 2장 44-45절과 특히 4장 32절에서 신도들이 재물을 놓고 '제 것이라 하는 사람이 하나도 없었다.'라고 말하며 예수의 정신을 계승하는 모습을 인상적으로 보인 바 있다. 그렇다면 아나니아와 삽비라는 위와 같은 예수의 교훈과 공동체의 가치가 스며 있는 말들을 전면 부정하는 행태를 저지른 것으로 이해해야 한다. 누가는 그런 엄중한 잘못을 부부가 저질렀다고 이해하고 있는 것이다.

이런 공동체의 재물 관련 순수성이나 거룩함은 하나님이 직접 개입하심에 의해 보존될 수 없다. 저자는 차후 바울의 언급을 통해 이 같은 시사점을 남긴다. 사도행전 20장 29-30절("내가 떠난 다음에 사나운 이리들이 여러분 가운데 들어와서 양떼를 해치리라는 것을 나는 압니다. 또한 여러분 가운데서도 제자들을 끌어내어 자기들을 따르게 하려고 어그러진 말을 하는 사람들이 나타날 것입니다.")은 장차 어려운 교회 현실에 직면하게 될 때를 염두에 둔 교훈을 남긴다. 즉 미래에 닥칠 험난한 상황을 극복하려면 하나님의 직접적 개입과 간섭보다는 '지도자와 교인들' 스스로의 노력("그러므로 여러분은 내가 삼 년 동안 밤낮 쉬지 않고 각 사람을 눈물로 훈계하던 것을 기억하면서 깨어 있으십시오."—행 20:31)으로 이뤄져야 될 것임을 바울의 입을 통해 밝힌다. 교인들 스스로의 결정과 판단에 의한 정화(淨化)와 집행 노력에 의해 교회의 안정이 유지될 수 있다는 것이 누가의 메시지요, 그런 의도를 노골적으로 보이는 것이 이 부부에 대한 징계이다. 그래서 '사도들'(2절)이 등장하고, 지도자 '베드로'가 이야기의 전면에 나서는 것이다. 교회공동체의 이상적 원형, 돌아갈 원향(原鄕)에는 신도들의 엄중한 도덕적 삶과 물질 공유와 나눔의 실현이 높은 가치로 우뚝 서 있어야 됨을 누가는 지적하고 있다.

누가는, 물질의 탐욕은 '하나님과 맘몬' 사이의 선택이 작용되는 '영적인 문제'라는 인식을 가졌다. 누가복음 16장 13절의 "한 종이 두 주인을 섬기지 못합니다. 그가 한 쪽을 미워하고 다른 쪽을 사랑하거나, 한 쪽을 중히 여기고 다른 쪽을 가벼이 여길 것입니다. 당신들은 하나님과 재물(맘몬)을 함께 섬길 수 없습니다."라는 예수의 가르침을 내면화했다는 것이다. 누가에게는 재물의 탐욕이 공동체의 물질적 기반, 존립을 해치는 외부 경제적 문제일 뿐 아니라, 신앙공동체의 내부 가치와 존재 의의(意義)를 와해시키는 심각한 잘못이라는 이해가 있었다. 따라서 물질 탐닉을 방지하는 경고와 징계의 조치는 공동체의 정신적 무결(無缺)성과 영적 진실성을 지키려는 엄중한 행위라 할 수 있다. 그러니 '하나님과 물질'을 동시에 섬기는 나쁜 사례일 수 있는 아나니아 부부에게 단순히 재물을 '따로 떼어놓은 과오'의 차원이 아닌, 공동체 존립에 불가결한 '정신의 훼손'이라는 중대 범죄로 간주하여 엄벌하는 모습을 보여준다. 그래서 자기들의 재산을 관리, 운영하는 영역의 사소한 횡령이 아니라, '성령을 속이고', '주님의 영을 시험하는' 극악한 범죄로 규탄하고 징치(懲治)한다.

### 2) 교회의 영적 가치 훼손: 악령 충만과 성령 충만

누가에게 '토지 판매대금'을 떼어놓은 문제는 단순한 재산, 금전 등의 물질적 차원만 갖지 않는다. 그것은 영적인 문제요, 정신적 가치와 연결된다. 누가가 부부의 행위를 이 같은 영적 의미로 바라보고 있다는 점을 뒷받침하는 것이 바로 아나니아에게 '사탄이 마음에 가득하여'라고 표현한 베드로의 발언이다. 비록 사탄이 '가득하여' 잘못을 저질렀지만, 이 '악령의 충만'은 '성령에 충만'한 베드로의 매서운 예언자적 간파의 눈길을 피할 수 없었고, 마침내 성령 충만한 이에게 굴복하는 결말을 보게 된다. 결과적으로 '사탄 충만'이 효과적으로 부부의 '횡령 목적'을 달성시키지 못했다는 점은, 달리 말해 사탄이 성령에 제압당했음을 일깨운다. 이 영적 대결에서 '성령 충만한 이'가 '악령 충만한 이'를 이겼음을 돋보이게 한다는 뜻이다.

저자가 영적 차원에서 아나니아 부부의 사건을 관찰하고 있음을 보여주는 또 한 가지 사례는 4절의 "당신은 사람에게 거짓말한 것이 아니라 하나님께 한 것입니다."라는 베드로의 발언이다. 고금을 불문하고 인간 사이의 기만도 용납되기 어려운 터에,[44] 부부의 행위가 하나님을 속인 것으로 규정되고 나면, 고대세계 어느 곳에서나 필연적으로 존재하는 징벌, 곧 신적 존재 앞에서의 기만행위에 대한 보편적 응징, 가혹한 처벌이 여기서도 적용되지 않을 수 없다. 이 이야기가 담고 있는 의미가 영적인 영역과 연관된다는 것은, 베드로가 이 부부의 기만행위와 부인의 죽음을 '미리 알았다.'(3, 9절)라는 일종의 초월적 예지력을 보였다는 점에서도 찾을 수 있다. 이런 초자연적 성격은 영적인 차원과 관련되며, 갑작스레 임한 두 부부의 죽음(5, 10절)에서도 이 같은 속성을 거듭 확인할 수 있다. 마

44 Cf. "언제나 거짓말만 하는 자보다는 도둑이 더 낫다. 그러나 이 둘은 다 멸망한다. 거짓말쟁이의 소득은 치욕뿐이며, 그가 받는 불명예는 한이 없다."(집회서 20:25–26)

찬가지로 "큰 두려움이 온 교회와 이를 듣는 모든 사람들에게 임했다."(11절)라는 누가의 묘사 역시 초월적 공포, 영적 차원의 두려움 등을 나타낸다. 이미 위에서도 간략히 언급했듯이, 이런 영적 의미의 차원에서 이 이야기를 보게 되면, 아나니아 부부와 베드로 사이의 긴장 국면은 단순히 사람들 사이, 곧 지도자와 소속원의 대립을 넘어서는 형세를 갖게 된다. 아나니아와 베드로라는 자연인의 인간적 수준이 아닌, 사탄과 성령이 맞서는 초월적 양상으로 그 대결의 성격이 바뀌는 것이다.[45]

한편, 11절에서 누가는 사도행전에서 최초로[46] '교회'란 표현을 이 비극적 일화를 기록하는 데 사용한다. 이런 활용은 부부의 비극을 통해 '교회'의 신앙적 진실성, 일치(一致)의 가치, 통합의 정체성을 환기시키고 계몽하려는 의도가 아주 배제되지는 않았음을 간파하게 한다. 누가의 아나니아 부부 기록은 교회가 재물의 유혹과 물질 집착을 경계할 것과, 물질로 인하여 공동체의 화합·일치가 훼손되는 것이 중대한 잘못임을 일깨우는 경고를 발한다. 재물은 단순히 세상의 물건, 재산인 것이 아니라 영적 차원과 관련되는 심각한 속성을 가졌으므로 경계와 성찰을 멈추지 말아야 한다는 교훈이다.

### 4. 징계의 필요성과 심각성

초기 예루살렘 신도공동체가 재산 헌납과 공유 체제를 가동하고 있었다면, 그 와중에 벌어질 수 있는 각종 일탈도 있었을 것이다. 다양한 형태의 재산 누락, 큰 악의가 없었더라도 다소의 속임, 탐욕 등 작은 탈선 등이 벌어졌을 수 있고, 이를 수습할 필요성도 있었을 것이다. 이런

45 James D. G. Dunn, *The Acts of the Apostles*, 64. Cf. Justo L. Gonzalez, *Acts: The Gospel of the Spirit*, 76.

46 흔히 인정되듯, D사본(베자사본)의 행 2:47에 등장하는 '교회'란 말은 필사자의 첨가로 간주해야 한다.

점들을 감안하면 어느 정도는 징계와 경고의 가능성이 제기되었을 것이다. 이를테면 재물의 사용이 소속원의 필요에 따라 이뤄진다 했지만 '필요 이상'의 물질 점유나 배급상의 과점(寡占)이 벌어질 경우가 있을 것이다. 이를 나눔의 과정에서 꼽을 수 있는 욕심과 기만으로 문제시할 수 있다. 이것은 재물 분배 과정의 문제이다. 또한 재물 헌납 과정에서도 현실적 문제가 없을 수 없었을 것이다. 헌납 약속을 제대로 지키지 않거나, 재산 판매대금이나 재물 취합 중 일부 떼어놓기 같은 온전한 헌납 불이행, 헌납 액수의 의도적 축소와 '재물 신고'의 불성실 등 헤아려 보면 각종 부실 행위를 얼마든 상상할 수 있다. 혹시 이런 상황들이 빈발했거나 쉴 새 없이 벌어졌다고 하면 그에 대한 적극적 대처가 필요했을 것이고, 징계 또는 경고의 방식을 통한 훈육이 요구됐을 것이다. 단순한 징계나 경고 차원을 넘어서는 물질에 대한 본질적 성찰과 각성을 요구하는 교훈이 필요했을 터이고, 그 극단적 사례 중 하나가 아나니아 부부의 경우였을 것이라는 뜻이다.

아나니아 부부가 받은 징계가 얼마나 심각한 것이었는지를 누가는 베드로의 발언이나 부부의 죽음 자체를 통해서 충분히 드러냈다. 그 외에도 그 심각성을 환기시키는 몇 가지 첨가될 부분이 있다. 가장 두드러진 것은 이들 부부의 장사(葬事), 특히 아나니아의 장사는 징계의 심각성과 비극성을 돋보이게 한다. 급작스레 치러진 그의 장사를 다른 가족에게는 물론 부인에게조차 알리지 않았고, 심지어 부인이 참여하지도 않은 채 주검을 처리한 것은 '장사 지냈다.'는 표현이 무색할 '시체 처리' 방식이었다. 이 점이 상황의 엄중함을 돋보이게 만드는 것은 물론이다. '장례식'이 없었다는 것이 이 죽음의 비극성, 불행을 더욱 두드러지게 하고, 그 징계의 정도가 얼마나 심각한가를 깨닫게 한다. 이런 모습은 저자가 스데반의 죽음에서 묘사한 장사("경건한 이들이 스데반을 장사하고 그를 위하여 크게 울었다." — 행 8:2)와 극적인 대조를 이룬다.[47]

징계의 엄중함은 다른 국면에서도 파악된다. 아나니아와 삽비라 부부

두 사람이 한꺼번에 징계를 받고 동시에 죽어나갈 수도 있었다. 그럼에도 이들 부부는 각기 시차를 두고(5, 11절), 남편과 아내가 한 날에 따로따로 두 번의 죽음을 경험하는 죽음의 이중성과 가혹함의 반복을 통한 비극의 상승을 보였다. 이것은 이 죄 자체의 엄중함을 강조하는 것과 더불어, 잘못을 범한 사람들에게 상상 이상의 무서운 재앙적 징벌이 내릴 것이라는 점을 매우 엄하고 매섭게 깨우친다. 그들에게 내린 징계, 즉 재물 헌납에 거짓과 속임이 작용해서는 안 된다는 점을 극한 묘사로 경고하는 것이고, 이것은 재물 관련 헌납과 공유체제와 관련된 한, 가장 강력하게 처벌될 엄중한 사항임을 깨닫게 만든다. 이런 징계의 엄중함은 바울의 선교 중에 벌어진 어떤 유대인 마술사에 대한 징벌과 비교할 때 더욱 뚜렷이 부각된다. 사도행전 13장 6–12절에 묘사되는 '바 예수'에 대한 극렬한 저주("모든 속임수와 모든 악행으로 가득한 악마의 아들아, 모든 정의의 원수야." – 행 13:10)를 통해 그의 잘못이 엄중했음을 확인한다. 하지만 '바 예수'는 눈이 멀어 얼마 동안 보지 못하는, 상대적으로 '경미한' 벌을 받았을 뿐이다. 이것도 심각한 징벌임이 확실하지만, 아나니아 부부에 내린 죽음의 형벌과는 비교가 되지 않는다. 이 부부의 잘못이 훨씬 더 심각하다는 점을 시사하는 것이다.

그런데 이런 징계가 이처럼 엄중하게 시행된 의미, 징벌적 죽음이 제시된 이유가 혹시 재산 공유의 제도화나 은연중 자발성의 배후에 감추인 강제의 힘에 저항하거나 납부 시스템에 반발하는 사람들이 존재했을 가능성을 시사하는 것은 아닌지 의문을 가질 수 있다. 그러한 종류의 사람들의 불만에 대해서, 또는 빼돌리거나 헌납에 소극적인 사람들, 재산 공유 실천에 동의하지 않았던 사람들에 대해서, 당시 예루살렘 신도의 지도자들이 행한 징계, 경고의 의미가 이런 극적이고도 엄중한 형태의 심판으로 드러난 것은 아닐지 질문하게 한다. 그런 의아함이 들 정도로 아

---

**47** Cf. 세례 요한의 장례(막 6:29).

나니아 부부에게 내린 징벌은 심각하기 이를 데 없는 것이었다. 사실 현실적 불만이나 이의를 가진 사람들이 있어서 아나니아 부부의 사례를 들어 교훈했으리라는 가능성을 아주 배제하기는 어렵다. 하지만 그런 현실적 이유만으로는 부부의 이런 죽음과 같은 극도로 강력한 가르침을 모두 설명할 수는 없다. 현실 사례를 기반으로 했을 수 있지만 교훈의 본질은 물질 집착과 재물에 관한 확실한 '가치 설정'이었던 것이다. 따라서 이런 논의가 제기될 만큼 초기 신도들의 재물에 관한 자세가 분명했고, 물질 공유의 가치를 실현하고자 한 공동체의 의지가 확고했다는 점을 아나니아 부부의 죽음을 통해 보여주는 것이다.

다른 한편, 아나니아 부부의 잘못이 무엇이었는가를 해명하려는 모색 가운데 그들의 잘못이 토지를 매도하기에 앞서 이루어진 하나님께 대한 일종의 '맹세'를 어겼다는 관점에서 해석하려는 시도가 있다. 하릴의 경우, 아나니아 부부의 죽음을 설명하면서 그 이유를 '맹세'의 파기와 연결지어 해석하는데, 그는 지중해적 문화와 고대 중근동에서 널리 행해진 맹세 관행을 아나니아 부부 이야기의 배경으로 설정한다.[48] 하릴에 의하면 이 이야기는 부부가 하나님께 대한 맹세를 어긴 것에 대한 신적 심판과 관련된다는 것이다. 사도행전의 본문에서 이 부부가 '거룩한 맹세'를 했다는 근거로 하릴은 몇몇 사항을 제시한다.[49] (1) 베드로는 그들로부터 모든 재산을 헌납받을 것으로 기대했으며, 이는 모든 금액을 바친다는 '약속'을 했다는 것을 의미한다는 것, (2) '한마음, 한 뜻으로'(행 4:32)라는 누가의 표현은 거룩한 성격의 전체 공동체적 '상호 다짐'을 시사하며, (3) 사도행전 4장 36–37절의 바나바는 이런 '약속' 실현의 긍정적 사례를 보여주고, (4) 베드로가 이 부부의 특정 잘못을 하나님께 대한 죄로 정죄

---

48 J. Albert Harrill, "Divine Judgement against Ananias and Sapphira(Acts 5:1–11): A Stock Scene of Perjury and Death," *Journal of Biblical Literature* 130 (2011): 351–369.

49 *Ibid.*, 366–367.

한 것은 고대 신들에 대한 '맹세' 위반 행위로 이해될 만하다는 등의 설명을 하고 있다. 하지만 그가 지적한 누가의 언급들 모두는 아나니아와 삽비라가 물질과 관련한 '거룩한 맹세'를 했다는 점을 명시적이든 암시적으로든 가리키지 않는다. 하릴의 해석은 그가 이해하고자 하는 방향으로의 자의적 평가일 뿐이다. 따라서 '거룩한 맹세'를 어긴 것에 대한 심판의 관점에서 부부의 잘못을 이해하는 것은 무리가 있다.

## V. 결어

### 1. 재물과 하나님, 이중 귀속 경고

아나니아 부부의 비극적 죽음을 서술하는 누가에게는 사건에 관한 자잘한 상황 묘사, 세부사항의 불일치, 얼핏 눈에 띄는 상충점들은 그리 중요하지 않았다. 저자에게는 기독교인들의 지상 삶에서 물질 가치의 정립, 그 경제적 모순, 불평등과 빈곤 문제를 극복하는 목표가 중요했다. 그 목표를 실현하기 위해 긍정적 모델, 부정적 모델을 제시하여 교훈을 보여줄 필요가 있었다. 신도공동체의 물질에 관한 이상 실천의 규율을 어기거나 그 실천에 소극적으로 임하는 이들을 경고하고 독려할 까닭이 있었던 것이다. 이를 위해 물질 공유의 가치 구현을 방해하는 자들을 엄격히 징계하는 한편, 심판의 두려움, 미래를 위한 경고와 훈육의 사례로서 아나니아와 삽비라 부부의 비극이 제시된 것이다.

이 부부는 새로운 신자공동체에 합류하여 그 안에 소속됨의 가치와 의의를 알았다. 그렇기 때문에 물질을 '떼어' 자기 소유를 일정 부분 확보하고, 기만 노출의 위험을 무릅쓴 채 사도들을 속이기는 했지만, 여하튼 공동체에 가담하려 했을 것이다. 동시에 그들은 지상적 물질의 가치와 의미를 놓고 싶지 않았던 듯하다. 아나니아 부부가 새로 구성되는 거룩한 공동체에 속하여 그것이 기약하는 희망을 자신들의 것으로 만들려는 의지와 구상을 가졌으리라는 점을 의심하기는 어렵다. 그러나 동시에 그들은 현실에서 작동되는 재물의 힘을 외면하거나, 그 능력이 불러일으키는 유혹과 보장을 거부하지 않았다. 현재와 미래, 현실과 이상의 가능성 모두를 움켜쥐려는 데 그들의 문제가 있었는지 모른다. 하나님 나라와 지상세계가 제공하는 열매와 유익에 동시에 참여하려는, 이른바 '이중 귀속'의 가능성에 줄타기를 한 것이라 말할 수 있다. 저자는 초기 교인들이 가질 수 있는 그러한 유사 행태와, 그 같은 유혹에 넘어갈 가능성에 대한 경종을 이 일화 속에 담아내고 있다.

## 2. 물질과 정신

아나니아 부부가 공동체의 소유로 여겨지던 재물을 자신들을 위해 떼어놓는 물질 횡령을 했다면, 그것은 '경제범'이 아닌 '정신적·영적' 차원의 중대 범행으로 간주된다. 이를 여실히 보여주는 측면은, 누가가 물질 공유로 가시화되는 공동체의 통합과 평화를 균열시키는 요인으로 사탄의 역할을 꼽고 있다는 점이다. 아나니아 부부가 '사탄이 가득하여' 공동체를 속이고, 물질 헌납에 작용해야 될 진실성과 정직성을 파괴했다는 지적이다. 따라서 재물은 객체화된 지상적 '소유와 장악'의 대상에 그치는 것이 아니라, 정신이 육화되거나 정신적 차원이 유물(唯物)적 상징의 옷을 입고 등장하는 존재로 여겨진다. 물질은 가시적 질료로만 구성된 사물이 아닌, 영적 차원과 관계를 맺고 있다는 함축이다. 그런 뜻에서 누가가 아나니아 부부의 비극을 통해 보여주는 교훈의 중요한 차원은 단순한 재물 나눔의 가시적 관행만이 아니라, 그 실천의 저류에 관통하는 본질적 가치와 의미이다. 그것은 물질 너머의, 가시적 현상 너머의 영적·정신적 가치와 관련되는 영역이다.

아나니아 부부 사건을 해석하면서, 마르그라는 사도행전을 기독교의 창세(創世)를 기록하는 처음 부분으로 보고, 그것을 세상의 처음 창조를 묘사하는 창세기와 비교한다.[50] 그는, 이 책의 앞에서 이미 언급했지만, 이 부부의 비극적 일화를 창세기 3장의 내용과 몇 가지 유사한 동기를 갖고 있는 것으로 파악하는데, (1) 두 이야기가 모두 이상적 상황 속의 하모니를 깬 첫 사례란 점, (2) 기독교와 피조세계 시작의 첫 범죄이면서 부부가 관여됐다는 것, (3) 하나님께 거짓말(창 3:1)했다는 점, (4) 상황으로부터의 추방(하나는 죽음의 추방, 또 하나는 문자적 추방)으로 귀결된다는 것 등이다.[51] 마르그라가 해석하듯이 아나니아 부부 이야기가 기독교의 창시에 관한 '창세기'적 의미를 갖는다면, 기독교의 첫 범죄, '원죄'는 '돈과 관련된 죄', 곧 물질과 관련된 죄가 되는 것이다. 이 점은 가시적 물질이 연결되어 있는 어떤 불가시적 영적 차원을 시사하는 것이고, 물질이 갖는 기묘한 중요성을 환기시키는 것이다. 게다가 기독교 성립 이후 처음 발생한 교회 내 분쟁이 하필 구제, 물질과 관련된 다툼이었다는(행 6:1-6) 점을 심각하게 숙고한다면, 누가가 파악하는 재물과 신앙의 관계가 단순히 물질의 분배, 포기, 양보나 욕심의 제어 등의 차원이 아니라는 점이 드러난다. 그것은 보다 깊은 차원의 인간 본질이나 인간 현상에 관한 독자적 이해를 반영한다. 인간 삶의 유물적·지상적 집착과 본능이, 수월한 판단, 곧 옳고 그름의 이분법적 가름으로 판단되거나 단순 설명될 수 없다는 저자의 심층적 파악을 암시한다. 물질의 집착이 옳은 것은 아니지만, 그렇다고 그 물질 지향이 완전 배제되어서는 생명의 유지와 지속이 불가능하다는 난해한 이해가 얽혀 있는 것이다. 물질을 지향하려는 인간 본능을 완벽히 결정적으로 부정하는 것은 인간 생명의 최소 욕구를 부정하는 것이요, 그것은 결국 인간 삶의 부정으로 이어지기 때문이다. 이런 납득하기 어려운 인간 존재에게는 물질에의 욕구가 생래적으로 간직되

50 Daniel Marguerat, *The First Christian Historian*, 155-178.

51 *Ibid.*, 174.

어 있음을 깊이 이해하는 누가였기 때문에 그 집착에 관해 끈질기게 반복해서 언급하고 있는 것이다. 물질은 필요하고 그것과의 연관은 불가피하다. 그러나 그것에 집착하여 거기 매몰되는 것은 용납될 수 없다. 그런 뜻에서 아나니아 부부의 징벌은 인간 삶이 존재하는 한 언제나 계속될 욕심의 '과도한' 침투에 대한 항구적 경고의 뜻을 갖는다.

### 3. 베드로의 권위와 '비정함'

누가의 글이 일말의 역사적 진실을 내포하고 있다는 전제를 승인한다면, 아나니아 부부가 죽음에 이르는 일련의 비극적 과정은 베드로의 권위가 초기 신자들에게 압도적 경외의 감정을 동반한 채 임하게 되는 상황을 보여준다. 어쩌면 초기 기독교 지도자의 권위의 확립이 현실적으로 필요한 상황에서, 부정적 형태이긴 하지만 그 권위가 공고화되는 모습을 보인다. 지도자의 권위 수립은 달리 말하면 교회공동체의 입지와 결속, 정체성의 확립과 나란히 간다. 신생 종교운동의 경우, 지도자의 권위는 공동체 권위의 또 다른 표현인 것이다.

누가의 글에서 삽비라가 베드로의 '발 앞'에(10절) 쓰러져 숨졌다는 말이나 아나니아가 떼어놓은 재산 이외의 재물을 사도들의 '발 앞'에(2절) 두었다는 표현은, 베드로와 사도들의 권위, 그리고 권위에 대한 복종을 시사하는 행동언어이다.[52] 그 '발 앞'에 쓰러지고, 재물을 두었다는 것은 교회가 지도자의 권위를 인정하고, 지도력에 경의를 표하는 상징적 모습으로 이해될 수 있다. 그 밖에 베드로가 사도행전 5장 4절에서 "어찌하여 이 일을 당신의 '마음'에 두었습니까?"라고 말하면서 사람 마음의 바탕과 움직임을 꿰뚫어보는 초월적 능력을 보이며 예언자적 권위와 카리스마를 드러내는 점 역시 베드로의 위상 제고(提高)에 기여함은 물론이다.

52 삼상 25:24, 왕하 4:37, 에 8:3 등.

이미 위에서 지적했듯이, 누가가 자신의 복음서에서 돈을 좋아하는 바리새인들이 예수를 비웃자(눅 16:14) 예수가 했던 말, “사람 앞에서 스스로 의롭다고 하는 자들이오. 그러나 하나님께서는 당신들의 ‘마음’을 아십니다.”(눅 16:15)라는 기록은, 인간의 마음 상태를 파악하는 베드로의 모습이 예수의 능력과 겹치면서 그의 지위와 권위를 스승과 비견되게 한다. 아나니아 부부의 재물에 관한 내밀한 동기와 움직임을 하나님은 아시는데, 그런 모든 동향을 베드로도 알고 있다는 것이니 이보다 베드로의 위상이 높여지기 어려울 정도이다.

그렇지만 베드로의 지위가 확립되고 권위가 공고화되는 모습을 그리는 장면에는 나름 불가피한 그림자가 존재한다. 그것은 지도자로서 베드로가 보이는 냉정한 초상이다. 바울이 그랬던 것과 같이(행 13:8–11) 이 이야기 속의 베드로는 초자연적 통찰력을 지닌 채 죄인들에 대해 ‘효과적인’ 저주를 쏟아붓는다.[53] 이런 베드로의 적극적 개입과 심판자의 위엄에 힘입어 아나니아 부부의 비극적인 죽음은 그 극적인 성격이 강화된다. 이를 돋보이게 하는 것은 베드로가 예수를 배반하고 회개의 눈물을 흘린 회상(눅 22:54–62)을 이 부부 사건에 비춰보는 것이다. 베드로와 달리 아나니아 부부에겐 ‘회개나 재생’의 기회조차 허용되지 않는다. 단 한 번의 잘못으로 치명적 죽음의 형벌을 받게 된다.[54] 하지만 정작 베드로 자신은 이전에 예수를 배신하는 엄중한 잘못을 저지르고도 회개의 기회를 갖고 갱생의 삶을 얻어 아나니아 부부를 판단하는 위치에까지 이르렀다. 이런 모습을 상기하면 누가의 베드로는, 자기 자신은 용서받는 긍휼을 얻었음에도 타인의 잘못을 용서하는 데는 인색한 비정한 인물상을 보여주는 것이 아니냐는 지적이 지나치지 않다. 다만 자신의 잘못이 아나니

53 I. Howard Marshall, *The Acts of the Apostles*, 110.

54 이것이 갑작스러운 쇼크사였기 때문에 그럴 겨를이 없었다고 보는 견해(I. Howard Marshall, *The Acts of the Apostles*, 111)는 지나치게 단순하다.

아 부부의 범과(犯過)에 비교하여 심각함의 정도가 덜하다고 항변할 수는 있겠지만, 그것도 관점에 따라 달리 해석할 수 있다. 오히려 베드로가 더 심각한 잘못을 범했다고 평가할 수 있는 것이다. 스승 예수를 배신한 것이 재물 얼마를 따로 떼어놓고 물질에 집착을 보인 것보다 오히려 더 큰 범죄일 수도 있기 때문이다. 여하튼 누가는 베드로의 과거 잘못에 관해서는 전혀 아무런 언급이나 암시도 없이 아나니아 부부의 죄상을 극적으로 고발하고 있다.

베드로의 또 다른 냉정한 모습은 아내인 삽비라도 모른 채 남편 아나니아의 장사가 이뤄졌다는 데서도 찾을 수 있다. 이런 묘사가 사건 진행의 인과율과 개연성의 측면에서 그럴 듯하지 않은 것은 둘째치더라도, 아내에게 알리지도 않은 채 남편의 장사를 전격적으로 치러야 될 만큼 긴급하거나 위험한 일이라고 보기도 어렵다.[55] 베드로가 관여한 사건의 진행이 비정한 모습으로 소개되고 있다는 점을 부정할 수 없다는 뜻이다. 게다가 사도행전 5장 7–11절에서 베드로는, 남편 아나니아를 추종했던, 비록 면죄될 수는 없지만 결코 주범일 수 없는 아내 삽비라를 구하려는 어떤 노력이나 시도조차 모색하지 않았다. 어찌 보면 가련한 부인을 위한 어떤 동정도 보이지 않는 모습, 이것을 베드로의 비정으로 볼 여지는 있다. 어쩌면 누가로서는 교회 지도자가 감당해야 할 냉정하다 못해 비정하기조차 한 어떤 결단, 또는 선택의 냉엄한 실상을 보여주려 했는지 모른다. 하지만 지도자의 엄중한 모습에 드리워지는 비정함의 그림자를 아주 배제하기는 어렵다. 교회가 살아가야 할 현실세계의 냉정함

---

55 이런 이유 등이 이 이야기의 허구성을 돋보이게 하는 것이 사실이다. 물론 더운 중동의 날씨 탓에 빨리 장사지내야 했다(I. Howard Marshall, *The Acts of the Apostles*, 111, 행 9:37은 예외)라는 주장이나, 죄인의 사망은 즉시 장사를 치러야 했다(Craig S. Keener, *Acts: An Exegetical Commentary: 3:1–14:28*, vol. 2, 1194.)는 견해 등이 제시되기도 하지만, 이런 주장들이 누가 묘사의 어색함과 비정한 요소를 모두 설명하기는 어렵다.

이 베드로의 지극히 리얼한 행위와 선택의 묘사로 드러나고, 신도들은 그 비정한 세계의 현실과 맞서야 됨을 뼈아프게 시사하고 있는지도 모른다.

### 4. 사건의 후일담과 누가의 선택

만약 아나니아와 삽비라의 죽음이 실제 발생했을 경우 그 후속되는 사태의 전개는 녹록치 않은 상황을 주변에 유발할 수도 있었을 것이다. 예루살렘에서 부유한 인물로 추정되는, 어쩌면 그랬기 때문에 비교적 알려진 존재일 수 있는 아나니아 부부가 어떤 '알지 못할' 신기한 이유로 급사를 당했다. 이런 '변사(變死) 사건'은 고금을 불문하고 사법기능이 최소한이라도 살아 있는 사회에선 필연적으로 형사조사의 대상이 된다. 그들의 죽음에 관한 의혹, 이를테면 자연사, 병사, 돌연사, 외부요인의 작용사 등등 적지 않은 의문과 이와 관련된 소문의 진실을 밝혀야 할 의무가 당국자에게 부과될 것이다. 그 죽음에 어떤 형태로든 관여된 초기 기독교 지도자들, 또는 신도들에 대한 조사와 심문도 필수적인 것이다. 비록 교인들의 책임이나 잘못을 물을 성격이 아닌 것으로 판명이 나겠지만, 그 과정에서 치를 사법적 절차와 여러 귀찮은 과정과 후유증은 아마 쉽지 않은 두통거리로 남아 있을 수 있다. 어쩌면 새로 성립되는 교인공동체가 기적으로 인한 경외와 존숭의 대상이 아니라, 의도치 않은 두려움과 기피의 대상이 될 수 있는 상황이 우려됐을 수도 있을 것이다.

이 모든 일화(逸話)적 상황에 관해 저자는 언제나 그러했듯 흥미 위주의 값싼 담화를 늘어놓지 않는다. 그런 세부적 소소한 얘깃거리는 구속사의 거대한 수레바퀴 진행에서 세세히 그려놓지 않아도 될 일상의 진부함 중 하나일 뿐이라고 생각했을지 모른다. 누가에게는 자신의 눈을 파고드는 구원역사의 큰 줄기만이 관심사였을 것이다. 비록 어느 범상한 나날의 일들이 타인의 눈에는 하릴없는 일상의 진부한 나열로 보여도,

그의 시선에 중요한 사건으로 포착이 된다면 그것은 장엄한 역사적 사건이 된다. 그렇게 기록된 글줄은 신학적 역사가(歷史家) 누가 몫의 선택이요 확집(確執)의 결과인 것이다.

제5장

# 베드로와 사도들의 기적, 수난

**사도행전 5:12-33**

## I. 서언

오순절 성령 강림 이후 예루살렘 기독교인들의 활동을 보고하는 누가의 눈길은 베드로의 행적을 지속적으로 따라간다. 저자는 베드로의 오순절 직후 행한 설교(행 2:14-40)와 신도 수의 증가를 보고하고 난 후, 기독교인들이 재물을 함께 나누는 모습(행 2:43-47)을 묘사한다. 곧이어 나면서부터 못 걷는 장애인 치유(행 3:1-10)와 이어지는 베드로의 솔로몬 행각 설교(행 3:11-26)를 보여준다. 이 설교 이후 베드로와 요한은 붙잡혀 억류되고, 이튿날 공의회 앞에 끌려나와 발언하고 경고를 받은 후 풀려난다.(행 4:1-22) 신도들은 석방된 베드로와 요한 일행을 맞아 함께 모여 기도드린다.(행 4:23-31) 누가는 한 번 더 신자들의 재물 공유 모습(행 4:32-37)을 소개한 다음 아나니아와 삽비라 부부의 비극적 죽음에 관한 보고(행 5:1-11)를 이어간다. 제5장은 그 후에 일어난 일들에 대한 누가의 기록을 연구하게 될 것인데, 베드로와 사도들이 행한 기적(행 5:12-16)과 투옥, 출옥 등 박해의 경험과 베드로의 증언(행 5:17-33)이 제시된다. 즉 이 장(章)의 전반부에서 분석될 사도들의 '기적 단락'(행

5:12–16)은 아나니아와 삽비라 부부 사건과 사도들의 박해 묘사 사이에 위치하면서, 초기 교회에 관한 '글 붓'으로 그리는 풍경화의 '연결 장면'을 형성한다. 아나니아 부부의 기만행위를 정리하면서 강화된 사도들의 권위는 치료기적을 행함으로 더욱 확대되고, 이런 활동의 결과 권력당국자와 기성지도자들의 '시기'를 불러일으켜 결국 체포 투옥되는 상황까지 낳게 되었다는 이야기 전개이다.

제5장의 전반부에서 다룰 본문은 그 이야기 복판에 요약 형태로 제시된 사도들의 기적 행함에 관한 보고이고, 후반부는 베드로와 사도들의 박해에 관한 내용이다. 요약하면, 우리가 취급할 부분은 크게 두 개의 장면으로 나뉜다. 저자는 사도행전 5장 12–16절에서 사도들이 행한 기적적 활동을 묘사하고, 5장 17–33절에서는 사도들에게 닥친 위기에 관한 보고와 그것으로부터 벗어나는 모습을 제시한다. 이런 일련의 사건들과 발언들을 소개하는 누가의 긴 묘사는, 두 개의 재물 공유의 일화(행 2:43–47, 4:32–37)를 제외하고는 모두가 베드로를 중심으로, 그의 행적을 뒤좇아 따라가는 형태로 나타난다. 문자 그대로 베드로가 주인공인 상황 전개이다. 이 장에서 연구될 사도들에 의한 기적과 그들이 겪은 박해에 관한 보고 역시 베드로가 중심적 역할을 수행하고 있다.

## II. 사도들의 활동 요약: 기적(행 5:12–16)

아나니아와 삽비라 부부의 죽음에 관한 서술(행 5:1–11)을 마친 누가는, 마치 사도들이 행한 활동 전반을 요약하듯이 그들이 행한 기적에 관한 묘사(행 5:12–16)를 제시한다. 사도행전 2장 43–47절, 4장 32–37절에 이어 사도행전에서 대표적 '요약문'으로 알려진 구절들을 세 번째로 기록하는 것이다.[1] 앞서 제시된 두 개의 요약문의 경우와 마찬가지로, 본문에서도 '사도들이 이룬 기적들'에 관해 언급하고(행 2:43, 4:33,

5:12, 16), 초기 기독교 공동체의 삶의 여러 측면을 묘사한다. 그렇게 소개된 초기 기독교인들의 집단적 삶의 측면은 결국 사도들의 위상을 높이는 형태로 나타난다. 물론 앞의 두 요약문이 공동체 삶의 내부 모습, 재물을 유무상통(有無相通)하는 측면을 주로 제시했다면, 본문의 요약문은 공동체의 외부지향적 모습,[2] 바깥으로 나아가는 어느 국면을 제시한다는 차이가 있다.

하지만 '요약문'이라 지칭되는 단락들은 이야기 전개에서 앞에 제시했거나 뒤에 이어지는 특정 문학적 단락을 축약하는 것쯤으로 이해되긴 어려울 듯하다.[3] 사도행전의 요약문은 마리아 코(Maria A. Co)가 지적한 대로 "어떤 연장된 상황을 묘사하거나, 정해지지 않은 기간 안에 반복적으로 발생한 사건을 묘사하는 서술, 곧 상대적으로 독립적이고, 압축적인 형태의 서사적 기록물로 정의될 수 있을 것"[4]이다. 그런 뜻에서 이 짧은 단락은 초기 기독교인들의 활동 중 흔히 벌어지던 어떤 '일반적 모습'의 그림을 그리는 듯하다. 그렇기 때문에 '요약문'의 형태로 교회의 상황을 형상화시키는 것이다. 이런 인상을 뒷받침하듯이 이 부분에서 사용된 주동사들은 미완료 형태로 일관되는데, 부정과거(aorist)로 표현할 때 갖는 특징, 곧 어떤 장면을 일회적·역사적으로 그려내는 형태와는 비교된다.[5] 이를테면 미완료동사가 보여주는 관습적 활동의 일반적 모습을 그

---

1 세 개의 요약문에 관한 해설, 참고. Daniel Marguerat, *Les Actes des apôtres* (*1-12*), 102.

2 이런 측면에 관해 이 장에서 차후 논의할 것임. 참고, Darrell L. Bock, *Acts* (Baker Exegetical Commentary on the New Testament) (Grand Rapids: Baker Academic, 2007), 229.

3 Maria Anicia Co, "The Major Summaries in Acts: Acts 2,42-47; 4,32-35; 5,12-16: Linguistic and Literary Relationships," *Ephemerides theologicae Lovanienses* 68 (1992): 56.

4 *Ibid.*, 56-57.

5 Daniel Marguerat, *Les Actes des apôtres* (*1-12*), 180.

려낸다는 뜻이다. 그런 의미에서 이 단락은 초기 교회 외부활동의 일상적 모습을 보여주는 장면이라고 하겠다. 저자의 요약적 교회생활 묘사는 다음 네 가지 측면으로 나누어서 검토할 수 있다.

1) 기적 발생: "사도들의 손을 통해 많은 표적과 기적이 백성들 가운데서 일어났다."(행 5:12a)
2) 모임: "그들 모두가 한마음으로 솔로몬 행각에 모이곤 하였다." (행 5:12b) "나머지 사람들은 감히 그들과 어울리지 못하였다. 그러나 백성들은 그들을 칭찬하였다."(행 5:13)
3) 신도의 증가: "믿고 주님께 나아오는 사람들이 더 많아지며, 남자와 여자가 큰 무리가 되었다."(행 5:14)
4) 치유 사례들: "심지어 사람들은 베드로가 지나갈 때 혹시 그 그림자라도 누구에게든 덮일까 하여 병든 사람들을 침상과 자리에 눕힌 채 거리로 데리고 나왔다."(행 5:15) "예루살렘 근방의 여러 마을 사람들도 병든 사람들과 더러운 귀신에게 괴롭힘 받는 사람들을 데리고 모여들었는데, 그들은 모두 고침을 받았다."(행 5:16)

## 1. 사도들과 기적 발생

저자는 초기 교회의 일반적 상황을 요약적으로 표현하면서 '사도들의 손'을 맨 먼저 언급한다. 다시 말해 교회의 발전과 성장, 일상적 삶과 전개가 '사도들'의 결정적 역할과 지도 아래 이행됐다는 점을 확고히 표현하고 있는 것이다.

사도들의 손을 통해 많은 표적과 기적이 백성들 가운데서 일어났다.(행 5:12)

'사도들의 손'이라는 묘사의 의도는 다른 사람이 아닌 '사도들'의 역할과 활동이 초기 기독교의 전개에서 핵심적이었다는 사실을 강조하려는 것이다. 이와 비슷한 표현을 사용한 사도행전 4장 33a절의 '사도들이 큰 권능으로 주 예수의 부활을 증언했다.'는 서술도 이와 비슷한 성격을 갖는다.

지금까지 누가가 기록한 베드로의 행적과 특출난 활동을 감안하면, 이제 베드로는 그 업적과 위상에 걸맞게 기독교의 대표성을 띤 존재나 독자적 권위를 갖는 지도자로 취급될 수 있는 단계에 이르렀다고 평가될 만하다. 그래서 예수로부터 비롯된 기독교운동의 정통, 또는 권위의 홀(笏)이 오직 베드로에게만 이양되는 국면이 될 수도 있었을 것이다. 그런데 누가는 베드로와 같은 어떤 특정 지도자를 부각시키는 대신에 '사도' 집단을 내세운다. 초기 교회의 지도력과 권위가 어느 뛰어난 개인의 역량에 기인(起因)하거나 귀속된 것이 아니라, 공동체적 집단 속에 내재해 있다는 의식이 표명된 것이다. 그러므로 기독교 혹은 교회는 '베드로의 교회'나 베드로의 기독교가 아니라, '사도들의 교회'로 시작될 수 있었던 것이다.[6] 이것은 역사에서 인간 '영웅'의 탄생을 거부하고, 세계와 역사를 이끄시는 유일한 분인 하나님께 모든 것을 돌리는 구약적 전통을 계승한 누가적 해석의 결과이다.[7] 하나님이 직접 역사에 개입하여 기적을 행하시며 초기 기독교 발전의 기틀이 될 사건들을 이루신 것이 아니다. 인간인 사도들을 통해서, 더욱이 베드로와 같은 뛰어난 영웅적 인물에 의한 것이 아닌, 집단적 지도력을 통해서 예수 이후의 기독교가 성장한 것이라는 저자의 선명한 이해가 드러난다. 특정 인물을 지목하지 않고 '사도들'이라는 복수 일반명사를 주어로 제시하고 있는 데서 이 점을 확인할 수 있다. 물론 '사도들'이 베드로와 요한을 감안한 표현인 것은 사실

6 에른스트 헨헨, 『사도행전 I』, 이선희 · 박경미 역, 380.

7 참고: 유상현, 『베드로와 초기 기독교: 사도행전 1-3장』, 182, 219, 370-371.

이다. 그렇다 해도 이 두 사람 이외 다른 인물들이 포함될 수 있는 여지를 두고 있음을 주목해야 한다.

또한 저자가 '표적과 기적'을 초기 지도자들의 활동의 특성으로 언급함으로, 처음 교회 선교의 원동력은 하나님이 뽑아 세운 신적(神的) 배경을 갖는 사도들의 초자연적 활동에 기인하였음을 분명히 한다. 이런 이해는 초기 기독교의 발전과 전개의 본질을 하나님이 택한 사도들의 이적 활동에서 찾았다는 인식의 결과이다. 이것은 역사를 '신학적 관점'에서 파악한 저자의 사건 해석의 소산이며, 과거사에 대한 의미론에 입각한 거시적 평가이다. 이런 기본적 인식을 정리하고 요약한 표현이 이 본문인 것이다.

누가는 '사도들의 손을 통해'라는 어구 중 '손을 통해'(dia cheiros)라는 표현으로 '표적과 기사'가 전적으로 초월적 신성에 의한, 하나님의 직접 개입이나 그분의 직접 명령에 의해 기계적으로 이루어진 것이 아님을 드러낸다. 즉 인간인 사도들의 협력과 중개를 통한, 인간적 수단과 통로의 매개수단을 통해 하나님의 기적이 이뤄졌다는 점을 의미하여, 신인(神人) 합작의 측면을 부각한다. 동시에 그것은 하나님의 능력, 또는 '하나님의 손이 사도들의 손으로' 확장되고 연장되고 있다는 의미도 배제할 수 없다.[8] 사도들의 손은 하나님의 능력을 집행하고 그의 뜻을 달성하는 도구요, '하나님의 손'의 가시적 현현(顯現)체가 된다. 사실 '손을 통해'라는 말은 신약에서 마가복음 6장 2절 외에는 모두 사도행전에서만 발견되는 누가 고유의 표현이다.[9] 인간의 신체기관(器官)을 기적 실현의 수단으

---

8 물론 '누구의 손을 통해'라는 표현은 '누구를 통해'(dia)라는 말과 같은 의미이고, '손'이라는 묘사가 더해진 것이 칠십인역의 영향으로 본다 해도 치유 장면에서 '손'의 등장은 치료의 방식과 구체성을 돋보이게 한다. Cf. Charles K. Barrett, *A Critical and Exegetical Commentary on the Acts of the Apostles*, vol. I, 273; 에른스트 헨헨, 『사도행전 I』, 377.

9 본문 외에, 행 2:23, 7:25, 11:30, 14:3, 15:29, 19:11에서 찾을 수 있는데, 행 2:23('무법자들의 손을 빌려')만이 부정적 의미이고, 다른 것들은 모두 긍정적 뜻이다.

로 삼은 데는 시각적 구체성을 통해 행위가 현실화되는 모습을 생생한 이미지로 보여주고 상상하게 하려는 의도가 담겨 있을 것이다. 그중에서도 특히 '손'을 언급한 것은 촉각을 통해 기적의 과정과 결과에 직접적으로 참여, 가담할 수 있는 가시적 구상화(具象化), 또는 생생함의 체현이라는 측면이 고려되었을 것이다. 기적이 단순히 말잔치로만 그치는 추상적 실체가 아니라, 만져서 확인할 수 있는 현실적 결과물이라는 점을 암시하려는 것이다. 이런 점들과 더불어 정신과 몸의 연장(延長)으로서 손이 갖는 상징성 역시 이 표현이 갖는 간과할 수 없는 특징으로 꼽힐 만하다.

'표적과 기적'이라는 쌍으로 된 관용적 표현은 여기 본문 외에도 사도행전의 여러 곳에서 사용되고 있다. 예수에게 이 표현이 적용된 것(행 2:22)을 필두로 사도들, 스데반, 바울과 바나바 등의 초기 기독교 지도자들에게 두루 적용된다.(행 2:19, 22, 43, 4:30, 6:8, 14:3, 15:12)[10] 이것은 예수의 기적활동을 베드로를 비롯한 사도들과 초기 선교자들이 계승하여 그 사역을 이어가고 있다는 선교의 계속성을 확실히 드러내는 증거이다. 이것 역시 기적이 핵심 지도자인 베드로에게만 집중되지 않고, 사도들과 초기 지도자들에게도 일어났다는 '기적의 일반화'[11]라는 측면에서의 관찰도 가능하다.

저자는 이 구절에서 기적이 벌어졌다는 사실을 간략히 소개한 다음, 아래의 15-16절에서 치유기적의 장면들에 관해 자세히 설명한다. 그런데 치유기적을 12a절에서 언급하면서 왜 상세 장면은 세 개의 절을 뛰어넘은 후에 다시 설명할까? 이 점은 약간의 의문을 불러일으키는 진술방식이다. 이를 설명하기 위한 몇 가지 가설이 있는데 그중 하나는 13-14절이 추가 삽입되어 원래 있던 자료가 따로 떨어지게 되었다는 추정이

---

즉 하나님(행 7:25), 바나바와 바울의 손(행 11:30, 14:3, 15:29, 19:11) 등이 등장한다. '하나님의 손' 언급은 행 4:30에서도 발견된다.

10 행 7:36에도 등장하는데, 거기서는 모세에게 이 표현이 적용된다.

11 에른스트 헨헨, 『사도행전 I』, 380.

다.[12] 하지만 사용된 자료층을 구분하여 분리시키는 일은 거의 불가능하다고 봐야 하기 때문에 자료의 차이나 삽입으로 이를 설명하기는 어려울 것이다. 사실 누가가 행한 서술방식의 정확한 이유와 현 상태로 완성한 진술의 배경을 일일이 확인하기는 불가능하다. 비록 현재의 본문을 최적의 서술로 볼 수 있느냐의 논의는 있겠지만, 그렇다고 모순이 된다거나 문제가 있는 묘사로 논란이 되는 것은 아니기 때문에 더 이상의 상상은 불필요하다.

### 2. 모임: 솔로몬 행각의 상징

> 12b그들 모두가 한마음으로 솔로몬 행각에 모이곤 하였다. 13나머지 사람들은 감히 그들과 어울리지(그들 사이에 끼어들지, kollasthasi autois) 못하였다. 그러나 백성들은 그들을 칭찬하였다.(행 5:12b–13)

#### 1) 동일 장소, 다른 사건: 계승과 단절

여기에 누가가 묘사하는 초기 교회의 일상적 풍경 중 하나는 그들이 모두 '한마음으로 모이곤 했다.'는 것이다. '모이는' 행위 자체도 연합된 의지와 정서의 표현인데, 게다가 모임의 응집력을 보여주는 '한마음으로'라는 말이 추가됨으로 초기 기독교의 결속과 단일성의 정도를 드러낸다. '모두가 한마음으로 모이곤 했다.'는 표현이 명백히 보여주는 것은 초기 교인들 사이의 친교와 화합의 강조이다. 이런 강조는 이미 저자의 요약문에서 제시된 바 있다. 사도행전 2장 46–47절과 4장 32–33절에서 언급된 내용이 여기에 다시 소개되고 있는 이유는, 누가의 관점에서 교인들의 친교와 화합이 다른 어떤 공동체의 덕목보다 중요하다는 사실을 강조하고 싶었기 때문이다. 저자는 초기 기독교의 발전에서 신도들 사이의

---

12 헨헨은 14절이 삽입된 것으로 본다. *Ibid.*, 377–378.

내부적 결속이 결정적 요인이라 생각한 듯하고, 그런 동질성과 일체감, 그리고 '한마음으로 한몸 됨'을 선교의 확대를 위한 '교회의 존재론적 자질'[13]이나 특성으로 인식한 듯하다.

그들이 모인 장소는 '솔로몬 행각(行閣)'이다.[14] 이곳은 베드로가 지체장애인을 치료한 후에 설교한 장소인데(행 3:11), 신도들이 다시 모인 곳으로 거듭 제시된다. 이 단락에 이어 사도행전 5장 17절에서 이 행각은 사도들이 종교지도자들에 의해 체포되는 장소로 다시 등장하게 된다. 기적이 발생한 후에 '설교와 모임과 체포'가 한 곳에서 벌어지는 셈이다. 그러니 이곳은 초기 기독교 역사에서 극적 사건의 발생 장소로서 기억될 만한 공간으로 남게 된다. 어쩌면 저자에게는 솔로몬 행각이라는 '같은 장소'에서 벌어진 이질적 사건들을 염두에 둘 때 복잡한 상념이 떠올랐을지도 모른다. 비록 같은 장소에서 베드로의 권위에 찬(행 3:12) '기적 이후 설교'가 행해지고, '모임'이 순전한 일체감으로 이뤄졌음에도 불구하고, 동일한 장소에서 벌어진 '체포'의 폭력적 상황으로부터 완전히 벗어나 보호되거나, 외부세력과의 갈등이나 억압과 무관하게 교회 발전이 달성될 수는 없다는 점을 암시하려고 했는지도 모른다. 즉 교회는 진공적 무해(無害)의 환경에서 안온한 성장이 보장되는 것이 아니라, 놀라운 기적과 경이로운 설교, 한마음으로 모이는 결속에도 불구하고 박해, 곧 '고난의 골짜기'를 통과해야 한다는 사실을 동일 장소에서 겪은 '다른' 경험을 통해 시사한다는 것이다.

문제는 그 '동일 장소'가 성전의 솔로몬 행각이었다는 점이다. 누가의 시각에 의하면, 기독교 발생 이후 사도들에 의해 가장 '뚜렷한' 기적과 설교가 이뤄지고, 기독교인들이 한마음으로 모이고, 권력자들의 박해로

---

13 Daniel Marguerat, *The First Christian Historian: Writing the 'Acts of the Apostles,'* 163.

14 솔로몬 행각에 관해 다음을 참고: 유상현, 『베드로와 초기 기독교: 사도행전 1-3장』, 318-320.

인한 신자의 체포가 발생한 곳은 솔로몬 행각, 곧 성전이었다. 이것은 유대교의 유구한 역사와 빛나는 가치가 체현된 그 공간이 바로 '기독교의 출발'을 이룩한 곳이었다는 인식을 반영한다. 예수의 지상활동, 신도들의 오순절 사건 등에서도 기독교 시원(始原)의 맥류(脈流)를 짚으며 그 출발을 지목할 수는 있지만, 공식적 기독교 활동의 '집단적' 시발은 성전 어간의 이곳을 첫 발자국으로 꼽을 만하다. 기독교는 유대교의 전통을 계승하는 동시에 단절한다. 구약적 전승의 유지를 통한 유대교의 연장을 수용하지만, 예수의 십자가 사건을 통한 새로운 역사/세계 이해는 유대교와의 단절을 가리킨다.[15] 이런 비판적 계승과 단절을 통한 창조적 계승이 누가가 이해하는 유대교와 기독교 관계의 본질이라면, 그 본질을 상징적·공간적으로 드러내는 것이 본문의 상황이다. 즉 저자가 진술하듯 솔로몬 행각에서 행해진 사도들의 경이적인 기적과 설교가 유대교에 관한 긍정적 계승을 상징한다면, 그들의 체포로 이어지는 유대교 지배층과의 갈등은 유대전통과의 단절 및 대립을 상징한다고 볼 수 있다. 이를테면 성전에서 이뤄진 계승과 단절의 상황은 그 발생 공간 자체가 지시하는 상징적 '공간언어'라고 읽을 수 있다는 뜻이다.

### 2) 사도들과 주변인

13절의 "나머지 사람들은 감히 그들과 어울리지 못하였다."라는 묘사는 주변인들이 가진 경외, 두려움, 공포를 대변한다. 여기 드러나는 '두려움'은 지금껏 제시된 비슷한 묘사 중 가장 강력한 정도를 보여준다. 이것은 사도행전 2장 43절, 5장 5, 11절 등에서 나타난 두려움보다 훨씬 더 큰 것이었다. '감히 그들과 어울리지 못하였다.'는 것은 그들을 가까이 할 수조차 없을 정도의 두려움이 엄습했다는 의미이다. 두려움을 거리감으로 환산하여 해석한다면, '감히 접근 못할' 정도로 그 한계가 가늠되지 않

15 Cf. 이에 관해 유상현, 『사도행전 연구』, 225-230을 참고할 것.

을 만큼 컸다는 것을 암시한다. 이런 두려움 역시 초기 교회에서 사도들을 중심으로 벌어진 각종 활동의 결과 발생한 주변인들의 일반적인 반응의 일부로 간주될 법하다. 다른 한편, 이 모습은 사도들이 가졌던 권위와 위상을 반증한다고 말할 수 있다. 감히 어울리지 못할 두려움의 원천은 사도들의 활동에 있었기 때문이다.

그런데 저자는 "그들 모두가 한마음으로 솔로몬 행각에 모이곤 하였다."라고 기록한 후에 얼핏 의문스러운 표현을 남긴다. 13절에서 "나머지 사람들은 감히 그들과 어울리지 못하였다. 그러나 백성들은 그들을 칭찬하였다."라는 말을 남긴 것이다. 대체 '그들 모두'는 누구이고, '나머지 사람들'은 누구이며, 13절의 '그들'은 또 누구인가? 특히 '나머지 사람들'(hoi loipoi)은 누구를 가리키는가? 저자는 '나머지 사람들'이 '그들'과 '어울리지 못했다.'고 하면서 '두 그룹' 사이에 모종의 거리감이나 불편함이 존재하는 듯한 유보적 상황을 그린다. 먼저 두려움의 대상, 곧 '나머지 사람들이 감히 어울리지 못한' 그들이 누구인가를 추정해 보자. 그들은 '일반 신도들이 아닌 사도들'로 이해해야 한다. 이미 아나니아 부부 사태를 통해 사도들에 대한 경외감이 있었을 것이고, 바로 앞 본문인 12절에서 '사도들의 손을 통해 많은 표적과 기적'이 발생했다는 누가의 보고가 이들이 사도들을 가리킴을 짐작케 한다. 그렇다면 이 '어울리지 못하는 나머지 사람들'과 '그들'(사도들), '믿고 주님께 나아오는 사람들'(14절)과의 관계를 어떻게 규정해야 하며, 12절(사도들, 백성들, 모두), 13절(나머지 사람들, 백성들), 14절(주께 나아오는 사람들, 남녀 큰 무리)에 각기 묘사된 '사람들'을 어떤 방식으로 이해해야 할 것인가? '나머지 사람들'이 누구인지에 대해서는, 그 해명에 참여하는 이들마다 제각기 다른 제안을 내놓는다. 예컨대 '사도가 아닌 일반 기독교인들',[16] '비기독교인들 일반',[17]

---

16 Luke T. Johnson, *The Acts of the Apostles*, 95; Darrell L. Bock, *Acts*, 230–231.
17 Hans Conzelmann, *Acts of the Apostles*, 39; 에른스트 헨헨, 『사도행전 I』, 377;

아니면 사도행전 4장 5절에 등장한 '지배자들, 장로들, 율법학자들'이나,[18] 12–13절의 '백성들'(ho laos) 등 다양한 견해를 제시한다.

위의 주장들을 일일이 논박하거나 상론할 필요는 없을 터이고, 본문의 맥락에 의하면 '나머지 사람들'은 12절에서 언급된 '사도들'과 솔로몬 행각에 모인 '그들 모두'를 제외한 나머지 사람들이라는 추정이 가능하다. 12절의 모였던 '그들 모두'는 사도들과, 백성들 가운데 표적과 기적이 발생했다고 한 그 '백성들' 중의 일부가 포함된 사람들을 일컬을 가능성이 있다. 그러면 '나머지 사람들'은 '사도들과 백성들 중 모인 자들'을 제외한 '나머지 백성'이 될 공산이 크다. 12절만을 놓고 보면 그들은 기독교인일 수도 있고, 아닐 수도 있다. 한편 13절에 의하면 "그러나 백성들은 그들을 칭찬하였다."라고 하는데, 얼핏 보면 거기의 백성들은 '나머지 사람들'과는 무관한 듯 보이지만, 실상은 그렇지 않다. 왜냐하면 12절과 연관지어 읽을 경우, 백성들 중 '다른 나머지 사람들'이든 또 다른 백성이든, 적어도 '일반 백성들'은 사도들을 포함한 신도들을 칭찬했다는 뜻으로 이해되기 때문이다. 그렇게 13절을 풀어 다시 해석하면, '백성 중 모임에 참여하지 않은 다른 나머지 사람들은 사도들과 신도들과 감히 어울리지 못하였다. 그렇지만 어찌 됐든, 신도이든 아니든지 간에 일반 백성들은 사도들과 신도들을 칭찬하였다.'라고 읽을 수 있다. 결국 '나머지 사람들'은 '사도들'이나 '행각에 모인 사람들'이 아닌, 여타 백성들이라는 말이 된다. 모임에 가담치 않았던, 그래서 신도들 사이에 벌어진 놀라운 일들과 베드로의 행각 설교 등에 참여치 않았기 때문에, '감히' 사도들과 신도들 사이에서 어울리지 못한 '모이지 않았던 백성들'로 짐작하는 것이 그럴 듯하다.

여기 주목되는 것은 13절에 등장하는 'kollaomai'라는 단어이다. 이

---

Eckhard J. Schnabel, *Acts* (Grand Rapids: Zondervan, 2012), 291.

18 Martin Dibelius, *Studies in the Acts of the Apostles*, 91.

말은 '참여하다, 관련 맺다, 교류하다'(join, associate with) 등의 의미로 새길 수 있는데, 우리는 '어울리다'라는 뜻으로 번역했다. 이 말은 일반적 교류의 뜻을 담고 있으면서도, 본문 맥락에서는 신도들과의 사이에 어떤 격의(隔意)와 완전히 통합할 수 없는 거리가 상정된 관계를 지칭하는 듯하다. 이를테면 같은 신념에 참여하지 못하는 심리적 거리감이나 관계의 거슬림이 전제된다는 것이다.

### 3) 가치지향의 선별된 공동체

이미 위에서도 간략히 언급했지만, 왜 나머지 사람들은 '감히 그들과 어울리지' 못한다고 했을까? 일종의 두려움이나 존경의 뜻이 있었기에 어울리지 못한다고 했을 것이다. 여기엔 아나니아와 삽비라 부부에게 닥친 비극적 죽음(행 5:1–11)의 소문에 대한 두려움, 그리고 '표적과 기적'이 벌어진 상황(12절)이 불러일으키는 기적 행위자에 대한 존경심 등이 영향을 미쳤을 것으로 짐작된다. 그 외경(畏敬)의 대상은, 전체 신도들에게 향하는 것도 있었겠지만, 특히 위와 같은 사건들의 주체로 간주될 '사도들'에 대한 것이었으리라 볼 수 있다. 일반인이 '감히 어울리지 못한' 사도들과의 교류를 행하고, 그 모임에 가담하는 것이 초기 신자공동체의 모습이었다고 하자. 그렇다면 그 모임은 '아무나' 참여하는 임의적 구성이 아니라는 뜻이 된다. 달리 말해 초기 교인들의 모임은 누구든지 아무 때나 오가는 가벼운 출입 대상이나 공간이 아니라, 기독교적 '의미'를 나누고, 그 의미에 참여하는 가치 지향적 결성체였다는 것이며, 그런 뜻에서 모임의 진입이나 구성원 선별이 무차별적으로 이뤄진 것이 아니라는 점을 환기시킨다. 가입과 참여의 '조건'이 적용된 모임이었으니, 거기로의 가담은 신자들에게는 자긍심과 책임감을 주고, 외부인들에겐 '감히 쉽게 어울릴 수는 없는' 존중심을 동시에 줄 수 있던 공동체로 기능하게 된다는 점을 이 표현은 시사한다.

13절에서 말하는 '백성들은 그들을 칭찬하였다.'라는 표현이 자칫 과장되게 사도들을 치켜세우는 모습으로 이해될 수 있을 듯하다. 그런데 여기 사용된 동사는 'megalunein'(위대하다고 말하다, 높이 평가하다, 크게 만들다, 칭송하다 등)가 제시됐는데, 이것은 누가가 본문 외에 네 곳(눅 1:46, 58, 행 10:46, 19:17)에서 활용한 단어이다. 이 말은 '인간'을 향한 높임의 뜻보다는 '하나님/주 예수'를 주요 대상으로 사용되곤 했다.[19] 따라서 본문에서도 칭송의 대상이 사도들에게만 제한된다기보다는, 사도를 통해 그런 일을 이루신 하나님께로 향하고 있다는 짐작이 가능하다. 이런 이해는 15절에서 "심지어 사람들은 베드로가 지나갈 때 혹시 그 그림자라도 누구에게든 덮일까 하여 병든 사람들을 침상과 자리에 눕힌 채 거리로 데리고 나왔다."라는 묘사를 통해 추정해볼 수 있다. 즉 15절 기록이 보여주는 것처럼 베드로에게 향해질 수도 있는 과도한 기적 실현기대, 그에 대한 경모, 또는 숭배의 우려를 감안하면, 저자로서는 자연스레 '베드로 우상화'의 경각심이 생길 만하고, 따라서 베드로나 여느 인간이 아닌 '하나님을 향하여' 외경심을 갖기 바랐을 것이라는 뜻이다. 베드로에게 모아질지 모를 지나친 존경심은 저자에게 바람직한 현상으로 보이지 않았으리라는 것이다.

### 3. 신도의 증가 – 공동체 충원

초기 기독교의 발생 정황을 요약적으로 개괄하는 누가의 본문 묘사는 그중 가장 중요한 장면이라 할 교회 성장의 그림을 보여준다.

> 믿고 주님께 나아오는 사람들이 더 많아지며, 남자와 여자가 큰 무리가 되었다.(행 5:14)

---

19 칭송의 대상은 눅 1:46(주님), 58(엘리사벳), 행 10:46(하나님), 19:17(주 예수)로 나타난다.

새로운 신도들의 영입이야말로 교회의 존립과 발전을 가능하게 하는 원초적이고 핵심적인 요건이다. 새 신자의 유입이 없는 기독교 상황은 정체와 퇴보의 길을 걷다가 결국은 소멸에 이르게 된다. 저자는 14절 표현을 통해 공동체 성립의 근본적 조건이라 할 새로운 구성원의 충원에 관한 정보를 전한다. 초기 교회의 모습을 개괄적으로 요약하는 데 빠져서는 안 될 결정적 사실, 곧 구성원을 메우고 확충하는 장면을 그리고 있다. 그런데 저자는 이런 새 신자 충원과 증가의 '결과'만을 말하지, 그것이 어떤 활동의 '원인'에 의해 발생된 것인지 그 이유를 명확히 밝히지는 않는다. 가령 개인적 설득과 같은 선교적 노력을 기울였다든가, 신자 획득을 위한 집단적 전도활동을 벌였다든가 하는 상세한 사항과 방법을 보여주지 않는다. 다만 본문의 앞뒤 맥락이 암시하는 바에 따르면, 핵심적 이유는 사도들의 기적활동에 강렬한 인상을 받은 사람들이 자발적으로 신도의 무리에 가담했으리라는 것, 그에 덧붙여 의도적이든 비의도적이든 기존 신자들의 선교적 설득과 인도를 통해 모임에 참여하게 된 사람들이 생겼으리라는 점을 추측해볼 수 있다. 하지만 이런 신도 증가의 원인을 굳이 설명하지 않은 데는 모임의 성장을 본질적으로 가능하게 한 분은 하나님이시라는 사실에 투철했기 때문에 그 증가와 발전의 이유, 배경을 자세히 제시하지 않은 측면도 있었을 것이다.

본문에서 누가가 보여주는 성장에 대한 관심, 신도 수 증가에 관한 예외적 관심을 주목해야 한다. 저자에게 기독교의 발전은 숫자의 증가로 확인할 수 있고, 교회의 성장은 신자의 수효 증가로 증명될 수 있다는 인식이 있었다. 이 점은 유대교의 외곽에서 이제 조금씩 독자적 자기 존재감을 획득해가는 기독교 생성기의 교회지도자로서 당연히 가질 만한 정체성 확인 의식의 표현이다. 기존 유대교와 비교하여 열등한 위치에 놓인 기독교로서는 신도 숫자의 증가를 통해서만 공동체의 존재의미를 인정받을 수 있다는 점, 그것만이 공동체의 미래 존립을 보장받는 유일한 길이라는 인식이 누가에게 있었을 것이다. 그리고 그런 의식이 본문과 같은 '성장 과시'의 기록들을 남기게 했을 것이다.

13절의 '어울리지 못하였다.'라는 말과, 14절의 신도 수 증가 묘사, 15-16절의 사람들 접근과 모임 기록 등이 논리적으로 연결이 매끄러운가라는 물음이 당연히 제기된다.[20] 앞 절에서 나머지 사람들은 "감히 그들과 어울리지 못하였다."라고 했는데, 어떻게 신도 수가 '늘어 큰 무리'가 되고, 또 병자들과 귀신들린 사람들을 '데리고 모여들 수 있었느냐'는 것이다. 콘첼만[21] 같은 이는 13절과 14절 사이에 명백한 충돌이 있다고 평가한다. 그러나 이런 식의 기계적 본문 이해나 문자 속에 함몰해버리는 방식의 의문 제기는 같은 종류의 또 다른 상상의 답변만을 반복하게 만든다. 14절의 숫자 증대 언급은 전반적이고 거시적인 흐름에 대한 요약적 개괄이라 할 수 있지 않겠는가? 아니면, 솔로몬 행각의 교인들이 공간상 거리를 두고 떨어져 있었고, 경외심을 가졌던 백성들이 그들과 어울리지 못했다고 상상할 수도 있지 않은가?[22] 이런 종류의 추정과 답변은 끝없는 짐작의 연쇄를 낳을 뿐이다.

한편, 초기 기독교의 전개와 발전의 윤곽을 개괄적으로 소개하는 '요약문'으로서의 본문의 기능을 돋보이게 하는 기록이 하나 더 보태질 수 있다. 그것은 교회의 구성원 중에는 '남자뿐만 아니라 여자 역시'(14절)[23] 존재했고, 여성이 공동체의 구성원으로 중요한 역할을 했다는 것이다. 이런 지적은 누가가 초기 교회의 성원을 남녀로 찬찬히 나누어 새기고 있음을 보여준다는 점에서도 의미가 있다. 하지만 그보다도 여성의 존재

---

20 Cf. Maria Anicia Co, "The Major Summaries in Acts: Acts 2,42-47; 4, 32-35; 5,12-16: Linguistic and Literary Relationships," 63.

21 Hans Conzelmann, *Acts of the Apostles*, 39.

22 Joseph A. Fitzmyer, *The Acts of the Apostles: A New Translation with Introduction and Commentary*, 328.

23 이런 식의 14절 번역이 그리스어 본문에 보다 충실한 것인지도 모른다. 'andrōn te kai gunaikōn'(남자와 여자가)에서 'te kai'라는 말을 살릴 경우 그렇게 새길 수 있다.

를 의도적·명시적으로 남성과 동렬로 놓고 말했다는 '강조적' 의미 부여에 더 큰 관심을 가질 수 있다. 그렇게 여성의 역할을 은밀히 부각시킨 것이다. 교회의 발생 초기에 여성은 남성 못지않은 존재감과 역할을 보여줬음을 저자는 '일반화'의 의미를 담은 요약문 형태로 보고한 것이다.

### 4. 교회 성장의 동기와 치유, 베드로의 권위

본문 단락과 같은 대표적 요약문 형태로서는 다소 이질적인 인상을 줄 수 있는 기적적 치유의 상세 묘사가 제시된다. '상세한' 묘사는 '요약'으로 간주되는 짧은 문장에서는 낯설 수 있다.

> [15]심지어 사람들은 베드로가 지나갈 때 혹시 그 그림자라도 누구에게든 덮일까 하여 병든 사람들을 침상과 자리에 눕힌 채 거리로 데리고 나왔다. [16]예루살렘 근방의 여러 마을 사람들도 병든 사람들과 더러운 귀신에게 괴롭힘 받는 사람들을 데리고 모여들었는데, 그들은 모두 고침을 받았다.(행 5:15–16)

#### 1) 기독교 성장의 동기: 기적적 치유

15절의 내용은 14절에서 제시된 기독교로의 유인(誘引)상황, 즉 '주께 나아오는 사람들이 많아져, 남녀 큰 무리가 되었다.'는 사실을 설명하는 모양새로 나타난다. '주께 오는 사람들'이 많아졌는데, 그 결과 심지어 베드로의 그림자라도 덮이기를 바라며 병자들을 데리고 나왔다는 것이다. 본문과 같은 문장은, 누가가 파악하는 기독교 성장의 '결정적' 동기가 기적적 치유활동에 있었다는 점을 보여주려는 의도의 결과이다. 거시적 관점에서 볼 때 초기 기독교의 전개를 교인 숫자 증가, 교회의 내면적 발전, 지리적 확대와 확장의 개념 등으로 설명할 수 있을 텐데, 그 전개의 핵심적 동인이나 결정적 이유를 저자는 기적적 치료활동에서 찾았다는 것이다. 물론 앞서 지적했듯이 초기 교인들의 직간접적인 개별적·집단적 선교의 노력도 기독교 성장에서 일정 부분 역할을 했겠지만, 결정적이고 근본적인 초기 교회의 발전 이유는 사도들의 기적활동에 있었다고 누가는 이해했다.

사도들이 행한 기적적 치유가 어느 정도 경이로웠는가? "심지어 사람들은 베드로가 지나갈 때 혹시 그 그림자라도 누구에게든 덮일까 하여 병든 사람들을 침상과 자리에 눕힌 채 거리로 데리고 나왔다."[24]라고 묘사할 지경이었다. 이런 기록의 전제는, 이전에 사도들이 행한 기적이 놀라웠기 때문에 그런 기적을 되풀이해 줄 것을 바라는 사람들의 기대가 작용했다는 것이다. 사도들의 과거 행적이 이 기록의 배경이 된다. 베드로의 그림자가 덮이면 병이 나았다는 것이 아니라, '혹시' 그러면 나을까 싶어 그림자라도 덮이기를 바랐다는 것이다. 이것은 베드로나 사도들의 의도와는 상관없이 병자나 그 가족들의 기대를 반영한 것이다. 그래서 그런 기대를 안고 병자들을 '침상과 자리에 눕혀' 거리로 데리고 나왔다고 한다.

### 2) 베드로의 권위

이런 기대는 베드로에게 집중됐다. 그래서 사람들은 '베드로'가 지날 때 그의 그림자라도 덮일까 하여 병자들을 거리로 데리고 나왔다. 병자들이 가진 베드로를 향한 치유의 기대는 일상적인 수준을 훨씬 넘어선다. 이런 묘사는 저자가 누가복음 6장 17-19절에서 보여주는 예수의 모습과 비견된다. 거기서 누가는 각지에서 모여든 많은 사람들이 예수로부터 치유받는 상황을 보고하는데, 특히 '그들은 예수의 말씀도 듣고, 또 자

---

24 이 구절에는 막 6:55-56에서 발견되는 '침상에 눕힌 병자, 예수의 옷자락 만짐, 손 댄 사람의 치유' 등의 내용과 유사한 흔적이 보인다. 어쩌면 누가가 마가의 전승을 참고했을 수 있다. 그런데 정작 누가복음서에는 마가의 병행구가 발견되지 않는다.

기들의 병도 고치고자 몰려온 사람들이었다. 더러운 귀신에게 괴롭힘 받는 사람들도 고침을 받았다. 사람들 모두가 예수를 만져보려고 애썼다. 예수에게서 능력이 나와 그들을 모두 낫게 하였기 때문이다.'(눅 6:18-19)라는 표현을 남긴다. 이런 묘사는 본문의 베드로 모습이 예수에 대한 기억과 겹쳐지게 만드는 구실을 한다. 누가복음 6장 18절의 '더러운 귀신에게 괴롭힘 받는 사람들도 고침을 받았다.'라는 구절은 여기 본문("더러운 귀신에게 괴롭힘 받는 사람들을 데리고 모여들었는데, 그들은 모두 고침을 받았다."—행 5:16) 내용과 유사한 표현이 사용된다. 또 '예수에게서 능력이 나와 그들을 모두 낫게 하였다.'라는 누가복음 6장 19절의 내용도 베드로의 그림자를 통해 '능력이 나와 낫기를 기대하는' 사도행전의 기록과 비슷한 측면이 있다.

이런 유사점들이 시사하는 바는, 이를테면 예수의 행적에 빗대어 베드로의 권위와 지위를 높이려고 한다는 것이다. 베드로를 예수와 동격시하고 신성화하려는 것이 아니라, 이제 시작된 기독교의 선두 지도자가 갖는 위엄과 권위의 제고를 이 같은 예수 묘사와의 병렬적 제시 방식을 통해 이루었다는 뜻이다. 특히 "병든 사람들을 침상과 자리에 눕힌 채" 거리로 데려왔다는 표현으로 가족들의 치료를 향한 간절함과 일어서 걸을 수 없는 환자의 절박한 상황 등이 드러난다. 그와 동시에 그런 절실함을 해결할 능력을 사람들이 베드로와 사도들로부터 기대할 수 있을 정도가 되었음을 나타낸다. 그리하여 베드로의 위치와 자리를 보다 확고히 수립하고 과시한다. 병든 자의 절망적 질병을 치료할 능력을 베드로가 갖고 있으리라는 기대가 클수록 지도자로서의 면모는 교회 안팎으로 더욱 뚜렷해진다. 그것은 베드로 개인에 대한 과도한 경모와 기대가 아니라, 기독교 자체에 대한 기대와 희망을 반영하는 누가의 인식이었을 것이다.

사람들이 '베드로의 그림자'라도 덮일까 기대했다는데, '그림자'가 갖는 상징이 적잖다. 그림자는 발광체(發光體)가 대상물에 빛을 던질 때 그 반대편 빈 공간에 남게 되는 어둠의 흔적을 지칭한다. 일반적으로 종교의 상징세계에서 그림자는 천체의 발광을 전제한다. 즉 천체의 신비한 영험이 미치는 영역을 가리킬 수 있다는 뜻이다. 따라서 그림자는 종교적으로 신적 능력의 현현이나 그 상징으로 이해된다. 그런 시각에서 본문을 보면, 베드로의 그림자가 덮이기를 바랐다는 것은 그가 갖는 초월적 능력이 병자에게 덮이기를 바랐다는 뜻이 된다. 베드로의 능력이 그림자로 상징화된 것이다. 물론 누가는 발광체이신 하나님의 빛을 받아 드리워지는 베드로의 그림자라는 제한적 능력을 상정했을 수 있다. 문화인류학의 견지에서는 그림자가 인간 영혼 자체로 간주되거나 인간의 결정적 부분으로 이해되기도 한다.[25] 이를테면 그림자에 폭력이 가해질 경우 그 인간, 또는 동물이 위해를 받게 된다는 식의 사례를 예로 들 수 있다.[26]

이런 식의 기적 치료에 대한 마술적 접근은 사도행전의 다른 곳에서도 나타난다. 예컨대 사도행전 19장 12절에는 사람들이 바울의 몸에서 손수건, 앞치마를 가져다 병자에게 얹으면 병이 나았다는 표현이 나온다. 비록 치료가 생소한 방식으로 이뤄진다 해도, 본문 속에서 사람들이 기적을 바라는 기대의 대상이나 사도행전 19장의 바울의 경우처럼 치료의 주체는 하나님이시다. 치료가 마술적 방법으로 제시되는 듯하지만 그 일을 이루시는 분이 하나님이심은 의심할 바가 없다. 그림자를 통해서든 손수건을 통해서든 그 사물이나 인물 자체가 갖는 마술적 능력이 치료하는 것이 아니라, 하나님이 치료하신다는 뜻이다. 오히려 누가는 기독교적

---

25 Pieter W. van der Horst, "Peter's Shadow: The Religio–Historical Background of Acts V. 15," *New Testament Studies* 23 (1977): 205.

26 *Ibid.*, 205–206에서 비슷한 사례를 제시하는데, van der Horst는 이런 이해를, James G. Frazer, *The Golden Bough* (London: Macmillan & Co., 1922, one-vol. ed.), 250 이하에서 가져온다. 그와 반대로, 죄인이나 짐승의 그림자가 해로운 영향을 끼친다는 고대의 사례도 언급된다. Pieter W. van der Horst, "Peter's Shadow: The Religio–Historical Background of Acts V. 15," 207–208.

치유와 마술적 치유의 차이를 확실히 구분하고, 치료의 마술적 이해와 접근을 배제한다. 저자는 마술사를 부정적으로 취급한다든가(행 13:6-12, 바보섬의 마술사 '바 예수'), 질병 치료자에 대한 숭배를 배격함으로써 기독교적 치료와 마술적 치유에 관한 구별을 뚜렷이 한다. 그래서 양자가 동일시되거나 하나님의 치료가 마술적인 것으로 폄훼되는 것을 경계하는 모습을 보인다. 사도행전 8장 9-13절의 마술사 시몬의 능력에 관한 이야기, 바울의 제1차 선교여행 중 루스드라에서 벌어진 바나바와 바울을 신으로 오인한 소동(행 14:15-18), 사도행전 19장 11-20절의 바울 행적과 유대인 제사장 스게와의 아들들에 얽힌 일화, 몰타섬에서 바울이 뱀에 물리고도 죽지 않은 것과 그의 치료행위(행 28:1-10) 등의 묘사를 통해 마술적 치료와 하나님의 개입에 의한 치료를 분명히 구별한다.

또 다른 한편, 사람들이 "베드로가 지나갈 때 혹시 그 그림자라도 누구에게든 덮일까 하여 병든 사람들을 침상과 자리에 눕힌 채 거리로 데리고 나왔다."(행 5:15)라는 언급의 이면에는 베드로에게 접근하는 것이 쉽지 않았다는 사실이 전제된다. 사람들이 그를 만나거나 접촉하여 구두로 치료를 직접 요청하는 등의 시도가 원만히 이뤄질 수 없었던 상황이 배후에 놓여 있다는 뜻이다. 그렇기 때문에 그림자를 통한 접촉이라도 시도하기 위해 거리에서나마 그와 만나기를 바라며 병자를 데리고 나왔으리라는 것이다. 이런 상황은 어쩌면 13절에 언급된 사도 등과 '감히 어울리지 못하는' 사람들이 느끼던 경외심이 작용했음을 보여준다. 사도들에게 느꼈던 두려움이 병자의 가족들에게도 일종의 '거리감'을 일깨웠고, 그로 인해 베드로의 그림자라도 '혹시' 접하여 치료되기를 바랐을 것이다. 그런 사도들에 대한 경외감을 기초로 치유의 기대가 간절하게 표현된 것이 '혹시'(kan, kai ean의 합성)라는 말이다.

### 3) 예루살렘 근방으로의 확장

베드로에게 접근한 병자들, 귀신 들린 사람들을 묘사하면서 누가는

16절에서 "예루살렘 근방의 여러 마을 사람들"이라는 표현을 사용한다. 즉 베드로의 행적으로 대표되는 기독교의 소식이 예루살렘 '바깥'에까지 퍼졌고, 그들 근방지역 사람들이 새로운 종교운동에 관심을 표했다는 뜻으로 읽힌다. 이를 통해 사도행전에서는 '처음으로' 기독교의 평판과 소문이 예루살렘 '바깥'을 향해 확장되는 모습이 간접적으로 나타난다. 이것을 기독교 선교의 결정적 '원심(遠心)화'의 계기나 그 표현으로 보기는 어려울 것이다. 물론 '근방 사람들이 예루살렘에 모여들었다.'는 16절 묘사가 있다고 해서 '구심적'(求心的)이라고 말할 수도 없다.[27] 병자들이 모인 것은 치료를 위한 것이지, 예루살렘과 성전으로의 집중과 같은 신학적 의미가 있는 모임도 아닐뿐더러, 치료 이후 그들은 자신들의 출신지로 돌아갔음이 분명하다. '예루살렘 근방'에 살던 그들은 치료의 필요를 위해 잠시 모였던 셈이니, '공간적 중력(重力)'은 '예루살렘'이 아니라 그들이 왔다 되돌아 간 원래 출신지인 '예루살렘 근방'에 놓여 있다고 보아야 한다. 이같이 예루살렘과 성전의 '중심'에 집중하는 구심적 언어표현이 아니라, 사소하게 '벗어나는' 작은 사건들의 묘사가 거듭될 때 교회는 거대한 원심적 확산을 이루게 될 것이라는 인식이 저자의 서술 바탕에 깔려 있었을 것이다. 이런 방식의 점진적이고 미세한 확장과정을 거쳐 기독교 선교는 '예루살렘, 사마리아, 온 유대, 땅끝'(행 1:8)으로의 전개를 이루게 되었다는 누가의 전망이 반영된 것이다. 교회는 성장하고, 선교는 확대된다는 저자의 '발전적' 역사 이해가 녹아 있는 기록이다. 그러나 이런 성장과 확장의 연장에는 무한(無限) 발전의 길만 있는 것이 아니다. 성장은 고난의 단계를 불러오고, 그 고난을 겪은 연후에 또 다른 확장의 길이 이어진다. 누가는 성장과 박해의 중첩과 교차가 초기 교회 삶의 기본 리듬이라는 통찰을 견지하고 있는 듯하다. 그래서 저자 서술의

---

27 예를 들어, Matthew Sleeman[*Geography and the Ascension Narrative* (Cambridge: Cambridge Univ. Press, 2009), 124.]과 같은 사람은 그렇게 본다.

다음 단락은 '박해 단계'로의 이행이 기다리게 된다. 사도행전 5장 17절 이하의 글이 교회의 고난을 담게 되는 연유이다. 교회는 '십자가 그늘'[28] 아래 살게 되는 것이다.

여하튼 누가는 베드로에게 접근한 사람들 '모두'가 치유를 경험했다고 거듭 강조한다. "예루살렘 근방의 여러 마을 사람들도 병든 사람들과 더러운 귀신에게 괴롭힘 받는 사람들을 데리고 모여들었는데, 그들은 모두 고침을 받았다."(행 5:16) 이런 식('모두 고침')의 과장법은 저자가 묘사하는 기독교 초기 운동의 진행과 발전이 커다란 문제없이 원만한 성장 과정을 거쳐 전개되었다는 점을 강조하려는 의도가 반영된 것이다. 누가의 관점에서 비록 쉴 새 없는 수난이 기독교 확장의 와중에 돌발하였지만, 그것들은 구속사 전개에 결정적 장애가 되지 못했다. 초기 교회의 긴 성장의 발자취는 그러한 일시적 방해와 수난으로 특징지워지기보다는, '별 문제없이' 전개됐던 도도한 구원 역사의 거침없는 흐름으로 규정지을 수 있다는 인식이 이런 과장벽(癖)으로 드러났을 것이다. 바로 다음 이야기에서 이어지는 박해, 수난 등은 '문제적' 상황으로 파악되지 않는다. 그것들은 긴 호흡의 구원 역사에서 사소한 '일화(逸話)'에 지나지 않을 뿐이다. 예컨대 본문의 이 단락에서 사도들의 손을 통해 '많은' 표적과 기적이 벌어졌고(12절), 믿는 사람들이 더 많아져 남녀가 '큰 무리'가 되었으며(14절), 병자들 '모두가' 고침을 받았다(16절)는 표현은 초기 기독교의 활동 묘사를 '낙관과 긍정'으로 채색하려는 저자의 의식적 노력이 수사적 과장으로 제시된 사례라 할 것이다.

이 구절에서 제시한 '귀신에게 괴롭힘 당한 사람들의 치료', 곧 축귀의 언급은 사도행전에서 최초로 제시하는 '사도들의 축귀' 사건이다. 이로써 예수의 활동을 사도들이 계승한다는 예수-사도(교회)의 연속성 추구가 예수의 축귀 사역을 사도들이 잇고 있다는 기록을 통해 더욱 강화

---

28 Daniel Marguerat, *Les Actes des apôtres (1-12)*, 181.

되는 모습을 보인다. 기적 이야기의 기능이 무엇인가? 그것은 기적을 이루는 이들의 능력과 자격, 평판, 신인도(信認度)를 높여주는 역할을 한다. 요컨대 기적을 행한 자들의 권위를 끌어올리는, 곧 '가치화의 도구'(a validating tool) 구실을 한다는 것이다. 또한 기적은, 기적을 허락하신 하나님과 그 기적을 향유하는 인간 사이를 이어주는 역할을 한다. 달리 말하면, 하나님은 기적이나 기적을 집행하는 사도들을 통해 기적의 혜택을 받는 인간과 특별한 '관계'를 맺는다. 그리하여 기적을 행한 자인 사도는 하나님과 인간 사이에서 기적을 통해 '매개자'의 구실을 하게 되고, 기적이 불러일으키는 경이와 두려움, 감사와 찬탄을 하나님께 향하게 만드는 중개 역할을 수행한다.

## 5. 기독교 성장의 특성

### 1) 성장 요인과 성격

누가 기록의 주요 의도 중 하나가 초기 기독교의 전개와 발전을 보여주는 데 있다고 한다면, 그 성장의 요인과 특징이 사도들의 활동 요약문(행 5:12-16) 중에 압축적으로 제시된다. 사도들의 표적과 기적, 그것으로 인한 남녀 신도의 증가, 교인들의 단결된 모임, 사도들이 발산한 권위와 경외감, 그리고 특히 강조적 형태로 지목한 사도들의 치료와 축귀, 그 파급에 의한 교회 성장 등. 이것들이 누가가 파악한 기독교 성장과정의 핵심 요인이며 특성이었음을 본문은 알린다. 이런 것들이 보여주는 전체적 인상은 초기 기독교 전개의 첫 단계에서부터 기독교에 대한 '대중적 호응'이 매우 긍정적이었다는 것이다. 그러한 대중적 '인정'(認定)의 단계가 점차 상승하여 일반적 지지를 차츰 획득할 수 있었음을 저자는 지적한다.

이런 대중적 지지의 상승과 관련하여 한 가지 주목해야 할 점이 있다. 그것은 기독교 성립의 '지리적' 성격에 관한 것이다. 처음 예수운동은 갈릴리를 배경으로 발달하였고, 그 주요 지지기반 역시 팔레스타인 북쪽 갈릴리 지역에 자리잡았으며, 그 지역을 거점으로 성장하였음이 사실이다. 즉 예루살렘은 이들에게 상대적으로 낯선 곳이고, 그 지역에서 이 운동의 터전과 거점을 확보하지 못한 상태로 예수의 제자들이 상경한 셈이다. 따라서 예루살렘에서의 활동거점이 갈릴리보다 취약할 수밖에 없었던 것은 당연하다. 그런데 예수의 죽음 이후 예루살렘에 머물던 제자들은 오순절 사건이나 성전 미문(美門) 곁의 지체장애인 치유와 같은 경이로운 사건들을 통하여 지지자, 옹호자, 동조자들을 불려나갈 수 있었다는 것이 누가의 보고이다. 사도행전 기록을 근거로 추정하면, 그런 와중에 주민들은 베드로 등 사도들의 놀라운 치유를 경험하게 되었고, 이를 통해 예루살렘 사람들이 기독교에 대한 적극적인 관심과 호응을 보였을 것이라는 짐작이 자연스럽다. 주민들 중에서 새로운 추종자들이 생겨났고, 그 수가 점차 늘어났을 것이다. 이들을 중심으로 예루살렘은 차츰 기독교운동의 새 거점으로 중요한 구실을 해나갈 수 있는 토대가 마련되었을 것이다. 이것은 적어도 누가의 기록을 승인할 때, 특별한 상상력이 필요치 않은 일반적이고 상식적인 유추이다. 이런 과정을 거쳐 예루살렘이 기독교운동의 새로운 출발지, 전진기지화 되고 있음을 사도행전은 강조하고, 선도(先導)의 역할을 맡은 베드로와 사도들을 새삼 주목하게 만든다. 그리하여 갈릴리와 기타 지역의 예수 활동은 기독교의 '전사'(前史)로서 새로운 교회역사를 위한 밑거름, 주춧돌, 또는 전제(前提)로 기능한다. 예루살렘은 이제 새로운 종교운동의 발상지 구실을 하게 되는 것이다. 바로 이와 같은 주요 주제와 성격을 거의 나열하다시피 요약적·특징적으로 보여주고 있다는 것이 이 단락이 갖는 '요약문'의 성격이다.

위에서도 지적했지만, 이 요약문은 사도행전 2, 4장에 등장하는 재물의 공유와 나눔에 관한 공동생활의 요약적 묘사가 그러하듯이 초기 기독교회의 일반적인 풍경에 관한 그림을 그려준다. 특히 앞선 두 개의 요약문이 교회의 내부생활, 교인들 사이의 밀접한 관계에 대한 내면적 풍경을 보여주는 데 비하여, 여기 이 부분의 요약문은 교회의 외부생활, 곧 성장과 발전 모습과 사도활동의 외면적 모습을 그려준다는 것이 그 특징이다.[29] 이런 장면들을 저자가 소묘적으로 그리는 까닭은, 누가 당시와 이 글을 읽는 모든 이들에게 일종의 모범적 상황을 제시하는 데 있다 할 것이다. 초기 교회의 기릴 만한 형상을 후대 교인들이 닮기 원하는 교훈적 의도가 저술에 작용했으리라는 것이다.

### 2) 외부 세계의 만남과 발견

초기 신도들의 삶과 활동을 묘사하는 다양한 풍경이 있었을 것이다. '외부'로 드러나는 활동으로서 각종 선교적 노력이 있었을 수 있고, 외부인들과의 다채로운 접촉, 때로는 내부에서 벌어지는 설교와 신앙교육 등이 외부로 연장되어 나타나는 양상도 있었을 것이다. 교회 '내부'에서는 교인들 사이의 인간관계를 여러 각도에서 제시할 수도 있었을 것이다. 경우에 따라 신도 사이의 갈등과 대립의 모습이 있었을 터이고 이를 수습하려는 화합과 일치의 노력도 뒤따랐을 것이다. 공통적 신앙의 가치와 목표를 위해 함께 애쓰며 위로하고 격려하는 등의 목회적 돌봄도 있었을 것이다. 그런데 누가는 초기 교회 신도의 삶을 소개하면서, 이 같은 종류의 일반적인 활동을 묘사하는 대신에 사도들의 '기적활동'을 제시한다. 초기 신도들의 '외부적' 활동 가운데서도 강렬한 인상으로 남게 될 교회의 과거 '기적'에 관한 기억을 환기시키는 것이다. 교회 '내부'의 인간관계나 신앙교육, 말씀 선포 등 구체적 삶의 모습이나 종교현상을 보여주기보다는 내외부인 모두에게 오래 남을 강렬한 공동체의 집단기억을 소환시켜 신앙 육성의 근거로 삼는다. 이런 발상의 바탕에는 기독교인의 삶이 '순수 신앙'의 영접, 성장, 심화, 교류와 같은 각개 인간 내면의 발전으로만 이뤄지지 않는다는 인식이 깔려 있다. 그것은 각 개인의 '개별적'

29 *Ibid.*, 180.

신앙 성장과 교인들 사이 신앙의 '집단적' 나눔과 확인이라는 교회 안의 현실 외에도, 또 다른 주변 사회의 '외부적 현상'이 필연적으로 상호 관련되고 있다는 이해이다. 교회의 발전은, 공동체적 내부의 성장과 바깥 사회의 역동성이 교차되며 영향을 주고받는 거대 현상이라는 착상이 누가에게 있었다는 뜻이다. 달리 말해 교회가 외부 세계를 '만나고 발견해가는' 과정을 보여주려고 했다는 것이다. 그것을 사도행전 5장 12-16절의 요약문이 제시한다.

## 6. 사도들의 기적 보고 정리

### 1) 서술의 어색함

이미 언급한 것도 있지만, 이 단락(행 5:12-16)에는 논리적으로 어색하거나 전후 연결이 부자연스럽거나 의문스러운 다음 몇 가지 사항들이 발견된다. ① 12a절에서 표적, 기적이 일어났다는 기록 이후 몇 절을 건너뛰어 15-16절에 그 자세한 내용을 다시 제시하는 이유가 무엇인지 의아스럽다. ② 12b절에서 제시된 '모두가 한마음으로 솔로몬 행각에 모이곤 했다.'는 언급은 어떤 결과를 야기했는지, 그 모임이 무슨 효과를 낳았는지 말하지 않는다. ③ 13절에는 '나머지 사람들은 감히 그들과 어울리지 못했다.'라는 뜻의 말을 하며 '두려움과 기피'의 상황이 전제되어 있다. 그런데 어떻게 14절에는 교인들이 '더 많아져서 남녀의 큰 무리'가 될 수 있었고, 또 15-16절의 '병자들과 귀신들린 사람들을 데리고 모여들 수 있었는지' 그 맥락의 상호 연관성에 의문을 제기할 수 있다. 앞서도 지적했듯이, 이들 의문점들에 관해서 신빙할 만한 분명한 답변을 기대하기는 어렵다. 그 해명으로 제시된 것들은 대개 그럴 듯한 추정이거나 짐작에 불과할 뿐, 문제의 성격상 확정적으로 대답하기 어려운 질문들이기 때문이다. 이 같은 서술의 부자연스러움에 관한 상투적 설명은, 저자가 활용한 자료들의 배열과 자료 사이의 편집적 삽입(이를테면 원래

12절에서 15–16절로 이어지는데 13–14절이 삽입되어 어색한 모습을 갖게 됐다는 등)에서 비롯된 부조화에 있다는 추정이다. 하지만 여기 본문을 문체상으로나 이야기의 흐름상 상이한 자료들로 세분하여 나눈다는 것은 거의 불가능하고, 또 저자 이전 자료를 추출하는 것 역시 지극히 어렵다는 점을 되풀이하여 상기할 필요가 있다.[30] 그런 식의 가설적 접근은 문제의 소재를 손쉽게 자료의 층위 탓으로 돌린다는 인상을 면키 어렵다. 자료의 구분과 탐사는 듣기 좋은 구호로서는 흥미 있으나, 그 결과는 기껏 자의(恣意)적 짐작에 불과하기 일쑤이다. 결국 이들 문제들은 답변되지 않은 채 다만 물음의 형태로 남아 있을 수밖에 없다.

### 2) 주요 주제

이 요약 단락 가운데는 누가가 자신의 전 작품을 통해 집요하게 관심을 갖고, 반복적으로 환기시키는 몇몇 주요 주제와 동기가 집약적으로 제시되고 있다.

① 누가가 소개하는 사도들의 전형적 활동이라 할 수 있는 '기적적 치유와 표적' 주제가 확연히 드러난다. 그중 12, 15–16절에서 기적의 양상이 분명히 나타나지만, 13절에서 사람들이 '감히 그들과 어울리지 못했다.'라는 언급 역시 비일상적 경외의 감정, 곧 신비적 현상에 대한 두려움의 측면을 시사한다. 14절의 '주님께 나아오는 사람들이 더 많아져, 남녀의 큰 무리가 되었다.'라는 묘사도 획기적 숫자의 증대가 가리키는 신적 개입이나 초현실적 상황을 연상시킨다.

② 12, 14절에 나타나는 신도들의 '신앙', 그들의 '일체감/통일성' 표현과 '모임'에 관한 묘사 역시 누가적 주제로 뚜렷하다.

③ 더욱 분명한 것은 사도행전 전체를 관통하는 '교회 성장', 또는 '교인 수 증가'와 관련된 성장 동기가 명시적으로 드러난다(14절)는 점이다.

---

30 *Ibid.*, 181.

이 동기에 관해서 적잖게 지적되듯이,[31] 저자가 사도행전 전편에서 반복적으로 환기시키는 주요 주제가 바로 교인 수효 증대 예시를 통한 기독교 발전의 가시적 확인이다. 이런 이해가 전형적으로 드러나는 곳이 사도행전 6장 7절('예루살렘에 있는 제자의 수가 더 심히 많아지고 많은 제사장 무리도 이 믿음에 복종하였다.')이다.

④ 모두가 '한마음으로' 모이곤 했다(12절)는 언급은 초기 교회의 일치, 연합, 공고한 유대를 표명하는 분명한 묘사이다. 그런데 이런 일치와 연합이 결과적으로 야기한 것은 단순히 교회의 결속과 유대, 곧 '내부의 안정'만이 아니었다. 오히려 14절에서 지적하듯 신도 수가 늘어나고 남녀가 큰 무리가 된 성장의 바탕이 바로 교인들의 '연합'이라는 것이다. 즉 공동체의 연합이 기독교 선교의 성공을 가져오는 근본 원인이 되었다는 것이 누가의 인식이다.[32] 저자는 기독교인들의 내부 통합과 단결은 선교의 외부적 확대를 불러일으키는 관건이요, 기본적 전제임을 강조한다. 교회의 내부 일치는 기독교의 외연 확대를 낳게 하고, 양자는 발전의 기축이 되어 상승작용을 일으키며 교회 성장을 이끌게 된다는 것이다.

### 3) 역사적 성격

이 부분의 요약 단락이 다른 두 개의 주요 요약문과 더불어 누가 자신의 자유로운 작문, 또는 창작의 소산이 아니냐는 논의는 일찍부터 제기된 논제이다.[33] 이른바 요약문의 기원에 관한 논란이다. 누가가 이 글을 온전히 자신의 독자적 관심과 이해에 입각하여 글을 끌고나갔다는 점

---

31 숫자 증대에 관한 다음의 글 참고: 유상현, 『베드로와 초기 기독교: 사도행전 1-3장』, 30-33.

32 Cf. François Bovon, *L'oeuvre de Luc* (Paris: Cerf, 1987), 220.

33 이에 관한 논의는 Maria Anicia Co, "The Major Summaries in Acts: Acts 2,42-47; 4, 32-35; 5,12-16: Linguistic and Literary Relationships," 49-85 중에 상세히 소개되어 있다.

에 관해서는 논의의 여지가 적다. 그러나 그가 이전에 전달받은 자료나 요약적으로 진술한 세밀한 내용 하나하나의 역사적 진실성을 판단하는 문제에는 다양한 주장이 제기될 수밖에 없다. 사도행전 일반이 갖는 역사성의 순도(純度) 결정과 비슷한 논의 내용이 반복될 수 있는데, 그 결론은 아무리 정교한 자료 비판과 본문 내용에 대한 비판을 거듭한다 해도 기본적 판단의 한계를 벗어나기 어렵다는 것이다.[34] 즉 이 단락의 역사성을 검증할 비교의 준거가 부족한 상황에서 이 문제에 관한 어떤 형태의 판단이든 그 무모함을 피하기는 어렵다는 뜻이다. 다만 일반론으로 말하여, 누가의 독창적 서술과 보고의 독특성을 감안하더라도 그가 동시대인의 상식적 사실 이해의 제한을 벗어나기는 어려웠을 것이다. 곧 '없던 것을 있다' 하고 '상상적 순수 허구를 역사적 사실'로 포장, 진술하는 만용을 부리기는 어려웠으리라는 것이다. 다만 자신의 자료와 전언(傳言), 취합된 유무형의 정보들을 선별하고 제시하는 과정 중에 필연적으로 발생할 수 있는 의식적·무의식적 과장과 사소하거나 비본질적인 꾸밈 등은 양해될 수밖에 없다.

## III. 박해 – 체포와 탈출, 심문(행 5:17-33)

누가는 바로 앞의 단락(행 5:12-16)에서 사도들의 기적, 신도 수의 증가, 병자들 치료에 관한 경이로운 행적 등의 '밝은 그림들'을 그린 바 있다. 초기 기독교의 '이상적' 활동과 모습을 소개하는 듯이 보일 정도였다. 그런 긍정적 묘사가 갑자기 어둡고 긴장된 모습으로 변하는 장면을 저자는 아래 이어지는 단락(행 5:17-33)에서 그려놓는다. 교회가 직면하게 될 위기상황이 극적으로 제시되는 것이다. 곧 베드로와 사도들이 산헤드

---

34 Cf. 유상현, 『사도행전 연구』, 62-66.

린 지도자들로부터 박해받는 정황이 나타나게 된다. 이 장면에서 주목되는 것은 사도들을 위기로부터 벗어나게 하는 두 사건의 발생인데, 그 하나는 천사의 개입을 통한 감옥 탈출(행 5:19-20)이고, 또 하나는 산헤드린 의회원인 가말리엘이 사도들의 구출 역할을 담당한다(행 5:34-39)는 점이다. 이 두 개입은 이 단락이 갖는 극적 성격을 드높이고, 위기 탈출의 의의와 가치를 한껏 고조시킨다.

그런데 이런 상황을 묘사하는 저자의 기록은 어떤 기시감(旣視感, déjà-vu)을 불러일으킨다. 그 이유는 이 단락의 구조와 성격이, 베드로와 요한이 산헤드린 앞에 끌려간 장면을 묘사하는 사도행전 4장 1-22절의 내용과 비슷한 측면이 있기 때문이다. 두 이야기 속에 포함된 병행 주제를 다음과 같이 지적할 수 있다.

(1) 사도들의 체포와 억류

(2) 산헤드린 출두: 공의회 앞 베드로와 권력자들의 대결

(3) 베드로의 설교: 사람에게가 아니라 하나님께 복종

(4) 위협과 방면

그러나 이 같은 유사점들이 명백히 제시됨에도 불구하고 이 두 이야기가 동일한 내용의 반복이 아님은 몇 가지 상이한 사항들이 나타나기 때문이다. 즉 사도행전 5장 이야기에는 4장과 달리 다음과 같은 첨가 내용이 포함된다는 것이다. (1) 구조자로서 천사의 등장, (2) 사도들의 석방 후 다시 체포되는 점, (3) 가말리엘이라는 인물의 등장. 이런 차이점들로 두 이야기는 유사점과 상이점이 공존하는 구조적 병행관계를 보인다.

위의 병행 내용을 가진 사도들의 박해 관련 이야기는 다음과 같은 골격으로 나누어 연구할 수 있을 것이다.

1. 사도들의 체포(행 5:17-18)

2. 기적적 탈출과 연행(행 5:19-26)

3. 산헤드린 앞의 심문과 변론(행 5:27-32)

4. 가말리엘의 개입과 석방(행 5:33-40)[35]

5. 사도들의 반응: 고난 속의 기쁨(행 5:41–42)

## 1. 사도들의 체포(행 5:17–18)

누가의 초기 기독교 역사전개에서 처음으로 교회를 위기에 빠트린 계기는 산헤드린으로부터 비롯된다. 17–18절에서 저자는 교회에 닥친 위기의 이유를 밝히면서 일종의 서설적 언급을 제시한다.

### 1) 권력자의 '시기심' 분석

사도행전 4장 1–22절에서 베드로와 요한은 이미 산헤드린 앞에 출두하여 그들과 대면한 바 있다. 이제 두 번째로 그들은 대제사장과 사두개인들의 개입으로 투옥되어 예루살렘 권력자들 앞에 등장하게 될 예정이다. 그러나 누가에 따르면, 여기 사도행전 5장의 경우 사도들의 산헤드린 앞 출두는 즉각 이뤄지지 않는다. 사도들의 산헤드린 출두 이전에 천사가 그들을 기적적으로 구출해버렸기 때문이다. 그들의 출두는 먼저 천사에 의해 석방되어 나갔다가 다시 데려온 다음에야 이뤄진다.(행 5:26–27)

누가는 그러한 사정을 밝히면서 다음과 같은 말로 시작한다.

> 대제사장과 그와 함께한 이들, 곧 사두개파 사람들이 모두 시기심이 가득하여 들고일어나(행 5:17)

누가가 사도들 박해의 주체로 앞세워 제시하는 이들은 산헤드린의 구성원이었을 "대제사장과 그와 함께한 이들, 곧 사두개파 사람들"이었

---

35 가말리엘의 개입, 석방, 반응을 기록한 행 5:33–42의 부분은 이 책의 제6장에서 취급할 것이다.

다. 이 표현으로 분명히 드러나는 것은, 초기 기독교 선교의 진행과정에서 사두개파가 기독교의 적대그룹으로 나타나고 있다는 것이다. 물론 이런 적대적 모습이 일관되거나 지속적으로 등장하지는 않는다. 사도행전 후반인 23장 6-8절에 기록된 대로 산헤드린에서 바리새파가 바울 편을 들고, 사두개파는 그렇지 않았던 것으로 제시되지만 이것 이외에 적대적인 묘사는 보이지 않는다. 본문이 산헤드린을 부정적으로 나타내는 것은, 아마 선교 초기에 예루살렘의 정치 종교지도자들이었던 이들이 기독교에 대해 부정적인 인식과 태도를 가졌던 과거의 역사가 반영되었는지도 모른다. 사도행전 기록대상 시기인 주후 30년대에 산헤드린이 가졌던 기독교에 대한 부정적인 태도는 사실이었을 수 있다. 그렇다 해도 누가가 이 글을 쓰고 있는 주후 80년대 중반에 사두개파가 유대전쟁(66-70년) 중 사라지지 않았더라면, 또 그들이 전쟁 전과 같은 위세를 여전히 떨치고 있었더라면 그들에 대한 이런 식의 부정적인 언급을 누가가 쉽게 하기는 어려웠을 것이다. 누가의 저술 당시 사두개파는 교인들도 별 신경쓸 필요가 없는 존재로 추락해 있었다. 본문의 대제사장과 관련해서는 이미 앞에서 지적했듯이,[36] 사도행전 4장 6절에서 여기 등장하는 대제사장을 안나스(Annas)로 설명했지만, 역사적으로는 가야바(Caiaphas)라는 인물이 그 직책을 맡았다. 이 사람은 사도들이 두 번째로 체포되어 산헤드린 앞에 출두할 때 등장하고(행 5:27), 스데반 재판 때도 다시 등장한다.(행 7:1)

저자는 산헤드린이 베드로와 사도들을 다시 체포하게 된 연유가 그들의 '시기심'에 기인했다고 본다.[37] 이런 설명은 철저히 저자 자신의 독자적 판단과 해석에 근거한다. 그들의 내면에 자리잡은 '시기의 감정'을

---

36 이에 관한 논의는 이 책의 제1장 중 행 4:6의 설명 부분을 참고할 것.

37 "시기심이 가득하여"로 번역한 'eplēsthēsan zēlou'라는 표현을 '열심이 가득 차서'(filled with zeal)라는 중립적 의미로도 새길 수는 있지만 본문의 맥락상 '시기심'과 연관된 부정적인 것으로 이해되어야 한다.

누가가 파악할 길도 없었으려니와, 그들의 속 정서를 알기 어려운 시기인 사건 발생 50년 이후의 시점에서 기록하고 있기 때문이다. 그런데도 마치 시기심 이외에 여타 다른 심문 이유가 개입될 여지가 없다는 듯 저자는 이를 확언한다. 그들의 질투 감정만이 사도들 운명에 영향을 끼친 유일한 원인이라는 듯 단정한다. 다른 조사와 심문의 이유, 예컨대 새로운 모임 가담자들이 혹시 야기할지도 모르는 사회적 혼란이나 그들이 가져올지 모를 부정적 파급영향에 대한 당국자들의 당연한 관심, 또는 의무적이고 일상적인 검증절차 등의 가능성은 완전히 배제된다. 이른바 서술의 '정치성 탈색' 기미가 엿보인다는 것이다. 마치 치안유지를 맡은 책임자들의 직업적 사찰 의무는 누가로서는 짐작할 필요가 없는 사항인 듯, 그들의 조악하고 협소한 감정적 편향과 '시기심'만이 사도들의 체포에 작용했다는 것이다. 그런데 과연 '시기심'이라는 유대 지도자들의 편협한 감정이 사도들을 체포하는 원인으로 거론될 수 있을 것인가? 유대 권력자들의 태도가 순전히 개인의 내면에 발생한 정서적 굴곡이나 심상(心象)의 뒤틀림을 반영하고 있다면 질투가 체포, 심문의 원인으로 성립될 수도 있다. 하지만 시기심이라는 말을 개인의 사적 정서와 감정에 국한하여 이해하는 것은 상황의 지나친 단순화일 수 있다. 물론 이 용어가 갖는 감각적 측면이 그런 이해를 불러일으키는 부분도 있다. 그러나 저자의 이 말이 갖는 정서적 차원도 포함되어야 하지만, 그 외에 고려할 사항도 있다. 이를테면 유대인들이 초기 신도들에게서 자신들의 종교적 정체성이나 사회 안정의 기초를 흔들 수 있는 위험의 기미를 감지했거나, 그들이 판단할 때 아직 정체를 알기 어려운 불온한 세력의 성장이 줄 수 있는 체제위협의 가능성을 간파했다거나, 기성 유대사회의 안정성을 해칠지 모르는 무리들에 대한 경계심 등을 느꼈을 경우이다. 그럴 때 그들이 가졌던 복합적 감정이나 판단을 누가가 '시기심'이라는 심리적 용어로 표현했을 수도 있다는 것이다.

사실 누가는 사도행전 몇몇 곳에서 '유대인'의 시기심에 관해 언급한다. 비시디아 안디옥에서 유대인들이 바울과 바나바를 향해 가졌던 적대적 태도 역시 '시기심'이라는 정서적 용어로 수식한다.(행 13:45) 데살로니가에서 유대인들이 바울과 실라를 향해 품었던 것도 '시기심'이었다.(행 17:5) 스데반이 사도행전 7장 9절에서 요셉을 향해 형제들이 품었던 시기심을 언급하는데, 이런 태도가 사도들을 향한 유대교의 부정적 정서의 원형으로, 또는 은유적 암시로 기능하고 있음을 시사하는지도 모른다.[38] 그런 뜻에서 유대인들이 기성체제의 안정에 위해를 가할 수 있는 잠재적 위험을 처음 기독교인들에게서 발견했다면 그런 마음의 태도를 '시기심'이라는 말을 통해 표현했을 수 있다. 그것은 개인의 사적 태도라기보다는 집단적 정서와 의식으로 이해된다. 그러니까 종교적 '열심'(zeal)은 '시기심'(jealousy)이라는 형태로 나타났을 수 있고, 양자는 구분하기 어려운 동일체일 수 있다.

유대 권력자들은 시기심으로 '가득 찼다(plēthein)'. 베드로가 성령으로 '가득 찼던'(행 4:8) 상황과는 정반대로 대비된다. 시기심으로 가득 찬 유대 지도자와 성령으로 가득 찬 베드로의 대비는 어느 쪽에 진리의 추가 기울고 있는지를 자명하게 일러준다. 저자는 사람이 무엇으로 가득 차 있는가에 따라 그의 존재의 성격이 결정된다는 이해를 가졌던 듯하다. 그래서 아나니아의 마음에는 사탄이 '가득하였고'(행 5:3), 복음서 속 예수의 대적자들은 분노가 '가득하여서'(눅 4:28)라는 표현을 남겼을 것이다. 산헤드린 당국자들을 움직인 것은 그들 속에 '가득 찬' 시기심이었고, 그 편협하고 왜곡된 마음의 상태가 그들의 정체와 행동을 '규정한다'는 이해를 누가가 가졌으리라는 것이다. 하지만 산헤드린의 심문 이유를 '시기심'에서 기인한 것으로 설명하는 누가의 서술은 뭔가 석연치 않은 단순화가 엿보인다. 이런 저자의 단순화에는 의도치 않았지만 일말의 작위적 흔적도 묻어나는 듯하다. 좀 더 근본적이고 설득력 있는 심문 사유,

---

**38** Cf. Craig S. Keener, *Acts: An Exegetical Commentary: 3:1–14:28*, vol. 2, 1206.

이를테면 위에서도 지적했지만 치안 불안 요인이 될 사람들에 대한 임의(任意) 조사, 또는 사회적 소란을 일으킬 만한 자들에 대한 예비검속이나 수상쩍은 언동을 행하던 이들에 대한 탐문 등은 산헤드린이 통상적으로 수행해야 하는 의무일 수 있었다. 그런데 문제는, 권력 집행자들이 사도들을 향해 어떤 형태의 사소한 도발적 움직임이라도 작동되는 순간, 그것은 필연적으로 '정치적' 함축, 곧 권력과의 긴장이라는 관점에서 인식되거나 오해를 불러올 수도 있었다는 것이다. 즉 기독교가 반체제나 반기성 권력 집단으로 정치적 곡해를 받을 수 있다는 것이다. 그러니 이제 처음 출범한 교회가 그런 불필요한 오해나 의구심을 받거나 근거 없는 혐의로 당할지 모를 백안시(白眼視)를 털어낼 필요가 있었을 것이다. 이를 위해 누가는 전형적인 탈정치적 언어로 권력자들의 권력 집행 사유를 제시할 까닭이 있었을 것이다. 장차 권력과의 긴장, 갈등 대립이 불거지겠지만, 지금 이 장면은 기독교의 출발에서 '처음 중의 처음'에 속하는 발단 단계에 있다는 점을 유념할 필요가 있다. 그래서 등장한 것이 시기심이라는 사적이고도 용렬(庸劣)한 감정놀음, 이 장면의 상황과 잘 어울릴 것 같지는 않은 개별 정서적 기제의 적용, 즉 심문 이유의 '단순화'인 듯하다.

그런 사정이 실제 작용했든 그렇지 않았든, 여기 누가가 새삼 거론한 '시기심'의 배후를 살펴 저자의 설명을 납득할 수 있도록 노력하는 것은 의미가 있다. 이 시기심은 앞서 묘사한 신도들의 '성공'에 대한 반응이었으리라는 점이 자명하다. 시기라는 것은 본래 타인의 성공에 자극받아 발생하는 내면의 심리적 불편함 중의 한 징후이다.[39] 직접적으로는 사도

39 초기 기독교의 성공과 이것이 야기하는 '질투'에 관해 언급할 경우, 고대 지중해 도시의 '명예/수치' 사회에서의 설명도 같은 맥락이다. 즉 고대의 경쟁적이고 제한적인 '명예 문화'에서 사도들의 활동에 대한 대중의 지지와 호응이 기성 권력자들에게 향해야 할 지지기반을 감소시킬 수 있다. 그런 것들이 권력자들의 시기를 발생시킬 수 있다는 설명이다. F. Scott Spencer, *Acts* (Sheffield: Sheffield Academic, 1997), 43; Craig S. Keener, *Acts: An Exegetical Commentary: 3:1-14:28*, vol. 2, 1206.

들에게 온 '병자와 귀신 들린 사람들'이 '모두' 치료받았다(16절)는 사실이 질투를 불러일으켰을 수 있겠지만, 그 이전에도 '믿고 주님께 나아오는 사람들이 많아지고 남녀가 큰 무리가 된'(14절) 사정이 시기심을 자극했으리라는 점도 짐작할 수 있다. 게다가 갈릴리 출신의 못 배운 사람들이 보여주는 영적 능력과 그들에 대한 대중적 호응이라는 점이 그런 질투심을 더욱 부채질했을 수도 있다. 이런 이질적 외부인, 소수자요 열등한 존재인 사람들에 대한 불편함은 본문에서 사두개'파'(hairesis)라는 '파벌적' 용어 사용에서도 간접적으로 짐작할 수 있다.[40] 이 용어가 쓰인 맥락이 그리스적 철학학파를 지칭하든, 요세푸스가 언급한 유대교의 파벌을 의미하든, 여타 다른 유파나 붕당(朋黨)이든, '우리'가 아닌 '저들 타자'에 대한 감정적 태도에 시기심이 기본적으로 작용했으리라는 점을 감안하면 여기 표현된 질투의 복합성을 짐작할 수 있다. '파벌'의 존립은 다른 그룹에 대한 시기를 기반으로 성립될 수 있고, 그 시기는 '우리'의 성공이 아닌 타인, 특히 '외부자'의 성공에서 반작용의 형태로 비롯되고 강화되기 일쑤이다. 이런 질투의 부정적 심사(心思)가 결국 '이질적' 사도들을 감옥에 가두게 만들었다고 누가가 파악했다는 것이다. 탈정치화의 어젠다는 복안으로 숨겨놓았을 가능성이 있음은 물론이다. 여하튼 누가는 권력자들이 '시기심이 가득하여 들고 있어나' 사도들을 체포, 투옥하게 되었다고 말한다.

### 2) 체포와 투옥(18절)

누가는 대제사장과 유대 지도자들이 사도들을 투옥시킨 사실을 아래와 같이 전한다.

---

40 기독교를 '나사렛 파당'이라 지칭하는 현상이 있었음을 바울 재판 상황에서 더둘로의 발언(행 24:5)을 통해 알 수 있다. 그러나 이 말은 중립적 의미를 가졌을 것이고, 아직 이 시기엔 '이단적' 의미를 부여한 것 같진 않다.

사도들을 공개적으로 잡아다가 감옥에 가두었다.(행 5:18)

대제사장을 비롯한 사두개파 사람들이 일단 사도들을 잡아다 옥에 가뒀다고 하는데, 여기 등장하는 '사도들'이 누구를 가리키는지는 분명하지 않다. 어쩌면 베드로와 요한(행 4:23)을 비롯한 교회지도자들이 포함되었을 것 같지만, 그들의 인원수나 정체를 정확히 알 근거는 없다. 이 구절에서 눈에 띄는 것은 사도들이 감옥에 갇히는 방식이나 형태이다. 18절 본문은 대제사장 등이 사도들을 감옥에 '공공연히'(dēmosia)[41] 가두었다는 뜻으로 읽어야 할 듯하다. 사도들에게 가해지는 모욕, 명예훼손을 드러내는 표현이다. 고대 명예 사회에서의 모욕, 체면 손상의 의미는 남다르다. 그러나 나중에 이 사건의 결말에 이르러(행 5:41) 사도들은 이런 능욕을 오히려 기뻐하며 영예로 여기는 반전, 곧 명예와 수치의 완전한 전도(顚倒) 모습을 보여준다.

누가는 사도들을 체포한 즉시 산헤드린이 문초하고 조사를 벌이지 않고 감옥에 가둔 이유를 밝히지 않는다. 어쩌면 사도행전 4장 3절에서처럼 '날이 이미 저물어' 심문을 벌일 시간적 여유가 없어서 그랬는지도 모른다. 아니면 모인 사람들이 흩어지기를 기다리며[42] 일단 억류했을 수도 있다. 저자에게서 이를 확실히 알게 할 분명한 언질을 기대하기는 어렵다. 사도행전 5장 14절에서 '믿고 주님께 나아오는 사람들이 더 많아져 남녀의 큰 무리가 되었다.'고 언명했는데, 이를 감안하면 호의적 지지자들이 흩어져 사라지기를 기대하며 하룻밤을 붙잡아둘 수는 있다. 백성들을 의식하여 강경한 조치를 취하지 않는 권력당국의 모습은 사도행전 4장 21절에서 이미 보인 바 있기 때문이다.

그러나 지지자들을 피해서였든, 아니면 다른 이유에서였든 당국자들

41 19절의 '밤'을 설명하면서 다룰 것임.

42 Richard I. Pervo, *Acts: A Commentary*, 140, n. 2.

이 사도들을 감옥에 가둔 것은 이미 중대한 권력행사로서 법적 의미를 갖는 심각한 행위로 이해되어야 한다. 인신(人身)의 구금이 하찮은 희롱이 될 수는 없기 때문이다. 이런 조치의 이면에는 권력자들이 품고 있던 초기 교인들, 특히 지도자들에 대한 의구심과 일종의 혐오감정이 작용한 것으로 보아야 한다. 단순한 조사나 지지자들의 눈길을 의식한 이유에서였다면 그날은 일단 사도들을 방면하고, 다음 날 시간을 정해 출두하라고 일렀을 수도 있기 때문이다. 그렇게 하지 않았기 때문에 이 구금조치에는 이미 권력자들의 사도들에 대한 부정적 인식과 관점이 반영된 것으로 보아야 한다.

이렇게 사도행전 4장에 이어 두 번째로 겪게 되는 투옥 경험은 사도들이 누가복음 21장 17절("너희는 내 이름 때문에, 모든 사람으로부터 미움을 받을 것이다.")에서 했던 예수의 예언을 이루고, 그가 겪은 박해의 모범을 따르게 되는 결과를 낳게 된다. 사도행전에서 저자가 보여주는 기독교 박해의 사례들은 적지 않다. 이곳 본문에서 보이는 산헤드린의 체포 구금(행 5:17–42), 스데반의 체포와 처형 및 이어지는 교회 박해(행 6:8–8:3), 바울의 경우에는 다메섹과 예루살렘에서 위협 당한(행 9:19b–30) 이후 그의 선교 내내 사도행전 마지막까지 계속하여 이어지는 각종 박해(행 13–28장)을 떠올릴 수 있다. 이를 대별하면, 유대인과의 대립에 의한 박해(행 13–21장)와 로마 권력과의 갈등에 의한 수감생활, 그에 덧붙여 말타의 파선(행 23–27장)과 같은 재난 역시 박해 중에 벌어진 사건이었다.[43] 그런데 이러한 박해들은 예수 부활의 증인들이 마땅히 치러야 될 경험이요 고난이다. 그것은 신자들이 예수의 고난에 동참하는 방식이고, 그가 간 길을 함께 가려는 이들이 겪는 예수와의 일체화와 동일시의 경험이다.

---

43 참고: Scott Cunningham, *'Through Many Tribulations': The Theology of Persecution in Luke-Acts* (Sheffield, UK: Sheffield Academic, 1997).

고난을 통해 초기 교인들은 예수의 삶에 뛰어들어 그와 한몸을 이루게 된다. 따라서 고난은 처음 기독교인이 된 사람들에게는 예수의 부활을 증언하는 또 다른 형식이 되며, 증인으로의 자기 정체를 확인하는 방법이 된다. 그러므로 고난은 신자의 영예요 기쁨으로 받아들여진다.(행 5:41)

박해를 당하게 되는 신도들은 하나님의 초자연적 간섭이나 여타 다른 인간적 요소들이 섭리적 개입의 도구로 활용되는 사례를 통해 항상 그 고통을 극복하는 경험을 한다.[44] 부활의 증언은 신자들의 박해를 낳고, 박해는 신적 개입을 통해 극복되며, 예기치 않은 긍정적 결과를 산출하게 되는 일종의 패턴을 되풀이한다. 증언 이후의 박해, 신적 개입으로 인한 극복, 그리고 예상하지 못한 좋은 결과가 이어지는 순차적 진행 단계를 보인다는 것이다. 단적으로 스데반의 경우가 이를 대변한다. 그는 죽음을 피하지 못하여 이런 박해를 벗어나는 극복 사례에 해당되지는 않는다. 하지만 그의 '장엄한 순교'(행 7:55-56)를 밑거름으로 복음선포는 예루살렘을 넘어서 각처로 퍼져가는 결과를 야기하여, 마침내 '스데반에게 가해진 박해 때문에 흩어진 사람들이 페니키아와 키프로스와 안디옥까지 가서'(행 11:19) 말씀을 전하고, 교회를 설립하게 되는 성과를 거두게 된다. 따라서 그의 순교는 박해를 선교의 확장으로 극복하는 범례를 보이는 것이다. 그러므로 박해를 겪는 것은 선교의 실패도 아니고, 신도의 좌절 경험도 아니다. 이런 신자들의 박해 경험과 선교 노력을 통해 결국 기독교는 무엇을 성취하려 하는가? 누가의 바울이 전하는 예수 발언에 그 답이 담겨 있다.

> [17]나는 이 백성과 이방인들 가운데서 너를 구원하여 그들 이방인에게 보내어, [18]그들의 눈을 뜨게 하고, 그들이 어둠에서 빛으로, 사탄의 권세에서 하

---

44 행 5:19-21, 12:6-11, 8:12-13, 특히 바울의 경우, 행 9:23-25, 29-30, 17:13-14, 23:12-16, Cf. 21:11-14.

나님께 돌아오게 하고, 또 그들이 죄사함을 받아서 나를 믿음으로 거룩하게 된 사람들 가운데 들게 하려는 것이다.(행 26:17-18)

결국 고난과 박해를 겪는 예수의 증인(행 26:16)이 되어 그의 길을 밟아가는 것, 그것의 성취를 위해 고난을 겪는 것이다. 그래서 누가의 바울은 이렇게 말한다. "우리가 하나님 나라에 들어가려면 많은 고난을 겪어야 할 것이다."(행 14:22b) 그런 온갖 고난과 박해의 끝에 마침내 "증언자의 생애 자체가 복음이 되는 것이다."[45] 기억의 대상으로서의 박해와 죽음의 경험은 예수 한 분으로 충분하다. 죽음의 기억은 한 분으로 족하고, 그분에게만 집중된다. 예수의 죽음만이 기억되고 반추되어 신자 각 개인의 삶을 비추는 기준이나 가늠자로 남아야만 한다. 그를 따르는 자는 기억의 대상으로 다른 이의 삶을 비추기 위해 고난의 길에 들어서는 것이 아니라, 고난을 겪는 당사자로서 고난을 통해 예수를 증언하는 증인의 역할을 떠맡는 것이다. 누가는 이런 고난 의식에 충실했다.

## 2. 기적적 탈출과 연행(행 5:19-26)

### 1) 탈출과 성전 강론(행 5:19-21a)

산헤드린 지도자들에 의해 투옥된 베드로와 사도들은 신비한 탈옥 체험을 하게 된다. 천사가 나타나 그들을 석방시킨 것이다. 소위 '구출 기적'을 보여주는데, 이런 감옥으로부터의 구출 사례를 사도행전 12장 4-10절(천사의 개입)과 16장 23-34절(지진의 기적)에서 더 발견할 수 있다. 이런 '감옥 탈출' 관련 이야기는 고대문헌에서 흔히 발견되는 주제이다. 주인공

45 Daniel Marguerat, "The Resurrection and Its Witnesses in the Book of Acts," in *Reading Acts Today: Essays in Honour of Loveday C. A. Alexander*, ed. by Steve Walton et al. (London: T&T Clark, 2011), 184.

이 정치권력에 의해 투옥되고, 야밤에 천상적 존재가 나타나 구출한다는 설화의 골격은 구조적 유사성을 지닌 채 여러 자료에서 찾을 수 있다.[46]

### (1) 천사 등장의 의미

사도행전 5장 단락에서 사도들의 구조자로 등장하는 의외의 존재가 둘 있다. 천상계에서 뛰어든 천사와 대적자인 바리새인 가말리엘이다.(행 5:34–39) 천사는 사람들의 일상적 기대와 예상, 지상의 희망과 전혀 관련 없는 차원에서의 개입이라는 점에서 초자연적 파격으로 간주된다. 다른 하나의 파격은 사도들을 비난하고 위기에 빠트린 '적대 그룹' 중 주요 인물이 사도들의 구출자로 나섰다는 점에서 돌발적 개입의 극적 성격을 돋보이게 한다.[47] 이런 파격성이야말로 이야기 전개의 흥미와 긴장을 높이는 서사적 기능을 수행한다.

누가는 감옥에 갇힌 베드로와 사도들을 '천사'가 나타나 구출한 것으로 보고한다. 물론 감옥으로부터의 이 탈출은 '잠정적' 성격을 갖는다. 얼마 지나지 않아 사도들은 다시 붙잡혀(행 5:26) 산헤드린의 심문을 받게 되기 때문이다.

> 19밤에 주님의 천사가 감옥 문을 열고, 그들을 데리고 (밖에) 나와 말하였다.
> 20'가라! 성전에 서서, 백성에게 이 생명의 말씀을 모두 말해라!'(행 5:19–20)

① 천사는 구출자로서, 그리고 명령의 전달자로서 등장한다.[48] 20절

---

46 이와 관련된 다양한 고대 자료들에 관해: Craig S. Keener, *Acts: An Exegetical Commentary: 3:1–14:28*, vol. 2, 1209, n. 36; Daniel Marguerat, *Les Actes des apôtres (1–12)*, 189, n. 5–6.

47 이에 관해서는 이 책의 제6장에서 취급할 것이다.

48 누가는 눅 1:11, 2:9, 행 8:26, 10:3, 12:7–11, 15, 23, 27:23 등에서도 천사에 관

의 언급이 천사 자신의 독자적 권위에 의한 명령이 아니라면, 그것은 하나님의 분부를 받들어 전달하는 메신저의 기능을 수행한 것으로 보아야 하기 때문이다. 위의 본문에서 눈에 띄는 것은 천사의 행위이다. 천사는 이 장면의 주역으로서 세 가지 행동을 한다. 첫째, 감옥 문을 연다. 둘째, 사도들을 밖으로 데리고 나온다. 셋째, 사도들에게 명령한다. 여기 등장하는 '감옥'의 쓰임새는 재판을 앞둔 피고인 또는 범죄 용의자를 임시 억류·구금하는 것과, 재판이 끝난 죄수에게 일정 형기 동안 '징벌'을 내리기 위한 감금의 용도로 나눌 수 있다. 그런데 본문에서는 재판이나 심문을 앞둔 사람들을 '임시'로 구금하려는 목적의 공간으로 감옥이 등장한다. 그렇다 해서 천사로 인한 탈옥의 의미가 퇴색되는 것은 아니다. 임시구금이든, 징역이든 억류의 고통과 부자유는 마찬가지기 때문이다.

이처럼 등장하여 사도들을 구출한 천사의 행위, 그 세세한 움직임은 전혀 보고되지 않는다. 즉 천사가 어떻게 감옥에 나타나 어떤 모양의 문을 어떻게 열었으며, 20절의 명령을 마친 다음 어떤 모습으로 사라졌는지 알리지 않는다. 게다가 이런 탈출이 이뤄지던 당시에 감옥을 지키던 옥리(獄吏)나 감시원들은 어디서 무엇을 했으며, 그들의 반응과 대처 행위는 어떠했는지를 기록하지 않는다.(22절 참고) 마치 디테일 없는 사건 개요를 최소한으로 전달하듯 핵심적 사건만 알린다. 저자의 관심은 사건의 세부 묘사와 인과율에 입각한 사실보고에 있었던 것이 아니다. 이 사건이 갖는 의미와 상징, 암시에 더 관심이 있었던 듯하다. 이후에 다시 언급하겠지만, 박해를 겪을 경우에 하나님의 예지 아래 그가 보호하시고 이끄신다는 의미 부여에 더 관심이 있다. 누가는 사도들의 투옥, 탈출, 성전에서의 가르침 등의 사건 내부에 간직된 의미의 해독을 보다 더 기대했다는 것이다.

---

해 언급한다.

② 천사의 개입은 구약의 현실과 상상에 익숙한 유대적 상징세계 속의 사람들에게 아주 새롭거나 경악할만한 사건이라 말하기는 어렵다. 그러나 바로 이 장면에서, 베드로의 구출을 굳이 천상적 존재의 직접 개입을 통해 이루게 된 필연적 사유를 찾기가 쉽지 않다. 베드로라는 인물의 지도적 위치와 권위를 부각시키기 위함이라든가, 하나님의 섭리에 대항하는 세력에 대해서는 '주의 천사'가 직접 개입하여 맞설 것이라는 의미, 혹은 초기 기독교 선교 발달의 역사적 가치와 중요도에 비추어 초월적 개입을 통한 의미부여와 섭리적 후광효과, 천상의 지원과 동행을 교회 발전 초기 단계부터 돋보이게 하려는 데 두루 뜻이 있었다고 말할 수 있다. 본질적으로 천사는 눈에 보이지 않는 하나님의 임재와 동행을 역사 속에서 가시적으로 보여주는 신성의 현재화된 실체를 드러내는 존재이기 때문이다.

이중 특히 강조해야 할 부분은 새로 출발한 기독교가 외부적 방해와 박해를 통해 위축될 수 있는 시점에 신적 존재가 나타났다는 점이다. 억압과 고난에도 불구하고 떨쳐 일어나 나아가야 될 것을, 박해의 위협에도 좌절하지 말고 선교의 행진을 계속해야 할 것을, 투옥의 경험 한복판에서 보여줄 필요가 있었다는 것이다. 이것은 사도들의 기적적 탈출이 갖는 또 다른 관련성을 상기시킨다. 그것은 마치 이스라엘인이 이집트에서 바로의 폭압으로부터 기적적 탈출을 이뤘듯이 천사의 도움으로 정치권력의 박해로부터의 탈출을 이뤘다는 유비(類比)의 성격을 연상하게 한다. 물론 그 병행관계를 직접적으로 명백하게 입증하기가 쉽지 않다 하더라도 탈출을 통한 출애굽 기억과의 연결이 부자연스럽지는 않다.[49] 모든 억압으로부터 탈출의 원형으로 간주되는 출애굽과의 연관성을 사도들의 감옥 탈출의 기록 역시 갖게 되는 것이다. 마치 하나님이 이스라엘 백성

---

49 Cf. John Weaver, *Plots of Epiphany: Prison-Escape in Acts of the Apostles* (Berlin: Walter De Gruyter, 2004), 101-104.

을 감옥과 같은 이집트로부터 '데리고 나옴'으로 구원역사를 이루신 것처럼 천사를 통해 베드로와 사도들을 감옥으로부터 '데리고 나옴'으로 하나님은 새로운 구원역사를 이루신다.

③ 사도들이 감옥에 갇히게 된 이유는 그들의 선교적 성공 때문이었다.(행 5:16, 앞서 4:4의 경우도 참고) 그렇다면 장래 펼쳐질 선교활동의 성공도 투옥으로 이어질 가능성이 있다. 선교의 '성공이 투옥으로' 이어지리라는 미래에 대한 공포를 지우고 다시 선교 성공을 향해 나아가게 하는 데는 비상한 계기가 필요하다. 그것이 바로 초자연적인 천사의 출현으로 인한 지원과 안전의 보장이었다. 천사의 등장과 그를 통한 감옥탈출은 그보다 더 나을 수 없는 격려와 응원이 될 수 있었다. 이제 앞으로의 기독교의 진행도 천사가 보호하고 인도하는 섭리의 실현이 될 것이라는 기대가 이뤄지는 것이다. 그래서 그들이 장차 하늘의 보호를 받으리라는 일종의 보증 메시지를 천상의 '메신저'(aggellos, 天使/使者)로부터 받게 되었다는 것, 이것이 천사 개입의 의미 중 하나이다.

④ 사도들이 천사의 도움으로 탈출한 감옥의 모습을 특정할 수는 없다. 하지만 그 감옥에는 '문'(행 5:19)이 달려 있다. 물론 문 없이 노천에서, 또는 벽 없는 가설건물에서 간수의 감시만으로 구금되는 상황도 있을 수는 있다. 하지만 이곳은 '문'이 달린 건물로서 감옥의 용도로 쓰인 시설인 듯하다. 그렇다 해도 이 건물의 위치와 상황에 관한 어떤 역사적인 추정은 가능하지 않다.[50] 여타 다른 정보 없이 누가는 '감옥과 문'이라는 개념만으로 구금시설의 폐쇄와 부자유, 물리적 억압을 묘사할 뿐이

---

50 감옥의 구체적 위치와 정보를 알아보려는 어떤 시도도 진지한 것으로 보기는 어렵다. 예를 들어, 이것이 안토니아 요새 안에 위치하지는 않았고, 성전 가까이에 자리 잡고 있었을 것이라는 추정 등(Craig S. Keener, *Acts: An Exegetical Commentary: 3:1-14:28,* vol. 2, 1208)은 별반 근거 없는 추측이다.

다. 천사가 사도들을 구출한 그 '문'은 바깥 현실과 감옥 사이의 차단장치였다. 하지만 동시에 그 '문'은 기독교 복음전파를 훼방하거나 억압하는 모든 지상적 제어, 권력의 횡포, 폭력의 속박을 상징하고, 그 '문'으로부터 전도자들이 탈출하게 되었을 때 그것은 새로운 미래로의 '열린 문'을 상징한다. 결국 그것은 선포자들이 전할 복음의 석방과 자유 자체를 시사한다.

⑤ 천사는 '밤'에 나타났다. "밤에 주님의 천사가 감옥 문을 열고, 그들을 데리고 (밖에) 나와 말하였다."(행 5:19) 누가는 천사가 사도들을 데리고 감옥 밖으로 나온 때가 '밤'이었다고 한다. 이 '밤'의 은밀한 이미지는 18절("사도들을 공개적으로 잡아다가 감옥에 가두었다.")의 '공개적으로'(dēmosia)라는 단어를 상기하게 한다. 그런데 NRSV는 'dēmosia'라는 말을 형용사 'public'이라는 말로 옮긴다.[51] 하지만 이 단어는 'public' 뿐만 아니라, 'publicly'라는 부사로 옮겨 투옥 '행위를 수식'하는 번역도 무방하다.[52] 특히 '밤'의 은밀성과 대조되는 측면을 이 단어를 통해 강조했을 수 있다는 점을 감안하면 이 말을 '공공연히, 드러나게'라는 뜻으로 새기게 된다. 그렇게 되면 권력자들이 과시하듯 '드러내어' 사도들을 감옥에 투옥함으로 자신들의 힘과 권위를 과시했다는 점과, 천사가

---

51 '(They) arrested the apostles and put them in the public prison.'이라고 번역한다. 대부분의 성서 번역들, 이를테면 NIV, NASB, Segond 21 등이나 여타 주석자들도 이와 비슷하게 번역했다. Luke T. Johnson, *The Acts of the Apostles*, 94; Joseph A. Fitzmyer, *The Acts of the Apostles: A New Translation with Introduction and Commentary*, 330. 콘첼만은 'common prison'(Hans Conzelmann, *Acts of the Apostles*, 40) 등등.

52 행 16:37, 18:28, 20:20에서도 이런 뜻으로 사용됐다. 이 같은 방식으로 이해한 사례들: Beverly R. Gaventa, *The Acts of the Apostles* (Nashville: Abingdon, 2003), 106; Craig S. Keener, *Acts: An Exegetical Commentary: 3:1-14:28*, vol. 2, 1208.

출현한 '밤의 은밀함'이 갖는 은유의 뜻을 대조적으로 짚을 수 있다는 이점이 있다.

그렇다면 왜 천사는 '밤'에 나타나 사도들을 구출하였는가? 저자가 밤이 갖는 은밀함, 비밀스러움의 은유적 내포를 통해 하나님의 섭리와 개입은 은밀히 작동되는 것을 보이려 했는가? 어쩌면 저자는 밤의 이미지를 통해 신적 계획의 집행이 지상의 여타 다른 사람의 이해(利害), 간섭, 관찰과는 무관하게 섭리의 내적 충일함이나 자기운동 원리에 따라 작동됨을 보이려 한 듯하다. 즉 그것은 인간의 기대와 관심, 흥미, 이해관계와는 전혀 상관없이 오직 하나님의 뜻에 따라서만 움직일 뿐이라는 신비적 측면을 암시하려고 했으리라는 것이다.

(2) '생명'의 말씀

사도들은 박해의 어려움에도 불구하고 더욱더 선포와 증언에 매진해야 할 근거가 마련된다. 말씀 전파에 대한 천사의 독려와 명령을 전달받게 되는 것이다.

> '가라! 성전에 서서, 백성에게 이 생명의 말씀을 모두 말해라!'(행 5:20)

① 천사의 말 중 '가라, 말해라'는 두 동사가 모두 명령법으로 이뤄졌다. 발언 내용의 분명함, 지엄함을 강조하는 것이다. 이런 명령은 베드로 등 지도자들이 행한 지금까지의 선포행위를 정당화한다. 또한 이때까지 행한 선포의 가치를 드높이는 동시에, 앞으로 펼쳐질 활동의 정당성에 대한 확신, 선포의 당위, 그 근거와 의미를 분명히 드러내려는 뜻이 있다. 말씀 선포는 천상적 명령을 수행하는 과업이 되는 것이다. 이런 선포의 정당성과 의의를 천사가 직접 명령함으로 확고히 했다는 점에 주목해야 한다.

천사는 '이 생명의 말씀'을 '모두' 말하라고 한다. 여기서 말하는 '생명의 말씀'은 예수를 통해 누리게 되는 생명을 의미할 것이다. 이는 사도행전 3장 15절에서 '생명의 근원이 되는 주님'이라는 표현에서 미루어 알 수 있다. 사도행전 11장 18절에서도 베드로가 고넬료에 관한 이야기를 전하자 예루살렘의 할례받은 신도들이 예수를 염두에 두고 한 말, 곧 '하나님이 이방인들에게도 생명을 얻는 회개를 주셨다.'라는 언급을 남긴다. 따라서 사도들과 초기 교인들 모두가 개입하고 관련된 것은 '생명의 말씀'이다. 사람을 살리고 죽이는 과제요, 삶의 원초적 조건, 의미와 관계되는 중요성을 지닌 문제가 여기에 달려 있다. 기독교는 애초부터 유대교의 가치와 세계관을 계승, 보존한다. 하지만 그 핵심은 인간의 '생명'과 관련되는 절체절명의 문제와 직결되고 있다는 점을 강조한다.

② 천사가 '성전과 생명과 선포'를 연결지어 말하는 데는 남다른 의미가 있다. 성전은 유대민족 자체를 공간적으로 대표하고, 그동안 쌓여온 이스라엘 전(全) 역사가 총체적으로 반영, 응축된 공간이다. 유대교의 정치, 종교, 문화, 사회의 중심성을 대변하는 정점에 그것이 서 있다. 요컨대 성전은 유대민족을 표상한다. 그러므로 유대교적 가치의 상징인 성전에서 이 생명의 말씀을 전하라는 것은, 유대교가 간과하거나 미진하거나 결여된 '생명'과 관련된 것들을 '가르치라'는 뜻이다. 유대교의 한계를 지적하고 그 타개책, 대안적 극복방안을 바로 그 성전에서 가르치라는 것이다. 가르치라는 명령에는 그런 함축이 스며 있다. 그것을 천사의 명령, 곧 신적 명령으로 하달했다는 것은, 이 과제가 엄중하며 결정적으로 중요하다는 이해가 반영된 것이다. 그 생명은 예수로 인해 비롯되었다. 그것은 사도행전 13장 26절에서 바울의 입을 통해 드러냈듯이 하나님이 보내신 '구원의 말씀'인 것이다.

그런 뜻에서 '성전에 서서… 말하라'는 표현의 저변에 담겨 있는 기존 유대교에 대한 도전과 교정의지를 심각히 고려해야 한다. 유대교, 또는 '성전체제 종교' 안에는 계승되어야 하는 어떤 의미론의 차원이 있다.

하지만 예수와 관련된 새로운 세계관에 입각해서는 단호한 단절의 정리가 필요하다는 뜻이 이 단락의 행간에 숨어 있다. 주후 80년대 누가의 관점에서 성전종교는 유형적 성전건물이 이미 10여 년 전 완파되었듯이 극복되어야 한다. 그러나 그 종교의 상징과 가치의 보존이 필연적이듯 신앙전통의 계승과 유지는 필요하다.[53] 이런 이중적이고 역설적인 과제를 신생 기독교가 떠안게 되었다는 인식이다. 이것이 80년대 중반 사도행전을 기록하던 누가 시대 교회 지도자의 의식 가운데 명료하게 자리 잡고 있었음을 이런 서술을 통해 엿볼 수 있다. 이 같은 이해가 지나치지 않음을 예시하듯 이 문맥에서 '성전'이라는 용어가 12(솔로몬 행각)-42절 사이에 모두 여섯 번 등장하고 있음을 눈여겨볼 필요가 있다.

(3) **탈옥과 재(再) 선포**

사도들은 천사의 개입으로 감옥을 탈출하게 된다. 그런데 그들의 탈옥은 개인적 석방의 자유를 향유하는 것으로 마무리되지 않는다. 뿔뿔이 흩어져 제 갈 길로 가는 것이 아니라, 다시금 모여 선포의 대열에 나서게 된다. 사도들은 '새벽에 성전에 들어가서 가르치게'(21a절) 되는 것이다.

> 그들이 (이 말을) 듣고는, 새벽에 성전에 들어가서 가르치고 있었다.(행 5:21a)

사도들이 이른 '새벽'에 성전에 들어가 가르쳤다고 한다. 고대 지중해 연안사회에서 공적 활동은 이른 시간, 어쩌면 오전 6시부터 시작되었다는 견해가 제기된다.[54] 그렇다 하더라도, 과연 그 이른 시간에 사도들

---

53 유대교와 기독교의 연속, 단절 등에 대한 논의는 유상현, 『사도행전 연구』, 152-155, 225-230을 참고.

54 유대인들도 이른 시간에 방문이나 제반 활동을 했으며, 해뜰 무렵 아침기도회를 갖기도 했다고 한다. Craig S. Keener, *Acts: An Exegetical Commentary: 3:1-*

의 가르침을 들을 사람이 누구였으며, 그 수효가 얼마나 되었을 것인지 의아스럽다. 하지만 그 이유를 캐묻기는 어렵다.[55] 누가의 서술감각에 따르면 그렇다는 것이다.

① 체포된 곳에서 재 선포

천사의 명령을 들은 사도들이 성전으로 '다시' 들어가 가르쳤다는 누가의 전언이다. 여기서 초기 사도들이 복음선포에 기울였던 집요함과 절대적 헌신을 저자가 환기시키려는 의도를 발견할 수 있다. 저자는 감옥 탈출 이후 다시 모여 '체포된 그곳'에서 변함없는 의지로 다시 가르치는 사도들을 강조한다. 감옥에 갇혔던 사람들이 탈출하여 공개적 장소로 가서 그곳에서 사람들 앞에 서서 가르친 행위는 상식적으로는 이해가 되지 않는다. 권력자의 눈에 이들은 두 가지 명백한 잘못을 행한 사람들이다. 일단 불법 탈옥했다는 사실이 엄중한 죄과로 지목될 수 있다. 또한 그런 탈옥범이 사람들 앞에 다시 나타나 금지행위(행 4:17–18)를 벌인다는 것 역시 잘못이다. 그런 잘못을 범했다는 것은 공권력에 대한 명시적 도전이요, 산헤드린 당국에 대한 분명한 저항으로 간주될 일이다. 이들이 공개적으로 그 일들을 범했으니 다시 체포되어 곤욕을 치르리라는 것은 필연적 사태 전개이다. 사도들은 이런 예견되는 일들을 무릅쓰고 성전 선포를 감행한 것이다. 산헤드린이나 공권력을 두려워하지 않는 그들의

---

*14:28*, vol. 2, 1213–1214. 키너는 그 이른 시간에 사도들이 이미 준비된 무리들을 발견할 수 있었다고 보지만, 이는 좀 억지스러운 추정인 것 같다. 그가 예를 든 눅 21:38의 예수의 경우도 비슷한 의아스러움을 갖게 하지만, 그렇지 않다 해도 이곳 본문과 복음서와는 상황이 다르기 때문이다. 거기엔 이미 알려진 예수의 말씀을 일부러 듣기 위해 성전에 모였다고 기술한다.

55 예언자들이 이른 시간에 교훈했다는 기록이 있음에도 의아스러움은 여전하다. 심지어 성전 문이 자정에 벌써 열려(Josephus, *Antiquities of the Jews*. 18.29) 이른 아침의 활동이 보장된다 해도 본문의 새벽 가르침을 쉽게 납득할 수 있는 것은 아니다.

용기와 신념을 칭찬해야 하지만, 상식적으로 쉽게 납득할 수 있는 선택은 아니다. 이런 상황을 모를 리 없는 그들은 엄청난 두려움을 경험했을 것이고, 그 두려움을 극복하고 사람들 앞에 다시 선 것이라고 짐작해야 한다. 이것은 천사의 명령을 수행해야 한다는 사명의 지엄함과 그 과제가 필사적인 중요성을 갖는 것이라는 스스로의 자각이 있은 뒤에야 결행될 일이다.

이런 선포행위가 사도들의 용기와 강력한 의지를 보이는 측면이 있지만, 동시에 권력의 명령에 굴복하지 않는 모습을 보임으로 권력 자체의 무력함을 드러내는 측면으로도 이해될 수 있다.[56] 사도들의 용기, 곧 명령에 따르지 않는 것은 권력의 무능력을 보여주든가, 아니면 이런 명령 불복종에 대한 권력의 재(再) 탄압을 보여주든가 둘 중 한 가지 사태 발생의 가능성이 있었을 것이다. 이것이 얼핏 권력의 무력함으로 보일 수 있는 이유는 당국의 대응이 잔인하고 무지막지한 즉각적 제재의 모습을 띠지 않았기 때문이다. 그렇지만 권력의 반응이 마냥 무위나 무력함만이 아님은 이후의 사태로 알 수 있다. 결과적으로 권력당국은 사도들을 '때린 뒤 경고한 다음'(행 5:40) 풀어줬다고 저자가 설명하고 있기 때문이다. 극형이 따르지 않았을 뿐 사도들에게 엄한 형벌이 가해진 것은 사실이었고,[57] 그런 뜻에서 권력의 무력으로만 설명하기는 어렵다.

② 다시 성전에서

무엇보다 사도들이 탈옥 후 곧바로 향한 장소가 '성전'이었다는 점을 주목해야 한다. 천사의 명령에 따라 이뤄진 것이라 해도, 실제로 사도들은 탈옥 후 다른 장소가 아닌 성전을 향해 직접 갔고, 선포는 그곳

---

56 Cf. Luke T. Johnson, *The Acts of the Apostles*, 102.

57 제6장에서 행 5:40을 취급하며 다시 설명할 것임.

에서 이뤄졌다. 이와 관련하여 성전이 갖는 상징적 의미를 이미 위에서 언급한 바 있다. 유대교의 한계를 극복하며 구원의 해결책을 염두에 두고 성전을 향한 측면이 있다는 것이다. 그에 덧붙여 또 하나 고려해야 할 것은, 사도들의 성전에서의 선포는, 복음이 우선적으로 유대민족을 향해 선포됨을 시사한다. 그것이 하나님의 뜻이요 섭리라는 것이다. 이것이 누가의 이해이다.[58] 즉 유대인을 배제하는 기독교의 선교가 아니다. 유대인이 복음을 수용하느냐 안 하느냐의 여부는 나중 문제이다. 우선 복음은 유대인을 향한다.(행 13:46) 그 후 복음은 이방인을 향하게 된다. 유대인의 복음 거부가 원인이 되어 이런 방향이 나온 것이든, 그런 인과론과 상관없이 선교의 진행이 그처럼 이룩된 것이든 그 배경은 중요하지 않다. 복음은 사도들을 통해 성전에서 먼저 선포되었다는 모습이 담고 있는 의미, 곧 복음이 유대인을 배척한 것이 아니라는 사실이 중요하다.

감옥을 벗어난 사도들이 흩어지지 않고 곧바로 성전으로 가서 가르쳤다는 저자의 기록은 천사의 개입이 갖는 또 다른 차원을 시사한다. 그것은 일련의 탈옥과정이 사도들의 감옥 '탈출 자체'만을 위한 것이 아니라, '선포를 위한' 탈출[59]의 성격을 갖는다는 점이다. 하나님의 개입과 사도 보호는 그들의 '개인 신변'을 지키고 박해의 위협으로부터 안전을 돌보기 위함만이 아니다. 그것은 복음선포를 위함이었다. 그저 초기의 유력한 지도자를 보호하는 것만이 아닌 복음 선포자로 하여금 말씀을 '선포하게' 하기 위함이었다는 것이다. 선포자 보호와 선포 목적 함양이라는 두 뜻은 천사 개입의 의도를 설명한다.

---

58 어쩌면 예수께서 성전에서 가르치셨다(눅 20:2)는 모범을 좇아 사도들이 예수의 활동을 계승한다는 의미를 찾을 수도 있겠다.

59 John Weaver, *Plots of Epiphany: Prison-Escape in Acts of the Apostles*, 286.

### 2) 산헤드린의 반응과 대처(행 5:21b-26)

#### (1) 산헤드린 소집과 사도 소환 명령

사도들이 감옥을 벗어나 성전에서 가르치는 즈음, 같은 시간에 벌어진 산헤드린의 상황에 관해 누가의 진술이 이어진다. 이튿날 새로 모인 산헤드린은 사람을 보내 아직도 갇혀 있는 줄로 알고 있는 사도들을 데려오게 했다는 것이다.[60]

> (그때) 대제사장과 그와 함께한 이들이 와서 공의회와 이스라엘 자손의 모든 원로들[61]을 소집하고, 감옥[62]으로 사람을 보내어 사도들을 데려오게 하였다.(행 5:21b)

17절에 이미 등장한 '대제사장과 그와 함께한 이들'이 '이스라엘 자손의 모든 원로들'을 소집했다는데, 이는 분명한 과장법이다. '모든' 이스라엘의 원로들을 모이라고 할 수도 없었겠지만, 이 사건이 그럴 만한 사안도 아니었기 때문이다. 다만 사도행전의 기록에 따른다면, 베드로가 그간 행한 기적과 놀라운 일들이 예루살렘 주민들의 예외적 관심을 얻었고, 그런 일들을 벌인 사람들을 심문하는 일이라서 보통 이상의 흥미를 끌었다고 가정할 수는 있다. 그렇게 보면, 적잖은 원로들이 모일 수 있는 계기는 마련되었을 것이라 추정할 수 있다. 그렇다 해도 이스라엘 '모든 원로들'을 총동원하여 소집할 수는 없었을 것이다. 이런 사정을 기록한

---

60 저자가 사도들의 가르치는 장면과 산헤드린 모임의 장면을 동시적으로 관찰할 수 있는 전지적 시점을 가졌다든가, 나뉜 두 시공을 때로는 연결하고 때로는 구분하며 결과적으로 사건을 통합하는 '기록자의 전능'을 발휘한다는 점 등은 굳이 지적할 필요가 없는 진부한 사항이다. 그런 능력에 힘입어 누가는 경우에 따라 과장, 윤색, 수사적 손질 등을 합법적으로 수행할 수 있다.

61 'gerousia'란 집합적 의미로 '원로단(團)'으로 볼 수 있다.

62 여기서의 단어는 'desmōtēvrion'인데 18절의 감옥은 'tēvrēsi'로 표기됨.

저자가 품은 의도에는 다음 사항도 포함돼 있을 것이다. 누가는 베드로와 사도들에 관한 사건이 '대제사장과 그와 함께한 이들이' 산헤드린과 이스라엘 자손의 모든 원로들을 소집할 만한 중대한 의미를 가진 일이었다는 점을 '보여주려고' 했다는 것이다. 사도 관련 사건이 그런 규모의 소집이 필요할 정도의 가치를 갖는 것이요, 그런 소집에 상응할 위상과 중요성을 사도들과 그들의 활동이 지녔음을 드러내려고 했다는 뜻이다. 그렇게 산헤드린과 원로들이 모인 다음, 사람들을 감옥으로 보내 사도들을 데려오게 했다. 전통적으로 예루살렘 성전 지역의 관리를 레위 사람들이 맡았다는데(hupēretēs),[63] 그런 역할을 맡은 사람들이 동원되었을 것이다.

(2) **사도 실종과 감옥 상황 보고의 신비**(행 5:22–23)

사도들이 사라지고 난 뒤에 그들을 찾으러 간 정황이 보고된다.

> [22]경비원들이 갔지만 사도들을 감옥(fulakē)에서 찾을 수 없었다. 그러자 그들이 돌아와 이렇게 보고했다. [23]'감옥은 매우 단단히 잠겨 있었고, 간수들이 문마다 서 있었는데, (문을) 열어보니 안에는 아무도 없었습니다.'(행 5:22–23)

경비원들이 감옥에 갇혀 있던 사도들을 찾았지만 찾지 못했다는 것이다. 그들은 사도들의 사라진 정황을 짐작할 수 없었다. 감옥의 외형과 간수들의 근무상황도 전날과 마찬가지였다. 그런데 다음 날 찾아보니 감옥 안에는 아무도 없었다. 그렇다면 지난밤 간수들 모르게 알 수 없는 어떤 일들이 발생했고, 그런 동향을 누구도 알지 못했으며, 다만 사도들은

63 Cf. 대상 9:17–27, 23:3–5, 느 11:18–19, 13:22 등등. 그들은 성전과 관련한 다양한 관리, 보조, 유지 기능을 수행한 듯하다.

사라지고 없어졌다는 기묘한 결과를 보고하는 셈이다. '간수들이 문마다 서 있었음'에도 불구하고 천사가 사도들을 탈출시킨 사건을 알지 못했다는 것이다. 이것은 감옥 탈출이 간수와 주변인도 눈치채지 못하고, 당사자인 사도들만 알 수 있었던 비밀스러운 사건이었음을 말한다.

19절에서 천사가 '감옥 문'을 열고 사도들을 밖으로 데리고 나왔다고 했다. 그런데 23절에서는 감옥이 매우 단단히 '잠겨 있었고', 간수들이 문마다 서 있었으며, 문을 '열어보니' 안에 아무도 없었다고 한다. 즉 천사가 사도들을 탈출시킬 때 감옥 문을 '열고' 나갔고, 그 후 옥문이 '단단히 잠기게' 되었다는 것이다. 이 기록을 설명하려면, 사도들이 빠져나오며 열린 문이 '다시' 굳게 닫힌 상태가 된 것으로 이해해야 한다. 천사는 지상의 제도와 권력이 닫아놓은 문을 여는 존재요, 천사의 도움 같은 초월적 개입이 없을 때 그 옥문은 다시 닫힌다는 사실을 여실히 보여주는 듯하다. 이런 '열고 닫히는' 옥문과 감옥의 상태변화와 상황의 추이에 대해 누가는 상세한 설명을 제시하지 않는다. 사도행전 12장에서 천사가 베드로를 감옥에서 벗어나게 할 때 성(城)으로 통하는 철문이 '저절로 열렸다.'(행 12:10)라고 묘사하는데, 여기서는 그런 설명도 보이지 않는다. 그렇다면 간수는 물론이고, 이 말을 산헤드린에게 전한 사람들이나 전해 들은 산헤드린의 어느 누구도 이것이 '천사'에 의한 기적적 탈출이라는 사실을 모른다는 뜻이다. 이 초자연적 천사의 개입은 다만 사도들과 초기 교인들 사이에서만 나누어진 '내부의 신비'였을 뿐이다. 외부인들에게 이 탈출은 그저 억류된 자들이 이상하게 실종된 '괴이한 일'일 뿐이었다. 그 괴이함에 의아스러워했을지언정, 그것이 하나님의 초월적 개입으로 경이의 대상이 될 수는 없었음을 밝히는 것이다. 만일 이것이 경비원이나 감독자의 인지 아래 벌어진 공공연한 기적이었다면, 22-23절의 감옥 상황에 대한 보고가 그토록 평온하고 일상적인 형태로 제시되지 않았을 것이다. 그랬다면 호들갑에 가까운 소동이 벌어졌을 것이고, 관련자들의 좌충우돌에 관한 저자의 보고도 어떤 모습으로든 반영되었을 것이다.

위와 같은 '기적적' 측면의 본문 이해에서 하나 덧붙일 것은, 보고자인 경비원이 23절에서 하는 발언, 즉 '감옥이 단단히 잠기고, 간수들이 문마다 잘 지켜 서 있었는데도, 안에는 아무도 찾을 수 없었다.'는 말이 기적의 신묘함을 더욱 돋보이게 하고 있다는 점이다. 아무리 '단단히 잠가놓은' 문, '잘 지킨' 감옥도 하나님의 기적적 활동을 막을 수 없음은 물론이요, 그 결과마저도 감쪽같은 신비의 모습으로 드러날 뿐이라는 것이다. 여기 묘사되는 '감옥, 단단히, 잠기고, 간수들, 문마다, 잘, 지켜, 서 있음'이라는 표현 하나하나가 모두 구금의 확실성, 삼엄한 억류와 감금 상황의 엄중함을 중첩적이고 반복적으로 강조하고 있다. 요컨대 신체를 견고히 붙들어 가둬놓고 있었음에도 사도들의 행방은 묘연하다는 뜻이다. 기적적 탈출의 경이를 극적으로 돋보이게 하고 있는 것이다.

이 단락에서 '대제사장과 그와 함께한 이들', 그리고 소집된 '공의회와 이스라엘 자손의 모든 원로들'(21절)이 등장하여 감옥에 있는 사도들을 데려오라고 명하는 '엄숙한' 모습과 그들의 '당황'(24절)은 '빈 감옥, 사라진 수감자들'의 공허한 부재와 대비되어 이미 기적적 상황을 알고 있는 독자들에게 일종의 아이러니 효과[64]를 자아내고 있음도 사실이다.

### (3) 권력자의 당혹, 행방 제보와 연행(행 5:24-26)

비록 감옥 관리를 맡은 책임자들의 소동은 없었더라도 수감자가 사라진 일은 비상한 일이 아닐 수 없다. 그런 사태가 관련자들의 당혹감을 불러일으키는 것은 당연하다.

> [24]성전 경비대장과 대제사장들이 이 말을 듣고 사도들의 일로 당황하여, 이 일이 어떻게 될 것인가 하였다. [25](그때) 어떤 사람이 와서 그들에게 알렸다.

---

64 Robert C. Tannehill, *The Narrative Unity of Luke-Acts*, vol. 2, 65-66; Luke T. Johnson, *Literary Function of Possessions in Luke-Acts*, 196-197.

'보십시오. 여러분이 감옥에 가둔 그 사람들이 성전에 서서 백성을 가르치고 있습니다.'(행 5:24-25)

① 위에서 언급한 바대로, 누가에 의하면 천사의 개입에 의한 사도들의 탈출 전말에 관해 경비원, 간수, 또는 성전 경비대장, 대제사장들 그 누구도 알지 못하고 있는 것으로 제시된다. 초자연적 현상의 발생에 관한 한, 성전당국자, 종사원, 권력자와 주변인 등 아무도 그 내용을 짐작조차 하지 못한 채 '당황하였다.'는 것이다. 이 일의 기적적 성격을 아는 사람은 사건을 겪은 사도들뿐이다. 따라서 이런 사태의 전체적 추이와 전모를 알고 있는 것은 오직 저자와 그 결과보고를 읽고 있는 사도행전의 독자들 외에는 없다는 말이 된다. 이른바 초월적 사건보고의 임무를 맡은 누가, 그리고 그 보고물을 읽는 독자 등 계시적 '인식의 특권'을 가진 기독교 내부의 인물들만이 이 사건의 본질과 상황을 파악할 수 있다는 배타적 이해이다. 저자에게 구원사에서 발생하는 모든 사건의 세부와 원인, 결과 등 역사의 본질을 꿰뚫어볼 수 있는 것은 신자에게만 허락된 축복이라는 인식이 있었던 셈이다. 이처럼 그들 기독교인들이 사건경과의 '객관적' 실체 전모를 파악하고 있다는 가정을 용인한다 하자. 그러면 그들은, 이 기적적 사건이 '구체적' 시공간 속의 역사적 실체를 담고 있는 것으로 파악하고 있음을 의미한다. 그렇지 않고 그들의 이해가 객관적 사건전개와는 별도로 사태의 본질과 배후, 표면적 사건 이면에 숨겨진 '의미'를 밝히고자 한 것으로만 볼 수도 있는데, 그렇게 되면 선교과정 중 생긴 사건들의 실질적 주체와 사건 자체에 대해 객관적 사건 발생 여부와는 상관없이 그렇게 발생했다는 '개인적 확신'을 담은 묘사로 인식될 수 있다. 이것은 사도들이 관여한 여러 사태에 대해 나름의 '신학적 해석'을 제시한 것으로 이해될 여지가 있다. 이런 문제에 대한 답변이 어떠하든지 저자는 사도들의 탈출은 초월적 개입에 의해 달성된 것이라는 자신의 신념을 확고히 견지한다.

저자는 '성전 경비대장과 대제사장들이 이 말을 듣고 사도들의 일로 당황하였다.'고 기술한다. 그런 다음 '이 일이 어떻게 될 것인가?'라는 말로 관련 권력자들의 당혹감을 표현한다. 이것은 일차적으로 수감자들이 밤 사이에 사라져버린 일 자체에 대한 당혹의 표현이었을 것이다. 감쪽같이 사라진 그들의 행적은 누구든 당황하지 않을 수 없게 하는 사태 전개였을 것이기 때문이다. 그러나 그에 못지않은 당혹은, 자신들의 업무와 관련된 일, 곧 감옥의 경비나 감시가 미흡했던 것에 대한 당황이나, 그런 일들을 감독해야 할 경비대장, 대제사장의 역할을 제대로 수행하지 못한 데 대한 난감함이었을 것이다. 이런 일이 잘못 악화되면 자칫 그 책임자들에 대한 엄한 문책 등으로 사태가 발전될 수도 있었다. 수감자 감시 소홀에다 그런 사건이 벌어졌는지조차 모르고 있었다는 점은 직무태만, 감독불찰의 책임추궁 대상이 될 수 있었을 것이다.

② 그러나 그런 일이 벌어지기 전에 '어떤 사람'이 사라진 사도들의 행방을 알려준다. 이런 의외의 인물의 등장 역시 사도들 사건이나 그들의 위상의 중요성을 부각시키는 간접적 역할을 한다. 사도들의 활동이 '누군가', '어떤 사람'이라는 제3자의 관심과 주의를 끌만 했고, 그를 통해 사도들의 존재가 산헤드린에 보고될 정도로 가치와 중요도를 갖는 초기 기독교 지도자였다는 것이다. 그 '어떤 사람'이 누구인지는 알 수 없다. 어쩌면 경비원 중 하나일 수도 있고, 그저 어떤 한 유대인일 수도 있다. 그러나 그는 산헤드린에 출입하여 의회원들에게 무언가를 알리고 전달할 만한 위치에 있는 사람이다. 만일 저자가 이 사람의 이름과 신원을 밝혔다면 그것은 상황에 '어울리지 않은' 작위(作爲)의 의심을 받게 될 것이다. 그런 자잘한 디테일, 사건과 관련 없는 인물의 신상을 수십 년 후의 저자가 알고 있다는 사실 자체가 미심쩍다는 의혹을 받을 수 있다. 저자는 역사 속에 스쳐지나가는 수많은 '어떤 사람들'에 관해 때로는 적잖은 의미를 부여하여 자신의 글 속에 부각시킬 수도 있고, 때로는 익명 속

에 묻어 역사의 실질을 이룬 민초로 '망각을 통한 기억'에 편입시킬 수도 있다.

그 어떤 사람이 전하는 바에 의하면, 투옥됐던 '그 사람들이 성전에 서서 백성을 가르치고 있다.'는 것이다. 사도들이 성전에서 무엇을 가르쳤단 말인가? 그것은 20절에 제시된 대로 '생명의 말씀'이요, 하나님이 보내신 '구원의 말씀'(행 13:26)이다. 그 생명과 구원의 말씀은 3장 15절에서 '생명의 근원이 되는 주님'이라는 표현에서 알 수 있듯이 예수에 관한 말씀이다. 다시 말해 그들이 가르치고 있는 것은 예수라는 인물의 총체에 관한 것이었다.

③ 그 '어떤 사람'의 전언을 들은 성전 경비담당자들이 사도들을 연행한다.

> 그러자 경비대장이 부하들과 함께 가서 그들을 데리고 왔다. 그러나 그들은 백성들이 돌로 칠까 두려워 강제로 하지는(끌고 오지는) 않았다.(행 5:26)

사도들은 경비대장과 부하들에 의해 산헤드린 앞으로 이끌려왔다고 한다. 그런데 누가는 굳이 "그들은 백성들이 돌로 칠까 두려워 강제로 하지는 않았다."라는 말을 덧붙여서 연행이 폭력적 방식으로 이뤄지지 않았음을 알린다. 그보다는 오히려 백성들이 돌로 칠까 두려워했다는 점을 밝혀 백성에 의해 벌어질지 모를 연행 방해가 폭력적으로 번질 수 있음을 염려했다고 한다. 권력의 폭력이 아니라 백성의 폭력 가능성을 시사한다. 이 점에서 예루살렘 주민들의 사도들에 대한 우호적 태도가 경비대원들에게 돌팔매질을 할 수 있을 정도로 강렬한 것이었음을 부각시킨다. 누가의 서술에는 기독교운동의 초기 활동이 백성들의 호응과 지지를 이 정도까지 받았다는 것을 자랑스레 과시하려는 측면이 있다. 물론 백성이 권력당국자들을 향해 돌을 던질 가능성도 아주 없지는 않았을 것이다. 하지만 이 사안이 그런 폭력적 저항을 불러일으킬 만한 것이 아님은 자명하다. 그렇기 때문에 이 기록은 사도들에 대한 백성들의 우호 정도를 강조하려는 저자의 어법이라 보는 것이다.

### 3) 산헤드린 앞의 심문과 변론(행 5:27-33)

#### (1) 심문

누가는 당국자들이 백성을 의식하여 사도들을 강압적으로 끌고 오지는 않았지만, 여하튼 이들을 소환하여 산헤드린 앞에 세웠다고 한다.

> [27]그들이 사도들을 공의회 앞에 세우고, 대제사장이 심문하였다. [28]그가 말하기를, '우리가 당신들에게 이 이름으로 가르치지 말라고 엄중히 명령하였소. 그런데 당신들은 당신들의 가르침으로 예루살렘을 가득 채웠소. 당신들은 이 사람의 피에 대한 책임을 우리에게 돌리려 하고 있소.'(행 5:27-28)

① 심문 내용 중 확연히 눈에 띄는 것이 하나 있다. 그것은 그들의 질문 속에 어쩌면 가장 중요한 조사항목이라 할 수도 있는 감옥 탈출의 전말에 관해 아무런 언급도 없다는 점이다. 이 점은 부자연스럽다 못해 매우 의아하다. 비록 사도들이 정식 재판을 받은 후 처벌을 받지 않은 상태였기 때문에, 그들이 감옥에 갇힌 것은 재판을 받기 위한 임시 억류요 인신(人身) 확보의 일환으로 간주될 수 있는[65] 측면이 있다 해도 이런 식의 내용 전개는 대단히 어색한 것이 사실이다. 감옥에서 멋대로 탈출한 경위에 관해 아무런 언급도 하고 있지 않다는 점을 납득하기 어렵다는 뜻이다. 무단 탈출 자체의 잘못이 어쩌면 28절에 지적된 잘못보다 더 엄중한 죄목이 될 수 있는데도 그에 관해서 일언반구의 언급이 없다는 것

---

65 Cf. Justo L. Gonzalez, *Acts: The Gospel of the Spirit*, 82.

은 매우 이상하다. 이것은 저자의 진술이 역사적 관심이나 사건의 인과율적 보고에 있지 않다는 점을 분명히 한다. 저자는 사건 자체의 추이보다 탈출사건의 의미와 배후를 환기시키는 것이 기록의 목적이었던 것이다.

따라서 이들의 심문 내용 중에는 탈출의 세부정황이나 그 초자연적 성격이나 천상적 존재의 개입에 관한 어떤 언질이나 암시도 찾기 어렵다. 그렇다면 탈출의 외형적 현상에서 보면, 제3자적 시선으로는 '초자연적' 요소로 간주될 만한 측면이 '객관적'으로 발견되기 어려웠다는 것인가? 즉 일반인의 자연스러운 시선으로는 천사의 개입을 확인할 수 없도록 신비한 형태로 이뤄진 것이냐는 것이다. 아니면, 기적이 눈에 띄든 안 띄든 이러저러한 탈출과정 전체를 권력자 주변에서 전혀 모른 채 전개되었다는 것인가? 이 문제가 본문 해석을 위해 특히 긴요한 것도, 그 답변이 석연한 것도 아니다. 다만 분명한 것은, 이미 앞에서 언급했듯이 저자의 신앙적 확신에 의하면, 어찌 됐든 간에 사도들을 탈출케 한 궁극적인 주체는 하나님이요, 그가 허락한 천사의 개입을 통해 기적적으로 감옥을 벗어나는 사건이 벌어졌다는 것이다. 이것이 저자가 자임한 역사 속에 펼쳐진 사건의 의미 추출작업이었고, 그런 역사에 대한 독자적 해석이 누가 특유의 능력 중 하나였다.

② 엄밀히 말하면, 28절에서 대제사장의 "우리가 당신들에게 이 이름으로 가르치지 말라고 엄중히 명령하였소. 그런데 당신들은 당신들의 가르침으로 예루살렘을 가득 채웠소. 당신들은 이 사람의 피에 대한 책임을 우리에게 돌리려 하고 있소."라는 말에는 사도들에 대한 죄과(罪過) 지적이 숨어 있다. 그가 말하는 사도들의 잘못은 두 가지이다. 첫째, 예수 이름으로 가르치지 말라고 한(행 4:17-18) 명령의 위반이고, 둘째, 예수 처형에 대한 책임을 자신들에게 돌리려 했다는 잘못이다.

예수 이름, 곧 "이 이름으로 가르치지 말라고 엄중히 명령했다."라는 것은 사도행전 4장 18절에서 '베드로와 요한' 두 사람에게만 해당되는 것이었다. 그런데 여기서는 사도들 모두에게 확대되어 적용되고 있다. 이런 명령에도 불구하고 사도들은 자신들의 '가르침으로 예루살렘을 가득 채웠다.' 이것은 산헤드린의 관점에서 자기들의 명령을 정면으로 어긴 것이 된다. 달리 말하면 법원명령 불복종의 죄가 성립되는 것이다. 이런 명령 위반의 엄중한 상황을 알고도 사도들은 사람들 앞에서 '예루살렘 가득히' 가르침을 행했다는 것이다. 사도들의 용감함, 헌신에 대한 누가의 간접적 칭송이요 헌사이다. 그리고 사도들의 가르침이 외부인이나 주민들, 권력자의 관심을 끌 만큼 현저한 형태로 전파되었음을 가리킨다. 누가가 전하는 대제사장의 발언은, 자신들이 가르치지 말라는 이전 명령을 사도들이 어기는 데 그치지 않고, 그 가르침으로 도시를 채웠다는 것이다. 물론 대제사장이 사도들의 잘못을 부각시키기 위해 과장을 섞어 '가득 채웠다'는 표현으로 말할 수 있다. 그러나 다른 한편, 이 말에는 누가가 파악하는 과거의 사실, 즉 이전 초기 지도자들은 선교의 맨 처음 단계부터 도시를 선교적 가르침으로 가득 채울 정도의 열정과 박해에 굴하지 않는 각오로 자신들의 과업을 이루었다는 선구자들에 대한 경외 어린 평가가 있다. 그 경외는 자기 세대의 신자들에게는 교훈으로 작용될 것이고, 누가 이전과 이후의 모든 교인에게는 자부심과 긍지로 작용할 것이었다. 게다가 예루살렘 초기 선교의 성공을 알리는 효과가 뒤따르는 것은 당연하다. 이런 보고는 사도행전 4장 31절에서 사도들이 '성령이 충만하여 담대히 하나님의 말씀을 전하였다.'라는 표현을 '지속적으로' 실천하는 모습을 그리는 것이기도 하다.

왜 대제사장은 "우리가 당신들에게 이 이름으로 가르치지 말라고 엄중히 명령하였소."라는 말을 하며 사도들의 교훈과 예수 이름의 전파를 엄금했을까? 그 이유는 무엇인가?[66] 백성들의 사도들에 대한 관심과 호

66 Cf. 행 4:17-18.

의가 점점 증대되는 현상이 권력당국에 위협적 상황으로 인식되었기 때문인가? 그렇게 볼 수 있지만, 신학적 의미의 관점에서 볼 때, 그보다는 산헤드린의 구성원 중 사두개인의 비중이 더 크다는 점을 감안하여 예수의 '부활'에 관한 가르침에 대한 거부감이 이런 언급을 하게 한 것으로 추정될 수 있다. 사도들 '가르침'의 핵심은 예수가 부활했다는 사실(행 4:2)이고, 사두개인은 부활을 인정하지 않은 이들[67]이었기 때문이다.

③ 사도들의 두 번째 잘못 지적, 곧 28c절의 "당신들은 이 사람의 피[68]에 대한 책임을 우리에게 돌리려 하고 있소."라고 말하는 대제사장의 의도를 두 가지 측면에서 고찰할 필요가 있다. 첫째, 예수의 죽음에 대한 책임은 산헤드린에게 없는데, 자신들에게 그 탓을 돌리려고 한다는 뜻을 나타내고 있거나, 둘째, 그 죽음의 책임이 산헤드린에게 있기는 하지만, 그것을 사도들이 자신들의 탓으로 돌리는 주장을 강조, 선동함으로 자기들에 대한 백성들의 적대감을 조성하려 했다는 뜻으로 이해할 수 있다. 하지만 대제사장의 말은 예수의 죽음에 대한 책임이 산헤드린에게 있다는 사실을 전제로 나온 발언으로 봐야 한다. 예수가 산헤드린의 법적 절차를 거쳐 죽음에 이르렀다는 점은 예루살렘 주민이라면 다 알 수 있었던 사실이다. 그들 산헤드린에게 예수의 죽음에 대한 책임을 묻지 않는다면 어느 누구에게 물을 것인가? 산헤드린의 개입과 간섭 없이 로마권력의 법집행이 이뤄지지는 않았다. 그렇지 않았다 해도 적어도 이 글의 독자들에게는 그런 이해의 합의가 전제된다. 그런데도 마치 그 책임이

67 행 23:6–8, 특히 8절에 '부활도, 천사도, 영도 없다.' 하는 이들로 사두개인을 묘사함.

68 '피에 대한 책임'이라 번역한 말의 원어(eph'hēmas to haima)는 '피를 우리에게 돌리다.'라는 뜻이다. 이 말의 구약 용례(창 4:10–11, 신 19:10, 13, 22:8, 삼하 3:8, 21:1–6, 시 106:38 등등)로 비추어볼 때 이것은 '무죄한 이의 피'를 뜻하고, 그 피를 흘리게 한 자, 곧 무죄한 이를 죽인 자에 대한 죄의 정도와 징벌을 가리킬 때 이 표현을 사용한다.

자신들에게 없는 듯한 뉘앙스의 애매한 말을 하고 있다는 점 자체가 역설적으로 그 책임소재를 보여준다. 더구나 이에 그치지 않고 이 말은 산헤드린에게는 예수 죽음뿐 아니라, 사도들에 대해 어떻게 대응하고, 이 사도 관련 사건을 어떻게 처리하느냐에 따라 하나님에 의해 처벌받을 죄를 짓느냐의 여부를 결정할 수 있다는 점이 간접적이고 암묵적으로 바탕에 깔려 있다고 말할 수 있다. 그렇다고 해서 이런 말을 하는 대제사장이 예수 죽음의 책임을 권력자들에게 돌려 그의 죽음에 대한 대중적 복수를 선동하려 했다고 사도들에게 지적하는 것은 아니다. 또한 대제사장 등이 그 같은 악의적 선동을 의도한 잘못이 있는 양 사도들을 직접 추궁하는 것도 아니다. 하지만 마치 그런 의도를 사도들이 가진 듯이, 사도들의 잘못이 여실하게 산헤드린의 권위를 훼손하게 한 듯이 말하고 있다. 누가는 앞서 사도행전 2장 23절에서 베드로의 오순절 설교를 통해 유대인들이 '무법자(로마인)의 손을 빌려' 예수를 십자가에 못 박아 죽였다고 말한 바 있다. 거기선 유대인들과 로마인들의 공모, 공범행위를 암시했지만 여기 본문에서는 로마인들의 역할 언급은 하지 않는다. 이 구절에서 대제사장은 의도적으로 예수의 이름이 발음되는 것을 피하는 듯하다. 예수라는 이름 대신에 '이 이름', '이 사람'이라는 지칭을 사용한다. 예수의 이름을 직접적으로 언급하는 것을 회피하는 것이다. 굳이 문제의 핵심 인물인 예수를 이름까지 거론하며 언급하는 것이 이 맥락의 대제사장의 입장에서 자연스럽지 못한 것으로 저자가 판단하여 생략했을 것으로 짐작된다.

### (2) 베드로의 변론

이어서 누가는 베드로의 짧은 연설을 29-32절에 제시한다. 이 연설에서 눈에 띄는 것은 이 짧은 구절에서 '하나님'(theos)이라는 언급을 네 번이나 하고 있다는 점이다. 29, 32절에 각각 '하나님께 복종하다.'라는 표현을 사용하고, '하나님이 예수를 살리셨다.'(30절), '하나님이 예수를 높이셨다.'(31절)를 언급함으로 '하나님'을 극도로 높임과 동시에 예수를 함께 높인다. 베드로는 자기 발언 속에 하나님을 반복적으로 되뇜으로 자신들의 활동과 선포의 기원이 하나님께로부터 비롯됐다는 점과 하나님의 보호와 동행이 자신들과 함께하고 있음을 과시한다. 요컨대 자기들 활동의 정당성과 의미를 하나님 언급의 반복을 통해 확인하게 하는 효과를 의도한다.

> 베드로와 사도들이 대답하였다. '사람에게 복종하기보다는, 하나님께 복종하여야 마땅합니다.'(행 5:29)

① 선포는 하나님 복종

이 구절은 이미 사도행전 4장 19-20절["하나님 보시는 데서 하나님(의 말씀)을 듣는 것보다 당신들의 말을 듣는 것이 옳은가 판단해 보십시오. 우리는 보고 들은 것을 말하지 않을 수 없습니다."]에서 나온 베드로와 요한의 발언이 상기된다. 이 발언이 나오게 된 것은 4장 18절의 '예수 이름으로 말하지도, 가르치지도 말라.'는 공의회의 명령에 대한 반응이었다. 그런데 사도들이 여기서 다시금 '사람 복종보다 하나님 복종'이라는 말을 반복하고 있다. 이것은 자신들이 4장 18절의 '발언과 가르침 금지'의 명령을 어겼다는 점을 전제로 그에 대한 일종의 해명을 하고 있는 뜻으로 볼 수 있다. 베드로의 의도는 자신들이 '사람에게 복종하는' 산헤드린의 금지 명령을 어긴 것이 사실이지만, 그것은 증인이 되라는 '선포 명령'을 지키려는 '하나님께의 복종'을 위한 것이었음을 설명하려는 것이다. 특히 5장 20절에서 감옥˚탈출 이후 천사로부터 받은 선포 명령의 실행이라는 점을 염두에 두었을 것이다. 베드로의 발언과 관련하여 흔히 지적되는 대로 소크라테스 재판에서의 언급[69]도 상기되지만 플라톤 기록

69 제1장의 행 4:19 논의에서 인용했듯이, "아테네인 여러분, 나는 여러분을 좋아하

과 누가 기록 사이의 상관관계를 확정하기는 어렵다.

베드로가 "사람에게 복종하기보다는, 하나님께 복종하여야 마땅합니다."[70]라고 했는데, 그렇다면 구체적으로 '사람에게 복종하는 것'은 무엇이고, '하나님께 복종하는 것'은 무엇을 뜻하는가? 하나님께 복종한다는 것은 그가 원하시는 뜻에 복종하는 것일 텐데, 하나님의 뜻은 여기에 분명히 나와 있지 않다. 구약에서 하나님의 말씀을 대언하는 예언자들의 메시지에 복종치 않는 것을 하나님께 대한 불복종으로 이해한 점을 기억할 필요가 있다.(렘 7:27, 42:21 등등) 그렇다면 여기서도 사도들의 메시지, 곧 예수에 의한 구원과 복음 말씀에 복종하지 않는 것을 하나님에 대한 불복종으로 이해할 이유는 있다. 사도행전 4장 20절에 제시된 대로, 사도들이 '보고 들은 것을 말하지 않을 수 없다.'고 했으니 그런 내용을 알리고 말하는 것이 하나님의 뜻에 대한 복종이라고 할 수도 있다. 그 '보고 들은 것'은 예수의 부활에 관한 것이고, 이를 증언하라는 명령을 받았음이 사도행전 1장 8절에서 언급되고 있다. 부활에 관한 증언이 하나님의 명령과 관련되고 있음은 이어지는 30절의 부활 언급을 통해서도 확인된다. 즉 사도들의 선포에 귀 기울이지 않거나, 그 선포에 적의로 대응하는 것은 하나님에 대한 불복종으로 간주될 수 있다는 것이다.

② 하나님 복종과 권력 복종

그런데 베드로와 사도들이 말한 29절은 해석 여하에 따라 매우 다른 뉘앙스를 갖는다. 사람에게가 아닌 단순히 하나님께 복종해야 된다는 당위적 명제를 의미할 수 있으나 다른 뜻을 가질 수도 있다. 즉 국가의 공

---

고 사랑하지만, 여러분보다는 오히려 신에게 복종할 겁니다." 플라톤, 『소크라테스의 변명』, 강철웅 역 (서울: 이제이북스, 2014), 83(29d).

70 '마땅하다'로 번역된 'dei'가 갖는 신학적 의미와 신적 주도권 등에 관해, C. Cosgrove, "The Divine Δει in Luke-Acts," *Novum Testamentum* 26 (1984), 186-190을 참고.

권력에 대한 거역의 뜻, 또는 권력 자체에 대한 저항의 의미를 찾을 수 있기 때문이다. 권력자의 심문을 받고 있는 본문 맥락에서 '사람에게의 복종'이라는 말은 국가권력에의 복종을 시사할 수 있다. 따라서 '사람에게 복종하기보다 하나님께 복종해야' 한다는 발언은 권력자의 명령과 지시를 하나님의 뜻에 비추어 경우에 따라 거부할 수도, 저항할 수도 있다는 소위 '반국가주의적' 해석의 여지가 있다는 것이다. 본문 바로 다음에 이어져 나올 가말리엘의 말(행 5:39) 중 '하나님과 맞서 싸우는' 권력자들에 대한 불복종을 염두에 둔 의미일 수 있다. 더구나 본문의 맥락은 사도행전 5장 36-37절에 언급되는 드다와 유다의 봉기에 관한 정치적 암시가 이곳 표현에도 적용될 가능성을 배제할 수 없다. 물론 누가는 이런 정치적 의미가 겉으로 돋보이게 하지는 않는다. 정치적 전언의 의도가 표면에 노출되는 것을 삼가며 그 모습이 직접적으로 드러나는 것을 누른다. 하지만 그 억제된 겉 표현의 배후에 이런 정치적 해석의 여지 내지는 암시가 숨어 있을 수 있다는 것이다. 겉말에서 정치적 메시지를 찾기는 쉽지 않지만 숨은 의미와 함축에서 정치적 시사점들을 간파할 수는 있다.

③ '나무에 매달아 죽인'

30우리 조상의 하나님은 여러분이 나무에 매달아 죽인 예수를 살리셨습니다.
31하나님께서는 이 분을 자신의 오른편에 높이시어 임금과 구주로 삼으시고, 이스라엘에게 회개와 죄 사함을 주시고자 하셨습니다.(행 5:30-31)

30-31절에 등장하는 표현, 곧 '여러분이 나무에 매달아 죽인 예수'와 '하나님이 그를 살리셨다.'라는 상호비교/대응의 대구는 이전에 저자가 사도행전의 여러 군데에서 제시한 바 있다. 2장 22-24, 36절, 3장 13-15절, 4장 10절에서 이미 소개한 것이다. '우리 조상의 하나님'[71]이 '나무에 매

달아 죽인'[72] 예수를 살리셨다. 그런데 예수를 나무에 매달아 죽인 사람은 바로 '여러분'이다. 예수의 죽음에 대한 책임이 산헤드린 지도자들에게 있음을 직설적으로 지적한다.[73] 이 말은 28절에서 대제사장이 '당신들이 이 사람(예수)의 피에 대한 책임을 우리에게 돌린다.'라고 베드로를 힐난한 그 발언에 대한 정면 반박이다. '여러분'이라는 말을 통해 예수의 피에 대한 책임이 논의의 여지없이 그들 권력자들에게 있음을 확고히 한다. 그들이 '죄 없는 분(Cf. 28절의 피), 임금이요 구주'(31절)인 예수를 죽였다. 그런 행태를 보였던 그들은 죄 없는 사도들을 어쩌면 죽일지도(33절) 모른다. 예수의 죽음을 직접 언급하고 있는 28, 30절의 언급이 33절에 표현된 사도들에 대한 '살해' 의도를 보다 현실감 있는 두려움으로 강화시킨다.

'나무에 매달아' 죽였다는 언급은 형사상의 사형집행 방식을 법률적으로 일컫는 말이라기보다는 일종의 수사로서 표현상의 유연함을 위해 채용한 어구이다. '나무'(행 10:39, 13:29 등)라는 말이 '십자가'와 통하고, 이것은 누가 시대의 독자들에게는 예수의 형(刑) 집행방식이라는 이해가 전제되어 있을 것이다. '우리 조상'이라는 표현을 사용하여 산헤드린과 베드로 사이에 존재하는 역사적·민족적·종교적 동질성을 거론하여 공감대를 확인하고 설득력을 제고시키려는 의도가 보인다. 그러나 엄중한 억압, 투옥과 극형(스데반)이 난무하는 상황에서 '우리 조상'이라는 말뿐인 칭호를 부른다고 해서 실제로 설득력과 공감대를 확보할 것이라고 저

---

71 유상현, 『베드로와 초기 기독교: 사도행전 1-3장』, 326-327의 행 3:13 관련 논의 참고.

72 '나무에 매달아 죽임'이라는 표현은 사도행전에서 처음 소개되는 예수 죽음의 형식이다. 행 10:39, 13:29에 다시 등장한다. 신 21:22-23에 나타난 묘사가 고려된 말이다. 에른스트 헨헨의 경우(『사도행전 I』, 389), 초기 기독교인들이 신명기의 내용을 예수의 죽음에 적용시켜 설명했다고 말하는데, 그 인과관계를 단정하긴 어렵지만 상관성이 있음을 부정하기도 어렵다. Cf. 갈 3:13.

73 예수 죽음에 관한 책임은 행 2:36, 3:14-15, 4:10에서도 이미 언급되었다.

자가 믿었을 것 같지는 않다. 그런 뜻에서 상투적 호칭, 실체 없는 레토릭이라고 불러도 무리가 아니다.

④ 임금과 구주

하나님은 예수를 살리시고 높이시어 '임금과 구주'로 만드셨다. 여기 '임금'으로 번역된 'archēgos'라는 말은 사도행전 3장 15절에서 예수를 가리켜 '생명의 주'(archēgos)라는 표현을 쓸 때 이미 사용된 단어이다. 이를테면 하나님이 예수를 살려 '생명'을 주고, '생명'을 일으키는 '군주요 구원자'[74]로 만드셨다는 뜻이 된다. 하나님이 예수를 '구원자'로 만드셨다는 것은 유대인의 전통적 기대와 여망(輿望)에 대한 기독교의 구체적이고 실질적 답변이다. 예수로 인한 구원 개념은 이미 베드로의 입을 통해 사도행전 4장 12절("다른 어떤 이로부터도 구원을 받을 수 없습니다. 하늘 아래 우리가 구원을 받을 만한 다른 이름이 인간들 가운데 주어진 적이 없습니다.")에서도 언급된 바 있다. 그것을 다시 한 번 여기서 확고히 천명한다.

혹시 '임금과 구원자'라는 표현에서 정치적 의미를 유추하여 베드로와 사도들의 메시지가 갖는 정치적 차원, 즉 권력과의 갈등이나 대립의 측면을 엿볼 수 있을지 궁금해할 수는 있지만, 적어도 이 본문에서 그런 갈등의 흔적을 찾기는 어렵다. 마찬가지로 이 표현이 갖는 종교적 차원을 거론하며 하나님의 지위에 해당하는 호칭을 예수에게 부여했다는 신성모독 죄목을 결부시키는 것도 무리일 것이다. 본문 맥락에서 그런 추정을 위한 어떤 기미도 발견할 수 없기 때문이다. 게다가 본문에 의하면, 하나님이 예수를 살리신 의도는 이스라엘에게 '회개와 죄 사함'을 주고

---

74 '군주'는 지위와 권위를 갖는 존재요, '구주' 역시 권위를 갖는 구출자의 이미지가 있지만 두 개념은 통합, 보완하며 예수의 능력과 권위, 위세를 강화시키는 구실을 한다.

자 함이었다. 예수에게 '죄'로부터의 구출을 이루는 '구원자' 개념을 부여하는 것이다.[75] '회개, 죄 사함'을 언급하는 베드로의 발언은 같은 개념을 말하는 사도행전 2장 38절의 설교 내용을 상기시킨다. 거기서 베드로는 '회개하시오. 예수 그리스도의 이름으로 세례를 받고, 죄 사함을 받으시오. 그러면 성령을 선물로 받을 것이오.'라는 말을 한 바 있다. '회개, 세례, 사죄(赦罪), 성령'에 이르는 개념의 고리가 형성된다. 본문에서 '세례, 성령'이 명시되지는 않지만, '회개와 사죄'에는 '세례와 성령'이 밀접한 연관어로 동반됨을 알 수 있다. 사죄는 예수의 수난과 십자가가 직접 관련되지 않은 채 그의 부활로 높아지심을 통해 하나님이 '주신 것'이라는 표현이 등장한다. 그렇다면 예수의 부활은 이스라엘에게는 '회개와 죄 사함'을, 모든 보편적 인간에게는 '생명'을 주는 결과를 가져온다. 즉 모든 사람에게 회개할 수 있는 계기와 기회를 부여하여 사죄에 이르게 하고, 마침내 생명을 얻게 하는 과정을 염두에 둔 것이다.

⑤ 증인: 사도와 성령

> 우리는 이 모든 일의 증인이며, 하나님께서 자신에게 복종하는 사람들에게 주신 성령도 그러하십니다.(행 5:32)

다시금 사도들의 '증인'으로서의 정체가 드러난다. '이 모든 일', 곧 예수의 죽음과 부활의 사건들, 그리고 그의 높이심, '임금과 구주됨', '회개와 사죄'에 대한 말씀의 인식과 깨달음에 관한 이 총체적 모든 일의 증인이라는 것이다. 요컨대 '예수의 진실'과 관련된 사건 및 말씀의 증언자

---

75 'sōtēr'(구주)라는 표현을 저자가 눅 1:47에서 하나님에게 적용했고, 예수에게는 눅 2:11에서 사용한 바 있으나, 사도행전에는 여기서 처음 나타나고, 행 13:23에 다시 등장한다.

로 사도들이 나서는 것이다.

32절은 사도행전 1장 8절에 언급된 '성령이 너희에게 임하시면 너희가 권능을 받고 예루살렘과 온 유대와 사마리아와 땅끝까지 이르러 내 증인이 될 것이다.'라고 했던 부활한 예수의 말씀을 상기시키는 구절이다. 그런데 성령이 임하시면, '너희가 나의 증인'이 될 것이라는 말이 더 확장되어 사도인 '우리'가 증인이 되지만, '성령' 역시 이 일들의 증인이라고 언급된다. '우리와 성령'이 함께 증인으로 소환되는 것이다. 그러면 성령이 증인이라는 말은 무엇을 뜻하는가? 지금까지의 그리고 앞으로의 사도행전 기록을 종합적으로 고려한다면, 그것은 성령이 가능하게 하는 '예언의 말씀, 방언, 각종 기적' 그리고 신도들로 하여금 '증언하게 만드는 능력' 등이 두루 '성령이 증인'이라는 표현 속에 포함될 것이다. 또한 성령이 사도들을 통해 이루는 기적으로 인해 그들의 '선포가 정당화'되는 것 자체도 성령의 증인 역할에 내포될 것이다. 이런 성령의 증언과 사도들의 증언의 차이는 초자연적 성격의 여부로 갈라진다. 사도들로 하여금 증언하게 하는 능력 역시 성령의 초자연적 증인 역할로 이해될 수 있다. 하지만 성령과 사도의 증언은 밀접하게 연결, 통합되어 있기 때문에 기계적으로 상호 분리하거나 미세하게 구분하기는 어렵다. 이 성령은 "하나님께서 자신에게 복종하는 사람들에게" 주신다. 얼핏 이 말은 일반적 의미에서 하나님께 복종해야 한다는 종교적 관점에서 이해되지만, 이 맥락에서는 '사람에게가 아니라, 하나님에게 복종하는', 곧 지상적 제도와 가치, 관습에 복종하는 것이 아닌 하나님의 뜻과 명령에 복종하는 것을 시사할 것이다. 특히 이곳의 산헤드린 배경에서 정치, 종교권력, 즉 기존 권력체제를 의식한 간접적 비판의 의미가 아주 배제되기는 어려울 것이다. 29절에서 "사람에게 복종하기보다는, 하나님께 복종하여야 마땅합니다."라는 언급을 상기하면 권력자 비판의 암시를 엿볼 수 있다. 다음에서 언급하겠지만 33절에 이어지는 권력자들의 '격노'의 의미도 이런 비판과 관련된 뜻에서 조명할 수 있다.

### (3) 베드로 발언의 반응

누가가 전하는 베드로의 발언에 대한 대제사장과 관련자들의 반응은 격렬하다.

그들이 이 말을 듣고 격노하여[76] 사도들을 죽이려 하였다.(행 5:33)

① 격노

무엇이 이들을 '격노하게' 했을까? 28절에서 "우리가 당신들에게 이 이름으로 가르치지 말라고 엄중히 명령하였소. 그런데 당신들은 당신들의 가르침으로 예루살렘을 가득 채웠소."라고 지적했듯이 권력자의 명령에 복종하지 않고 자기들의 가르침을 계속했다는 것에 대한 분노로 이해할 수 있다.[77] 명령의 불복종은 명령한 권력자들에 대한 권위의 부정이고 권력에 대한 저항이요 모욕이라 해석될 수 있기 때문이다. 29절과 32절의 기록을 다루며 언급했듯이 '사람에게 복종하기보다는 하나님께 복종하여야' 한다는 말이 갖는 기존 권력체제, 또는 권력자들에 대한 암시적 비판의 의미를 간파한 이 사람들이 자신들에 대한 비판에 대해 민감한 반응으로 이런 태도를 보였다고 이해할 수도 있다. 그에 더하여 31절에

---

76 이것은 'diaprien' 동사를 번역한 것인데, 한글 개역개정과 KJV 등 몇 곳에서만 '마음에 찔리다'(to cut to the heart)라고 옮겨놓았지 대부분의 역본에서는 '격노하다'라는 말로 새긴다. 원래 이 말은 '톱으로 자르다, 톱질하여 산산조각 내다.'라는 뜻의 격분한 정황을 표현한다. Walter Bauer, *A Greek English Lexicon of the New Testament and Other Early Christian Literature*, 235. 바레트의 조사에 의하면 이 말이 '이를 가는 듯한' 분노를 표현한다고 한다. Charles K. Barrett, *A Critical and Exegetical Commentary on the Acts of the Apostles*, vol. I, 291–292.

77 누가의 예수도 회당에서 유대인의 귀에 거슬리는 발언을 했을 때 청중의 분노를 불러일으킨 경우가 보고되기도 한다.(눅 4:28) 심각하게 거슬리는 내용을 접하게 되는 유대인, 기성체제 내 인물들이 격분하는 반응을 보이는 것은 그들 입장에서 보면 자연스러운 일이기도 하다.

서 말한 '회개와 사죄'의 언급이 이들을 격발시켰을 가능성도 고려된다. 그래서 회개, 사죄를 언급하는 간접적 질책과 죄 추궁에 대한 분노가 겹쳐 터졌을 가능성도 있다. 즉 베드로가 회개와 사죄를 말했다는 것은 회개하고 용서받을 죄가 그들에게 확실히 있음을 시사하는 것이고, 그것은 그들의 잘못을 지적한 것이 된다. 그러니 그 말을 듣고 격노한 것은 자신들의 잘못을 책망하는 듯한 발언에 대한 반발이라 할 수 있다.

② 살해 의지

사도행전 4장과 5장에 나타난 두 개의 산헤드린 출두 장면이 보여주는 변화의 모습과 각기 다르게 제시되는 측면을 짚을 필요가 있다. 그것은 권력과 기독교 관계의 점진적 악화 양상이다. 이전의 사도행전 4장 13-14, 16, 21절에서 산헤드린이 '당혹스러운' 모습만을 보여줬다면, 여기서 그들의 반응은 좀 더 격앙된 상태로 악화되고 있음을 누가는 알린다. 그들은 "이 말을 듣고 격노하여 사도들을 죽이려 하였다."라고 한다. 초기 기독교 지도자들을 향해 유대 권력자들은 살해의 의지를 드러낼 정도의 분노와 적의를 드러낸다. 이런 적의의 격화는 사도행전 4장 21절의 '말로 위협하는' 상황에서 여기의 '살해 의지' 표현에 이어 사도행전 5장 40절의 '태형'(笞刑) 단계로 악화되고 있는 점에서도 확인된다. 구두 위협에서 살해 '의도 표명'에 이어 실제의 형벌로 변화되는 것이다. 즉 초기 기독교와 권력당국과의 갈등은 선교의 진전에 따라서, 그리고 시간의 경과에 따라서 심화, 확대되고 있음을 드러낸다.[78] 다시 말해 교회와 권력의 관계는 타협과 공존, 우호의 상황으로만 자연스럽게 전개되기 어려울 수 있다는 것이다. 그보다 양자 사이는 자칫 긴장과 불화의 형국으로 발

---

78 이런 두 번의 출두와 관련하여 당시 실제의 산헤드린은 제재의 처벌을 위해서는 한 번의 예비적 경고 단계를 두고, 그 후 두 번째 출두 단계에 가서 처벌을 내린다는 점을 상기하여 본문을 해석하기도 한다. Etienne Trocmé, *Le 'livre des Actes' et l'histoire* (Paris: Presses Universitaires de France, 1957), 102-103.

전될 가능성이 더 높다는 점을 암시하며, 이런 둘 사이의 관계의 본질에 대해 교회에 심각한 주의와 경고를 보내고 있다는 것이다. 권력은 칼을 행사하며, 그 칼은 자칫 전혀 예기치 않은 상처를 낼 수 있다는 경고이다. 물론 그렇다고 하여 양자가 결정적 결렬, 대결의 단계로 급전직하(急轉直下)하는 파국적 모습을 보이지는 않는다. 다만 권력과의 관계의 속성상, 그 물리적 제재의 결말이 박해와 고난의 악화된 상황을 야기할 수 있다. 하지만 그것이 끝이 아니라는 점을 환기시킨다. 그런 악화된 관계의 진행과 누적은 박해를 불러오게 된다. 그렇지만 박해가 교회의 압살과 침묵을 낳게 하는 것이 아니라, 그런 고난에도 불구하고 신도는 더욱 떨쳐 일어나 선교적 행진을 계속해서 이어가게 된다는 메시지인 것이다.

권력자들은 분노에 겨워 베드로와 사도들을 '죽이려고 했다.'(33절) 실제 이들이 사도들을 죽일 수 있는 권한을 가졌는지,[79] 또는 사도들의 잘못이 죽일 만큼 엄중한 것인지를 따질 필요는 없을 것이다. 얼핏 봐도 권력의 오남용(誤濫用)이 분명하기 때문이다. 다만 이 묘사는 사도행전 5장 28절의 내용과 연관시킬 때 숨은 그림 하나를 보여주는 듯하다. 28절에서 그들은 사도들이 예수의 죽음에 대한 책임을 자신들에게 덮어씌우려 한다는 비난을 한 바 있다. 그러했던 그들, 짐짓 예수의 죽음과 무관한 듯한 인상을 주려한 그들이 이제는 예수의 추종자들을 죽이려고 한다는 것이다. 심지어 예수의 '추종자들까지' 죽일 의도를 보이고 있다는 것은 그들의 스승인 예수에 대해 품었던 적의가 훨씬 심각했다는 점을 간접적으로 인정하는 꼴이 되고, 이는 자신들에게 예수의 죽음에 대한 책임이 있음을 에둘러 확인해주는 모습이 되는 셈이다. 이런 서술의 숨은 인과관계와 묘사의 저변에 놓인 흐름까지 누가가 미리 감안하고 기록을 이어

---

79 일반적으로 사형과 같은 중형의 집행은 로마권력의 통제 아래 있었다. 산헤드린의 권한과 관련, E. Schürer, *History of the Jewish People in the Age of Jesus Christ*, vol. II, rev. & ed. by G. Vermes et. al. Edinburgh: T & T Clark, 1973, 199–226.

갔는지를 단언하기는 어렵지만 저자의 글에서 그런 감추인 음영(陰影)을 간파할 수는 있다.[80]

## Ⅳ. 결어: 감옥 탈출의 의의

이 장에서 연구한 사도행전 5장 12-33절의 긴 글은 사도들이 행한 기적과 박해에 관한 누가의 보고로 이루어졌다. 그중 앞부분(행 5:12-16)은 초기 기독교 전개에서 몇몇 성장 요인과 특징을 압축적으로 보여주는 일종의 활동 요약문이다. 사도들이 행한 치료 기적, 그로 인한 신도 수 증가, 교인들의 연합된 모임, 사도들이 획득한 권위와 경외감 등등이 저자가 파악한 기독교 성장의 주요 요인이며 특성이다. 이런 것들의 긍정적 영향을 통해 기독교가 '대중적 호응'을 받고, 그러한 대중적 '인정'(認定)의 단계가 점차 상승하여 일반적 지지를 받게 되었다는 메시지를 저자는 전한다. 이를테면 이 부분의 요약문은 기독교의 '외부생활', 곧 성장과 발전의 그림과 사도활동의 외면적 형상을 밝은 채색으로 그려준다는 데 그 특징이 있다. 이 같은 교회활동의 '밝은 그림들'은 초기 기독교의 이상적 모습을 소개하는데, 그런 긍정적 묘사가 갑자기 어둡고 긴장된 모습으로 변하는 장면을 그 다음 이어지는 단락(행 5:17-33)에서 그려놓는다. 교회가 직면하게 될 위기상황이 극적으로 제시된다. 베드로와 사도들이 산헤드린 권력자들로부터 박해받는 장면이 나타나는 것이다. 이때 사도들이 위기로부터 벗어나게 되는 두 사건, 곧 천사의 개입을 통한 감옥 탈출(행 5:19-20)과 산헤드린 의회원인 가말리엘이 개입하여 사도들의 구출에 나서는 일이 벌어지게 된다.(행 5:34-39) 이미 지적한 대

---

80 사도행전 본문에서 계속되는 가말리엘의 개입과 사도들의 석방과 반응을 기록한 행 5:34-42의 부분은 이 책의 제6장에서 다루게 될 것이다.

로, 두 사건에서 주목되는 것은 사도들을 구출한 이들이 갖는 파격성이다. 기적적인 감옥 탈출을 이룬 주체는 천사라는 초자연적 존재이다. 그리고 또 하나의 구출자는 제6장에서 검토될 적대자 그룹의 소속원인 가말리엘이다. 즉 적대자가 사도들을 옹호하고 석방을 가능하게 한 파격의 인물로 등장한다. 이 둘이 행한 구조(救助)의 역할은 놀라운 의외성을 보인다. 기대하지 않았던 이들의 개입이라는 파격적 성격과, 그로 인한 극적인 효과는 읽고 듣는 모든 이의 예상을 뛰어넘는다.

### 1. 감옥 탈출의 의미

1) 사도행전에 나타나는 감옥으로부터의 기적적 탈출 모티프가 갖는 이야기 전개상의 주요 특징을 점검할 필요가 있다.[81] 누가가 묘사하는 세 개의 기적적 감옥 탈출 사건(행 5, 12, 16장)은 각기 기독교 선교 확장 과정의 주요 계기에서 이정표가 되는 활동으로 기억된다. (1) 먼저 사도행전 5장에서의 베드로와 사도들의 경우, 초기 예수운동의 맨 처음 단계에 기독교 선교 지도자들이 겪은 역경에 관한 기록이다. 이 사건을 통해 예수의 직계 계승자로서의 사도적 권위와 위상을 더욱 확고히 하는 한편, 기독교가 어려움을 극복하고 활기찬 활동으로 선교에 진력하게 되는 모습을 보여준다. (2) 다음으로 베드로가 사도행전 12장에서 겪게 되는 감옥 탈출의 경험도 초기 기독교의 발전에서 '예루살렘 선교'의 단계를 마무리하는 즈음에 대표적 지도자가 겪는 박해의 경험을 보고함으로 예수운동의 진정한 가치와 의미가 어디에 있는가를 제시한다. 기독교 선교의 진전은 투옥과 석방의 거듭되는 시련을 통해 이뤄졌다는 것을 역설하려는 것이다. 그것이 하필 유대교적 전통과 역사의 핵심인 예루살렘을

81 Carl R. Holladay, *Acts: A Commentrary* (Louisville: Westminster John Knox Press, 2016), 141–142.

지리적으로 막 벗어나려는 단계에서 발생했다는 것이다. 이는 곧 사도들의 박해와 탈출이라는 강렬한 이미지로 이어진다. 그리하여 기독교가 더욱 넓은 세계로 나아가는 과정 자체가 예수 수난의 계승이 될 수 있다는 것, 그것이 곧 승리요 영광이라는 점을 부각시킨다. (3) 바울 선교의 첫 단계인 사도행전 16장에서 보여주는 투옥과 탈출의 경험 역시 이방지역에 파송되는 복음의 전령사(傳令使)가 어떤 방식으로 활동을 해나갔는지를 축약적으로 제시한다. 바울과 실라가 겪은 이런 경험이야말로 이방지역 선교자들이 일상적으로 직면한 수많은 고난의 요약이요, 그런 고통과 박해의 역사를 딛고 복음은 점진적으로 '땅끝으로' 향하게 되었다는 점을 강조한다.

이 세 가지 단계에서의 투옥이 신적인 기적적 탈출 방식을 통해 마무리되고 극복되었다는 것이야말로 누가가 각인시키고자 한 핵심적 메시지이다. 선교는 기독교인들의 투옥과 박해와 같은 고난을 통해 전진한다. 그러나 위 세 가지 경우에서 대표적으로 예시되듯이 그런 투옥은 기적적 탈출로 정리된다. 선교의 배후엔 언제나 하나님의 기적적 도움과 동행이 함께한다. 감옥으로 상징된 복음선포에 대한 온갖 억압과 압제와 구속(拘束)은 결국 하나님의 기적적 도움으로 무력해질 수밖에 없다. 달리 말해 물리력으로 복음의 확장을 막으려는 지상 권력의 시도는 하나님의 기적적 개입으로 성사될 수 없다는 것이다. 세속 권력은 복음전파자들을, 또는 복음 자체를 감옥에 가둘 수 없다. 복음은 세상 권력을 넘어서고, 하나님은 기적을 통해 복음을 막아서는 권력의 무력함을 입증한다.

투옥과 기적적 탈출의 이런 열거는 이 글을 읽는 교인들이 겪는 모든 고난의 순간에도 하나님의 도우심과 동행이 함께하신다는 강한 메시지를 전달한다. 이것은 특히 사도행전 4장의 탈출 기록이 구조적으로 유사한 형태로 사도행전 5장에서 반복되고 있다는 점에서도 강조된다. 사도행전 4장과 5장의 내용이 비슷한 모습으로 되풀이되어 나타나고 있다는 사실은 처음의 기독교 공동체가 예루살렘 유대 권력자 그룹과 반목, 갈등을 반복적으로 겪었다는 점에서 '권력자와의 대립'이라는 측면을 강조하는 듯하다. 사도행전 5장에서 권력자들이 사도들을 투옥하고(행 5:18), 매질하는(행 5:40) 등의 박해를 행한 것은, 5장 12-16절에서 백성들이 보여준 호응과 칭찬, 그리고 사도행전 5장 26절에서 백성들이 사도들을 위해 권력자들을 향해 돌팔매질을 할 가능성마저 내보이는 등의 적극적·우호적 반응과 극적인 비교를 이룬다. 그러면서 권력과의 긴장관계를 부각시킨다. 동시에 그러한 권력과의 불편한 관계를 보이는 것은 그런 갈등과 대립을 무릅쓰고 기독교 선교의 과업이 이뤄졌음을 부각시킨다. 즉 기독교의 태동 초기에 권력과의 갈등이 상시(常時)적으로 명백히 존재했다는 것, 그리고 그 갈등과 대립에 의한 억압에 굴하지 않고 초기 지도자들이 선교 사역에 진력했다는 것을 사도행전 5장의 장면이 여실히 보여준다. 이런 신앙 교육적 계몽의 차원이 저자가 간직하고 있던 사도행전 저술의 주요 이유 중 하나일 텐데, 그 점을 이 단락 본문은 강조하고 있다.

2) 박해받는 베드로와 사도들 등 초기 기독교 지도자가 초자연적 기적에 의해 구출됐다는 것은 다른 몇몇 지도자들이 당한 순교(스데반-행 7:57-60, 야고보-행 12:1-2)의 경우와 확연한 대조를 이룬다. 왜 스데반과 사도 야고보에게 박해가 임했을 때는 초자연적 구출의 기적이 발생하지 않았을까? 바울이 선교 마지막 단계에서 길고 긴 영어(囹圄)의 생활을 이어갈 때는(행 21-28장) 왜 기적적 구출의 손길이 극적으로 나타나지 않았을까? 이런 질문들이 나올 수 있다. 그러나 그에 대해 간단하고 분명한 답변을 기대하기는 어렵다. 어쩌면 베드로 등이 이룬 선교에 대해서는 그것이 기독교 초기 발생 단계의 맨 처음 사례였기 때문에 예외적으로 특별한 돌봄과 보호가 따라야 됐으리라 짐작할 수 있다. 하지만 그런 짐작은 그럴듯한 추측일 뿐이다. 누가가 파악한 신적 섭리는 그런 역사

속 사건들의 발생과 사건들의 불발(不發)에 관한 구구한 설명을 필요로 하지 않는다. 저자는 다만 하나님의 뜻은 '그렇게' 집행되었고, 역사는 '그처럼' 진행되었다는 보고를 할 뿐이다. 더 이상의 궁금증은 누가에게 '금지된' 호기심으로 보였을지 모른다.

3) 이 기적적 탈옥 에피소드는 극한 박해 아래의 어려움에서든, 선교 행로의 삶에서 맞게 되는 일상적 고난 아래서든, '수난'으로부터의 '구출'을 염원하는 모든 초기 교인들에게 출애굽과 같은 탈출의 희망을 준다. 만약 초기 신자들 중 누군가 감옥 안에서 혹은 감옥 밖에서 마치 수감자와 같은 고통을 겪고 있는 사람들이 있었다면, 천사를 통한 베드로 탈출의 이 경험은 감옥과 같은 현실의 억압과 절망을 극복하게 하는 영감을 준다. 누구든지 천사의 간섭을 통한 탈옥의 해방을 맛볼 수 있고, 누구든지 천사의 개입과 '흡사한' 기적의 구출을 경험할 수 있다. 초기 교인 누구든 어둔 밤 삶의 감옥이나 박해의 억압 속에 갇힌 사람들에게 천사는 임할 수 있다. 이것 역시 누가의 글 속에 담긴 메시지이다. '기적적 감옥 탈출'을 의인화한다면, 그것은 사도에게 임한 천사가 된다. 그 천사는 지상의 감옥에 갇힌 누구에게나 찾아올 수 있다.

이 일화가 감추고 있는 또 하나의 강력한 메시지는 유대권력 또는 세속 권력에 보내는 암시이다. 비록 권력이 말씀의 담지자인 사도들, 또는 말씀 자체를 감옥 속에 밀어넣어 봉인한다 해도, 하나님은 천사를 동원하여 그들과 말씀을 해방시키고 전파하게 하신다. 세상 권력의 물리적 제재와 힘은 하나님의 뜻과 섭리를 억압하고 방해할 수 없다는 시사가 이 기적적 탈출의 이야기 속에 숨어 있다. 이 암시를 세상 권력자가 받아들이든 묵살하고 외면하든, 그 수용 여부와 상관없이 그것은 명확한 신적 발신의 메시지이다. 이 메시지가 다음 6장의 가말리엘의 발언(행 5:39)을 통해 명시적으로 드러나게 된다.

## 2. 베드로 선포의 모험

누가의 보고를 그대로 인정하면, 베드로가 천사의 도움으로 감옥을 벗어난 후 행한 선포로 인해 사도들과 예루살렘 교인들이 겪을지도 모를 위험은 매우 컸으리라 여겨진다. 불법 탈옥한 이들이 공공연한 장소에서 다시 선포행위를 계속했다면 그로 인해 신도들에 닥칠 위험과 위기는 하마터면 심각한 결과를 초래할 수도 있는 엄중한 것이었다. 저자가 사도행전 5장 21b, 22a, 27, 28b절에서 묘사하는 위기의 정도는 예사로운 것이 아니었다. 이는 어찌 보면 베드로가 야기한 상황이었고, 자칫 예루살렘 교인 전체를 커다란 위험에 빠뜨릴 수 있는 상황이었다. 어쩌면 그의 이 같은 '무모한 선포'에 대해 교인들이 이의를 제기할 수도 있었다. 베드로의 선교적 열정과 순수한 복음전파 의지 자체에 문제가 있었다는 것이 아니라, 물불을 안 가리는 모험적 선포는 전체 교인들에게 위험을 끼칠 수 있었다는 지적이다. 그렇게 비판해도 지나치다 할 수 없는 무모함이 베드로의 행위에서 엿보인다. 이 점은 비록 천사가 개입하고 초자연적 위로와 격려가 압도한다 해도 여전히 남는 질문이다. 그보다 더 현명하고 지혜로운 선택은 없었을 것인지 물을 수 있다. 물론 누가의 본문 어디에도 그런 비판적 암시나 시사를 발견할 수는 없다. 하지만 저자의 기록에 과거 벌어진 실제 사건이 상당 부분 반영되었다고 한다면, 범상한 눈을 가진 당시 예루살렘의 교인과 지도자들이 '사려 없는 무모함'과 '진정한 용기와 각오'를 구분하지 못했을 리 없다는 점을 고려할 때 이런 관찰이 터무니없진 않을 것이다. 그렇다 해도 누가로서는 베드로에 대한 그런 이들의 비판을 곧이곧대로 보고할 이유는 없다. 비록 베드로의 행위가 무모해 보인다 해도 누가의 궁극적 목표는 기독교 초기 선교자들의 용맹함과 위험을 무릅쓰고 감행한 선교의지를 선양해 드높이고, 그들의 행위가 후세의 교인들에게 모델로서 모범적 가치로 기능할 것이라는 점을 한껏 과시하는 데 있었기 때문이다. 오직 그 일에만 몰두하기로 작정한 듯한 저자에게는 그들의 무모함마저 교훈적 의미를 줄 수 있었다고 여긴 것 같다.

### 3. 박해와 선교 확장

누가는 베드로와 사도들이 겪은 수난 경험의 진술을 통해 자신이 가졌던 일종의 '박해신학'을 보다 분명히 가다듬는 계기로 삼는다. 이와 관련하여 필자의 다른 곳 기록이 여기 본문 이해에도 적용된다. "이와 같은 박해기록, 주인공의 수난기록을 통하여 저자는 복음전파의 숭고한 의지와 열정은 어떤 지상적 고난과 억압으로도 막을 수 없다는 것을 강력하게 증언한다. 육체적 고통과 투옥, 모욕과 모함 등 모두 열거하기 어려운 고난을 겪지만 거기 굴하지 않는 선교자의 늠름한 모습을 거의 정형적으로 예시하는 것은 그 어떤 제재도 막을 수 없는 선교의 생명력과 불굴의 의지를 보여주기 위함이다. 선교는 박해를 불러온다. 하지만 그것이 선교자를 위축시키기보다는 오히려 선교의 의지를 더욱 불타게 만든다는, 박해는 선교를 강화시키고 그 의지를 더욱 불타게 한다는 강인한 메시지를 저자는 던지고 있다."[82]

누가가 바울의 제1차 선교여행 중 더베에서 주인공을 통해 제시한 다짐이 바울뿐만 아니라 사도행전의 모든 지도자들, 특히 저자 자신의 수난에 관한 집약된 이해를 대변한다. "우리가 하나님 나라에 들어가려면 많은 고난을 겪어야 할 것이다."(행 14:22b) 흔히 언급되는 이 종말론적 표현이야말로 누가가 갖는 선교의 성격과 박해의 본질에 대한 신념을 보여준다. 이 구절은 "선교와 박해가 뗄 수 없는 인과율로 얽혀 있음을 보이는 동시에, 박해에 대한 적극적 평가를 종말론적 의미로까지 승화시킴으로 선교 자체에 대한 의지 표명, 그리고 최대의 의미부여를 하고 있

---

82 유상현, 『바울의 제2차 선교여행』, 375.

음"[83]을 주목하게 한다. 그리하여 박해가 신도들의 선교 의지를 좌절시키기보다는 증언자로서의 자기 정체를 단련케 하여 오히려 박해로 인해 사명감과 열정이 더욱 가열되는 모습을 보여준다. 결과적으로 박해가 선교를 부추기고, 그 '원인과 결과'의 연관 과정이 초기 기독교 전개의 근본적 동인으로 작용했음을 간과할 수 없으며, 사도행전 전체에 걸쳐 박해를 통해 이뤄지는 기독교의 확대와 발전, 이를테면 '선교 외연(外延)의 확장'이라고 부를 만한 분명한 동기가 반복적으로 나타나고 있음을 확인할 수 있다.[84]

---

83 *Ibid.*, 376.

84 *Ibid.*

제6장

# 가말리엘과 베드로, 사도들

**사도행전 5:34-42**

## I. 서언

제5장에서 다루었듯이 사도행전 5장에서 대제사장과 사두개파 사람들은 베드로와 사도들이 기적을 행하는 등의 활동을 빌미로 그들을 감옥에 가두게 한다. 그런데 밤에 천사가 개입하여 그들을 석방시키자 놓여난 사도들은 성전에서 선포했는데, 그 일로 다시 체포되어 산헤드린 앞에 출두하게 된다.(행 5:17-28) 베드로와 사도들은 공의회 앞에서 발언하는 기회를 다시 갖게 된다. 베드로의 이 발언 이후 벌어진 사건, 곧 사도행전 5장 33[1]-42절에 나타난 기록들을 여기 제6장에서 연구하게 될 터인데, 그것은 가말리엘이라는 바리새파 출신 의회원의 등장과 관련된 이야기이다.

33 그들이 이 말을 듣고 격노하여 사도들을 죽이려 하였다. 34 그런데 바리새

---

1 행 5:33은 이미 제5장에서 다룬 바 있다. 그러나 여기서는 베드로 발언 이후의 사태에 관한 이해를 돕고자 33절을 포함했다.

인 가말리엘은 율법교사로서 모든 백성에게 존경을 받는 사람이었다. 그가
공의회 가운데서 일어나 그들(사도들)을 잠깐 밖으로 내보내게 명령하였다.
[35]그들(의회원)에게 이렇게 말하였다. '이스라엘 사람들이여, 여러분이 이
사람들에게 어떻게 할 것인지 조심하십시오. [36]이전에 드다가 일어나, 자기
가 대단한 사람인 듯 말하고 다녔더니 약 400명의 사람이 그를 따랐습니다.
그가 살해되자 그를 따르던 사람들 모두가 흩어져 없어지고 말았습니다.
[37]그 후 인구 조사할 때 갈릴리 사람 유다가 일어나서 백성들을 선동하여
자기를 따르게 하다가, 그 역시 죽자 그를 따르던 사람들이 모두 흩어졌습
니다.
[38]그래서 지금 내가 여러분에게 말하고자 합니다. 이 사람들을 상관하지 말
고 내버려두시오. 만일 그 계획이나 활동이 사람으로부터 비롯된 것이라
면 무너질 것입니다. [39]그러나 만일 하나님께로부터 비롯된 것이라면 여러
분들은 그들을 무너트릴 수 없습니다. 오히려 여러분이 하나님을 대적하
는 자가 될까 싶습니다.' 그러자 그들은 그의 말을 옳게 여겼다.
[40]그들은 사도들을 불러 채찍질한 다음, 예수의 이름으로 말하지 말라고 명
령한 후 풀어주었다. [41]그들(사도들)은 예수의 이름을 위해 모욕 받는 일에
합당하게 여겨진 것을 기뻐하며 공의회를 떠났다. [42]그들은 날마다 성전에
서, 그리고 집에서, 예수가 그리스도임을 가르치고 선포하기를 그치지 않
았다.(행 5:33-42)

누가의 이 부분 기록을 구조 분석하면 다음과 같이 나눌 수 있을 것이다.

1. 가말리엘의 '원칙'과 석방(행 5:34-40)
   1) 가말리엘의 등장(34-35a절)
   2) 가말리엘의 연설(35b-39절)
      (1) 서두와 경고(35bc절)
      (2) 역사의 교훈(36-37절) — 드다와 갈릴리 유다의 사례

(3) 가말리엘의 권고와 석방(38–40절)

2. 사도들의 반응: 고난 속의 기쁨(행 5:41–42)

## II. 가말리엘의 개입 및 사도들의 석방

### 1. 가말리엘의 '원칙'과 석방(행 5:34–40)

천사의 도움으로 감옥을 탈출한 베드로와 사도들은 결국 산헤드린 앞에 다시 붙들려와 심문을 받게 된다.(행 5:28–32) 이때 대제사장의 말이 끝나고 이어서 베드로와 사도들이 발언을 하게 되는데(29–32절), 이 발언을 듣자마자 의회원들이 분노하여 사도들을 죽이려고 했다는 누가의 보고이다.

그들이 이 말을 듣고 격노하여 사도들을 죽이려 하였다.(행 5:33)

누가는 의회원들의 분노를 표현하며 '격노하다'(diapriō)라는 강력한 의미의 동사를 사용한다. 앞장에서 언급했지만, 이 단어는 본래 '톱으로 자르다, 톱질하여 산산조각 내다.'[2]라는 뜻이다. 그만큼 극도로 격분한 정황을 표현할 때 사용되는 말이다. 이곳 본문과 매우 유사한 사도행전 7장 54절의 상황, 곧 스데반에 대한 유대 지도자들의 분노를 표현할 때 이 단어가 다시 사용된다. 그런 분노가 사도들을 '죽이려 하였다.'[3]는 적

---

2 Walter Bauer, *A Greek English Lexicon of the New Testament and Other Early Christian Literature*, 235. 바레트는 이 말이 '이를 가는 듯한' 분노를 표현한다고 봄. Charles K. Barrett, *A Critical and Exegetical Commentary on the Acts of the Apostles*, vol. I, 291–292.

3 'anairein'란 동사가 사용되었는데, 처형으로 제거시키는 모습의 죽음, 살해, 전쟁

대의식으로까지 번졌다고 기록한다. 물론 이 살의를 구체적으로 실현시키려고 모색할 만큼 강고했던 것으로 보이지는 않는다. 아래에서 보듯이 산헤드린이 가말리엘의 제안을 받아들여 사도들을 매질한 후 방면하는 결과를 낳기 때문이다. 그러나 비록 과장이 섞인 단어이지만, 그들의 맹렬한 미움만은 이런 표현을 통해 명백히 드러난다. 이를테면 이처럼 격분한 공의회로부터 사도들이 심문을 받고, 그들의 운명이 결정되었음을 밝힌 것이다.

바로 이 무렵 저자는 어떤 한 바리새인을 등장시켜 자신의 서술을 이어간다.

#### 1) 가말리엘의 등장(34-35a절)

> 그런데 바리새인 가말리엘은 율법교사로서 모든 백성에게 존경을 받는 사람이었다. 그가 공의회 가운데서 일어나 그들(사도들)을 잠깐 밖으로 내보내게 명령하였다.(행 5:34)

이 인물을 등장시키는 누가의 소개 글은 몇 개의 범주로 나누어 검토될 수 있다. 34절 본문 속에 그 내용이 포함되어 있다.

##### (1) 가말리엘[4]

여기 등장하는 인물의 이름은 '가말리엘'이다.[5] 신약에는 두명의 가말리엘이 등장하는데, 이곳 본문의 의회원과 사도행전 22장 3절에서 바

---

에서의 난폭한 죽음 등을 가리키는 말이다. Walter Bauer, *A Greek English Lexicon of the New Testament and Other Early Christian Literature*, 64. 그들의 미움이 강조되어 표현된 것이다.

4 Jacob Neusner, *The Rabbinic Traditions about the Pharisees before 70*, vol. 1 (Leiden: E. J. Brill, 1971), 347, 376.

울이 자신의 스승으로 일컫는 인물이다. 이 두 사람의 정체나 관계에 대한 논의가 활발하지만, 이 문제와 관련한 본격적 토론을 여기서 할 이유는 없다. 다만 한 가지만 지적하고 넘어간다면, 사도행전 5장과 22장의 가말리엘을 동일 인물로 보는 견해와 그렇지 않다고 보는 견해가 대립하고 있는데, 둘을 동일 인물로 보기 어렵다는 주장이 더 타당하다는 정도의 언급만을 남긴다.[6] 본문에서 논의의 핵심은 바울의 스승으로서의 가말리엘이 가진 신학적 정체성에 관한 것이다. 바울이 '가말리엘 발 앞(para tous podas) 훈육'을 언급하는 사도행전 22장 3절에 의하면, 바울은 스스로를 가리켜, (1) '우리 조상들 율법의 엄격한 교육'을 받았으며, (2) '하나님께 열심 있었던 사람'이었다고 말한다. 이런 사도행전 속 바울의 두 가지 자기 묘사('엄격한 교육을 받은, 열심 있는 자')를 토대로 유추하면, 이런 모습의 바울을 비교적 온건하고 개방적인 힐렐 학파의 당시 저명 인물인 가말리엘, 곧 여기 본문에서 의회원으로 등장하는 그 사람과 연관 짓기는 어렵다는 것이다. 누가의 이런 바울 묘사와 바울 자신이 갈라디아서 1장 13-14절[7]과 빌립보서 3장 5-6절에서 제시하는 자기표현은 상응한다고

---

5 흔히 이 인물을, 그의 손자로 알려진 1세기 후반(90년경)의 '가말리엘'과 구별하기 위해 '가말리엘 1세'라고 부르고, 후기의 인물은 '가말리엘 2세'라고 부른다. 1세와 2세 사이에는 '시므온'이라는 가말리엘의 아들이 있다. 이 책에서는 사도행전의 이 사람과 관련하여 1세, 2세의 구분이 필요하지 않으므로 그저 '가말리엘'이라고 부르기로 한다.

6 이에 관해서 Bruce D. Chilton & Jacob Neusner, "Paul and Gamaliel," *Bulletin for Biblical Research* 14.1 (2004), 1-43; Bruce D. Chilton, "Gamaliel," in *The Anchor Bible Dictionary,* ed. by D. N. Freedman, vol. 2 (New York: Doubleday, 1992), 903-906을 참고하라. 이런 견해에 대한 반대 주장은 Craig S. Keener, *Acts: An Exegetical Commentary: 3:1-14:28,* vol. 2, 1222 등을 비교할 것.

7 '내가 이전 유대교에 있을 때 행한 일을 당신들이 들었겠습니다만, 내가 하나님의 교회를 심하게 박해하여 멸하고, 내가 내 동포 중에서 여러 동년배보다 유대교를 지나치게 믿어 내 조상의 전통에 대해 훨씬 열심이 있었습니다.'

볼 수 있다. 따라서 이런 모습들은 온건한 힐렐 학파라기보다는 오히려 전통적이고 보수적인 샴마이 학파의 성격과 어울리는 묘사라 할 만하다. 따라서 동일 이름을 가진 두 명의 가말리엘에 관한 상세한 정체를 밝히기는 어렵지만, 두 인물이 같은 사람일 가능성은 낮다고 볼 수 있다.

사도행전 5장의 가말리엘은 힐렐의 아들, 또는 손자로 알려져 있는데, 이는 잘못된 것인 듯하다.[8] 누가 글 속의 가말리엘에 관해서는 신뢰할 만한 정보가 많지 않다.[9] 힐렐과 가말리엘 사이의 관계를 알 수 있는 확실한 증거는 충분치 않고, 실제로 역사적 가말리엘에 관해서 알 수 있는 사실은 거의 없다.[10] 그의 활동 연대도 불명확하긴 하나 대체로 주후 25–50년 어간이거나,[11] 좀 더 범위를 좁히면 주후 30–40년 사이로 추정할 수 있다. 이는 결국 그에 관한 우리의 정보가 누가의 사도행전 보고로 제한될 수밖에 없음을 시사한다.

### (2) '바리새인'이며 '율법교사'인 가말리엘

누가는 가말리엘을 묘사하는 특징적 표현으로 '바리새인, 율법교사'

---

8 Jacob Neusner, *The Rabbinic Traditions about the Pharisees before 70*, vol. 1 (Leiden: E. J. Brill, 1971), 294; Jacob Neusner, *The Rabbinic Traditions about the Pharisees before 70*, vol. 3, 306.

9 그에 얽힌 전설은 적지 않다. 크리소스토무스의 3세기 초 문헌 등(*Clementine Recognitions, Homilies*)에서 보이듯, 그가 비밀 기독교인이었다든가, 그가 그의 아들과 함께 베드로와 요한에게서 세례를 받았다든가 하는 정보와, 그의 시신이 5세기에 기적적으로 발견되어 이탈리아의 피사에 보존되어 있다는 등의 정보가 있지만 거의 신뢰하기 어려운 것들이다. William John Lyons, "The Words of Gamaliel (Acts 5.38–39) and the Irony of Indeterminacy," *Journal for the Study of New Testament* 68 (1997): 40–42.

10 Gerd Lüdemann, *Early Christianity according to the Traditions in Acts: A Commentary*, tr. by J. Bowden (Minneapolis: Fortress, 1989), 73; Jacob Neusner, *The Rabbinic Traditions about the Pharisees before 70*, vol. 1, 375.

11 Joseph A. Fitzmyer, *The Acts of the Apostles: A New Translation with Introduction and Commentary*, 339.

라는 수식어를 사용한다. 당시 산헤드린의 주도적 구성원이 누구였는지에 관해서는 이론(異論)이 존재하나 주로 성전 사제 그룹, 즉 사두개인들이 중요 구성원으로 포진했음이 사실일 것이다.[12] 또한 그들의 경쟁자였던 바리새인들 역시 정확한 수효를 알기 어렵지만, 산헤드린에 포함되었으리라는 것도 분명하다. 누가도 사도행전 4장 5절에서 '권력자들, 주요 가문의 원로들, 율법학자들'을 공의회의 구성원으로 언급하는데, 이들 중 '율법학자들'(grammateis)은 주로 바리새인들로 이뤄졌을 것이다.[13] 본문에서 가말리엘을 설명하는 '율법교사'(nomodidaskalos)라는 지칭 역시 바리새인의 특징적 모습을 보여준다.

바리새인에 대한 언급은 사도행전에 아홉 차례 등장하는데, 이곳 본문에서 처음으로 나타난다. 마가와 마태에게서 바리새인들은 일관되게 부정적으로 묘사된다. 마가는 마가복음 7장 6절에서 바리새인을 위선자로 비판했으며, 마태는 마태복음 12장 24절(예수를 귀신의 왕 바알세불과 결부)과 12장 34절(이들을 독사의 자식들로 부름), 특히 23장 2-36절에서 온갖 비판과 저주가 이들에게 퍼부어졌음을 전했다. 이에 비해 누가의 경우는 누가복음 11장 37절-12장 3절에서 예수의 저주와 위선자 지칭으로 강렬하게 바리새인들을 비판하지만, 그것이 조직적 매도의 형태로 나타나지는 않는다. 물론 누가복음 5장 17절-7장 50절에 이르기까지 바리새인들은 죄를 용서한다는 예수의 발언에 대해 하나님 모독(瀆神)으로 평가한다든가(눅 5:21, Cf. 7:49), 세리와 죄인들과 어울린다면서 예수를 비

---

12 산헤드린의 구성원 분포에 관해서는 연구자들 사이에 여러 의견이 있다. 이와 관련된 문헌들이 William John Lyons, "The Words of Gamaliel (Acts 5.38-39) and the Irony of Indeterminacy," 32, n, 29에 소개되어 있다.

13 Steve Mason, "Chief Priests, Sadducees, Pharisees and Sanhedrin in Acts," in *The Book of Acts in Its First Century Setting* 4, 1995, 115-177, 특히 149-151. Eduard Lohse, "συνεδριον," in *Theological Dictionary of the New Testament,* vol. VII, 860-871.

판하고(눅 5:30), 안식일 밀 이삭 취식에 대해 '몇몇' 바리새인들이 율법을 근거로 비판한다든가(눅 6:2), 예수의 치유와 관련하여 비판적 태도를 보인다든가(눅 6:6), 죄인인 여성에 대한 예수의 행동에 대해 비판적 태도(눅 7:36-50)를 드러내는 등 부정적 소묘들이 꾸준히 등장한다.[14]

그러나 다른 한편, 누가복음 13장 31-35절에서 '몇몇' 바리새인들이 접근하여 헤롯이 예수를 죽이려고 한다는 사실을 전하면서 그의 피신을 권하는 장면이 등장한다. 물론 그 장면에서 바리새인들은 예수의 활동과 죽음의 의미를 이해하지 못하는 것으로 나오기 때문에 그들을 온전히 긍정적으로 묘사하고 있다고 말하기는 어렵다. 하지만 예수에게 위기를 알리고 구명(救命)을 제안하고 있다는 것은 바리새인들, 적어도 그중 '일부'에게 긍정적 조명이 비춰지고 있음을 알린다. 따라서 누가복음서에 나타난 바리새인들의 모습이 긍정적 이미지로 일관되게 나타난다고 하기는 어렵다 해도, 철저히 부정 일변도의 모습을 보이지는 않는다. 마가와 마태와 비교할 때, 적어도 누가의 바리새인은 그 두 문서에서 보이는 극한 혐오의 대상으로 묘사되고 있지 않음은 분명하다. 사도행전의 바울도 23장의 산헤드린 앞 변증 장면에서 부활 견해에서 바리새파의 지지를 유도하여 그들이 편들어주는 상황을 겪는다. 사도행전 23장 6-9절에서 바리새인들이 보여주는 '우호적 행위'는 적극적 기독교 옹호나 기독교와의 동질적 연대 표시라기보다는 사두개인과의 대립구도에서 바울에게 '악한 것이 없다.'(행 23:9)는 소극적 용인을 표명한 것으로 볼 수 있다. 물론 이만한 긍정적 태도도 무시될 수는 없으나, 그것을 바리새인이 가졌던 기독교에 대한 '지지'로 확대해석하기도 어려울 것이다. 이곳 본문의 가말리엘 역시 바리새인으로서 온전히 이상적 긍정의 그림을 보여준다고 말하기는 어려워도, 마태의 바리새인 상(像) 같은 악한 인상을 준다고 말

14 눅 16:14에도 '돈을 좋아하는 바리새인들'이 등장하여 예수를 비웃는 장면이 나온다.

할 수는 없을 것이다. 이처럼 누가가 바리새인들에게 명시적인 호의의 채색을 하고 있다고 말하기는 어렵다. 하지만 마가와 마태에 비해서는 상대적으로 완화된 우호에 가까운 '비적대적' 모습을 제시하고 있다. 따라서 누가는 바리새인을 일률적으로 긍정이나 부정으로 재단하여 일관된 모습으로 그리고 있지는 않다.

어쩌면 이런 모습들은 누가 당시의 배후 교회공동체가 팔레스타인에서 지리적으로 멀리 떨어진, 이를테면 에게해 연안의 어느 지역을 근거로 하고 있고, 저술이 80년대 중반 시점에 이뤄졌다는 성격이 반영되었을지 모른다. 마태와 마가처럼 팔레스타인과 가까운 시리아 어느 지역이 배후였다든가, 유대인들과의 대결과 갈등의 와중에 이 글이 기록됐다면, 바리새인들에 대한 서술이 보다 격렬하고 논쟁적인 형태로 제시되었을 수도 있다. 하지만 누가는 지리적·시간적으로 그리고 유대교와의 관계에서 첨예한 상황으로부터 비켜서거나 거리를 둔 시공의 좌표에 놓여 있었다. 그런 상황과 시공의 '이격(離隔) 거리'가 바리새인들에 관한 누가의 묘사를 보다 담담한 형태로 처리할 수 있었으리라는 것이다. 저자는 절대 긍정과 절대 부정으로 바리새파에 대한 이분법적 판단을 확정하기보다는 거리감과 애매함으로 이들에 대한 결정적 태도 표명을 유보하는 듯하다.

### (3) '존경받는 사람'

가말리엘을 설명하면서 저자는 이 사람에 관해 "모든 백성에게 존경을 받는 사람"이라고 명시적으로 표현한다. 그러니 적어도 누가의 서술 공간에서 그의 사회적 위상을 의문시할 수는 없다. 물론 '존경'을 토로하는 '백성들'의 대중적 심리와 기대는 신뢰하기 어려운 측면이 있다. 특히 누가복음 23장 13-25절에서 빌라도 앞에서 보여주는 백성들의 모습은 예수의 죽음을 요구하는(18, 21, 23절) 변덕스러운 그림으로 나타난다. 그 그림은, 예컨대 이전에 누가복음 4장 42절에서 백성들이 보여주는 지지와 추앙의 상황과는 다르다. 따라서 '백성의 존경', '대중의 지지'를 말 그대로 받아들이기는 어렵다. 그렇다 해도 이 문맥에서 가말리엘을 존경하는 백성들의 태도를 백안시하여 그 존경 자체를 폄하할 수는 없다. 또한 그가 공의회에서 사도들을 잠깐 밖으로 내보내게 '명령하였다'(ekeleusen)고 했을 정도의 영향력과 권위를 가진 것으로 묘사하고 있는 점도 그의 위상을 돋보이게 한다. 이런 바리새인 가말리엘에 관한 묘사는 산헤드린이 주로 사두개파에 의해 주도되고 있던 상황에서 다소 의아한 일로 여겨질 수 있다. 그러나 바리새인이 가졌던 그 같은 영향력은 성서에 대한 지식과 해석의 권위와 더불어, 당시 바리새인들이 헤롯 안티파스와 밀접한 관계를 맺고 있었다는 현실적 권위의 배후를 감안한다면 이해하기 아주 어려운 것만은 아니다.[15]

가말리엘과 관련한 누가의 묘사들은 미쉬나(*Sotah* 9.15)가 그려주는, "우리의 스승인 장로 가말리엘이 사망할 때 토라의 영광은 사라졌고, 순결과 금욕도 죽었다."라는 표현과 부합되는 듯하나, 뉴스너는 이 묘사가 그의 생애 당시에 실제로 그에 관해 언급된 것이라고 보지는 않는다.[16] 하지만 비록 그 디테일에 후대의 첨가가 덧붙여졌다 하더라도, 주후 1세기의 인물인 가말리엘이 3세기에 형성된 미쉬나의 글에 이 정도의 언급으로 기억될 만한 사람이었다는 점을 감안하면 그의 위상은 뚜렷했다 말할 수 있다. 그러나 그의 생애에 관한 그 이상의 정보를 자세히 알기는 어렵다.

---

15 예레미아스가 이런 상황에 관해 비교적 상세한 설명을 제공한다. 요아힘 예레미아스, 『예수시대의 예루살렘: 신약성서시대의 사회경제사 연구』(서울: 한국신학연구소, 1988), 336–338.

16 Jacob Neusner, *The Rabbinic Traditions about the Pharisees before 70*, vol. 1, 351–352.

### (4) 산헤드린 결정과 '사도 부재'

본문에서 누가는 가말리엘이 '공의회 가운데서 일어나' 사도들을 내보내게 했다(행 5:34b)고 한다. 즉 그가 산헤드린 '모임 중'에 거기서 일어섰다는 점을 밝힘으로 그가 산헤드린 의회원이라는 점을 자연스럽게 그리고 명시적으로 밝힌다. 이미 위에서 언급했듯이, 산헤드린은 주로 사제 등 귀족들과 사두개파 인물들로 구성된 것이 사실이지만, 바리새파 역시 그 일부를 이룬다.[17] 그런데 공의회 구성원들 사이에서 가말리엘의 관계에 대하여 한 가지 지적할 점은, 그가 다른 의회원들을 지칭하면서 '당신들'(행 5:35, 38-39)이라는 호칭을 사용한다는 것이다. 어쩌면 그들과 자신을 구별하는 호칭 같기도 하다. 즉 자신을 동료 의회원들과 구분하면서 그들의 주장과 이해에 가담하지 않는다는 인상을 주는 것 같이 보이기도 하지만, 그저 일상적 대화의 2인칭 호칭으로 간주될 수도 있기 때문에 별 문제될 것은 없다.

가말리엘은 공의회에서 '사도들을 잠깐 밖으로 내보내게' 명령하였다고 한다.[18] 그가 이런 정도로 상황에 신경을 쓰는 것은 당연히 있을 수 있는 일이다. 일종의 보안상의 이유로 심문받게 될 사람들(사도들)을 심문자들인 의회원으로부터 격리시킨 채 내부 논의를 진행하려는 것으로 이해되기 때문이다. 그러나 만일 이것이 사도들의 뜻과 행동이 잠시 후 자신이 얘기하게 될 '하나님으로부터 비롯된'(39절) 옳은 것으로 판명될 경우를 대비한 약삭빠른 처신의 일환이었다면 평가는 다를 수 있다. 그것은 보안상의 이유 때문이 아니라 미래에 기독교가 하나님으로부터 비

---

17 주전 76-67년 바리새파적 성향의 알렉산드리아 여왕이 이들의 공의회 참여를 가능하게 했다고 한다. 요아힘 예레미아스, 『예수시대의 예루살렘: 신약성서시대의 사회경제사 연구』, 288. 산헤드린 내 이들의 존재를 알 수 있는 것은 요세푸스의 글(Josephus, *Antiquities of the Jews*, XIII.16.5)을 통해서이다.

18 행 4:15에서도 산헤드린이 베드로와 요한을 밖으로 내보낸 다음 의논했다는 기록이 나온다.

롯된 것으로 판명날 경우, 자신도 '하나님 대적자'(39절)로 간주될 오명과 그에 따른 혹시 모를 불이익을 염두에 둔 전형적 눈치보기 행태 때문일 수도 있다는 뜻이다. 가말리엘로서는 그럴 리 없다고 하겠지만, 혹여 나중에 하나님께로부터 '진정으로 비롯된' 사도들을 직접적·공개적으로 지지하지 않고 '두고 보자'는 가말리엘식의 '관망 원칙'이 비겁하다는 평가를 받으리라는 점을 미리 고려했다면 그런 선택이 나올 수도 있었을 것이다. 누가의 서술은 그러한 추측이 가능할 정도의 해석의 여지를 갖는다.

사도들을 밖으로 내보내게 한 가말리엘의 발언에 의해 베드로 등은 이야기 공간에서 잠시 사라진다. 사도행전 5장 35-39절의 서술공간은 사도들의 부재로 특징된다. 베드로를 비롯한 사도들이 주인공인 이 기록에서 정작 서술의 대상이요 주체는 사라졌다. 그 빈 공간에 기독교와 상관없는 사람들이 사도들의 운명을 결정하기 위해 논의를 진행한다. 서술상황에서 '부재한 채 존재하는' 사도들은 이 장면 진행에서 묵살되거나 비켜선 채 침묵하게 만든다. 즉 사도들의 목숨이나 기독교의 운명, 또는 하나님의 구원역사는 때때로 섭리와 상관없어 보이거나 섭리를 거스르는 듯한 무리들과 그들의 움직임에 의해 결정되거나 영향받을 수 있다는 것이다. 그럴 때 구속사의 주인공들의 부재나 무력함으로 인해, 섭리의 대적자들은 하나님마저 부재하는 듯이 전횡하고, 사도와 교회에 맞서거나 대립한다. 물론 실상은 그렇지 않으며, 하나님의 눈길 밖에서 구속사가 유린될 수 없음을 이 장면의 마지막인 사도행전 5장 42절의 고난당한 사도들이 수욕(受辱)을 영예로 여기며 기뻐하는 반전(反轉)이 입증한다.

앞서 33절에서 산헤드린 의회원들은 '격노하여 사도들을 죽이려' 했을 정도로 격앙된 분위기를 연출했다. 그런데 아무리 존경받는 율법 스승인 가말리엘이라 해도 그의 말 한 마디에 순간적으로 상황이 가라앉아 정돈되고, 사도들을 바깥에 내보낸 후 그의 연설이 바로 이어지는 이런 스토리 라인이 썩 자연스러운 것은 아니다. 더구나 바리새인인 가말리엘이 비록 존경받는 학자라 해도 그의 한 마디 말에 경쟁그룹 사두개인들이 유연하게 승복했다는 점 역시 자연스럽다 하긴 어렵다. 이러한 부자연스러운 상황에 관한 추정이 가능하더라도, 누가의 서술이 꼼꼼한 상황일지나 완전한 사건보고서가 아니라는 점도 감안해야 한다면 그의 저자로서의 '전지전능적' 생략과 윤색, 자의적 첨삭, 과장은 어쩔 수 없다 할 것이다.

### 2) 가말리엘의 연설(35b-39절)

베드로와 사도들이 바깥으로 나간 다음의 상황에서 가말리엘이 발언 기회를 얻는다.

> 35그들에게 이렇게 말하였다. "이스라엘 사람들이여, 여러분이 이 사람들에게 어떻게 할 것인지 조심하십시오. 36이전에 드다가 일어나, 자기가 대단한 사람인 듯 말하고 다녔더니 약 400명의 사람이 그를 따랐습니다. 그가 살해되자 그를 따르던 사람들 모두가 흩어져 없어지고 말았습니다.[19]
> 37그 후 인구 조사할 때 갈릴리 사람 유다가 일어나서 백성들을 선동하여 자기를 따르게 하다가, 그 역시 죽자 그를 따르던 사람들이 모두 흩어졌습니다.
> 38그래서 지금 내가 여러분에게 말하고자 합니다. 이 사람들을 상관하지 말고 내버려두시오. 만일 그 계획이나 활동이 사람으로부터 비롯된 것이라면 무너질 것입니다. 39그러나 만일 하나님께로부터 비롯된 것이라면 여러분

19 본문을 개역개정, 새번역, NRSV, TOB 등과 같이 드다 사건의 이중 연결 묘사로 이해하여, "흩어져 없어지고 말았다."(ginomai eis ouden)라고 번역할 수도 있고, NIV, NASB, Segond 21 등과 같이, 사건의 전체적 종결부로 해석하여 '흩어졌고, (결국) 아무것도 아닌 일로 되었다.'라고 옮길 수도 있을 것이다. 두 이해가 모두 가능하긴 하나, 여기서는 사건을 이중으로 연결하여 묘사한 것이 더 그럴듯한 것 같다.

들은 그들을 무너트릴 수 없습니다. 오히려 여러분이 하나님을 대적하는 자가 될까 싶습니다."(행 5:35-39)

이 연설은 사도행전에 나타나는 비기독교인에 의한 네 개의 주요 연설 중에서 처음으로 등장하는 것이다. 가말리엘의 연설 외에도 고린도 총독 갈리오의 연설(행 18:14-16), 에베소시(市) 행정서기장의 연설(행 19:35-40) 그리고 바울 재판에서 바울의 대적자인 변호사 더둘로의 연설(행 24:3-9)이 비신자에 의한 연설로 사도행전에 나타난다.

이미 누가는 34절에서 가말리엘이 '사도들을 잠시 물러나 있게 했다.'라고 기록했다. 그렇다면 산헤드린 의회원들만의 일종의 '비밀회동'인 셈인데, 가말리엘의 연설 내용이 어떻게 누가에게 알려진 것인가라는 질문을 할 수는 없다. 물론 비공개 내용이 이렇게 제시될 수 있었던 이유가 가말리엘이 바울에게, 바울이 누가에게 그 내용을 전달했기 때문이라고 추측할 수는 있다.[20] 하지만 이런 추정은 소설적 상상력의 소산이라고 할 수밖에 없고, 누가의 기록에 과도한 역사적 가치와 순수성을 부여한 결과 때문이라고 할 수 있다. 저자가 가설적으로나마 상황을 전지(全知)적으로 파악하고 있다는 전제로 글을 읽을 수밖에 없기 때문이다. 저자는 사건들의 배후와 이면, 인물들의 등장 배경, 각종 움직임의 의도, 말하지 않은 속셈, 시공이 나누어진 다른 정황의 개별적 전개들에 관해 모두를 다 알고 있는 듯이 글을 쓰고, 또한 독자는 그렇게 글을 읽게 되는 것이다. 그러니 비밀모임의 연설 내용 유출 경위와 같은 물음은 별 의미 없는 관심일 뿐이다.

---

20 다른 '합리적' 추정은 가말리엘이 말했으리라고 추측되는 내용을 묘사 상황의 발언자의 입에서 나오도록 저자가 배치했으리라는 것이다. Ben Witherington III, *The Acts of the Apostles: A Socio-Rhetorical Commentary* (Grand Rapids: Eerdmans, 1998), 234. 이런 견해 역시 누가의 글을 정당화하려는 의도이다.

(1) 서두와 경고(35bc절)

가말리엘은 뜬금없는 경고로 자기 발언을 시작한다.

이스라엘 사람들이여, 여러분이 이 사람들에게 어떻게 할 것인지 조심하십시오.(행 5:35)

갑작스러운 그의 경고는 얼핏 그가 사도들 편에서 그들을 옹호하려고 발언을 시작했다는 인상을 준다. 사도들을 밖으로 내보낸 것도 그들 편에서 그들을 위해 취한 행동으로 간주될 수 있는데, 시작부터 사도들을 옹호하는 듯한 뉘앙스의 말을 하니 그러한 인상이 강화되는 듯하다. 그러나 그의 발언은, 앞으로의 해석에서 지적될 터이나, 첫마디 말의 인상과는 달리 사도들에 대한 적극적·직접적 옹호의 내용을 담고 있지는 않다.

(2) 역사의 교훈(36–37절)

누가의 가말리엘은 자신이 제시하는 충고의 설득력을 높이는 방안으로 역사적 두 사례, 곧 '드다와 유다'를 언급한다. 이런 열거는 아래에서 논의되겠지만 역사적 정확성에 문제가 있다. 아마도 가말리엘 발언의 논점 강화를 위해 저자가 자신의 역사적 지식을 잘못 과시한 측면이 있는 것 같다. 하지만 누가에게는 열거 사실의 정확성보다는 가말리엘의 충고를 보다 더 설득력 있게 드러내는 것이 중요했다. 따라서 역사적 사실의 세밀한 배열과 정교한 구성에 더 많은 조사 노력을 기울이지 않았다고 그를 나무랄 수는 없다.

① 드다(36절)[21]

처음 열거하는 역사적 인물과 사건은 '드다'라는 사람에 관한 것이다.

이전에 드다가 일어나, 자기가 대단한 사람인 듯 말하고 다녔더니 약 400명의 사람이 그를 따랐습니다. 그가 살해되자 그를 따르던 사람들 모두가 흩어져 없어지고 말았습니다.(행 5:36)

드다에 관한 가말리엘의 발언에는 다음 두 가지 역사적 오류가 포함되어 있는 듯 보인다.

i) 누가의 기록 중 가말리엘이 이 연설을 할 당시는, 드다가 아직 출현하기 전, 곧 사건 발생 '이전'의 시기였을 것이다. 연설 시점에는 드다의 존재를 몰랐을 수 있다는 것이다. 드다의 봉기는 주후 44–46년경에 발생한 것으로 추정되는데,[22] 사도행전이 제시하는 가말리엘의 발언 시기는 대충 잡아도 그 10년쯤 전인 30년대 중반경으로 계산할 수 있다. 다시 말해 가말리엘은 10년 후쯤 벌어질 일을 지나간 과거 사건으로 언급하고 있는 것이다. 이 같은 시기상의 혼돈을 설명하기 위해 혹자는 요세푸스의 글[23]에 등장하는 '강도 유다'를 주후 6년경 구레뇨 시기에 출현한

---

21 Richard A. Horsley & J. S. Hanson, *Bandits, Prophets, and Messiahs: Popular Movements at the Time of Jesus* (Cambridge: Harper and Row, 1985), 165–167; Martin Hengel, *The Charismatic Leader and His Followers* (Edinburgh, T&T Clark, 1981), 87.

22 드다 봉기에 관한 언급은 Josephus, *Antiquities of the Jews*, XX.5.1에서 발견된다. "파두스가 유대의 총독이었을 때에, 드다라는 이름의 어떤 마술사가 많은 백성들을 설득하여 요단강까지 따라오게 하였다. 그는 자신이 예언자이며, 자신의 명령으로 강을 갈라놓으면 사람들이 건너갈 수 있도록 하겠다고 말했다. 많은 사람들이 그의 말에 속아 넘어갔다. 하지만 파두스는 사람들이 드다의 터무니없는 짓을 이용하지 못하도록 하였다. 그리곤 기병부대를 파견하여 그들을 기습해서 많은 사람들을 죽이고 적잖은 사람들을 산 채로 체포했다. 기병부대는 드다를 생포하여 목을 친 다음 그의 머리를 예루살렘으로 가져왔다."

23 Josephus, *Antiquities of the Jews*, XVII.10.5. "갈릴리에 강도떼의 우두머리였던 에제키아스(Ezekias)의 아들 유다(Judas)라고 하는 사람이 있었다. …이 유다가 갈릴리의 세포리스에서 낙오자들을 모은 후 그곳에 있는 왕궁을 습격하여 무기

다른 인물로 추정하여 누가가 말하는 드다로 간주하기도 한다.[24] 그런 혼동, 또는 다른 인물이었으리라는 설명을 채택하지 않을 경우 요세푸스나 누가가 잘못 기록했거나, 두 사람이 참고한 다른 어떤 자료가 이 사건과 관련된 오류를 기술했을지도 모른다는 추측이 제기된다.[25] 이 문제는 두 가지 범주에서 정리된다. 하나는, 사도행전에 드다와 관련하여 역사적 오류가 있는데, 그 원인은 누가가 참고한 자료에 오류가 있거나, 누가의 단순 착오나 그 자신의 오류에 기인했을 것이라는 주장이다. 또 하나는, 오류는 없었으며, 논의되는 '드다'는 또 다른 인물로서 40년대 중반이 아니라 30년대 중반 이전에 활동한 사람이었기 때문에 누가 기록에는 문제가 없다는 것이다. 이 논란에 관해 결론을 단언하여 말하기는 어렵다. 제시된 각각의 주장을 결정적으로 논박할 근거가 부족하기 때문이다. 다만 '다른 드다'와 관련하여 전형적으로 주장되는 제안을 검토할 이유는 있다. 예컨대 브루스[26]가 제시하는 이 주장의 근거는, a) 누가가 믿을 만한 역

---

들을 탈취한 다음 무장하여 재물을 약탈하였다. 그는 측근들을 죽임으로 공포의 대상이 되었다. 그의 이러한 행동은 왕위에 오르려는 야심 때문이었다. 그는 전공(戰功)을 통해 그것을 얻으려고 하지 않고 극도로 사람들을 다치게 함으로 그것을 획득하려고 하였다."

24 Martin Hengel, *The Zealots: Investigation into the Jewish Freedom Movement in the Period from Herod I Until 70 A. D.* (London: T&T Clark, 1989), 229 이하; P. W. Barnett, "The Jewish Sign Prophets–A. D. 40–70: Their Intentions and Origin," *New Testament Studies* 27 (1980–81): 679–697, 특히 680 이하. 다른 인물로 보는 이들: Charles K. Barrett, *A Critical and Exegetical Commentary on the Acts of the Apostles*, vol. I, 293–295; Ben Witherington III, *The Acts of the Apostles: A Socio-Rhetorical Commentary*, 235–239.

25 Joseph A. Fitzmyer, *The Acts of the Apostles: A New Translation with Introduction and Commentary*, 339–340; Beverly R. Gaventa, *The Acts of the Apostles* (Nashville: Abingdon, 2003), 109; Richard I. Pervo, *Acts: A Commentary*, 147–148.

26 Frederick F. Bruce, *The Acts of the Apostles: The Greek Text with Introduction and Commentary*, 3rd and enlarged ed. (Grand Rapids: Eerdmans, 1990), 176.

사가인데다, b) '드다'가 당시 흔한 이름이고, c) 이때가 많은 소요, 봉기가 발생한 혼돈의 시기였기 때문에 같은 이름의 또 다른 봉기자를 상정할 수 있다는 것 등이다. 하지만 이 이유들은 모두 확실한 근거가 될 수 없는데다, 요세푸스 기록(*Antiquities of the Jews*, XX.5.1) 말고는 이를 뒷받침할 여타 증거를 찾기 어렵고, 이것들이 별로 설득력 없는 '단순 추정'이거나, 누가의 글을 정당화하기 위해 끌어들인 '경향적' 이유라는 인상을 피하기 어렵다. 특히 파두스(Cuspius Fadus) 시대의 '드다'에 관한 요세푸스의 묘사는 누가가 짧게 소개하는 가말리엘의 드다와 같은 인물을 묘사하고 있다는 인상을 갖게 된다. 자신을 대단한 인물로 암시하고 선동하는 마술사와 예언자의 이미지는 서로 부합된다. 따라서 누가는 자신의 잘못에 의해서이든,[27] 자료의 오류에 의해서이든, 그 이유와 무관하게 가말리엘의 발언 속에 역사적 오류를 담아냈다.

ii) 또 하나, 누가는 '드다 먼저, 유다 나중'의 순서로 이들 사건을 기록하고 있는데, 여기에 문제가 있다. 누가가 가말리엘을 통해 제시하는 정보 중 또 하나의 난제가 등장하는 셈이다. 가말리엘이 말하듯 드다가 먼저 나타나고 '그 후에'[28](행 5:37) 갈릴리의 유다가 등장한 것이 아니라는 것이다. 이는 두 사람의 역사적 출현 시기를 바꿔 제시한 것이다. 실제로는 유다가 주후 6년경에 먼저 등장했고, 그 후 드다가 나타났다. 저자가 드다 사건이 유다 사건보다 먼저 발생했다고 생각하여 서술했다면 이는 잘못된 것이다. 이와 같은 오류나 착오가 어디에서 기인한 것인지

---

27 그렇다고 요세푸스가 오류를 범했을 가능성은 더 낮다. 파두스와 같은 시대에 팔레스타인에서 살았던 요세푸스가 잘못된 정보를 가졌을 가능성은 상대적으로 낮을 것이다. John B. Polhill, *Acts: An Exegetical and Theological Exposition of Holy Scripture*, The New American Commentary, vol. 26 (Nashville: Broadman Press, 1992), 172.

28 'meta touton'이라는 말은 시간적 순서를 가리키는 '그 후에'로 새길 수밖에 없다.

확언할 수는 없다. 그러나 이런 종류의 잘못이 무지와 정보 부족에서 비롯된 것이라고 보기는 어려울 듯하다. 주후 1세기에 비교적 잘 알려져 있던 갈릴리 유다 관련 사건을 누가가 이 정도 오류를 범할 만큼 몰랐을 것 같지는 않다. 비록 누가가 그 '정확한' 연대를 알 수 없었다 해도 이처럼 큰 시간차로 기술했다는 것은, 아마도 서술 중 저자의 착각이 혼란의 주요 이유로 작용한 것이 아닌가 추정할 뿐이다. 사실 자체는 문제가 없는데 시간상의 뒤바뀜이 잘못이기 때문이다. 50년 전 베드로 활동 시기의 관점에서, 주후 80년대 중반 어느 시점에, 그 시점으로부터 80년 전 주후 6년의 사건을 기억하며 기록하고 있는 누가의 상황을 감안할 필요가 있다.

이와 같은 오류가 포함된 발언을 가말리엘의 입술에 의탁하고 있는 저자는 '약 400명의 사람들이 드다를 따랐다.'고 말한다. 그런데 요세푸스의 관련 기록[29]에는 그저 '많은 사람들'이라고만 언급되어 있지 상세한 숫자까지 밝히지는 않는다. 누가가 주변의 전설이나 자료를 참고했는지, 자신이 임의의 숫자를 적어놓았는지 알기는 어렵다.

한편 36절을 해석 대상으로 놓고 보면, 가말리엘의 의도가 부정적으로 평가될 여지가 있다.[30] 즉 "드다가 일어나, 선동하여 약 400명의 사람이 따랐지만 그가 살해되자 추종자 모두가 흩어져 없어지고 말았다."(행 5:36)라는 표현에는 결국 예수의 추종자들도 모두 흩어져 사라지고 말 것이라는 부정적 예견이 바탕에 깔려 있는 것이다. 하지만 예수의 경우에는 그가 죽었음에도 추종자가 흩어지지 않았음은 물론이고, 오히려 그 수효가 늘고 세력이 확대되는 모습을 보여준다. 비록 가말리엘이 그렇게 말했지만 결과는 그렇지 않았음을 누가가 제시하는 것이다. 그렇게 되면 가말리엘의 말은 이렇다. 즉 베드로 등의 언동, 이들의 움직임은 그리 우

---

29 Josephus, *Antiquities of the Jews*, XX.5.1.

30 Cf. Luke T. Johnson, *The Acts of the Apostles*, 103.

려할 바가 못 된다. 결국 이 사람들은 다른 선동 봉기자들의 경우처럼 시간이 지나면 사그라질 것이기 때문에 별다른 걱정이나 신경소모를 할 필요가 없다는 부정적 예견과 기대를 담은 발언이라는 뜻이다. 드다가 살해되자 '추종자 모두가 흩어져 없어졌다.'라는 누가의 기록은 정확하지 않은 표현이다. 드다의 죽음 이후에도 잔존 세력이 남았고, 그 추종자들 중 '많은 사람들이 살해되고 적잖은 사람들이 산채로 체포됐다.'라고 요세푸스가 전했던 추가 사태를 누가는 보고하지 않은 것이다. 그 이유는, 어쩌면 드다와 마찬가지로 그의 추종자들 역시 '죽고, 체포되었다.'는 사실은 예수의 추종자들로 이뤄진 기독교인들의 상황과 대비되어 신도들에게 불쾌한 인상을 줄 수 있기 때문에 저자가 요세푸스의 글을 알았다 해도 의도적으로 이를 언급하지 않았을 수 있다.

누가의 가말리엘은 드다를 "자기가 대단한 사람인 듯 말하고 다녔더니"라는 표현으로 소개한다. 스스로 자기를 자랑하는 자로 묘사하여 드다의 존재를 무가치하고, 별반 중요하지 않은 하찮은 인물로 폄하하는 것이다. 저자가 이런 식으로 드다를 표현한 것은, 기독교의 활동이 정치적 의혹을 받게 되거나 정치적 결사단체로 간주될 경우 혹시 비교대상이 될지 모를 드다를 낮추어 평가함으로 그 같은 혐의나 오해로부터 벗어나고, 어떤 형식으로든 교회가 정치적으로 연관되는 것을 피하기 위한 배려이다. 그렇다고 누가가 드다를 노골적으로 지탄하거나 정죄하는 것은 아니다. 명확하게 부정적 묘사를 드다에게 적용하지 않은 것도 정치적 관심을 의도적으로 배제하려는 저자의 의중이 반영된 것일 수 있다. 그의 행위가 갖는 정치적 성격에 관한 지나친 공격을 하지 않는 '비정치성'으로 그의 봉기를 종교적 각도에서 관찰하고자 한 누가의 의도를 드러내는 것 같다.

② 갈릴리의 유다(37절)

이미 위에서 다루었듯이, 또 다른 역사적 사례와 관련된 이름이 제시된다. 갈릴리 출신 '유다'이다.

> 그 후 인구조사할 때 갈릴리 사람 유다가 일어나서 백성들을 선동하여 자기를 따르게 하다가, 그 역시 죽자 그를 따르던 사람들이 모두 흩어졌습니다.(행 5:37)

이 유다에 관해서는 요세푸스가 몇 군데서 언급한 바 있다.[31] 가말리엘은 유다가 '인구조사할 때' 등장했다고 한다. 이 인구조사에 대해 누가복음 2장 1–2절에서 저자가 이미 말한 적이 있다.[32] 이것은 요세푸스의 기록에 나타난 대로, 주후 6년 퀴리니우스에 의해 유대지방에서 이뤄진 인구조사를 의미할 것이다.[33] 사도행전에서 가말리엘이 발언하고 있는 연대가 주후 35년 전후라면, 그때부터 약 30년 이전에 일어난 사건이다. 유다는 로마의 세금 부과와 그것을 위한 인구조사에 반대하여 사람들을 선동하여 봉기를 일으킨 매우 잘 알려진 인물이었다. 누가도 그가 '일어나서 백성들을 선동하여 자기를 따르게 했다.'라는 언급을 남긴다. 선동과 소요를 야기했음을 분명히 기록하고 있는 것이다.

요세푸스에 의하면, 스스로 예언자의 명성을 얻게 된 이 이집트인은 자신의 명령에 의해 예루살렘 성이 무너지면 추종자들이 그 도시로 들어갈 수 있게 하리라 예언했다고 한다.[34] 그의 추종자들은 인구조사에 응하는 자들의 집에 불을 지르고 가축을 약탈하는 등의 사건을 저질렀다고

---

31 Josephus, *Antiquities of the Jews*, XVII.10,5, XVIII.1.6, XX.5.2; *Jewish War*, II.8.1 등.

32 눅 2:1에서 누가는 퀴리니우스 인구조사 외에 아우구스투스 황제가 '전 세계'에 호적등록을 하게 했다는 기록을 남기는데, 이는 잘못된 것이다. 그런 사례가 없기 때문이다. 이들 인구조사에 관해서는 Raymond E. Brown, *The Birth of the Messiah* (New York: Doubleday, 1993), 413, 547–555 참고.

33 Josephus, *Antiquities of the Jews*, XVIII.1.1.

34 Josephus, *Jewish War*, II.13.5; *Antiquities of the Jews*, XX.8.6.

한다. 요세푸스는 유다를 따르는 자의 숫자를 3만 명으로 보고했지만,[35] 사도행전 21장 38절에는 유다의 추종자 수를 4,000명으로 기록한다. 요세푸스는 유다의 죽음에 관해서 보고하지 않는다. 다만 그의 두 아들 야고보와 시몬이 파두스의 후임인 알렉산더 총독에 의해 주후 46년경 처형되었다는 사실을 전한다.[36] 아버지의 뒤를 이어 정치·종교적 선동과 저항 활동을 계속하다 사형당한 것이다. 이처럼 봉기 이후 40년이 지나서 유다의 두 아들이 처형된 점에서 알 수 있듯이, 유다 사건의 경우에도 진압(아마도 유다 죽음) 이후에 이 운동이 잔존했고 의미 있는 활동이 있었던 것은 사실이다.[37]

누가도 유다의 죽음과 관련하여 그가 죽었다(37절)는 사실 외에 더 이상 다른 언급을 남기지 않는다. 드다와 마찬가지로 유다에 관해서도 구체적으로 저주하고 노골적으로 공격하거나 정죄하지 않는다. "유다가 일어나서 백성들을 선동하여 자기를 따르게 하다."라는 가치 평가가 배제된, 비교적 사실에 가까운 객관적 진술을 하는 데 그친다. 드다의 경우를 언급한 것과 마찬가지로, 누가는 유다에 관해서도 그들이 로마권력의 물리력에 의해 진압되었다는 사실을 밝히지 않는다. 그들의 집단 움직임이 단순히 종교적 의도만이 아닌 정치적 동기가 작용한 것은 분명하고, 그래서 그들이 로마군대의 무력소탕에 의해 무너졌다는 것은 역사적 사실이다. 그럼에도 누가는 의도적으로 그 같은 정치적 의미가 포함된 서술방식을 피하고 있다는 인상을 갖게 한다. 이런 서술은 드다에서와 유

---

35 Josephus, *Jewish War*, II.13.5. 고대사기(*Antiquities of the Jews*, XX.8.6.)에는 결국 총독 벨릭스가 다수의 기병과 보병을 보내 그들을 공격하게 하여, 그들 중 400명을 살해하고 200명을 생포했다고 한다.

36 Josephus, *Antiquities of the Jews*, XX.5.2.

37 66년 유대전쟁 당시에 활동한 메나헴이 유다의 아들 또는 손자라는 설, 또한 종전 후 마사다 요새로 탈출한 엘리아잘이 그의 조카였다는 설 등은 유다의 잔존 세력이 여전히 남아 있었다는 점을 보여준다.

사하게 정치적 관심을 의도적으로 배제하려는 의지가 반영된 것이다. 그들 두 운동이 내포하는 정치적 함의에 관해 침묵하고 있다거나, 그것들에 대한 직접적 비판을 하지 않는 '비정치적 성향'을 통해 그들의 봉기를 종교적 각도에서만 국한하여 진술하고 있다는 뜻이다. 이것은 결국 기독교에 대한 정치적 관찰과 관심을 배제하려는 의도에서 기인했을 것이다.

③ 요세푸스와 누가의 관계

드다와 갈릴리 유다에 관한 누가의 언급은 요세푸스의 기록과 매우 비슷한 부분을 보여준다. 이런 유사점으로 인해 두 문서를 비교하게 되는데, 이는 자연스럽게 양자 사이의 관계에 관한 논의를 불러일으킨다. 요컨대 누가와 요세푸스 사이의 문학적 상호관계에 대한 논의이다. 두 문헌 모두가 동일한 사건들에 관하여 보도하고 있기 때문에 어쩌면 양자 사이에 어떤 상관성이 있을지도 모른다는 것이다. "혹자는 양 저자 사이에 문학적 유비가 존재함을 지적하면서, 누가가 요세푸스에 어느 정도 의존하고 있는 것이 아니냐는 가설을 제안하기도 한다.[38] 반면 다른 견해에 의하면, 그러한 사건의 유비나 일치를 지적하는 것만 가지고는 양 문헌의 의존관계를 확증하기는 어렵다고 보며 이러한 문학적 근친관계에 대해서 회의적 시선을 보낸다.[39] 그리고 그러한 일치는 양자가 공통의 자료에 의존했을 수도 있다거나, 아니면 양자가 두 가지의 다른 독자적 증언에 의존했지만 그 자료의 내용이 서로 비슷했을 것이라는 등의 설명으로 이해될 수도 있다."[40] 과연 누가가 요세푸스의 기록을 참조 인용한 것인가? 아니면 누가와 요세푸스는 공통적인 자료를 참고한 것인가? 또는

---

38 이에 관한 논의는 A. Plummer, *A Critical and Exegetical Commentary on the Gospel according to St. Luke* (ICC) (Edinburgh: T&T Clark, 1901), xxix–xxx.

39 Colin J. Hemer, *The Book of Acts in the Setting of Hellenistic History*, ed. by C. Gempf (Tübingen: Mohr Siebeck, 1989), 95.

40 유상현, 『사도행전 연구』, 57–58.

유사한 주변 전승에 의존하여 기록한 것인가? 이 문제에 확답을 제시하기는 쉽지 않으나, 누가의 기록연대를 80년대로 설정한다면 그가 요세푸스의 기록(70년대 중반에서 90년대 중반에 저작된 것으로 추정)을 직접 읽고 참고한 것으로 보기는 어려울 듯하다. 따라서 "사도행전이 요세푸스의 전 작품과는 별다른 관계없이 독자적으로 저술되었을 것"[41]이라고 말할 수 있을 것 같다. 결국 요세푸스와 누가와의 직접적 상관성에 관해서는 회의적으로 판단하지 않을 수 없다.

### (3) 드다와 유다 거명의 이유

가말리엘이 위의 두 사람을 거론하게 된 동기는 명쾌하다. '그 둘이 죽어 없어지자 그들을 따르던 사람들이 모두 흩어졌다.'는 점을 강조하기 위한 것이었다. 그러니 베드로 등 사도들을 방해하거나 상관하지 말고 내버려두라는 것이다. 이것은 사도들에 대한 옹호의 뜻과 부정적 폄훼의 의도 두 가지 해석이 모두 가능한 애매한 표현이다.[42] 긍정적 의도이든 부정적 의도이든, 누가가 가말리엘의 발언을 통해 드다와 유다를 언급하는 이유는 분명히 드러난다. 그것은 예수가 이 두 사람과 다르다는 점을 주장하는 것이다. 또한 사도들과 예수의 추종자들은 위 두 사람의 추종자들과는 다른 부류라는 것이다. 이 점은 가말리엘이라는 인물의 진실성, 신뢰도, 그리고 그에 대한 기독교적 평가와는 관계 없는 사실이다. 그 말을 하는 가말리엘이 기독교에 대해 호의를 가졌든, 적대적이었든, 무관심한 사람이었든 상관없이 그의 진술을 통해 누가가 간접적으로 드러내고 싶은 사실은 예수와 그를 따르는 신도들의 무죄, 무구(無垢)함이다. 예수와 그의 추종자들, 곧 사도들과 교인들은 실패로 끝난 드다와

41 *Ibid.*, 58.

42 이 발언의 긍정적·부정적 의미를 따지기 위해서는 이어지는 기록들을 더 검토해야 하는데 이후에 이를 다룰 것이다.

유다 및 그의 추종자들 무리와는 전혀 다른 사람들이다. 비록 저자가 이 사실만을 말하려고 한 것은 아니라 해도, 그 두 사람의 이름을 언급함으로 기독교인들이 그들 사기꾼, 마술사, 정치적 선동가, 그리고 그들의 맹목적 추종자들과 명백히 구별된다는 점을 드러내고 있다.

누가의 가말리엘에 의하면 그들의 추종자들은 '모두가 흩어져 사라지고 말았다.'(36, 37절)고 한다. 그러나 위에서도 언급했듯이 드다와 유다의 추종자들이 두 사람의 죽음과 함께 모두 흩어져 사라진 것으로 보이지는 않는다. 드다의 경우에 추종자들 중 추후 많은 사람들이 살해되고 적잖은 사람들이 산 채로 체포됐다는 점, 또 유다의 경우에도 그 두 아들이 46년경 처형됐고, 조카가 유대전쟁에 가담했다는 사실 등이 가리키듯, 두 사람 모두 따르던 잔존세력이 상당 기간 존속했으리라는 점을 상기할 필요가 있다. 저자는 가말리엘의 제안을 보다 설득력 있게 하기 위해 그 추종자들이 순식간에 사라졌음을 돋보이도록 묘사했을 것이다. 가말리엘이 언급하는 드다와 유다의 역사적 사례가 실제 역사와 부합하든지, 또는 연대기적 오류가 존재하든지의 여부와 관계없이, 그의 예증과 발언은 결과적으로 산헤드린에게 설득력을 발휘하여 의미 있는 결과를 낳게 된다. 이런 사실은 누가의 진술이 계속되면서 드러난다. 저자의 관점에서 그가 기록한 역사적 사실의 정확성과 발언의 진위, 치밀함 등은 사태 전개에 큰 영향을 미치지 않는다. 다만 가말리엘의 설득이 주효했다는 점이 중요하다.

### 3) 가말리엘의 원칙: '버려두라'(38-39절)

이어서 가말리엘이 산헤드린에 제안한 권고의 내용이 소개된다.

38그래서 지금 내가 여러분에게 말하고자 합니다. 이 사람들을 상관하지 말고 내버려두시오. 만일 그 계획이나 활동이 사람으로부터 비롯된 것이라면 무너질 것입니다. [39]그러나 만일 하나님께로부터 비롯된 것이라면 여러분들은 그들을 무너트릴 수 없습니다. 오히려 여러분이 하나님을 대적하는 자가 될까 싶습니다.(행 5:38-39)

가말리엘이 산헤드린 구성원들에게 제시한 권고의 핵심은 "이 사람들을 상관하지 말고 내버려두시오."[43]라는 말에 집중되어 있다. '상관 말고 버려두라.'는 권고의 이유는 이 운동이 '사람으로부터 비롯된 것'일 경우 스스로 망할 것이기 때문이다. 만일 이 운동이 '하나님께로부터 비롯된 것'이라면 그들을 무너트릴 수 없다. 하나님이 친히 이루시는 것이기 때문이다. 그러니 이리 되든 저리 되든 이 운동을 '내버려두라'는 것이다. 이 제안을 어쩌면 '가말리엘의 원칙'이라 일컬을 수 있을 텐데, 두 가지 관점에서 이 '버려둠'의 원칙을 고찰할 수 있다.

(1) '사람으로부터' 비롯됐을 경우

가말리엘은 사도들이 꿈꾸는 계획이나 펼치려는 활동이 인간적 소요와 움직임이라면 결국 스스로 도태되어 '무너질 것'이라는 점을 언급한다. 그러면서 '만일'이라는 말을 사용한다. 38절에는 이것이 'ean'+가정법(ῇ)이 사용되었는데, 39절에는 'ei'+직설법(estin)이 사용되었다. 저자가 가말리엘 발언에서 조건절을 말하게 하면서 이런 두 다른 용법을 덧붙인 것은, 독자가 그 차이를 인지하기를 바랐기 때문이다. 가말리엘이

---

43 D사본에는 이 말을 보다 분명히 설명하기 위해 38절에 다음과 같이 괄호 안의 말을 덧붙인다. "그래서 지금 [형제들이여] 내가 여러분에게 말하고자 합니다. 이 사람들을 상관하지 말고 내버려두시고, [손을 더럽히지 마십시오.]" 즉 그들을 죽인 피로 손을 더럽히지 말라는 뜻일 것이다. 39절에도 덧붙이는 말과 반복하는 말을 보탠다. "그러나 만일 하나님께로부터 비롯된 것이라면 여러분들은 그들을 무너트릴 수 없습니다. [여러분이나, 왕이나, 지배자들도 할 수 없습니다. 이 사람들을 상관하지 말고 내버려두십시오.]"

산헤드린에서 그리스어로 발언했을 리는 없다[44]는 점에서 이런 누가의 의도적인 차이점 부각이 눈에 띈다. 38절에서는 현실적이지 않은, 말 그대로 '가정적' 상황을 표현하기 위해서였을 것이다. 즉 사도들의 활동이 인간적일 수 없다는 '누가의 전제'가 작용된 상태를 표현하려고 조건절을 제시한 것이라는 뜻이다. 39절에서는 사실적 상황을 전제로 한 조건적 용법, 곧 사도들의 활동이 하나님께로부터 실제로 비롯되었다는 '누가적 전제'의 상황이 반영된 표현법일 수 있다는 설명이다.

가말리엘의 38절 지적은 뒤이어 벌어진 기독교에 대한 박해, 다시 말해 스데반의 순교에 뒤이어 교회에 가해진 박해가 있은 다음, '사도들 이외에는 모두 유대 지방과 사마리아 지방으로 흩어졌다.'(행 8:1)는 저자의 보고를 연상하게 한다. 물론 그때 신도들이 각지로 '흩어졌다'고 해서 교회가 '무너지는' 상황으로 이해될 수는 없다. 오히려 그 이후 흩어진 사람들이 사마리아 지역 등지에서 복음을 전하는 선교의 '확산'이 이뤄졌기 때문이다. 그러나 순교 이후 '짧은 시기'의 이산(離散) 상황만을 놓고 보면 교회가 '무너지는 듯' 보일 만도 했다. 이것이 미시적으로 보면 사도들의 활동이 '인간에게서 나온' 소멸될 운동으로 보는 이유가 될 수도 있다. 더구나 사마리아 선교로 교회가 무너지지 않고 확산되는 상황을 실제 예루살렘의 산헤드린 의회원들이 알지 못했다고 한다면, 가말리엘의 이 말은 산헤드린 회의상황에서 심각한 의미부여 없이 국면 전환을 위한 상투적, 일반적 제안이었다고 말할 수 있다.

이런 방식의 이해는 사도행전 12장 2절에 기록된 야고보의 순교에서도 마찬가지로 적용될 수 있다. 야고보가 순교를 당했다는 것은, 신자들의 기독교 활동이 '하나님 기원'이 아닌 '인간으로부터 비롯된' 증거로 해석될 여지가 있는 것이 사실이다. 하나님께로부터 비롯된 활동이었다면

---

44 Charles K. Barrett, *A Critical and Exegetical Commentary on the Acts of the Apostles*, vol. I, 296.

어찌 그가 죽임을 당할 수 있겠느냐는 것이다. 그러나 야고보의 순교 사건 이후에 베드로가 감옥에서 벗어나는 '성공적' 탈출이 이어지고, 사도행전 12장 24절의 '하나님의 말씀이 점점 더 널리 퍼지고 신자들이 늘어났다.'라는 언급이 나타나는가 하면, 사도행전 13장 이후에서 바나바와 바울이 키프로스, 비시디아 등지에서 선교활동을 계속한 것 등을 감안하면 스데반의 순교처럼 기독교가 스스로 '무너진' 것이 아니라는 이해를 가질 수 있다는 뜻이다.

물론 그 외에도, 바울이 바나바와 함께 이고니움에서 '도망친' 경우도 있고(행 14:6), 바울이 루스드라에서 투석당하는 경험(행 14:19), 바울과 실라가 빌립보에서 얻어맞고 감옥에 갇히는 경험(행 16:22, 23, 40) 등이 나타난다. 그것들 역시 기독교의 실패, 또는 '인간적이어서 무너지는' 사건들로 간주될 수 있다. 그러나 결국 길게 내다봤을 때 이 모든 어려운 역경에도 불구하고 교회가 와해되거나 소멸되지 않았고, 마침내 교회는 더욱 확대, 발전된 것으로 나타났다. 그렇기 때문에 기독교의 선교는 '하나님에게서 비롯된 것'임이 입증됐다고 말할 수 있다. 이것은 누가가 독자들을 '넓고 긴 조망'에서 역사를 관찰하도록 초청한다는 이해에서만 성립된다. 하지만 범위를 좁혀 누가가 그려내는 서사의 미세현실 속의 가말리엘의 시점, 곧 가말리엘의 '그때 그곳'에 시각을 고정시킬 경우, 위에서 제기된 가말리엘 제안의 부정적 측면이 부각될 수 있다는 것이다. 즉 당시의 좁은 시각에서 보면 기독교인의 '미시적' 실패와 좌절은 이것이 '인간에게서 비롯된' 운동이라는 이해를 가지게 할 여지가 있다는 것이다.

#### (2) '하나님께로부터' 비롯됐을 경우

가말리엘의 발언이 39절에서 이어진다. 만일 사도들의 활동이 신적 기원을 갖는 옳은 것이라면, 산헤드린이 어떤 반대활동을 해도 그들을 막을 수 없다는 것이다.

그러나 만일 하나님께로부터 비롯된 것이라면 여러분들은 그들을 무너트릴 수 없습니다. 오히려 여러분이 하나님을 대적하는 자가 될까 싶습니다. (행 5:39)

이 구절은, '당신들의 말을 듣는 것이 하나님의 말씀을 듣는 것보다 옳은가 판단하라.'고 말한 사도행전 4장 19절의 베드로와 요한의 발언과 일맥상통한다. 가령 사도들의 활동이 하나님에게서 나온 것인데 그것을 산헤드린이 막고 방해한다면 두 가지 결과를 낳게 된다. 첫째, 의회원들은 사도들의 활동을 막아도, 그들을 결코 무너뜨릴 수 없다. 둘째, 오히려 의회원들은 하나님의 대적자[45]가 된다. 산헤드린이 사도들의 활동을 금지하려고 시도했다고 하자. 그래도 그 목적을 이루지 못한다. 그들을 제지하거나 무력화시킬 수 없다. 끝내 하나님이 그 일들을 이루실 것이기 때문이다. 문제는 그들을 단순히 '제지'할 수 없다는 데 있지 않다. 더욱 강력한 부정적 결과를 낳는다. 의회원들이 하나님과 '싸우는 자들'이 되는 것이다. 하나님께로부터 비롯된 것들을 막는다면, 그것은 하나님과 원수가 되는 셈이 된다. 다시 말해 사도들의 일들을 막거나 그들의 활동을 금지하고 방해하면 자칫 하나님의 원수가 되는 두려운 상황을 야기할 수 있다는 것이다.

### (3) 가말리엘 원칙의 문제: 판단 방식 논란

'버려두라. 잔존하면 하나님께로부터 비롯된 것이다.' 이 지적의 이면에 있는 판단 기준은 '살아남음'이다. 살아남는다는 것, 이것이 하나님께로부터 비롯된 운동이라는 사실을 입증한다는 것이다. 소위 '시간의

45 39절의 '하나님의 대적자들'(theomachoi, 하나님과 싸우는 자들)이라는 표현은 신약 중 오직 이곳에만 나타난다. 말 그대로 하나님의 계획과 행동에 맞서 싸우는 자들, 극도로 불경한 자들을 가리킬 것이다.

시험'[46]을 견딘다는 것이다. 보다 정확히 말하면 시간의 시험이 아니라 '생존의 시험'을 견디고 살아남는 것이다. 38–39절에서 제시되는 '가말리엘의 원칙' 자체는 아무 문제가 없다. 이의를 제기할 수 없이 원론적 설명을 말하고 있기 때문이다. 문제는 그 말 자체의 모순점이나 불합리성에 있는 것이 아니다. 다만 그 제안이 담고 있는 위의 두 결말, 곧 기독교의 활동이 하나님께로부터 기인된 것인가, 인간으로부터 비롯된 것인가를 판가름내는 '방식'이나 그 '과정'과 관련된 것이 논란이 될 수 있다는 것이다.

이를테면 이 모든 사태, 시험 과정의 결과를 알게 되는 시점은 언제가 될 것인가? 언제 이 일들이 '하나님께로부터'인지, '인간으로부터'인지가 판명날 것인가? 그 시점에 관한 어떤 언급도 없는 상황에서 특정 시기를 제시할 수는 없다. 독자들은 어쩌면 예수의 재림시기에 이런 판단이 가능하리라고 추정할 수는 있을 것이다. 하지만 그것은 해석의 한 가능성으로 고려될 수 있겠지만 본문에서 가말리엘이 말하는 시점은 그런 종말의식을 염두에 두었다고 보기 어렵다. 다만 어떤 일정한 시기가 지나간 다음, 역사적 어느 차후 시점을 고려한 것으로 이해되어야 할 것이다. 사실 '하나님에게서 난 것'인지 '인간에게서 난 것'인지를 구분하고 판가름내기 위해서는 일정 시기 이상 '상당한' 시간의 경과를 지켜보아야 하고, 그 결과에 대한 종합적 판단 등의 과정이 필요하다. 그런 점들을 공의회가 사려 깊게 검토했어야 했다. 그랬다면 당장 가말리엘의 제안이 갖는 여러 문제점이 지적될 수도 있었을 것이다. 따라서 가말리엘 자신도 이 제안이 갖는 핵심 문제점, 곧 '언제까지, 누구를' 지켜봐야 할지도 모른 채 그저 무의미하게 '두고보자'는 충고를 하고 있는 셈이 된다. 그것은 달리 말해 가말리엘 역시 사도들의 행위가 '하나님께로부터 비롯

---

46 Osvaldo Padilla, *The Speeches of Outsiders in Acts: Poetics, Theology and Historiography* (Cambridge, UK: Cambridge Univ. Press, 2008), 127.

된 것'인지에 대한 판단이 서지 않았다는 뜻이 되고, 사도들에 관한 긍정적 이미지와 호의를 깊이 간직한 것은 아니었다는 뜻이 된다. 다만 그는 산헤드린이 사도들을 징벌했을 때 야기될 혼란과 백성들의 불만을 피하기 위한 현실적 방안을 제시한 것일 수 있다는 것이다. 사도행전 4장 4, 14절, 5장 13-16, 26절 등에서 사도들을 향해 보인 백성들의 호응과 지지를 감안한다면, 쉽게 이들을 벌주고 대결하는 것이 대국적으로 바람직하지 않다고 헤아릴 수도 있었다. 이런 현명한 '현실적' 판단이 가말리엘의 제안 속에 숨어 있는 것으로 누가가 고려할 수 있었을 것이다.

게다가 한 가지 더 감안해야 할 것이 있다. 과연 '하나님께로부터 비롯된 일'과 '인간으로부터 비롯된 일'이 가말리엘이 말하듯이 반듯하게 구분될 수 있는 성질의 것이냐는 점이다. 이를테면 하나님이 인간을 통해 행하도록 만든 계획과 일들은 하나님과 인간의 공조(共助)와 합작으로 이뤄진 것일 수 있지 않은가? 얼핏 외형으로는 인간의 것일 수 있지만 하나님이 배후에 작용해서 인간의 것인 듯 보일 수도 있지 않은가? 관찰자의 시각에 따라 하나님의 것인 듯 보이지만 그것이 결국 인간의 기획과 결과인 것으로 주장할 경우도 있지 않겠는가? 이보다 더 근본적인 문제는 대국적·거시적으로 보아 도대체 세상의 모든 것을 지배하고 통치하시는 '전능의 하나님'이 지상의 사건과 인간 행위 어느 것을 '인간만의 것'으로 판명나도록 방치하실 수 있으며, 그렇게 버려두시는 일과 행위가 있을 것인가? 지상의 모든 인간이 이루는 온갖 사태와 움직임, 그 결과물은 전적으로, 완전하게, 하나님의 섭리의 통제 아래 허락, 또는 집행되는 것이라 한다면, '인간의 것'인 듯 보이는 인간과 자연의 총체적 현상 전부는 마침내 '하나님께로부터 비롯된 것'이라 지칭되어야 마땅하지 않겠는가라는 질문 등이 제기된다는 것이다. 이런 여러 질문은 가말리엘의 원칙이 내포한 다양한 문제점을 시사하고, 그 같은 논란의 여지가 있는 사항들에 관해 산헤드린도, 가말리엘도, 심지어 이 글을 쓰는 누가조차도 깊은 사려 없이 지나친 것이 아니냐는 물음을 갖게 한다. 다만 한마디로 정리하여 제시할 수 있는 것이 있다면, 결국 가말리엘의 충고는 '정치적 의미'로 기소, 재판될 수 있는 사도들의 활동을 '신학적·종교적' 차원에서 접근하여 관망할 것을 권유하고 있는 것으로 해석할 수 있다는 것이다.

(4) **태형(笞刑, 행 5:40)의 문제점**

산헤드린이 '격노하여 사도들을 죽이려고'(33절)까지 한 위기가 수습되는 상황을 누가는 아래와 같이 전한다. 가말리엘의 제안을 공의회가 받아들여 '판결'한 것이다.[47]

> 39그러자 그들은 그의 말을 옳게 여겼다. 40그들은 사도들을 불러 매질한 다음, 예수의 이름으로 말하지 말라고 명령한 후 풀어주었다.(행 5:39–40)

그렇다면 산헤드린은 무슨 이유로 가말리엘의 의견에 동의하였을까? ① 그의 제안이 갖는 내용의 설득력을 인정하여 이를 따르게 되었는가? ② 아니면, 백성들을 의식하고 그들을 자극하지 않으려는 의도 아래 그의 말을 따르게 되었는가? 문맥으로만 추정한다면 가장 그럴 듯하기는 사도행전 4장 4, 21절에서 보인 사도들에 대한 백성들의 호의와 지지를 감안할 때, 여타 사도들에게 구금형(刑)이나 그 이상의 형벌을 언도할 경우 자칫 백성들이 개입하는 불상사로 번질 가능성을 우려한 조처였을 가능성이 크다는 것이다.

이 구절과 관련하여, 산헤드린은 과연 사도들을 '다만' 경고와 엄포의 형태로 때리기만 하고 석방한 것인가? 혹은 사도들을 태형으로 '준엄

47 누가는 초기 교인들에 대한 산헤드린의 '심판' 사례를 몇 차례 보고한다. 1차 심리와 판결(행 4:13–14)에 이어, 이곳 본문의 2차 심리와 판결(행 5:40), 3차 스데반 심리와 처형(행 6:12–15, 7:57–59).

히 징벌'하고 석방한 것인가? 산헤드린은 사도들을 매질한 합당한 이유를 제시하지 않고 어쩌면 '불법적 징벌'을 가한 것으로 보일 수도 있다. 물론 사도행전 5장 27절에 있는 대로 '예수 이름으로 가르치지 말라는 명령'(Cf. 행 4:17-18)을 어겼다는 이유로 매질할 수는 있었겠지만 그 전후 법률적 과정이 명확히 기술된 것은 아니다. 어쨌든 관찰 여하에 따라 이 태형에 대한 이해가 다르게 제시될 수 있다. 경감(輕減)된 형벌일 수도 있고, 다른 종류의 극악한 징벌일 수도 있다. 사형이나 구금형으로 결말을 보지 않았다는 점에서는 처벌의 '경감'으로 이해되겠지만, 태형 자체의 징벌 양상으로 보아서는 결코 녹록치 않은 '무거운 응징'으로 이해되는 것이 옳은 것 같다.[48]

사도들을 때려서 내보낸 산헤드린의 조치는 어느 각도에서 보아도 호의적 처분일 수 없다. 만일 공의회가 가말리엘의 조언을 전폭적으로 받아들였다면 매질 없이 단순히 엄중 경고하여 풀어줬어야 했을 것이다. 사도행전 4장 21절에서 이미 한 차례 위협, 방면한 적이 있는데도 재차 체포되어 나타난 이들을 그대로 석방하는 것이 산헤드린의 권위를 손상시키고 낯을 깎는 일이라 여겨 매질하여 놓아줬다고 짐작할 수는 있다. 그런 이유가 작용했든 아니든, 가말리엘의 권고를 수용은 했으나 아무 위해를 가하지 않은 채 사도들을 그대로 내보내지 않고 매질 후 석방시킨 것은 일정한 징벌을 부과하고 풀어준 것이다. 혹시 이것이 바울이 겪었다는 40에서 하나를 감한 39대를 맞는 매질(고후 11:24, Cf. 신 25:3)이었을 경우 그 징벌의 강도는 더욱 크다. 이런 종류의 매질은 '형벌'이 아닌 '교정'(矯正)이라고 이해[49]하기도 하지만, 그것이 '교정'이든 '경고'와 '위협'

48 여기 사용된 'deirantes'라는 동사는 '매질'을 의미할 텐데, 그렇다고 '채찍질'의 뜻을 아주 배제하지는 않는다. Emile Jacquier, *Les Actes des Apôtres* (Paris: J. Gabalda, 1926, 2e éd.), 182. Cf. 행 22:19, Josephus, *Antiquities of the Jews*, IV.8.21(238). 만일 채찍질의 의미로 이 단어를 이해하면 형벌의 극악함이 더욱 가중된다.

(행 4:18–21처럼)의 의미를 갖든 간에 그 고통이 컸다면 당하는 이가 이를 징벌/형벌로 여기는 것은 당연하다. 따라서 공의회가 사도들에게 은전(恩典)을 베풀었다고 할 수는 없다. 마가복음 15장 15절('빌라도가 무리를 만족시키고자 하여 바라바는 놓아주고 예수는 채찍질하여 십자가에 못 박히게 넘겨주었다.')에서 예수의 십자가 처형 직전 매질한 것을 상기하면 이런 조치가 가벼운 처벌이라고 말하기는 어렵다. 유대의 태형은 가죽 끈으로 죄인의 가슴이나 등을 때리는 벌인데, 그 끈이 몇 갈래로 나뉘어 그 끝에 금속 조각이나 짐승 뼛조각 등 단단한 물건들을 매달아 등이나 가슴에 내리칠 때마다 살(肉)에 파고들어 몸을 찢어놓거나 심한 타박상을 주고, 채찍을 잡아당길 때마다 살점이 뜯겨나가고 피가 흐르는 처참한 모습을 보여준다.[50] 그 같은 출혈과 몸의 훼손이 심해져서 죽을 수도 있기 때문에 40대로 매질의 한계가 정해진 듯하다.[51]

이처럼 매질해서 사도들을 내보낸 산헤드린의 조치는, 저자가 "그들은 그의 말을 옳게 여겼다."라고 표현한 대로 가말리엘의 제안에 그들이 동의한 것으로 보인다. 그러나 비록 그들이 가말리엘의 말에 동의하긴 했지만, '매질'의 징벌적 성격을 감안하면 산헤드린이 '결과적으로' '하나님과 싸운 자들'로 나타나고 있다는 점을 지적해야 한다. 가말리엘의 '두고보자'라는 '형벌 삼가기' 권고에 동의는 했으나 사도들을 매질했을 경우, 그 권고의 성격과 진실성을 의심해야 할 것 아니냐는 질문이 따른다. 권고에 동의했는데도 매질한 것이라면 권고가 무시된 것이거나, 권고 자체가 잘못됐거나 둘 중 하나일 것이다. 그럴 경우엔 '그들이 가말리엘의

---

49 Daniel Marguerat, *Les Actes des apôtres (1–12)*, 201, n. 60.

50 Richard P. Thompson, *Acts: A Commentary in the Wesleyan Tradition* (Kansas City: Nazarene Publishing House, 2015), 109–110.

51 인간의 체벌 수용 한계와 최소의 존엄성 유지를 위해 40대를 한도로 했고, 이 숫자를 넘지 않도록 각별히 주의하기 위해 하나를 뺀 39대를 정했을 것이다. 신 25:3, 막 3:10–14, 고후 11:24.

말을 옳게 여겼다.'라는 저자의 표현이 어울리지 않는다. 그렇다면 이 같이 사태전개의 배후에 제법 복잡한 배경이 논란을 불러올 측면이 있고, 서술에 애매함이 있다는 점을 냉정히 감안했음에도 누가가 굳이 이런 기록을 남겼겠는가? 그렇게 보기는 어려울 듯하다. 어쩌면 보다 단순한 이유가 저자의 기록에 작용했을 수 있다. 즉 의회원들의 분노가 극심하여 사도들을 매질하게 했다거나, 위에서 언급했듯이 저자 자신이 산헤드린의 권위와 체면을 유지하는 최소한의 조치로 매질을 허용했을 것이라고 '추정한 상황'을 전제로 이런 서술을 남겼을 수 있다는 것이다.

또 하나 간과하기 어려운 것은, 산헤드린이 가말리엘의 제안을 듣고 "그들은 그의 말을 옳게 여겼다."라고 동의한 부분이 갖는 문제이다. 산헤드린은 사도들이 대표하는 기독교의 의미와 가치를 알지 못했다. 그것이 '하나님께로부터' 비롯된 것이고, 사도들의 활동 속에 진리가 담겨 있으며, 그들이 선포하는 예수의 정체가 바로 그리스도라는 '기독교의 진실'을 파악하지 못했다는 것이다. 그랬기 때문에 그들은 이런 내용을 전파하는 사도들을 체포, 구금, 박해했고 심리(審理), 재판하는 잘못을 저질렀던 것이다. 다시 말해 산헤드린은 하나님의 뜻을 찾아 그 뜻에 복종하려 했다기보다는 인간인 가말리엘의 말에 귀 기울이고 그 뜻을 따랐다는 원초적 오류가 지적될 수 있다는 것이다. 이것이 누가의 시사점이다. 즉 산헤드린이 행한 판단의 오류, 그 이해의 무능력이 돋보이게 된다는 뜻이다. 그들에게는 기독교를 태동시킨 하나님의 뜻과 섭리, 역사 운행의 본질을 꿰뚫어 파악할 수 있는 능력이 결여되어 있었다. 이 점을 가말리엘 제안의 수용이 보여준다. 따라서 그들은 애초부터 사도들을 판단할 수 있는 도덕적·법률적·신학적 역량이 없었던 것이다. 하나님이 보낸 사도들을 매질하게 한 사실이 그들의 재판 자격과 능력, 권위가 없다는 점을 입증한다. 결국 산헤드린은 사도들을 "예수의 이름으로 말하지 말라고 명령한 후 풀어주었다."

## 2. 가말리엘에 대한 누가의 인식

위에서 산헤드린이 가졌던 재판 능력과 자격, 권위의 결여, 그들의 이해와 판단의 무능력에 관해서 살펴보았지만, 이런 특징에 관한 논의는 가말리엘 자신의 위상에 대한 점검을 요구한다. 그가 제안한 충고의 성격을 검증할 필요가 있다는 것이다. 과연 누가가 제시하는 가말리엘은 어떤 색채를 띤 인물로 성격화되어 있는가? '누가의 가말리엘'이 갖는 이미지는 긍정적·부정적 시각에서 관찰될 수 있다.

### 1) 가말리엘의 긍정적 이미지

가말리엘의 제안이나 가말리엘이라는 인물을 평가할 때 긍정적 시각에서 바라볼 수 있는 가장 중요한 이유는 다음과 같다. 즉 만일 가말리엘이 개입하지 않았다면, 어쩌면 사도들이 죽거나 징역형을 받을 수도 있었다. 그런데 그의 개입으로 적어도 그러한 중형을 피할 수 있게 했다는 것이다. 위기에 처해 있던 사도들을 더 악화될 수 있던 곤경으로부터 구출해낸 것이야말로 가말리엘의 역할을 긍정적으로 평가하게 만드는 가장 중요한 측면이다.

가말리엘 개입의 의미를 짚어보기 위해서는 하나의 가정을 내세우면 이해가 빠르다. 만일 누가가 제시하는 그대로 역사가 전개되었다고 가정하고, 가말리엘의 개입에 의해 사도들을 구조하려는 노력이 없었다면 어떤 사태가 벌어졌을까? 사도들에게 행해진 사도행전 5장 40절의 태형을 고려한다든가, 베드로의 경우와 사도행전 7장의 스데반의 순교를 심각하게 비교하여 고려한다면, 사도행전 12장 3절의 요한의 형 야고보의 죽음을 감안한다면, 어쩌면 베드로의 고난과 박해가 극단적 양상을 띠고 그가 죽음을 겪는 상황으로까지 악화될 수도 있었을 것이다. 산헤드린과의 대결이 극단으로 치닫고 사도들을 제거하려는 시도가 아무 장애 없이 펼쳐졌을 경우, 어떤 사태로 발전되었을지 알 수 없는 위험한 정황이 벌어졌을지 모른다. 그렇게 베드로가 순교하게 되었다면 그의 초기 선교는 존재하지 않았을 것이고, 신생 기독교의 처음 발전단계에서 기독교는 가장 중요한 지도자를 잃고, 선교의 향방과 역사 진행은 우리가 알고 있는 국면과 전혀 다른 모습으로 일그러졌을지 모른다. 혹시 그가 죽음을 피했다고 하더라도 가말리엘의 개입이 없었다면 장기 감옥 억류나 미지의 고난과 역경으로 이어졌을 수도 있다.

물론 이런 가설 설정은 의미 없는 상상에 불과하다. 산헤드린이 사도 집단과 대결을 벌이고 그들에게 집단적 위해를 가하는 등의 상황은 실제 벌어지기도 어려운 데다가 역사에서 알 수 없는 가정법의 남용은 자칫 무책임한 궤변으로 이어지기 일쑤이기 때문이다. 실제로 여러 명의 사도들을 한꺼번에 사형, 또는 중형에 처하는 것이 과연 현실적으로 가능했겠는가? 이를테면 사도들의 재판과 심리(審理), 판결에 이르는 공방(攻防)과 그 과정, 특히 집단 사형을 언도하고 집행에 이르게 되는 긴 사법절차 등 어느 것 하나 쉬워 보이는 단계가 없다. 그럼에도 가말리엘의 개입이 사도들을 살리는 역할을 수행한 듯 보인다면, 그것은 그의 독특하고 탁월한 업적에 기인한 성과라기보다는, 그것이 그들 편에서 합리적이고 오히려 수월하고도 효과적인 억압, 영향을 줄 수 있는 측면이 있어서 그랬을지 모른다. 여하튼 가말리엘의 개입이 갖는 베드로와 사도들의 운명에 관한 긍정적 의의를 검토하는 데는 위와 같은 가정적 상황의 추정이 일말의 도움이 된다. 아주 긍정적인 쪽의 가설을 보다 더 확대하여 살핀다면, 어쩌면 가말리엘은 베드로를 비롯한 사도들을 구했을 뿐 아니라, 진행 초기의 기독교 발전궤도를 헝클어트리지 않게 하는 '큰' 역할을 수행했다고 볼 수 있다.

또 하나의 매우 중요한 가정적 상황은 이것이다. 가말리엘이 사도들 심문의 국면에서 긍정적이고 우호적인 모습만 있었다고 상정하고, 그가 애초부터 기독교운동에 대해 호의를 가지고 있었다고 하자. 그렇다면 왜 그는 불과 얼마 전 예루살렘에서 벌어진 예수 재판에서 우호적인 태도로 소위 가말리엘의 '원칙'을 적용하여 산헤드린을 설득하지 않았는가라는 의문을 제기할 수 있다. 그때의 가말리엘과 이때의 가말리엘이 그토록 확연히 다를 수 있겠는가? 그런 뜻에서 가말리엘의 이미지가 완전히 밝을 수만은 없다는 점을 일깨운다.

가말리엘 개입이 보여주는 뚜렷한 특징 중 다른 하나는, 기독교가 가말리엘이라는 유력하고 '유식한' 유대교 지성인으로부터 '호의적' 평가나 지지를 받았다는 점이다. 물론 그 호의가 적극적이거나 명시적인 것은 아니었다 해도 더 악화될 수 있는 상태로부터 사도들을 구할 수 있었다는 일말의 도움을 주었다는 점만으로도 이를 호의적 반응으로 간주할 수 있다. 이는 가말리엘이 사도들의 적대자들에게 옹호적 발언을 통해 그들을 설득했다는 점으로도 설명된다. 그러나 가말리엘이 적대자들의 반대편에서 사도들을 옹호한 것인지, 아니면 적대자들과 같은 편에서 자신들의 이익에 따른 냉정한 계산에 입각하여 동료들을 전략적으로 설득한 것인지는 확실히 말하기 어렵다. 그렇지만 사도들 편에서는 그들 산헤드린의 전략의 일환이었든지, 순수한 호의의 발로이었든지 간에 가말리엘의 개입으로 극형은 피하게 됐다는 평가를 할 수 있다는 것이다. 어찌됐든 몇몇 유보적 항목에도 불구하고 가말리엘이 결과적으로 사도들의 운명에 대해 긍정적인 역할을 한 것으로 이해가 된다면, 이것은 지금껏 기독교에 대한 대중적·일반적 평가가 주로 기적과 치유, 경이적 사건들에 영향을 받은 '덜 배운' 사람들[52]로부터 비롯되었다는 인상을 개선시키는 것이었다. 이를테면 신생 기독교는 식자와 무식자로부터 고루 긍정적인 평가와 호의를 획득하였다는 사실을 은연중 드러내고 있는 것이다. 이런 점은 가말리엘의 개입을 통해 초기 기독교의 전개에 관한 유대교 바리새파의 증언과 평가가 나쁘지 않았다는 긍정적인 하나의 사례로 남게 된다.

---

52 다른 일반 기독교의 지도자들 역시 '배운 것 없는 보잘것없는 사람들'(행 4:13)이라는 평가를 받았을 것이다.

가말리엘의 발언과 개입은 산헤드린 내부의 논의과정에서 제시될 수 있는 여러 다양한 견해, 가능한 쟁론 중의 하나를 누가가 부각시킨 것일 수 있다. 누가의 눈에 가말리엘이 긍정적 인물로 보이고, 그의 행적이 가상해서 그를 호의적으로 묘사했을 가능성이 더 클 것인가, 아니면 누가가 진술하고 있는 초기 기독교 역사의 흐름에서 그가 기능하던 역할이 마침 그러했기에 개연성에 기반한 현재의 본문과 같은 방식으로의 기술, 곧 서술 전략상의 선택 가능성이 더 클 것인가? 이 문제에 관한 판단이 필요하다. 즉 저자가 가말리엘에게 각별한 관심을 갖고 호의적 묘사를 했는가의 여부 문제이다. 이것은 가말리엘 기록의 역사성 여부와는 상관없는 논의이다. 기록이 역사적이든 비역사적이든 논란의 향방은 마찬가지다. 누가의 의도 속에 가말리엘의 모습이 어떠한가를 알 수 있는 유일한 길은 그의 묘사 자체에서 답을 찾을 수밖에 없다. 그런데 위에서 조사한 본문 해석의 결과에 따르면 겉보기의 긍정적 채색과 달리 오히려 부정적 색조가 누가 속 가말리엘 상(像)의 주조(主調)였을 가능성이 있다.

### 2) 가말리엘의 부정적 그림자

누가의 가말리엘 묘사에는 긍정적 이미지와 부정적 인상이 공존하는 듯하나 부정적 평가[53]가 더욱 관심을 끈다.

#### (1) 다른 상황에서의 침묵

저자의 두 작품 중 사도행전과 누가복음서 사이의 연관성을 고려하

---

53 적어도 누가의 가말리엘이 긍정적인 그림으로 제시되지는 않았다고 이해하는 이들: Luke T. Johnson, *The Acts of the Apostles*, 102–103; Osvaldo Padilla, *The Speeches of Outsiders in Acts: Poetics, Theology, and Historiography*, 128; Richard P. Thompson, "Believers and Religious Leaders in Jerusalem: Contrasting Portraits of Jews in Acts 1–7," in *Literary Studies in Luke-Acts: Essays in Honor of Joseph B. Tyson*, ed. by Richard P. Thompson & Thomas E. Phillips (Macon, GA.: Mercer University Press, 1998), 327–344.

여 그의 복음서를 읽은 경우, 즉 그의 복음서에 나타난 '바리새인들'에 관한 부정적 묘사를 배제할 경우엔 가말리엘에 대한 긍정적 이해를 유지할 수도 있을 것이다.[54] 하지만 누가복음서를 면밀히 고찰했을 경우, 가말리엘에 관한 인상을 바리새인에 관한 복음서 이해의 어두운 조명으로부터 비켜가기는 어려울 것이다. 가말리엘이 존경받는 의회원이었고, 따라서 산헤드린에서 주도적이고 핵심적인 역할을 수행하며 지도력을 행사했다고 인정할 수 있다. 그렇다면 그는 산헤드린 의회원으로서 누가복음 22장 66–71절에서 보여주듯이 결국 예수를 사형으로 이끈 산헤드린의 결정에서 중차대한 책임을 지고 위치에 걸맞은 역할을 했을 것임이 분명하다.[55] 하지만 그는 적어도 누가복음 23장 50–56절에서 묘사하고 있는 아리마대 요셉과 같지 않았다는 것이다. 요셉은 산헤드린 의회원이며 '선하고 의로운 사람'으로, 예수와 관련하여 공의회에서 내린 결정에 동의하지 않았으며, 예수의 시신을 수습, 안장하고 향료와 향유를 마련하는 등 극진한 모습을 보였다. 이런 적극적 의회원의 긍정적인 이미지를 가말리엘에게서 찾기는 어렵다.

사도행전 5장 17–21절에서 그는 산헤드린 구성원으로 사도들의 투옥과 심문에 관여했을 것이 분명하다. 그 이전 사도행전 4장 1–21절에서도 베드로와 요한을 잡아 심문하고 협박한 산헤드린 사건에서 그가 차지한 자리가 중요한 지위였다면 그에 상응하는 역할과 책임을 수행했음을 추측할 수 있다.[56] 이런 모습들은 초기 기독교와 직면하여 행사한 가말리엘의 영향과 역할이 반드시 긍정적이지만은 않았다는 사실을 시사한다. 이는 산헤드린이라는 유대기구가 초기 기독교에 대해 행한 결정과 개입

---

54 Cf. William John Lyons, "The Words of Gamaliel (Acts 5.38–39) and the Irony of Indeterminacy," 36.

55 Luke T. Johnson, *The Acts of the Apostles*, 102.

56 William John Lyons, "The Words of Gamaliel (Acts 5.38–39) and the Irony of Indeterminacy," 32, n. 29.

에 관해 물어야 할 부정적 책임으로부터 그가 비켜서기 어렵다는 점을 의미한다.

(2) 타산적 편의주의: 기회주의적 관망

가말리엘 주장의 핵심은 다음과 같다. '이런 예수운동 움직임이 하나님께로부터 비롯된 것이냐, 인간으로부터 비롯된 것이냐를 알 수 없다. 그러니 과정을 지켜보며 결과를 두고보자. 그리고 그 결과에 따라 어떤 대응이나 행동을 취할지 추후에 태도를 결정하자.'라는 것이다. 이것은 진정한 의미에서의 '하나님 신앙'과는 거리가 있다. 이것은 합리적 계산에 근거한 냉정한 타산적 행동이며, 결과의 가치를 기준으로 하여 옳고 그름, 선악 따위를 판정하는 '결과주의', 심하게 말하면 '기회주의'의 입장 그 이상 이하도 아니다. 그의 발언이 실용적 정오(正誤) 판단방식일 듯 싶지만 자칫 기회주의적 관망책(觀望策)으로 매도될 수 있고, 선택과 참여, 가담과는 무관한 '책임 없는 무위'나 '기다리면 되는 게임'을 그럴 듯하게 정당화시킨 말일 수 있다. 옳고 그름의 양극 중 하나를 선택해야 하는 '고뇌와 판단'의 과정을 회피하고, 결과를 기다렸다가 추후 판정하자는 것이니, 매우 합리적 자세인 듯 보인다. 하지만 이는 편의주의적 편승행위에 불과하다는 지적을 부정하기 어렵다. 이런 것은 사도들의 '계획과 활동'이 인간적인지, 신적인지를 '하나님의 뜻'을 헤아려서 판가름내는 행동으로 보이기보다는 '합리적 계산'에 의거해서 이것이 어디서 비롯된 것인지를 따져보는 '인간에게서 비롯된' 인간적 움직임으로 보이게 만든다. 따라서 가말리엘의 제안은 '무위와 방관, 무언의 기다림, 그리고 결과에 따라 달라지는 선택과 행동'으로 정리될 수 있다. 이는 그 결말이 어떻게 나타나든 책임 있는 지도자의 자세로 받아들이기는 어려울 것이다.

가말리엘의 원칙은 현실적으로는 '현명한 제안'[57]으로 보일 수도 있다. 또한 기독교 신앙을 가진 사람들의 자신만만한 역사에 대한 확신, 곧 두고보면 기독교가 하나님의 뜻임을 알게 될 것이라는 자신감이 반영된 관점일 수도 있다. 아니면 새로운 종교운동의 실체와 본질을 알기 어려운 미지의 상황에서,[58] 그리고 그 파급영향과 결과가 미래에 어떤 긍정/부정의 평가를 받을지 알 수 없는 상황에서 뒤로 젖히고 앉아 '두고보자'는 선택이 선불리 위험을 떠안지 않는다는 측면에서 나쁜 선택이 아닐 수도 있다. 적어도 무위(無爲)의 '관망'이 나쁜 선택보다는 나을 수 있다는 뜻이다. 그러나 바로 지금 '현재의 선택'에 집중해야 하고, 현실의 의미 파악과 참여에 실존적·전인적으로 투신하여야 할 절체(絶體)의 사안일 경우, 이것이 반드시 현명한 판단이라고 말하기는 어려울 것이다.

더구나 '누가의 관점'에서 사태를 조망해보면 보다 분명히 떠오르는 것이 있다. 누가의 시각에 의하면, 사도들의 행동과 기독교운동이 '하나님께로부터 비롯되었음'은 전혀 의문의 여지가 없는 확실한 사실이다. 그럼에도 불구하고 가말리엘이 '두고보자'는 태도를 보였다는 점이 무엇을 뜻하느냐는 것이다. 얼핏 중립적이고 우호적으로 보이긴 하나 실제는 명백히 선택을 유보하고 판단을 기피하는 자세를 가졌다는 것을 의미한다. 이것은 뚜렷이 부정적이지는 않지만 분명한 긍정도 아닌, 그래서 결국은 미온적이거나 소극적 부정의 양태를 띤 채 나타나는 것으로 판명된다. 가말리엘의 제안으로 사도들이 험악한 위기와 긴박한 상황으로부터 벗어나게 된 점은 긍정적 이해가 가능하다. 그래서 '바리새인치고는' 긍정적인 평가를 받을 만하다. 그러나 그렇다고 해서 그가 적극적으로 사

---

57 G. Krodel, *Acts* (Minneapolis: Augsburg, 1986), 129.

58 마르그라는 이 '원칙'의 결과와 그 판명이 이뤄지는 것을 가리켜, '누가의 이야기가 그 증명의 장소가 된다.'라고 표현한다. 사도행전의 서사 속에서만, 그리고 그 '읽기'를 통해서만 사도들의 행적이 하나님께로부터 비롯된 것인지의 여부를 가릴 수 있다는 것이다. 사도행전을 읽어나간 끝에야 그 결과를 알 수 있다는 뜻이다. Daniel Marguerat, *The First Christian Historian: Writing the 'Acts of the Apostles,'* 93–94.

도들의 구명(救命)을 위해 애쓰거나 사도들의 활동과 주장을 확고히 지지하며 그들의 편에 가담한 것은 전혀 아니다. 누가의 관점에서 가말리엘은 여전히 '우리 편'이 아닌 '그들 편'에 선 덜 완악한 현실주의자, 현명할지언정 온전히 깨달아 각성된 상황이 아닌 인물로밖에 여겨지지 않는다. 요컨대 가말리엘의 충고는 현실주의자의 영악한 제안이었을 수는 있으나, 그렇다고 해서 누가가 이 인물에게 충분한 긍정과 호의의 덧칠을 하고 있다고 보기는 어렵다는 뜻이다.

결국 가말리엘의 개입으로 산헤드린은 그의 제안에 동의하였다. 그런데 그 동의의 결과는 사도들에게 가한 태형이었다. 이미 위에서 언급했듯이, 매질(또는 채찍질)이 주는 가공할 고통과 효과를 감안한다면 이 형벌은 무서운 징벌이 된다. 아마도 40대에서 하나를 감한 매질이었을지 모른다. 산헤드린이 가말리엘의 발언을 '옳게 여겨' 사도들을 매질하고 '석방했다'는 기록이 갖는 긍정적 측면만을 단순히 강조하거나 주목해서는 안 될 이유가 여기 있다. 만일 초죽음이 될 태형 집행이었다면 그것은 죽음과 비견되는 부정적 결과를 낳는 것이다. 사형(死刑)만이 형벌인 것이 아니요, 또 그것만이 극형인 것도 아니다. 태형도 극악한 형벌이다. 산헤드린은 가말리엘의 권고를 받아 사도들을 무죄 방면한 것이 아니라, 어쩌면 가말리엘의 충고를 수용했지만 '가능한' 최고형을 부과한 것일지도 모른다. 그렇게 보면, 가말리엘을 악한 인물로 볼 수는 없다 해도 그가 선한 인물이라거나 기독교에 호의적인 인물이었다고 쉽게 간주하는 것은 성급한 일일 수 있다. 이를테면 이 인물에 대한 긍정/부정의 평가에 대한 유보가 필연적이고, 그럴 만큼 누가는 '수사적 애매성'의 빈틈을 이 인물에 투사했다고 정리할 수 있을 것이다.

'누가의 가말리엘'에 관한 해석과 관련하여 한 가지 덧붙인다면, '이후의 결과'에 관한 논의이다. 가령 가말리엘이 이성적 판단에 의해 사도들의 명운과 관련된 그의 '원칙'을 제안했다고 치자. 그렇다면 그런 원칙과 전망에 입각해서 결국 기독교가 '인간으로부터 비롯된 것'이 아닌 '하나님께로부터 비롯된 것'으로 판명난 것을 나중에라도 알았을 것인가? 추후 그런 판단을 했을 경우, 그는 기독교의 신적 기원과 신학적 정당성에 공감하게 되었겠는가? 그런 인식을 갖게 된 후 그는 '하나님께로부터 비롯된' 기독교운동에 전폭적으로 투신했을 것인가? 그가 합리적 판단과 정연한 논리에 의거한 충고를 했다면 마땅히 신념에 찬 기독교인으로 개심, 전향했어야 하지 않겠는가? 만일 그랬다면 누가가 그 같은 차후 변화의 흔적을 남겨도 무방하지 않겠는가? 이런 물음들은 단순한 호기심의 소산이 아니라 가말리엘 발언의 성격을 점검하게 될 때 필연적으로 제기될 수 있는 의문들이다. 그러나 이러한 의문들에 대해 그 어느 하나도 긍정적으로 답변되기는 어려울 듯하다. 그것은 가말리엘에게서 어떤 긍정적 이미지도 기대하기 어려울 것이라는 인상 때문이다. 그의 충고가 풍기는 냉정한 현실인식이 그런 짐작을 하게 한다. 이를테면 그는 사태 전개를 판별할 기준과 오류를 피할 통찰력도 있었지만 사도들이 전하는 '예수의 진실'에 공감하고 거기에 뛰어들 '신앙'이 없었던 것이다. 그가 사건의 전개를 혹시 '이해'할 수는 있었다 해도 사건에 '투신'할 수는 없었다는 뜻이다. 따라서 가말리엘의 '그 후'가 그의 부정적 이미지와 성격 판단에 도움이 된다고 말할 수 있다.

### 3. 사도들의 반응: 고난 속의 기쁨(행 5:41-42)

사도행전 5장 41-42절은 저자(또는 암시적 저자)가 직접 등장하여 요약 형태로 사건을 정리하는 구절들이다.

> 41 그들은 예수의 이름을 위해 모욕 받는 일에 합당하게 여겨진 것을 기뻐하
> 며 공의회 앞을 떠났다.[59] 42 그들은 날마다 성전에서, 그리고 집에서, 예수가
> 그리스도임을 가르치고 선포하기를 그치지 않았다.(행 5:41-42)

이런 반응은 앞서 사도행전 4장 23-31절에서 보여준 사도들의 석방 후 행동과 내용상 상통한다. 그들이 하나님의 구출을 경험한 다음 기도하며 앞으로의 말씀 전파를 위해 탄원하고, 고난에 굴복하지 않는 담대한 다짐을 토로했듯이, 여기서도 석방 이후의 기쁨과 억압에 굴하지 않고 계속되는 사도들의 선포에 관해 전한다. 사도들이 "예수가 그리스도임을 가르치고 선포하기를 그치지 않았다."라고 했는데, 이것은 산헤드린이 바로 위 40절에서 그들을 매질하며 '예수의 이름으로 말하지 못하도록' 한 그들의 명령을 '정면 거부'했다는 것을 뜻한다. 사도들이 행한 '가르침과 선포'의 계속은 그들의 기개와 용감함 자체를 웅변한다.

### 1) 선포, 권력과의 긴장

사도들은 금지한 명령들을 '거역하고' '가르치고, 선포한다.' 그들 메시지의 핵심은 이미 베드로가 토로한 것(행 2:29-36, 3:17-26), 곧 예수는 그리스도라는 사실이다. 사도들이 산헤드린이 내린 '선포 금지' 명령을 거부하는 것[60]은 사도행전 내내 지속될 기성권력과의 불화와 '분란의 자초'를 의미하는 것 같다. 그 권력이 종교권력이든, 정치권력이든 기성체제의 수호와 기존질서의 유지를 기본으로 하는 그들 권력과의 마찰은 신생 기독교의 존립과 성장, 확대를 위해 피할 수 없었다. 권력자들이 의식적·무의식적으로 자기 이익, 기득권의 수호에 종사했을 수도 있고, 기존체제의 안정을 위한 공익적 사명감에 따라 권력을 행사했을 수도 있다. 그 속사정이 어떠하든, 기독교가 지상세계에서 행보를 시작하는 순간 권력과의 마찰은 어쩔 수 없었다. 모든 종교적 행위는 사회적 영향을

---

59 41절 본문은 '그(예수)의 이름을 위해 모욕받는 일에 합당히 여겨진 것을 기뻐하는 자들이 공의회 앞을 떠나갔다.'로 옮기는 것이 원전에 더 가깝겠지만 우리말의 자연스러움을 살려 위와 같이 새겼다.

60 Charles K. Barrett, *A Critical and Exegetical Commentary on the Acts of the Apostles*, vol. I, 301.

불가피하게 야기하고, 그것은 좋은 의미이든 나쁜 의미이든 기성권력의 주목과 감시를 불러일으키게 된다. 기독교가 행하는 여하한 새로운 모색, 움직임이라도 그것들은 일련의 사회적 작용, 반작용, 또는 상호 작용의 상승과 하강의 유기체적 운동 요소들을 낳을 수밖에 없다. 그것들의 파급 영향은 낯선 신생종교에게 유리하게 작용하기 어려운 현실이었을 것이다. 그 결과는 예기치 않게 찾아오는 권력과의 불화이다. 그 불화와 마찰의 전모를 사도행전이 모두 그려놓지 않았을지라도, 선교의 진전과 더불어 끊임없이 발생할 권력과의 긴장과 갈등은 거의 필연적일 수밖에 없을 텐데, 그런 대립적 만남의 첫머리에 바로 이 장면이 놓이게 된 것이다.

### 2) 모욕과 고난이 영예(榮譽)로

저자는 이때까지 서술한 사도들의 고난을 가리켜 "예수의 이름을 위해 모욕 받는 일"로 간주한다. 이런 인식은 앞으로 펼쳐질 기독교인의 선포자, 증언자로서의 삶에 고난이 따르리라는 것, 그 고난은 어김없는 모욕의 길이라는 것을 분명히 한다. 이것은 누가복음서에서 예수가 제자들에게 '인자 때문에 사람들이 너희를 미워하며 배척하고, 욕하고, 너희 이름을 악하다 내칠 때에는 너희에게 복이 있다.'(눅 6:22)라는 말을 했듯이, 기독교인들의 고난은 필연적이라는 인식이 저자에게 있었다. 이런 인식은 누가복음 9장 23-27절, 12장 11-12절, 21장 12-19절에서 되풀이 된다. 십자가 지고 가기, 죽음의 각오, 박해, 재판정 출두, 재판, 투옥 등에 대한 반복적 언급은 각종 고난이 초기 기독교인들이 치러야 할 '신도의 길'로 이해되었음을 말해준다. 교인 전체가 특정 현실 속의 '특정 박해'에 직면했느냐, 안 했느냐의 여부와 상관없이 신자 모두는 그런 위기 상황과 수난의 언어에 익숙해 있었고, 그런 격려와 다짐이 필요했다는 것이다.

저자와 예수 사이에는 50년 어간의 시간 격차가 있을 텐데, 그 사이에 발생한 교인들의 '다양한 수난 경험'이 존재했을 것이다. 심각한 박해로부터 짧고 단편적인 고통에 이르기까지 여러 장소에서, 여러 시기에 걸쳐 겪었던, 신도들의 누적되고 회자되던 많은 고난 이야기들이 구전과 문자적 전승의 형태로 누가에게도 전해졌을 것이라 가정할 수 있다. 누가가 사도행전 서술 당시 자신의 교회공동체 안(內) 바로 '그때 그곳'에서 직접적이고 현실적으로 박해를 겪고 있었는지 단언할 수는 없다. 만일 그들이 박해에 직면해 있었다면 이런 '고난 감내'의 기록이 더욱 생생한 교훈으로 받아들여졌을 것이다. 그렇지 않고 과거 신앙선배들이 겪었던 수많은 고난을 회고하며 그런 경험을 내면화하는 과정 중에 있었다면 그 교훈은 현재 자신의 교인들을 깨우치고, 미래에 혹시 겪게 될지 모를 수난을 각오하는 양육의 제재(題材)가 될 수 있었을 것이다. 누가의 시기는 기독교 출범 이후 아직 많은 시간이 지나지 않은 시점, 아직 교회의 사회·종교적 토대가 굳게 자리 잡히지 않은 시점이었다. 앞으로 어떤 일이 벌어질지 알 수 없는 불확실한 정황 속에서 저자는 교회의 미래에 대한 최소의 경계(警戒)를 함께 나누고 있는 듯하다. 혹시 고난이 닥칠지라도 견뎌야 하며, 그 견딤은 예수를 따르는 길, 참다운 명예, 참된 승리를 의미한다는 것, 과거 선배들이 그 수욕(受辱)을 기쁨과 영예로 알았듯 자신들도 그 길을 가야 한다는 다짐을 나눈다는 것이다. 고난을 겪게 됨은 신자의 명예요, 기쁨이고, 교회는 이 같은 수난을 통해 성장, 성숙하게 된다는 이해이다.[61]

---

61 사도행전의 고통 중 기쁨에 관해, Boudewijn Dehandschutter, "La persécution des chrétiens dans les Actes des Apôtres," in Jacob Kremer, éd. *Les Actes des Apôtres: Traditions, rédaction, théologie* (Gembloux/Leuven: J. Duculot/Leuven University Press, 1979), 541–546. Cf. Jean Zumstein, "L'apôtre comme martyr dans les Actes de Luc," in *Miette exégétiques* (Genève: Labor et fides, 1991), 183–205. 특히 185–190. Cf. Scott Cunningham, *'Through Many Tribulations': The Theology of Persecution in Luke-Acts* (Sheffield: Sheffield Academic Press, 1997).

### 3) 역설적 '기쁨'

누가는 그들이 산헤드린을 떠나며 기뻐한 이유를 명백하게 밝힌다. 예수의 이름 때문에, 그의 이름을 위하여 모욕과 고난을 당할 수 있는 자격, 가치를 지닌 것으로 평가된 점에 대해 자부심과 기쁨[62]을 느꼈다는 것이다. 다시 말해 그들은 산헤드린의 체포와 억류로부터 석방되어 '놓여났기 때문'에 기뻐한 것이 아니다. 공의회의 제재와 심문으로부터 풀려난 것이 상식적으로는 가장 큰 기쁨과 안도의 이유이어야만 했다. 그런데 사도들은 범상한 인간이 으레 가질 수 있는 예사스러운 태도를 넘어선다. 체포되는 '불명예를 명예스럽게 여기는' 역설적 모습을 보여줌으로써 그들이 인신 구속(拘束)으로부터의 해방이 주는 기쁨이 아닌, 더욱 고상한 가치를 기뻐하는 기개와 품격을 가졌음을 제시한다. 석방이 아니라 예수의 이름을 위해 '모욕받는 일에 합당히 여겨졌기 때문'에 기뻐했다는 것이다. 이것은 기독교 이외의 세상에서 바라보는 '구금과 심문, 매질', 곧 사도들이 겪은 일들이 무엇을 의미하는 것이냐는 점을 고려하면 그 파격성이 드러난다. 그것들은 수치, 오욕, 불명예를 뜻하는 사회적 기피와 혐오의 대상들이다. 그러한 치욕적 경험을 '명예와 기쁨'으로 간주했다는 것은 그런 경험을 수치로 이해하는 세속적 가치에 대한 도전을 의미하고, 지상적 가치체계가 기독교적 신앙 속에서 온전히 뒤집히고 있다는 사실을 극명히 알린다. 기독교 신앙은 세상이 무가치, 불명예로 판단하는 '계획과 행동'을 최상의 가치와 영예로 간주할 뿐 아니라, 그런 모욕을 기쁨으로 겪어나간다는 것이다. 여기서 초기 교인들이 가졌던 '기쁨'의 역설적 성격을 찾을 수 있다.

사도행전 5장 41–42절은 전체 이야기 단락의 마지막 결구가 된다. 그런데 석방된 사도들이 누리는 '기쁨' 묘사는 처음 이 이야기의 시작 장

---

62 사도행전에서 '기쁨' 주제는 광범위하게 발견된다. 행 8:39, 11:23, 13:48. 참고: 행 2:47, 3:8–9, 4:21, 11:18.

면인 사도행전 5장 17-18절의 '시기심 가득한' 유대 지도자들에 대한 묘사와 극적인 대조를 이룬다. 그들의 시기심과 편협함, 곧 '분노의 감정'에 대한 사도들의 대응은 '기쁨의 감정'이었다는 점을 누가가 의식하고 이야기 전체를 정리하고 있는 듯하다. '시기와 분노'로 격화된 유대 지도자들의 감정에 교회지도자들은 '기쁨'으로 대꾸하는 셈이 되니 어느 편이 더 정신적 우위에 서 있는가? 이는 누가가 보여주는 초기 기독교인들의 성숙한 자의식, 또는 품격 있는 반응의 한 전형이라 일컬어도 무방하다.

### 4) 시공의 제약을 넘어: 날마다, 성전에서 집으로

이제 이후로 복음선포는 문자 그대로 '시공'의 제한 없이 이뤄지게 된다.

> 그들은 날마다 성전에서, 그리고 집에서, 예수가 그리스도임을 가르치고 선포하기[63]를 그치지 않았다.(행 5:42)

'날마다'라는 말로 지칭되듯 복음은 '시간의 제약'을 철폐하며 선포된다. 그것도 '그치지 않는'(ouk epauonto) 시간을 통해 '언제나' 항구적으로 선포된다. 그 선포는 '성전에서, 집에서' 이뤄진다. 여전히 성전이 건재한 40년대의 어느 시점을 반영하는 표현이지만, 이를 통해 종교적 특수성의 화신인 성전을 언급함으로 배타적 공간의 제약을 넘어서고, 이스라엘의 공간적 집중을 극복하는 모습을 보인다. 게다가 '집에서' 선포된다고 함으로써 보편 인간의 '일상성'의 거점 속에 파고들어 '공간적 차별과 제약'을 벗어난다. '집'이라는 인간 삶의 보편적 터전이 선포 장소로 거명되는 것은 선포되는 메시지 자체의 포괄성과 보편성을 암시한다. 복

---

63 사도행전에서 수많이 등장하는 '복음을 선포하다'(euaggelizomai)라는 단어가 처음으로 여기에 등장한다.

음선포는 시간이 주는 제약과 공간이 설정하는 한계를 극복한다. 즉 선포자들은 지상의 인간들에게 부과된 시공의 '본질적 제한'과 무관하게 그 임무를 달성한다. 그것은 엄밀히 말해 인간이 자신의 한계를 극복하는 것이 아니라, '복음 자체'가 인간의 선포행위를 통해 시공의 제약을 무너뜨리고 한계를 넘어선다는 뜻이다.

사도행전의 신자들은 '집에서' 떡을 떼고 친교하며, 가르치고 배운다. 집은 선교의 마당이 된다. 사도행전에서 집은 복음화의 생생한 현장이다. 이곳 본문과 더불어 사도행전 2장 46절, 20장 20절이 그 확실한 증거를 제시한다.[64] '집'은 보통의 평범한 사람들이 지상의 일상 삶을 영위하는 생활공간, 곧 종교적으로 볼 때 '세속 공간'이다. 그런데 그런 '집'을 기독교는 종교적으로 '성스러운' 장소로 활용한다. '집'을 종교적 공간으로 활용한 것은 기독교만의 일이 아니었다. 유대교에서도 특히 유월절에 가정에서, 즉 '집에서' 신앙을 표현하는 종교의식을 가졌다. '집'이 종교적 공간으로 이용되었다는 것은 성전과 회당이 갖는 종교적 공간의 의미를 대체한다는 뜻이 아니라, 조촐한 모습으로 그것들과 병존하는 형태로 활용되었음을 의미한다.[65] 그렇다 해도 본래의 집은 종교적 공간이 될 수도 없고, 종교적으로 '중립적 공간'[66]이라고 할 수도 없다. 집이 갖는 '인간 삶의 둥지'라는 애초 기능을 고려하면 그것은 진부한 세속적 생활터전일 뿐이다. 그런데 그것을 초기 기독교는 종교적 의미의 거룩한 공간으로 변화시켰다. 세속 공간이 기독교적 세례를 받았다는 표현이 지나치지 않다.

물론 성전과 회당이 교인들을 축출하거나 배제했을 경우, 그들은 당연히 집으로 '내몰리지' 않을 수 없었을 것이다. 하지만 그처럼 악화된 주

---

64 이에 관해 제시될 이 장(章)의 결어 부분 참고.

65 Camille Focant, "Du temple à la maison: L'espace du culte en esprit et en vérité," *Revue Théologique de Louvain* 37 (2006): 351.

66 *Ibid.*

변상황이 아니었다 해도, 성전과 회당은 자신들의 종교적 정체성에 부합하는 공간으로 온전히 활용되기 어려운 측면이 있었을 것이다. 기독교가 갖는 유대교 외적인 가르침과 독자성이 성전을 벗어나 자신들만의 교제와 나눔을 위한 종교적 공간을 요구했을 것이기 때문이다. 그런 현실적 필요에 따라 '집으로' 향할 수밖에 없는 이유가 초기부터 발생했을 것이다. 처음에 기독교인들에게는 성전과 회당과 집이 종교적으로 의미 있는 공간으로 나란히 공존했을 수 있다. 그것이 점차 '성전에서 집으로'의 이행이라는 완만하고도 점진적인 무게 이동으로 나타났을 것이다. 그 완만한 이동의 기간 동안 기독교는 느린 속도로 태어나서 자라고 성장했을 것이고, 유대인들과의 관계, 성전과 회당과의 관계 역시 공존과 갈등과 대립의 길고 긴 '이별 여정'을 걷게 되었을 것이다. '성전에서 집으로'라는 표현 속에는 그 느린 변화와 역사의 굴곡이 공간적 상징을 통해 녹아 있다.

누가는 초기 사도의 활동 시기로부터 반세기가 지난 자신의 저술시기에 이르는 동안 다양한 장소에서 다양한 신도들이 '가정교회', 곧 '집에서' 벌인 수없이 다채로운 종교활동의 기억을 간직했을 것이다. 그중에는 적지 않은 신도들이 박해에 의해 어쩔 수 없이 '집에서' 모일 수밖에 없었던 강요된 모임들의 기억도 포함되었을 것이다. 이러한 초기 교회 역사의 기억이 주후 30년대 중반의 '역사'를 기록하는 누가의 의식 속에서 적극적·능동적으로 작용했을 것은 당연하다. 사건 '이후'의 역사를 풍요롭게 품었던 저자가 반세기를 건너뛴 '사실(史實)에의 투사'란 어쩌면 당연했을 수 있다는 뜻이다.

한편, 복음이 '시간과 공간의 한계'를 극복했다는 사실은 '성전'에서의 선포 대상이 '유대인'이라는 점을 시사하는 것과 맥락을 같이 한다. '집'에서 선포한다고 말함으로 그 집이 '유대인과 이방인'을 두루 염두에 둔 대상이라는 점을 가리킨다. 그리하여 시공의 여하한 제한도 넘어서는 복음은 '인종적' 집중과 한계를 건너뛰어 유대인과 이방인을 포함하는 보편의 지평으로 나아가게 된다. 이는 시공의 한계 극복이 인종적·종교적 경계 극복과 나란히 가고 있음을 의미한다. 이런 측면과 함께 환기해야 할 것은 사도행전 속 기독교인들의 모임과 활동이 처음에 '성전'에서 시작하여(행 2:46), 바울이 영어(囹圄)상태이긴 해도 로마의 '자기 집'(en idiō)에서 활동하는 것(행 28:16-31)으로 끝나고 있다는 점이다.[67] 그 어간에 사도행전의 초기 기독교는 오순절의 '집'(행 2:2)에서 발생하여, 이방인 선교의 전환점이 되는 고넬료의 '집'(행 10:22, 11:3, 12)을 거쳐, 마침내 로마의 바울이 거한 '집'(행 28:30)에서 마무리짓는 것으로 묘사된다. 이러한 '성전에서 집으로'가 갖는 상징성은 마치 복음이 특수공간에서 보편공간으로 나아가고 있는 점을 시사하고 있는 것과 같다. 그것은 포깡이 가설로서 제안하듯, "신생 기독교가 예루살렘에서 로마로 장소 이동이 이뤄짐과 더불어 성전에서 집으로의 기독교 공동체의 이동이 발생한다."[68]라는 설명이 그럴 듯해 보이게 만든다.

이렇게 끝난 박해 이야기는 넓게 보아 사도행전 3-5장에 이어지는 사도들의 활동을 매듭짓고 정리하는 의미를 지닌다. 그 이전 이야기가 사도행전 2장 42-47절에서 요약 정리를 하며 매듭을 지었듯이 그 후 이어진 여러 사건들이 이곳에서 한 결말을 맺게 되는 것이다. 특히 저자는 이 결말을 "그들은 날마다 성전에서, 그리고 집에서, 예수가 그리스도임을 가르치고 선포하기를 그치지 않았다."(행 5:42)라고 끝낸다. 이 묘사가 주는 사도들의 전체 그림이 인상적이다. 그것은 사도들이 장소를 가리지 않고 끊임없이 교훈, 선포하는 모습, 중단 없이 계속하는 증언자의 영속적 이미지이다. 누가는 42절의 묘사를 통해 그 중단 없는 선포자 이미지

---

67 Cf. Daniel Marguerat, "Du temple à la maison suivant Luc-Actes," in Camille Focant, éd., *Quelle maison pour Dieu?* (Paris: Cerf, 2003), 285-317; Daniel Marguerat, *Les Actes des apôtres (1-12)*, 202.

68 Camille Focant, "Du temple à la maison: L'espace du culte en esprit et en vérité," *Revue Théologique de Louvain* 37 (2006): 349.

를 독자들의 뇌리 속에 지워지지 않는 영상으로 각인시키려고 한다. 이런 이미지들의 반복과 축적, 교차를 통해 사도들의 영상이 누가의 동시대인과 나아가 그의 글을 읽을 후대의 교인들에게까지 신앙적 양육의 효과를 낳을 수 있었을 것이고, 저자는 그것을 기대했을 것이다. 의식 속 이미지의 회임(懷姙)과 반추는 독자들의 삶의 변화를 낳게 하는 유효한 길잡이가 될 수 있기 때문이다.

누가는 산헤드린으로부터 사도들이 고난당하는 모습을 보여줬다.[69] 그런 다음 다시 말씀이 전파되고 선교가 활성화되는 모습을 그려주는데, 이런 서술은 사도행전 나머지 부분에서도 반복적으로 나타나게 된다. 누가는 그런 초기 교회 지도자들의 그림들을 보여줌으로 "박해로는 제지하거나 억누를 수 없는 생명력이 선교자들의 활동 가운데 존재함을 강력히 드러내고 있을 뿐더러, 박해야말로 그들의 선교 의지를 확인하고 열의를 다시 불태울 계기로 기능했음"[70]을 강조한다.

## III. 결어

이제 제6장에서 취급된 논의를 상기하며 그 일부를 다시 조명하고자 한다. 다만 지금까지 제시된 해석 내용을 모두 담아내지는 못할 것이고, 위에서 다루지 못한 논의도 덧붙이면서 이 장을 정리하게 될 것이다.

---

69 이런 경험은 뒤이어 사도행전에 등장하게 될 초기 교회 지도자들이 두루 겪은 고난에 관한 다양한 보고 중의 일부이다. 그들은 회당에 넘겨지고(행 6:9, 9:2, 21, 22:19), 감옥에 갇히고[행 4:3, 5:18-233, 8:3, (9:2, 21), 12:4-10, 16:23-37, 21:33-28:31], 왕(행 12:1-4, 25:13-26:32)과 총독(행 13:6-12, 18:12-17, 23:33-24:26, 25:1-26:32) 앞에 출두하는 등 많은 고통을 감내한 것으로 제시된다.

70 유상현, 『바울의 제2차 선교여행』, 122.

사도행전에 따르면, 산헤드린에 억류되어 심문받으며 곤경에 처한 베드로를 비롯한 사도들을 위기에서 벗어나게 한 인물은 가말리엘이었다. 이 점을 부인할 수 없다. 만일 가말리엘이 개입하지 않았을 경우, 어쩌면 사도들은 죽게 되거나 징역형을 받을 수도 있었다. 그런데 그의 간여 덕분에 적어도 그런 중형은 피할 수 있었다. 위기에 처한 사도들을 곤경으로부터 구출해낸 것은 가말리엘의 역할 때문이었다고 말하지 않을 수 없다. 이런 커다란 이해의 전제 아래 가말리엘 이야기가 갖는 몇 가지 의의를 짚어보기로 한다.

### 1. '성공과 실패' 평가의 문제

가말리엘은 드다와 갈릴리 유다의 실패와 그 추종자들의 실패를 자기 제안의 전제로 삼는다. 그런데 그들 선동가들이 망한 사실과 기독교의 실패로 '보이는 사태' 사이에 근본적 차이는 무엇인가? 얼핏 보면 그들의 실패와 기독교의 실패에는 차이가 없는 듯하다. 긴 시간이 흐른 뒤 회고의 눈으로 점검할 때에야 그 차이가 분명해질 뿐이다. 사건 당시의 현재, 즉 사건들을 겪는 시점, 사건 직후의 관점으로 보면 양자는 모두 절망적 실패를 겪은 무리들이라고 평가될 수 있다. 따라서 다양하게 나타난 사도행전의 무너지는 기독교인들의 모습이 인간의 눈에는 실패한 듯 보이고, 어쩌면 망한 듯 나타나는 교회였지만 사실은 망한 게 아니라는 것이다. 이 점을 역사가 전개된 이후 일정 시간이 경과된 뒤에 알 수 있다. 이 사실이 인정된다면, 가말리엘의 평가기준, 즉 하나님께로부터 비롯된 것이 아니라면 망한다는 그 원칙에 오류가 있다는 점을 환기해야 한다. 인간으로부터 비롯된 것들도 성공한 듯 보일 수 있고, 하나님께로부터 비롯된 것들도 실패한 듯 보일 수 있다. 그렇다면 성공과 실패의 '평가기준'에 문제가 있다는 것, 아니면 인간이 행하는 성공과 실패의 '평가행위' 자체에 심각한 문제가 있다는 점을 지적하는 것이다. 도대체 인간이 평가하는 '성공과 실패'란 무엇을 의미하고, 더구나 하나님의 활동을 인간의 눈으로 '성공과 실패'로 재단한다는 것이 무슨 의미가 있느냐는 의문을 누가의 가말리엘 이야기가 제기하는 것이다.

가말리엘 원칙의 근본적 난점은, '하나님께로부터 비롯된 일'과 '인간으로부터 비롯된 일'이 그처럼 기계적으로 명확히 구분될 수 있는 성질의 것이냐는 것이다. 말하자면, 하나님이 인간을 통해 달성하시려는 계획과 일들은 관점에 따라 신인(神人) 공조(共助)와 합작으로 이뤄진 것으로 보일 수 있다. 외형으로 인간의 업적일 수 있지만 하나님이 배후에 작용해서 인간의 것으로 보이게 할 수도 있다. 관점에 따라서는 하나님이 성취하신 듯 보이는 것들도 순전히 인간적 기획과 추구의 결과로 추정되는 경우도 있을 것이다. '인간에게서 난 것'과 '하나님에게서 난 것'의 차이를 구분하기도 어렵지만, 설혹 양자를 구분한다 해도 그 궁극적 성질이 인간적·신적인 것으로 나눌 수 있느냐의 문제는 여전히 남는다. 이 논의에서 더 근본적인 문제는, 거시적으로 보아서 도대체 창조주 하나님의 절대적 지배 아래 있는 만물과 만사 중에 하나님의 간섭과 통치 바깥에 있는 것이 뭐가 있겠느냐는 것이다. '전능하신' 하나님이 지상의 사건과 행위 중 어느 것을 인간의 의지와 간섭에만 귀속되도록 방치할 수 있겠느냐는 것이다. 모든 인간의 온갖 사유, 행위, 그 결과물은 전적으로 하나님의 섭리 아래 허락, 또는 집행되는 것이다. 그렇게 이해한다면, '인간의 것'인 듯 보이는 현상 전부 역시 결국은 '하나님께로부터 비롯된 것'이라 지칭되어야 마땅하다.

초기 기독교의 어떤 현상이 인간의 관점에서 실패로 여겨져 하나님께로부터 온 것이 아닌 것으로 보일 수도 있다. 반대로 성공으로 여겨져 하나님께로부터 온 것으로 보일 수도 있다. 그러나 구원 역사의 관점에서 길게 내다보면 그것이 하나님이 아닌 인간으로부터 비롯된 것으로 보이거나, 인간이 아닌 하나님께로부터 온 것임을 알게 될 수도 있다. 그렇지만 보다 '더' 길게 역사의 긴 연장에서 보면 모든 것은 하나님께로부터 오지 않은 것이 없다는 인식에 도달하게 된다. '가말리엘의 원칙'을 제시하는 누가의 관점 속에는 이러한 심오한 역사인식이 함축되어 있는 게 아니냐는 것이다.

## 2. 가말리엘 이해의 다면성

1) 누가의 평가에 의하면 사도들은 가말리엘이라는 의외의 인물이 개입함으로 태형보다 심한 형벌은 면할 수 있었다. 여기서 태형보다 더한 형벌은 신체를 손상케 하는 체벌이나 목숨을 앗아가는 극형도 있겠지만, 그에 못지않은 악형으로 장기간 구금시켜 아무 활동도 못하게 만드는 징역형이 있을 수 있다. 만일 베드로를 비롯한 사도들이 장기 징역형을 언도받았다면 그들을 통해 나아갈 구속사의 진행은 정지되는 암담함을 겪게 되었을 것이다. 그런 뜻에서 가말리엘의 개입은 긍정적 요인을 담고 있음이 사실이다. 저자의 관점에서 볼 때 하나님께서 그를 활용하셨다는 뜻이다. 하나님이 그에게 그 자리에서, 그런 말을 하도록 허락하심으로 도구적 존재로서 긍정적 역할을 맡도록 했다는 것이다. 그러나 가말리엘이라는 인물의 내부적 판단 기제(機制)와 동기는, 그 순수성을 돌아보게 하는 여러 숨은 갈래들을 내포하고 있음도 사실이다. 가말리엘이 그저 단순히 숨어 있는 '하나님의 요원'[71]과 같은 기독교 보호자일 수만은 없었다는 것이다.

가말리엘은 기독교인이 아닌, 바리새인으로서 산헤드린 의회원이었다. 그가 사도들에게 결과적으로 우호적 태도를 보인 측면이 있다 하더라도 그는 예수와 상관없는 기독교 바깥의 인물일 뿐이다. 앞서 언급했듯이, 오히려 의회원으로서 그의 전력을 고려하면 예수의 십자가 처형과

---

71 Cf. William John Lyons, "The Words of Gamaliel (Acts 5.38–39) and the Irony of Indeterminacy," 41, 43.

이전 사도들의 체포, 억류, 심문 및 위협(행 4:3–21)과 관련하여 부정적으로 연루된 사실이 있다고 보는 게 옳다.

2) 누가의 사도행전 전개로 볼 때 가말리엘의 견해와 충고가 결과적으로는 옳은 것이었음이 드러난다. 그 발언의 의도나 가말리엘 심중 속셈이 기독교를 위한 옹호에 있지 않았음은 분명하다. 하지만 저자는 기독교에 대한 긍정/부정적 입장의 차이를 불문하고, 교회 선교의 진로를 평가한다든가, 그 향방을 전망하는 합리적 태도는 가말리엘의 제안 속에 담겨 있음을 시사한다. 그런 뜻에서 가말리엘의 발언은 말하는 자의 의도와 자질, 개인적 순수성과 무관하게 하나님의 뜻을 정확하고 완벽하게 전달할 수는 없다 해도 부분적으로, 또는 간접적으로 전달하고 있다는 점을 말한다.[72] 즉 하나님은 불신자의 입과 이해를 통해서도 자신의 의지의 일단을 드러내고, 그들의 지위와 역할을 활용하며, 모든 역사적 제도, 기구(機構)와 인물을 자신의 도구로 사용한다는 것이다.

3) 가말리엘이 제안한 '인간으로부터 비롯된 것은 무너지고, 하나님께로부터 온 것은 남게 된다.'라는 원칙은 기독교 신앙을 가진 사람들에게는 하나님의 역사 개입과 그 의지의 실현이라는 관점에서 '내다보거나, 돌이켜볼 때' 너무나 자명한 필연적 귀결이다. 자신들의 모든 활동이 하나님께로부터 비롯되었다는 확신을 가진 신자들의 자신만만함이 반영

---

72 그런 뜻에서 가말리엘의 언급이 '암시적 저자'가 밝히는 역설적인 교회 성장의 예언이라는 말도 일리가 있다. John A. Darr, *On Character Building: The Reader and the Rhetoric of Characterization in Luke-Acts* (Louisville, KY: Westminster/John Knox Press, 1992), 120. Cf. John A. Darr, "Irenic or Ironic? Another Look at Gamaliel before the Sanhedrin (Acts 5:33–42)," in *Literary Studies in Luke-Acts: Essays in Honor of Joseph B. Tyson*, ed. by Richard P. Thompson & Thomas E. Phillips, (Macon, GA.: Mercer University Press, 1998), 121–139.

된 것일 수 있다. 그러나 이미 위에서 언급한 바대로, 비기독교인인 가말리엘의 입장에서 바라보면 그 제안은 지극히 현실적 방안이요, 사태 대처이며, 현실 인식인 셈이다.

4) 주후 80년대 중반 누가 시대 기독교인 독자의 시선으로 볼 때, 역사적으로 예수의 재판에 간여한 산헤드린의 판단은 잘못됐고 그 판결은 옳지 않았다. 그런데 산헤드린은 사도들에 대해 다시금 잘못된 판단을 하려 하고 있다. 이때 가말리엘은 비록 과거에는 산헤드린 의회원으로서 예수 재판에서 옳지 않은 판단에 참여했겠지만, 이 경우 사도들에 대해서는 일종의 유보를 권고하는 제안을 한다. 그렇다면 한때 예수 재판에서 잘못된 판정에 가담하였다 할지라도 변화와 개선의 가능성이 있음을 가말리엘의 경우에서 보인 셈이 된다. 누구든 잘못될 수 있다. 그러나 또 누구든 변화할 수 있다. 가말리엘의 경우가 그러하듯이.

5) '두고보면 안다', 그러니 판단을 유보하라는 가말리엘의 원칙은 그 자체의 문제를 안고 있다. 어쩌면 모든 현실적 선택과 판단의 지엄한 순간에 뒷걸음치고 물러서서 사태를 관망만 하고, 실존적 참여와 행동을 위한 '결정적 선택'을 회피하는 이들에게 변명거리를 제공할 수 있다. 비록 그런 변명을 거들기 위한 의도가 없었다 해도 결과적으로 이런 원칙이 갖는 본질적 어려움, 무위(無爲)의 회피가 갖는 난맥이 있는 것이다. 현실에 파고들어 이 일이 하나님께로부터 비롯된 것인지 아닌지, 이것이 올바른 행동인지 아닌지를 규명하여 거기 가담해야 할 긴박한 순간에 '현명하게도' 뒤로 물러나 사태의 추이를 바라만 보는 것이 과연 바람직한 자세인가를 비판적으로 숙고하게 만든다.

## 3. 박해의 의미론

### 1) 고난의 역설: 수치/명예의 전복(顚覆)

사도들은 체포, 억류, 매질의 고초를 겪은 후 산헤드린을 떠나면서 기뻐했다고 한다. 저자는 그 기쁨의 이유를 분명히 밝힌다. 예수(의 이름)로 인해, 예수를 위해 모욕을 겪을 수 있는 자격을 가진 점에 대해 기쁨을 느꼈다는 것이다. 그들은 석방되었기 때문에 기뻐한 것이 아니라, 예수 이름을 위해 모욕받을 만한 '가치 있는 자'로 여겨졌기 때문에 기뻐했다고 한다. 세속 세계에서 '체포, 구금, 심문, 매질'은 두말할 나위 없는 '수치, 오욕, 불명예'를 뜻한다. 그런 치욕을 '명예와 기쁨'으로 간주했다는 것은 그 경험을 치욕으로 이해하는 지상적 가치에 대한 도전과 거부를 의미한다. 그런 발상의 세계관에 근거한 지상적 가치체계가 새로운 기독교 신앙과 가치관 속에서 온전히 '전도(顚倒), 전복'되고 있음을 확실히 드러낸다. 이런 사도들의 반응을 통해 누가가 역설하는 바는, 세상이 경멸하고 외면하여 모욕과 매질로 천시당하며 받는 박해를 최상의 영예로 간주할 뿐 아니라, 그런 모욕을 신도들은 기쁨으로 받아들였다는 사실이다. 수치가 명예가 되는 기독교의 역설을 뜻한다.

베드로를 비롯한 사도들의 체포와 억류는 초창기 기독교인들이 겪는 고통을 대변한다. 이러한 박해나 고난을 초기 교인 모두가 겪었다고 말하기는 어려울 것이다. 그러나 새로 움트기 시작하는 신흥종교의 추종자들로서 누가 시대 전후의 후기 기독교인들이 안온한 신앙생활만 펼쳐지기를 기대하기도 어려웠을 것이다. 고난을 겪는 교인들의 수효가 많든지 적든지 간에, 그들이 신앙으로 인해 당하는 박해를 견디게 돕고, 그들을 위로하는 것은 저자와 같은 교회지도자들로서 응당 맡아야 할 사명의 일부였다. 또한 미래의 교인들이 혹시 겪을지도 모를 고난에 임할 자세도 고려의 대상이 되었을 것이다. 그러한 이들에게 던지는 누가의 메시지는 분명하다. 그 고통과 모욕, 불명예는 기독교인들이 떠안게 되는 참다운 영예이며, 이런 고난을 겪는 것이 그리스도의 십자가 길을 진실로 따르는 것이고, 하나님을 위해 당하는 고통임을 잊지 말라는 것이다. 선배인 베드로와 사도들은 "예수의 이름을 위해 모욕 받는 일에 합당하게 여겨진 것을 기뻐했다."(41절) 그러니 자신들도 그들이 겪었던 그 모욕과 고난의 길에 기쁨으로 나아가자는 권고이다. 그래서 사도들이 "날마다 성전에서, 그리고 집에서, 예수가 그리스도임을 가르치고 선포하기를 그치지 않았듯이"(42절) 자신들 역시, 그곳이 집이든 바깥이든 어디서나 '예수가 그리스도임'을 전하는 선포를 그치지 말자는 격려와 다짐을 나누는 것이다.

이런 박해받는 자, 박해받을 자에 대한 저자의 응원은 사울이 다메섹으로 가는 길에서 경이로운 경험을 할 당시의 누가의 기록에 강렬한 형태로 투영된다. 사도행전 9장 3-5절("사울이 길을 가다가 다마스쿠스 가까이 이르렀을 때 갑자기 하늘에서 빛이 그를 둘러 비추었다. 그가 땅에 엎드러져 그에게 말하는 음성을 들으니, '사울아 사울아 네가 어찌하여 나를 박해하느냐' 하였다. 그가 '주님 누구십니까?'라고 말하였다. '나는 네가 박해하는 예수다.'")의 표현을 주목할 필요가 있다. 거기서 예수는 박해받는 자와 동일시된다. 누가는 두 번에 걸쳐 반복적으로 박해받는 '교인들'을 예수와 동일시한다. 예수 개인이 피박해(被迫害) '집단'과 동질적·통일적 존재로 합일하고 통합되는 것은 핍박받는 교인들에 대한 강력한 지원의 표시이다. 더 이상 나은 격려의 표현을 찾기 어려울 만큼의 박해받는 교인들에 대한 성원이요, 교인의 수난에 대한 최대의 의미 부여이다. 그 외에도 바울의 소명을 취급하면서 아나니아에게 내린 고난 관련 말씀("그가 내 이름을 위해 얼마나 많은 고난을 받아야 할지를 내가 그에게 보여주려 한다." – 행 9:15)을 소개하거나, 바울이 밀레도에서 에베소 장로들에게 '어느 성읍에서든지 투옥과 환난이 나를 기다리고 있다.'(행 20:23)는 말을 하고 있는 것 등은 초기 교회의 고난에 대한 자세와 그에 대한 인내, 승리를 표현하고 독려하는 대표적 교훈이라 꼽을 수 있다.

이 같은 초기 교회 상황에서 피(被)박해 대상은 '베드로를 비롯한 사도들'이다. 박해를 통해 이들 교회의 지도자 위상이 뚜렷이 부각되는 결과를 낳게 되는 것이다. 달리 말해 초기 지도자들, 사도들은 박해를 통해 '선택됨'을 확인받게 된다. 지도자의 대표성이 스스로의 능력과 출중한 리더십, 조직력 등의 자질을 드러냄으로 달성되는 것이라기보다는 고난을 겪는 지도자의 표상으로, '외부적 박해 요인'에 의해 자격이 입증된다는 점이 주목된다. 고난이 사도들을 지도자의 확고한 위상으로 자리매김하게 하고, 그들의 권위를 확실히 했다는 것이다.

### 2) 박해의 일상성

사도행전 3장 이후 박해 장면이 등장하지 않는 부분은 사도행전 8장의 사마리아 관련 선교활동 기록과 사도행전 10–11장의 유대지역에서의 선교활동 기록뿐이다.[73] 특히 인상적인 것은 바울의 박해 경험이다. 그가 가는 곳마다 항상 충돌이 벌어지고, 선교활동 내내 고난을 겪게 된다. 제1차 선교여행 중 키프러스(행 13:8), 비시디아의 안디옥(행 13:45, 50), 이고니움(행 14:5), 루스드라(행 14:19)에서 겪은 경험, 제2차 선교여행 중 빌립보(행 16:16–40), 데살로니가(행 17:5–7), 아테네(행 17:19), 고린도(행 18:12–13) 등등으로 고난이 계속된다. 따라서 이 같은 수난은 사도행전에서 여러 차례 반복되어 나타나는 선교와 기적 행함이 필연코 박해를 낳게 된다는 일종의 패턴을 형성하는 듯하다.[74] 어쩌면 누가는 초기 선교지도자들이 박해와 수난을 '일상적'으로 겪으며 간난(艱難)의 삶을 이어왔다는 점을 전하려고 했을지도 모른다. 바로 그런 일상화된 고난이 사도들의 선교 벽두에 예외 없이 발생했다는 것이다.

하지만 박해에 관한 이 같은 다양한 소개와 언급은 후대의 신자들에

---

**73** 유상현, 『바울의 제2차 선교여행』, 122.

**74** *Ibid.*, 121.

게 심각한 '부담'을 주었을 가능성도 배제할 수 없다. 과연 기독교 신앙이라는 필연적으로 박해를 수반하고, 신도들은 박해로부터 벗어날 길이 없는가? 이러한 심리적 부담과 의아함에 대해 누가는 강한 톤으로 박해가 무익한 고통의 연속만이 아닌 위대한 결과를 낳는다는 점을 강조한다. "누가는 선교자들이 겪은 고난과 박해를 묘사한 다음엔 예외 없이 또 다시 말씀이 전파되고 선교가 활성화되는 모습을 그린다. …이런 누가의 보고는, 박해로는 제지하거나 억누를 수 없는 생명력이 선교자들의 활동 가운데 존재함을 강력히 드러내고 있을 뿐더러, 박해야말로 그들의 선교 의지를 확인하고 열의를 다시 불태울 계기로 기능했음"[75]을 보여주고 있다. 박해의 신학적 의미를 강조하면서, 신자들의 수난은 기독교의 성장과 확대의 열매를 맺게 된다는 박해신학을 진술하는 것이다. 누가의 활동시기는 기독교가 출범한 후 아직 사회적·종교적 기초가 제대로 형성되지 않은 시점이었다. 그러한 불확실한 정황 속에서 저자는 교회의 미래에 대한 목회적 경고와 다짐을 나누고 있다. 불의의 고난이 닥칠지라도 견뎌야 하며, 그것이 바로 예수를 따르는 것이고, 지난 선교 초기의 선배들도 그러한 고초를 기쁨과 명예로 알고 견뎠듯 자신들도 그 길을 따라야 한다는 것이다. 고난을 겪게 됨은 신자의 영예요, 교회는 수난을 통해 성장하고 성숙하게 된다는 교훈이다.

### 4. 성전과 집

누가의 중요한 강조점 중 하나는 이제 이후로 복음선포가 '시공'의 제한 없이 이뤄지게 된다는 것이다. 복음은 시간의 제약을 뛰어넘어 선포된다. '날마다, 그치지 않고'(행 5:42) 선포된다. 이스라엘의 특수 공간인 '성전'에서, 그리고 보편적 '살림집'에서 복음이 선포된다고 함으로써

75 *Ibid.*, 122.

유대인에게만, 또는 이방인에게만 집중되는 공간적 배타성을 극복한다. 그들 모두에게 복음이 개방된다. '집'이라는 인간의 보편적 삶의 터전은 공간적 차별과 배제를 넘어섬을 의미하며, 거기서 선포되는 메시지 자체는 포괄성·보편성을 시사한다. 복음이 '성전'과 '집'에서 선포됨은 '유대인과 이방인'의 인종적 제한을 넘어서고, 마침내 '유대인과 이방인' 모두를 포괄하는 종교적 보편의 길로 나아가게 됨을 의미한다. 이미 누가는 사도행전 2장 46–47절에서 오순절 성령강림 사건 직후 초기 기독교인들이 보여준 '성전'과 '집'에서의 활동에 관해 소개한 바 있다.

> 46날마다 한마음으로 '성전'에 열심히 모이고, '집'에서 빵을 떼며, 기쁨과 순수한 마음으로 음식을 먹고, 47하나님을 찬양했다.(행 2:46–47)

위의 본문에서도 사도행전 5장 41–42절의 본문과 마찬가지로 '날마다, 성전, 집, 기쁨'의 용어가 동시에 등장하고 있는 것을 발견할 수 있다. ("그들은 날마다 성전에서, 그리고 집에서, 예수가 그리스도임을 가르치고 선포하기를 그치지 않았다."– 행 5:42) 이 두 본문은 예루살렘 교인들의 일상을 종교적으로 묘사하면서 '성전과 집'이라는 공간 중심의 관점에서 기술한 본보기이다.

누가가 사도행전을 기록하는 시기는 주후 80년대 중반, 유대전쟁의 참화를 겪고 유대교의 본산인 예루살렘이 초토화된 시대였다. 역사를 긴 안목에서 성찰하고 구속사의 전개를 넓게 숙고하는 저자가 교인들의 '성전 출입' 문제를 아무 의식 없이 서술했을 리는 없다. 기독교와 유대교의 '관계'에 대해, 또 유대교와 대비된 기독교의 '정체성'에 대해 고민했을 누가는 '성전'과 '집'을 묘사하는 위 구절들을 통해 신생 기독교와, 그 모태 유대교와의 관계를 설명하는 상징적 의미를 담아낸 것 같다. 즉 예루살렘 기독교인들이 여전히 성전 출입을 계속했다는 묘사를 통해 "기독교가 유대교를 거부하고 독자적 종교로의 전혀 다른 길을 가려는 것이 아님을 명시하려고 했다는 것이다. 이로써 기독교는 유대교의 전통을 계승하며, 그 종교적 유산의 연장 속에 자신의 정체성을 확보하려고 했음을 보이려는 것이다."[76] 기독교는 유대교와의 단절을 의도하거나 유대 전통을 거부하는 것이 아니라는 점을 성전 출입이라는 공간적 상징으로 표현했다는 뜻이다.

그러나 동시에 누가는 성전에서의 선포활동과 더불어 '집'에서도 선교적 선포를 행했다고 밝힌다. 사도행전 5장 42절("그들은 날마다 성전에서, 그리고 집에서, 예수가 그리스도임을 가르치고 선포하기를 그치지 않았다.")의 기록은 '집'에서 이뤄진 일들이 갖는 '종교적 성격'을 자명하게 보여준다. '집'에서의 선포를 통해 '집'이라는 사적 공간이 '종교행위'를 위한 종교적·공적 공간으로 변환되고 있음을 드러내는 것이다. 따라서 '성전과 집' 양자 모두가 기독교인들에게 종교적 공간으로 인식되게 된다. 누가가 이처럼 초기 교인들의 활동을 '성전'과 '집'에서 각기 이뤄진 것으로 묘사하고 있는 것은 상징적 '중심 이동'을 함축한다. '성전과 집'을 나란히 놓음으로써 실제로는 '성전에서 집으로'의 이동을 암암리에 시사하고 있다는 뜻이다. 이처럼 성전과 집이 교인들에게 종교적으로 의미 있는 공간으로 공존하다가 점차 '성전에서 집으로'의 이행이라는 점진적 무게중심의 이동으로 발전하게 될 것을 가리킨다. 이 같은 느린 이동과 변환은 유대교로부터 기독교로의 움직임을 상징한다. 그리하여 기독교는 유대인들과의 '공존, 갈등, 대립, 분리'의 긴 결별과정을 걷게 된다. 따라서 '성전에서 집으로'라는 표현 속에는 이런 완만한 역사의 진행, 변화와 굴곡이 공간적 상징으로 녹아 있다고 볼 수 있다.

하지만 굳이 사라지고 없는 성전을 출입하고, 그곳에서 선포를 계속했다는 기록을 남길 이유가 없는 것 같은데도 그런 성전과의 친밀한 관계를 되풀이하여 밝히는 이유가 있을 것이다. 그것은 기독교인들이 '성

76 유상현, 『베드로와 초기 기독교: 사도행전 1-3장』, 252.

전을 출입'하며 그곳에서 모였음을 긍정적으로 평가하는 사람들, 곧 '유대교인들'에게 기독교인들의 인상을 호의적으로 심어줄 수 있는 서술이라는 점을 감안했으리라는 것이다. 즉 아직은 유대인들의 비판적 시선을 의식하지 않을 수 없는 시대적 상황이 반영되었다는 뜻이기도 하다. "만일 유대교와 기독교의 사이가 소원하게 되었거나, 아니면 부정적 관계로 악화된 형편이었다면 성전 출입에 열심을 내었다는 모습은 굳이 밝히지 않아도 될 기독교 발전단계의 초기 일화일 뿐이었을 것이다. 그런데도 구태여 이를 밝혔다는 것은, 아직은 유대교와의 완전한 결별이나 단절을 노골화시키거나, 그런 모습을 내놓고 드러낼 국면은 아니었다는 점을 시사하고, 더 나아가 성전과의 그런 '우호적이고 친밀한' 관계를 보여주는 것이 기독교를 보여주거나 제시하는 데서, 또는 기독교의 존립을 위하는 데서 긍정적 역할을 할 수 있는 상황이었음을 말해준다."[77]

하지만 이런 유대교를 향한 기독교의 호의적 인상 제시는 교회 내부에서는 반발을 살 수도 있었다. 성전과의 밀착은 유대교에 연연하는 기독교의 모습을 보여줌으로 새 신앙의 새로움과 '새로운 역사' 전개에 걸맞지 않는 회귀적 과거 집착으로 오해될 수도 있었다. 자칫 기독교적 정체성의 약화로 이해될 수 있었던 것이다. 이 같은 우려에도 불구하고 성전 출입 언급을 빈번히 한 배경에는 유대교와의 연결, 유화(宥和)를 정당화할 수 있는 누가의 시대적 상황이 있었다.[78] 즉 성전과 예루살렘은 과거 전쟁(66-70년) 중에 완전히 파괴된 이후였기 때문이다. 이미 철저히 사라진 성전을 아무리 강조하고 의미를 부각시킨다 해도, 그것이 새로운 기독교운동에 거침돌이나 위협이 될 수는 없었다. "기독교인들에게 유대교의 성전은 이제 더 이상 현실적 장애가 되지 않는 사라진 과거의 유산일 뿐이었다. 따라서 저자는 유대교인들과 우호적 관계를 갖게 하고 기독교 전개에 도움

77 *Ibid.*, 273.

78 유상현, 『사도행전 연구』, 153-155.

이 되기만 한다면, 역사 속에 사라진 성전에 관해 어떤 긍정적 묘사도 거침없이 할 여유가 있었다. 그러니 신자들의 '성전 출입 열심'에 관해 거리낌 없는 묘사를 할 수 있었던 누가는 별다른 망설임이나 우려 없이, 그런 내용을 기독교와 유대교와의 유대와 연속성을 입증할 자료로 활용할 수 있었던 것이다."[79] 요컨대 누가는 유대교와 기독교 사이의 연속과 단절[80]을 의식하며 '성전에서, 집에서'라는 공간 언어를 통한 자기 좌표를 표현하고 있는 것이다.[81]

이제 가말리엘의 개입을 통해 사도들이 석방하는 장면을 그리고 있는 사도행전 5장 34–42절의 해석을 정리하며 한 가지 언급을 남길 필요가 있다. 누가는 자신의 전체 작품을 통해 비록 가말리엘이 제시한 그 미흡한 '원칙'을 적용한다고 해도, 결과적으로는 기독교가 하나님께로부터 비롯되었다는 것이 확인될 수 있음을 보여준다. 가말리엘의 말대로 '시간의 시험'을 견디고 잔존하면 그것은 하나님께로부터 비롯된 것이라는 말인데, 기독교는 그 시험을 견뎌 이기고 남았을 뿐 아니라 선포를 계속

79 유상현, 『베드로와 초기 기독교: 사도행전 1–3장』, 274.

80 단절과 관련해서, 이를테면 행 1:4에서 부활한 예수께서 제자들에게 '너희는 예루살렘을 〈떠나지 말고〉 내게서 들은 아버지의 약속을 기다리라.'는 말씀으로 '예루살렘과 성전'에의 집착을 보여주는 것 같다. 그러나 바로 이어서 행 1:8에는 '성령이 너희에게 임하시면, …땅끝까지 이르러 내 증인이 될 것이다.'라는 발언을 한다. 즉 성령이 임하면 예루살렘을 '떠날 수 있다.'라는 이해를 보여준다. 이것은 기독교와 유대교 사이의 '연속과 단절'을 단적으로 드러내는 대표적인 표현이 된다. 행 25:10–11에서 바울이 황제에게 상소함으로 '유대의 재판관할권'을 부정하고 유대인의 법적 귀속의식에 대한 거부를 선언한 바 있는데, 이 사례는 유대전통과의 단절 맥락에서 유념해야 할 주요 사건이다. 그밖에도 예수 죽음의 책임을 유대인들에게 돌리는 듯한 표현들(예, 행 2:23, 36, 3:13–15, 4:11 등)도 유대교와 유대민족에 대한 부정적 묘사, 곧 기독교와 유대교 사이의 '단절'로 이해될 만한 것들이다. 유상현, 『베드로와 초기 기독교: 사도행전 1–3장』, 273–274. 이 연속/단절의 문제에 관하여, *Ibid.*, 251–252, 272–274.

81 그밖에 '성전과 집'에 관하여 '본향(本鄕)과 원향(遠鄕)'이라는 개념으로 해석하는 유상현, 『베드로와 초기 기독교: 사도행전 1–3장』, 254–257을 참고할 것.

했고, 융성했다는 것이 누가의 함축된 메시지이다. 가말리엘 발언에 바로 이어지는 사도행전 5장 42절에서 억압에도 불구하고 선포를 계속하는 모습, 사도행전 6장 1절에서 그 융성을 확인하는 모습을 보인다. 저자는 이런 메시지를 독자들이 받아들이기를 바란다. 여기 이 장면이 상정하는 연도는 예수의 죽음 이후 약 2-3년이 지난 시점이다. 그렇다면 아직 그 '시간의 시험', '생존의 실험'이 온전히 끝났다고 말하기는 이른 상황이다. 그랬기 때문에 누가는 가말리엘로 하여금 '더 두고, 더 보자.'는 관망의 제안을 말하게 했을지 모른다. 아직 기독교의 성격, 곧 인간에게서 온 것이냐 하나님께로부터 온 것이냐를 판단하기엔 이르기 때문에 이런 방식의 발언이 나오도록 했을지 모른다는 뜻이다. 따라서 누가는 기독교가 멸망하지 않고 그 후 융성하게 되는 모습을 점차적으로 제시함으로써 교회, 교인, 선포 등의 '기독교적 현상' 자체가 인간에게서가 아닌 하나님께로부터 비롯되었다는 것을 확고하게 입증한다. 적어도 가말리엘의 '원칙'이 작동되는 한, 살아남아 흥왕한 기독교는 신적인 기원을 갖는 것이다. 따라서 가말리엘이라는 인물은 기독교의 존재를 정당화하는 한 가지 사례를 제공한 비기독교인으로 기억될 것이다.

제7장

# 맺음말

## I. 베드로의 위상

누가의 붓끝은 초기 기독교 선교의 주인공 중 하나인 베드로를 중심으로 글줄을 이어간다. 사도행전이 전하는 대로, 기독교운동이 시작된 이래 최초 발전 단계에서는 오순절 성령 강림과 방언 기적, 물질 공유와 나눔, 지체장애인 치유, 성전 곁 솔로몬 행각에서의 늠름한 베드로의 설교 등 긍정과 낙관으로 그려질 만한 교회의 첫 모습이 소개된다. 그러다 사도행전 4장 3절이 보고하듯, 베드로와 요한이 체포되어 억류되어 있던 중 산헤드린 앞에 끌려와 연설한 후 석방되는 경험을 시작으로 고난이 시작된다. 곧이어 베드로 등 사도들은 사도행전 5장 17-42절에 다시 투옥되고, 천사의 도움으로 기적적으로 탈출하여 한 번 더 성전에서 선포하다가 또 체포된다. 그러나 가말리엘의 개입 덕분에 매질을 당한 후 다시 놓여나는 등 박해의 그림자는 누가 기록에서 중요 사건으로 중첩적으로 다뤄진다.

이런 사건들을 기록하는 누가는 그 서술 속에서 수감된 사도들이 감옥 안에서 느꼈을 주관적 감상, 절망, 좌절, 온갖 상념에 관해 서술하지 않는다. 또한 그는 천사를 비롯한 여러 사정을 통해 구출되거나 석방된 이후 그들이 느꼈을 희열과 환희, 해방감, 감사함, 그리고 마음 한구석에 자리 잡은 사후 벌어질 사태에 대한 불안과 두려움 등에 관해서도 기록하지 않는다. 그에겐 이러한 사적(私的) 감정들을 담아낼 지면도, 겨를도, 마음 씀의 여유와 의도도 없었던 듯하다. 저자에게는 하나님의 구원사 전개의 거대 줄기, 그 도도한 흐름의 향방만이 관심의 대상이었다. 그렇다고 구속사의 거대한 수레바퀴에 치인 개인의 사소한 일상과 감상이라서 그것들이 묵살된 것은 아니다. 제한된 역사 서술의 공간에 무엇을 들이고 뺄 것이냐 하는 역사가(歷史家)로서의 엄중한 선택의 순간에 상대적 비중(比重)의 자[尺]가 적용됐을 뿐이다. 그런 뜻에서 누가의 집요한 관심의 핵심 표적은 말씀의 전개, 곧 선교적 지평의 확대에 있었다.

이런 관심의 연장에서 베드로의 위치도 가늠된다. 사도행전의 처음 부분에서 베드로의 역할은 빼어나다. 하지만 그가 기독교에 독점적·지배적 권위를 행사하는 배타적 모습은 아니다. 오순절 이후의 기회를 비롯해서 여러 차례 설교하고, 장애인 치유, 산헤드린 앞에서도 몇 차례 담대하게 신앙적 소신을 밝히는 모습들은 그것 자체가 베드로의 권위와 초기 교회에서 그의 뛰어난 역할을 대변한다. 그의 위상이 강조되는 사례들은 그와 사도들의 '발 앞에' 재물 판 돈을 바치는 모습이나, 아나니아와 삽비라 부부가 냉엄한 심판을 받는 장면에서 보이는 그의 그림에서 뚜렷하다. 누가의 베드로가 보이는 권위와 카리스마는, 인간 마음의 바탕과 움직임을 꿰뚫어보는 듯한 사도행전 5장 4절의 "어찌하여 이 일을 당신의 '마음'에 두었습니까?"라는 예언자 능력의 현시(顯示) 구절에서 절정에 달하는 듯하다. 이 장면은 누가의 복음서에서 돈을 좋아하는 바리새인들이 예수를 비웃자(눅 16:14), 예수가 했던 말("당신들은 사람 앞에서 스스로 의롭다고 하는 자들이오. 그러나 하나님께서는 당신들의 '마음'을 아십니다."—눅 16:15)을 그대로 상기시킨다. 하나님은 이 부부의 은밀한 재물에 관한 동기와 내면의 움직임을 모두 아신다는 것이다. 베드로도 그런 모든 동향을 알고 있다는 뜻이다. 베드로의 능력이나 지위가 어느 정도로 높여지고 있는지를 엿보게 된다.

그러나 베드로에 관한 누가의 그림은 그런 모습만이 전체가 아니다. 누가가 기록한 베드로의 압도적 활동과 지도력을 감안하면, 이제 그는 그의 행적과 위상에 걸맞게 기독교의 대표성을 띤 존재나 독자적 권위를 갖는 지도자로 추앙될 수도 있는 단계에 왔다고 할 수 있었다. 그래서 스승 예수로부터 시작된 새로운 종교운동의 정통성과 권위가 베드로에게 계승될 수도 있었을 것이다. 하지만 누가는 베드로와 요한과 같은 어떤 탁월한 특정 인물을 부각시키는 대신에 '사도들' 집단을 내세운다. 초기 기독교의 지도력과 권위가 어느 뛰어난 한 개인의 능력과 재능으로부터 비롯되거나 그 인물에 귀속된 것이 아니라, 공동체적 집단 지도력 속에 내재해 있다는 의식이 있었던 것이다. 그렇기 때문에 기독교, 또는 교회가 가장 뛰어난 지도자인 '베드로의 교회'나 '베드로의 기독교'가 아니라,[1] '사도들의 교회'로 시작될 수 있게 한 것이다. 이것이야말로 '인간 영웅', 또는 '역사적 우상'을 거부하는 유대적 전통을 계승한 누가적 역사해석의 소산이다.[2] 이것은 인간에 대한 우상화 기미를 철저히 차단하는 유대 전통적 관점에서 이해해야 한다. 이스라엘에게, 그리고 누가와 초기 교인들에게 세계와 역사를 이끄시는 분은 하나님만이 유일하다는 인식인 것이다.

이 점에서 저자의 입장은 매우 미묘한 모습을 띤다. 베드로가 주요 지도자인 것은 분명하다. 초기 기독교의 발전과 성장을 이끈 선구적 활동을 행한 것도 사실일 것이다. 그러나 베드로 개인에게 지나친 의미부여, 그에게만 모아지는 관심과 경의의 집중을 저자는 의도적으로 배제, 완화시켜야 할 이유가 있었을 것이다. 처음 출범하는 기독교가 베드로의

---

1 Cf. 에른스트 헨헨, 『사도행전 I』, 380.

2 이 책의 제5장 관련 부분 참고.

업적에만 전적으로 의존하여 발전된 것도 아니었고, 그러한 한 인물로의 집중이 교회 자체의 성장을 위해 바람직한 것으로 여기지도 않았을 것이다. 그렇다고 베드로의 이름을 완전히 가린 채 집단운동으로 기독교의 활동을 소개할 수도 없었을 것이다. 그것은 출중했던 베드로의 역할에 관한 사실 왜곡이 될 우려가 있기 때문이다. 따라서 누가는 베드로 개인의 뛰어난 활동을 소개하기도 하고, 집단적 지도자 그룹인 '사도들'을 내세우기도 하면서 균형 있는 초기 교회의 리더십 모습을 전하려고 했다. 다만 베드로 한 사람에게 역사의 추진력과 기독교운동의 동력이 집중될 때, 그것이 자칫 베드로 개인에 대한 예외적 경모와 숭앙으로 나아갈 수 있음을 경계했을 것이다. 한 사람에 대한 지나친 존중이나 업적 기림은 구약적 관점에서도 위험한 선택이 될 뿐 아니라, 기독교 자체의 다양성과 존립에 위해(危害)가 될 수 있음을 알았던 것이다. 누가 시대의 기독교는 이미 지리적 확산과 다양한 구성원을 포괄하는 '보편적 시각'을 획득한 이후에 처한 것으로 보이기 때문이다. 요컨대 베드로의 역할과 행위를 의미 있게 서술하는 것은 필요하다. 하지만 그의 위상을 과도하게 높이고 영웅적 인물로 채색하게 될 때 야기될 위험성을 감안하여 적절한 권위의 수위를 유지했을 것이라는 뜻이다.

## II. 선교와 삶의 총체성

누가가 생각하는 '선교', 복음전파란 단순히 음성으로 전하는 선포나 설교만을 의미하지 않는다. 누가는 복음전파와 기독교의 진전이 교회공동체의 '갱신된 삶의 총체성'과 관련된다는 것을 이미 사도행전 2장 42-47절의 재물 공유 장면을 통해 밝혔다. 그것을 다시 사도행전 4장에서 반복적으로 강조한다. 저자는 삶의 총체성이 드러나는 핵심적 부면(部面)은 인간이 맺는 물질과의 관련이라는 것을 파악한 듯하다. 누가는 인간 삶의 갱신이 객관적으로 입증, 확인되는 영역을 물질 나눔에서 발견한다.

교인들 사이에 '가난한 자가 없게'(행 4:34) 물질을 공유하고 나누는 것이야말로 신앙이 인간을 변화시키는 모습을 제3자에게 '객관적이고 구체적'으로 확인하게 하는 최상의 방식이다. 누구에겐가 보이기 위한 나눔이 아니라 감화에 의해서이든 스스로의 자기각성에 의해서이든, 변화된 내면이 외부적 표현으로 드러날 수 있는 가장 탁월한 방식이 물질 나눔이라는 '행위'인 것이다. 인간이 품는 '이상적 가치' 실현을 방해하는 최후의 장애(障礙)는 물질 소유 욕망일 수 있고, 그것을 극복하는 것이야말로 합리와 이성의 제약 너머에 있는 초현실이기 때문이다. 누가에게 재물은 단순히 지상 세계 삶의 도구로서의 물상(物象)이나, 재화(財貨)로 특징되는 삶의 부차적 귀속체로서 인간의 기본 욕구를 채워줄 필요의 대상만이 아니다. 단순한 삶의 부가물이 아닌 인간 삶의 총체성과 관련되는 어떤 상징적 의미가 각개의 물질, 재물에 내재해 있다는 인식을 가졌던 것이다. 그래서 누가는 성령받고 새 삶을 시작한 새로운 세계와 새로운 역사의 주인공인 기독교인들은 재물이 갖는 이 엄청난 상징과 의미의 무게를 헤아리기를 바란 듯하다. 인간 삶을 압살할 수 있고 생사를 여탈(與奪)할 수 있는 물질 '이상(以上)의' 물질, 재물 이상의 가공할 재물에 대한 단호한 입장과 태도의 표명을 요구한다. 무조건적 재물 포기나 재산 공유가 아닌 재물과의 총체적 관계 정립을 요청하는 것이다. 그것은 인간과 물질과의 관계 정립을 말하는 것이 아니라, 인간과 하나님과의 관계 정립, 인간과 세계와의 관계 정립을 시사한다. 그 결정적이고 상징적인 예시가 저자가 사도행전 2장과 4장에서 보여준 물질 나눔의 실천이다. 유무상통(有無相通), 아니 좀 더 정확히 말해 물질의 일방적 '증여'이다. 그것이야말로 하나님의 무조건적 '줌'을 본질로 하는 '은혜'를 가시적이고 구상적으로 보여주는 가장 명쾌한 예증이며, 해석이요, 깨우침이라 여긴 것이다.

## Ⅲ. 고난을 넘어

누가 기록의 전편에 고르게 등장하는 기독교인에 대한 박해가 이 책이 다루는 사도행전 4–5장에서도 예외 없이 나타난다. 누가는 사도행전 4장과 5장에서 베드로와 사도들이 산헤드린으로부터 당한 구금과 심문에 관해 묘사한다. 초기 신자들이 처음 겪게 되는 고난에 관한 진술 사례이다. 사도행전의 내용 가운데 기독교인들이 받는 박해에 대한 언급은 예루살렘 활동 묘사와 바울의 전체 선교기록에서 광범위하게 발견된다. 박해에 대한 언급이 등장하지 않는 곳은 사도행전의 첫 부분을 제외하곤 사마리아 활동 부분(행 8:4–40)과 일부 유대지역에서의 활동(행 10–11장) 기록밖에 없다. 이런 누가의 보고는 초기 신도들의 삶에서 박해가 일상적이고 보편적으로 발생했다는 점을 저자가 뚜렷이 인식하고 있었음을 뜻한다. 사도행전에 소개되는 다양한 박해기록과 등장인물들의 수난기록들을 통해 누가가 증언하는 바는, 초기 교인들이 가졌던 복음전파의 결의와 열정은 그 어떤 고난과 억압으로도 막을 수 없음을 강조하는 데 있다. 저자는 신도들이 육체적 고통과 투옥, 모욕과 모함 등 일일이 열거하기 어려운 각종 고난을 겪지만 거기에 굴하지 않는 모습들을 거의 정형화된 형태로 제시한다. 이것은 그 어떤 물리적 제재도 선교의 의지와 기상을 막을 수 없음을 보여주려는 것이다. 선교는 필연적으로 박해를 불러올지 모른다. 하지만 그것이 선교자를 위축시키기보다는 오히려 선교의 의지를 더욱 불타게 만든다. 저자는 박해가 선교를 강화시키고 그 의지를 더욱 강고하게 한다는 분명한 메시지를 던진다. 이 점을 사도행전 5장 41–42절의 표현이 특징적으로 보여준다. "그들은 예수의 이름을 위해 모욕 받는 일에 합당하게 여겨진 것을 기뻐하며… 날마다 성전에서, 그리고 집에서, 예수가 그리스도임을 가르치고 선포하기를 그치지 않았다." 누가가 전하는 바울의 제1차 선교여행 기록 가운데 더베에서 바울이 토로한 다음의 다짐은 바울뿐만 아니라 사도행전의 선교자 전체에 해당되는 말이다. “우리가 하나님 나라에 들어가려면 많은 고난을 겪어야 할 것이다.”(행 14:22b) 바울의 입을 통한 “이 표현이야말로 선교의 본질에 대한 누가의 이해를 드러낸다. 선교와 박해가 뗄 수 없는 인과율로 얽혀 있음을 보이는 동시에, 박해에 대한 적극적 평가를 종말론적 의미로까지 승화시킴으로 선교 자체에 대한 의지 표명, 그리고 최대의 의미 부여를 하고 있음”[3]을 확인시킨다.

특히 우리가 사도행전 5장 17-20절을 연구하며 지적했듯이, 초기 지도자들이 겪는 고난은 누가에 의해 권력자들로부터 당하는 투옥의 경험과 신적인 구출의 긴밀한 연관으로 성격화된다. 세속 권력이 교회지도자들을 옥에 가두지만, 하나님이 천사를 통해서든, 여타 신적인 탈출 방식을 통해서든 기적적으로 마무리하였다는 것이야말로 누가가 각인하려는 핵심 메시지 중 하나이다. 교회의 선교는 신도들의 투옥과 박해와 같은 고난을 통해 전진한다. 그러나 그 고난, 곧 사도행전 5장에서 베드로와 사도들이 경험한 그런 투옥과 고통은 기적적 탈출로 극복된다. 이것은 선교의 배후에 언제나 하나님이 계시며, 그의 기적적 도움과 동행이 함께한다는 점을 여실히 보여준다. 감옥으로 상징된 복음선포에 대한 억압과 구속(拘束)은 결국 하나님의 기적적 도움으로 무력화된다는 것이다. 즉 물리적 힘에 의해 복음선포를 방해하고 그 확장을 막으려는 지상 권력의 여하한 시도도 하나님의 적극적 개입으로 인해 이뤄질 수 없음을 강조하는 것이다. 이것이 뜻하는 바는, 지상의 정치/종교 권력은 복음선포자들을, 또는 복음 자체를 감옥에 가두거나 막아설 수 없다는 메시지이다. 복음은 세상 권력을 넘어서고, 하나님은 기적을 통해 복음을 막아서는 권력의 무능력을 입증한다는 뜻이다.

초기 기독교 지도자들이 예루살렘 유대 권력자 그룹으로부터 고초를 겪었다는 점은 ‘권력당국과의 대립’이라는 의미로도 새길 만하다. 권력

---

3 유상현, 『바울의 제2차 선교여행』, 375-376.

자들이 사도들을 투옥하고(행 5:18), 매질하는(행 5:40) 등의 박해를 행하는 모습은, 일반 백성들이 그들에게 보여준 호응이나 칭찬(행 5:12-16)과 대비된다. 백성들은 사도들을 위해 권력자들에게 돌팔매질을 할 수도 있었다는 가능성(행 5:26)이 보고된다. 이런 유대 백성들의 우호적 반응은 권력자들의 반응과 극적 대조를 이루면서 신도들과 권력과의 긴장관계를 부각시킨다. 이렇게 권력과의 불편한 관계를 은밀히 드러내는 것은, 기독교가 기성 권력과의 대립과 대결을 모색하는 반체제적 불온 집단이라는 점을 보여주기 위함이 아니다. 물론 저자가 유대 권력이나 세속 권력에 보내는 암시를 완전히 배제한 것은 아니다. 명시적으로 드러내지는 않지만, 누가는 권력당국과의 긴장 국면과 그 신적(神的) 극복 장면을 보여줌으로써 비록 권력자들이 말씀의 선포자인 사도들, 또는 그 '말씀 자체'를 감옥 속에 가두고 봉쇄시킨다 해도, 하나님은 천사를 동원하거나 다른 기적적 방법을 동원하여 사도들과 '말씀 자체'를 해방시키고 전파하게 만드신다. 세상 권력의 물리적 힘은 하나님의 뜻과 섭리를 막거나 방해할 수 없다는 암시가 사도행전 5장 17절 이하의 천사를 동원한 사도들의 탈출 이야기 속에 숨어 있다. 이 메시지를 세상 권력자가 이해하여 받아들이든, 묵살하고 외면하든 그 수용 여부와는 상관없이 이것은 누가가 전하는 분명한 신학적 암시요 신적 기원(起源)의 메시지이다. 이 메시지의 '일부'가 산헤드린 의회원인 가말리엘의 발언을 통해 드러나게 된다. "그래서 지금 내가 여러분에게 말하고자 합니다. 이 사람들을 상관하지 말고 내버려두시오. 만일 그 계획이나 활동이 사람으로부터 비롯된 것이라면 무너질 것입니다. 그러나 만일 하나님께로부터 비롯된 것이라면 여러분들은 그들을 무너트릴 수 없습니다. 오히려 여러분이 하나님을 대적하는 자가 될까 싶습니다."(행 5:38-39) 권력자가 하나님이 이루시려는 계획을 막아서거나 사도들의 선포를 방해한다면, 그들을 무너트릴 수 없을뿐더러 결국은 하나님의 대적자로 낙착될 것임을 묵시적으로 경고하는 것이다.

그러나 지상 권력과 기독교 지도자들의 외형적 대결과 대항의 모습이 명시적으로 드러나고 있지는 않다. 오히려 그러한 직접적 대립을 피하는 듯 보인다. 그런 긴장과 대립은 암시적·간접적·묵시적 형태로 숨어 있을 뿐이다. 그보다 저자의 관심은, 권력당국과의 갈등이나 박해를 '무릅쓰고' 기독교 선교의 과업이 이뤄졌음을 강조하는 데 있다. 즉 기독교의 태동과 선교의 초기에 권력과의 갈등이 상시적으로 존재했다는 것은 부정할 수 없지만, 그 갈등과 대립에 의한 박해에도 굴하지 않고 초기 지도자들이 선교사역에 진력했음을 보여주려고 했다는 것이다. 이처럼 고난을 이기고 박해를 견딘 채 복음선포에 매진한 선배들을 닮고 그 뒤를 따르기를 바랐던 이가 저자였다. 그러한 신앙 양육과 계몽의 차원이 누가가 사도행전을 저술한 주요 이유 중 하나였다. 바로 그 모습을 저자는 기독교 발생 초기 베드로와 사도들이 겪은 고난과 박해의 경험을 제시함으로 모범적 사례로 삼았다.

그런 뜻에서 이 책에서 연구한 사도행전 5장의 기적적 감옥 탈출과 산헤드린으로부터의 심문과 위협을 극복한 기록은 누가 시대와 그 후 신도들에게 희망을 품게 한다. 그들이 겪을 여하한 고난과 어려움에도 하나님은 그들과 동행하시고 구출하신다는 기대를 갖게 만든다. 예수를 믿는다는 이유로 심문을 당하거나, 법정에 서거나, 감옥에 갇히거나, 감옥 밖에서 고통을 당하는 이들에게 천사를 통한 베드로 탈출의 경험은 현실의 억압과 절망을 이기게 하는 영감을 준다. 누구에게나 천사의 개입과 같은 기적적 구출, 탈출의 해방은 임할 수 있다. 어둔 밤 삶의 감옥이나 박해의 억압 속에 갇힌 사람 누구에게나 천사는 임할 수 있다. 따라서 옥에 갇힌 베드로와 사도에게 임한 천사는 온갖 삶의 질곡으로부터 하나님의 구출을 의인화시킨 것이다. 그 천사는 지상의 감옥에 갇힌 누구에게나 언제든 찾아올 수 있다. 바로 이것이 누가가 전하려는 메시지이다.

# 초기 선교자의 여행과 그 의미

– 바울 사례를 중심으로[1] –

## I. 서언

### 1. 들어가는 말

예수의 처형과 부활 사건 이후 그의 추종자들은 새로운 종교운동으로서 기독교를 형성해 나간다. 누가가 제시하는 초기 기독교 성장의 '역사서'인 사도행전에 의하면, 베드로를 비롯한 초기 지도자들이 예루살렘과 팔레스타인 땅에서 예수운동의 동력을 계승하고 새로운 활동을 이어가면서 기독교의 씨앗이 뿌려지고, 발아되어 뿌리내리는 성장과정을 갖는 것으로 제시된다. 예수의 복음, 예수에 관한 복음이 새 신앙의 가르침으로 자리 잡고, 다양한 선교자들이 나서서 그것들을 선포하는 모습을 띠는 것이다. 그 와중에 베드로, 요한, 스데반, 빌립 같은 지도자, 바나바, 동일 이름을 가진 두 명의 야고보, 바울 등의 주요 지도자들이 사도행

1 이 글은 2011년 11월 2일 장신대 성지연구원에서 행한 "바울 선교여행의 성서학적 의미"라는 제목의 강연 원고를 손질한 것이다.

전의 기록 속에서 역동적 선교활동을 계속한 인물들로 소개된다. 그들의 선교활동이 갖는 결정적 특징은 '이동성'이다. 초기 교회지도자들이 예루살렘에서 시작하여 로마까지 이르도록 끊임없이 움직이고 여행하며, 실어나르듯 운반하여 나누어주는 것은 새로운 복음이었다. 그들의 선포 내용인 복음이 중요하지만, 그들 각자의 선교적 동태, 여행과 행보의 궤적, 동선(動線)의 다채로움 역시 돋보이고, 그런 만큼 그 각별한 움직임의 의미를 되새기는 것은 뜻이 있다. 이런 초기 기독교의 이동성을 표상하는 대표적 인물이 바울임을 부정할 수 없다. 그런 뜻에서 바울을 통해서, 그의 선교여행을 통해서 선교자의 여행 그 자체나, 그 기록이 포함하고 있는 '제반 의미들'을 추출해내려 시도하는 것은 나름 충분한 가치가 있는 일이다. 즉 바울의 발자취를 명시적으로 드러내거나 숨긴 여러 주요 징후, 상징을 뽑아내 펼쳐 보임으로 초기 기독교 선교자들의 유목(遊牧)적 행보의 의미를 유추하려 한다. 이 과제를 수행하기 위해서는 필연적으로 우리의 논의가 사도행전을 중심으로 이뤄질 수밖에 없다. 바울 자신이 기록한 '서신들'에서는 그의 선교활동과 여정(旅程)에 관한 일화(逸話)적 장면들은 드러나지만, 그의 활동 전반에 관한 '선교적 시각'에서의 상세 진술은 드러나지 않기 때문이다. 따라서 이 주제를 취급하기 위해 여기서는 누가가 제시하는 바울의 선교여행 기록에만 초점을 맞추어 고찰할 것이다.

아래의 글에서 우리는 선교자로서의 바울의 정체를 살핀 후, 그의 선교여정을 점검하고, 선교여정 선택의 배경과 전략적 고려를 살펴서 바울 선교여행의 제반 의미들을 짚어보는 순서로 논의를 진행하고자 한다.[2]

---

2 이후에서 논의되는 내용들은 주로, 필자가 집필한 세 권의 저서[유상현, 『바울의 제1차 선교여행』(서울: 대한기독교서회, 2002); 유상현, 『바울의 제2차 선교여행』(서울: 대한기독교서회, 2008); 유상현, 『바울의 제3차 선교여행』(서울: 대한기독교서회, 2011)]를 통해 펼쳤던 바울 선교여행에 관한 연구물에서 검토된 것들을 다르게 전개시키거나 발전시켜 확대, 보완한 것들이다. 그렇기 때문에 지

## 2. 선교자 바울

누가가 묘사하는 바울의 근본적 그림, 주도적 이미지는 '선교하는 바울'이다. 누가는 바울을 마치 예수의 '열세 번째 증언자'로서 독자들에게 소개하려는 것같이 보인다. 누가에 의해 제시된 증언자 바울은 12명의 예수의 제자들보다 더 맹렬하고 왕성한 활동을 하며 증인의 삶을 불태운다. 오히려 그들보다 뛰어난 사도적 자질과 품성을 보여주며 이방지역 선교의 지도자로서 뚜렷한 모습을 비춘다. 이러한 선교사 바울의 다양한 활동은 로마제국의 동부지역 각 곳을 누비며 '여행'하는 그림과 겹쳐 나타난다. '선교하는' 바울이 '여행하는' 바울과 겹쳐진다는 뜻이다. 누가복음 1장 4절에서 누가가 '그 배운 바의 확실함을 알게 하려' 그의 글을 썼듯이, 사도행전의 바울 역시 그가 깨달은 바 진리의 확실함을 전파하고 진리의 주체인 그리스도를 증언함으로 그 진리의 확실성을 제국에 퍼져 있던 동족 및 이방인들과 공유하기 위해 '선교여행'을 떠난다.

물론 누가가 그리는 바울은 오늘날 우리가 생각하는 전문적 선교사의 초상은 아니다. "그의 모습이 '선교'를 기치로 내건 전문적 선교사, 또는 선교의 사명과 자의식으로 충만한 인물로서 언제 어디서나 선교에 모든 것을 걸고, 선교로 모든 가치를 재단하는 사람, 곧 선교 속에서 자기 전 존재의 확인을 거듭해 나가며 선교의 의미와 실천을 꼽고, 선교론의 시각에서 자기를 객관화하는, 철저한 선교적 지성으로 절절히 그려 있지는 않다."[3] 이를테면 바울이 언제나 새로운 선교지 개척의 변경을 넓히려고 노력하는 의식화된 '선교 프론티어십'의 소유자로 집중적으로 나타나지 않았다는 뜻이다. 하지만 누가가 바울을 어떤 모습으로 묘사하고 드

---

나치게 상세한 각주보다는 소략한 형태로 출전을 밝혀 문헌정보를 제시하고자 한다.

3 유상현, 『바울의 제2차 선교여행』, 9.

러내든, 분명한 것은 그 모든 바울의 이미지와 활동, 사유와 노력들이 이루는 큰 그림은 '선교자 바울'로 모아질 수 있다는 것이다. 사도행전 속의 바울이 의식적으로 노력했든 안 했든, 또는 그런 바울을 그리는 누가의 의도 중 짜여진 서술의 윤곽에 선교개념이 채색되어 있든 아니든 간에 사도행전 속 바울의 그림은 선교를 위해 모든 것을 바치고 불사르며 혼신의 노력을 다하는 선교자의 초상이다.[4]

이런 그림은 바울이 여행한 목적을 되새기면 분명히 드러난다. 이를테면 바울은 '기독교 공동체 창설자', '초기 기독교 지도자'로서의 역할을 수행하기 위해 엄청난 여행을 한 것이 아니다. 그의 여행 목적은 단순, 명쾌하게 말해 유대인과 이방인을 향해 '새로운 복음을 전하기 위함'이었다. 이런 자명한 사실을 상기하면 그의 전체 삶을 그린 초상화에 붙여질 제호가 '선교사 바울'이라는 점은 지극히 당연하다. 역사 속의 실제 바울이든, 누가가 묘사하는 서술공간 속의 바울이든 그 바울을 움직여 이곳저곳을 돌아 이런저런 사람들을 만나게 만든 추동(推動)의 중핵은 자기가 깨달은 새로운 진리를 나누며 설득하려는 선교의 열정이었다. 바로 이런 모습으로 인해 우리는 바울의 활동, 특히 사도행전에 묘사된 바울의 삶을 '여행하는 선교자'로 단언하여 규정할 수 있다.[5]

## II. 바울의 선교여정

바울이 이룬 선교여정 정보는 철저하게 누가의 진술에 의존한다. 바울의 서신들은 그의 여정에 관해 산발적 삽화만을 보여주는 데 반해, 사도행전은 바울의 활동 묘사에 절반 이상을 할애한다. 사도행전 13장부터

---

4 *Ibid.*

5 *Ibid.*

28장 끝까지 누가의 기록은 온통 바울 행적에 집중된다. 바울이 자유인으로 벌인 선교여행 관련 기록은 모두 3차에 걸쳐 사도행전 13-20장에 수록되어 있다. 마지막 예루살렘 상경시에 체포된 바울이 죄수로서 억류당하고, 영어(囹圄)의 몸으로 로마까지 압송되는 재판 및 선교여행은 사도행전 21장부터 마지막까지 이어진다. 하지만 사도행전 15장에는 예루살렘교회 지도자회의에 관한 묘사가 포함되어, 바울이 전면에 나서지는 않으나 실질적으로 사도행전 13장에서 28장까지의 주인공은 바울이라고 보아야 한다. 이 부분의 등장인물 중 압도적 중요성을 갖고 묘사의 대상으로 부각되는 이는 바울이기 때문이다. 따라서 사도행전의 후반부를 '바울행전'[6]이라 해도 조금도 지나침이 없다. 이런 '바울의 행전' 가운데 사도행전 13-14장에 바울이 이룬 최초의 선교여행 관련 기록이 등장한다.

### 1. 바울의 제1차 여행(행 13:1-14:26)

사도행전에 나타난 바울의 첫 선교여행은 아래의 지역을 방문하는 것으로 제시된다. 시리아의 안디옥을 출발(행 13:3)한 바울은 근처 실루기아항구를 거쳐 배편을 통해 키프러스섬의 살라미에 이른다(행 13:4-5). 그는 섬을 횡단하여 바보(Paphos)에 도착해 머물다가 다시 배를 타고 밤빌리아의 버가에 닿는다(행 13:13). 거기서 비시디아 안디옥으로 올라가 머물다가(행 13:14), 이고니온을 향해 가게 된다(행 13:51). 이고니온에서 생명의 위협을 느낀 바울은 루스드라, 더베의 인근 지역으로 피신한다(행 14:6). 그는 루스드라에서 지체장애인을 치료하는 기적을 행한 후(행 14:8), 유대인들에게 투석을 당하고 겨우 살아난 다음 더베로 떠난다(행 14:20).

---

6 이와 동일한 이름의 책이 주후 2세기 후반에 등장했지만, 바울 생애에 관한 그 내용의 신빙성은 대체로 의문시된다.

그런 다음 다시 루스드라, 이고니온을 거쳐 안디옥으로 되돌아간다(행 14:21). 그 후 비시디아를 통해 밤빌리아 지방까지 가게 되고(행 14:24), 또다시 버가를 거쳐(행 14:25) 앗달리아로 내려가서(행 14:25), 배편으로 원래 출발지인 시리아의 안디옥으로 돌아오는 여정을 갖는다(행 14:26). 바울이 오늘날 터키의 내륙지방인 위의 여러 지역을 방문하고 활동한 것은 사도행전 묘사가 분명히 전해준다. 그러나 이런 지역들 사이의 이동을 어떤 길을 통해 어떤 방식으로 했는지를 확인할 수는 없다. 또한 바울이 이 여행을 행한 정확한 시기와 기간도 분명히 알기 어렵다. 다만 일반적으로 추정한다면 바울은 주후 45년에서 50년 사이의 어느 일정기간을 첫 여행에 바친 것이라고 짐작할 수 있을 뿐이다.

### 2. 바울의 제2차 여행(행 15:36-18:22)

누가의 글 가운데 바울의 제2차 선교여행 보고는 사도행전 15장 36절-18장 22절의 기록에서 발견된다. 바울 일행은 초기 선교여행의 베이스로 추정되는 시리아의 안디옥을 출발하여, 1차 여행 당시 방문한 더베, 루스드라, 이고니온을 지나 아시아 지방으로의 진로를 모색하다가(행 16:6-7), 바울이 드로아에서 환상을 본 후(행 16:9) 에게해를 건너 마케도니아로 가는 길을 택한다. 그리스 반도로 넘어간 바울 일행은 네압볼리, 빌립보, 데살로니가, 베뢰아에서 활동한 다음(행 16:11-17:13) 해로를 통해 아테네에 당도한다.(행 17:15) 아테네 체류를 마친 바울은 고린도로 들어가 1년 6개월(행 18:11)을 선교한 후에 겐그레아에서 배를 타고 에게해를 건너 오늘날 터키 지역으로 다시 넘어감으로 마케도니아, 아가야 지방 등 그리스 지역 각지에서의 선교활동을 마친다. 바울은 에게해를 가로지르는 항해를 한 후 에베소에 잠시 머문다.(행 18:19) 그는 다시 지중해의 먼 바닷길을 거쳐 가이사랴에 도착했다가 예루살렘을 방문한다. 이후 여정을 북으로 옮겨 또다시 시리아의 안디옥에 이르게 되는(행 18:22)

긴 여로이다. 이것이 바울이 밟은 제2차 선교여행의 노정이다. 이 여정을 정리하면, "안디옥을 출발, 오늘날의 터키 반도를 관통하여 그리스 반도의 북부지역을 다니다가 바닷길로 해안선을 따라 거슬러 내려와 아테네와 고린도를 거쳐 예루살렘을 방문한 후 다시 안디옥에 도착하는, 일종의 변형된 환상(環狀) 궤적의 거대 장정(長程)이다. 이것은 로마제국의 동부지역을 거침없이 내리지르며 관통하는 발길을 의미한다. 물론 오늘의 시각에서의 의미는 아니지만, 이를테면 '아시아와 유럽'을 넘나든 행동 반경을 보인다는 것이다. 이 기간 중 벌어진 온갖 경험과 고투가 시사하듯, 선교자 바울로서는 가장 정력적인 활동을 벌인 여정이었을 것이다."[7] 물론 바울의 이런 제2차 선교여행이 그의 생애에서 '가장' 중요하고 의미 있는 여로였다고 말하기는 어렵다. 하지만 이 기간의 여행이 선교자로서의 바울의 일생 중에서 가장 의욕에 찬 역동적 활동을 보인 여정이었음은 분명하다.

그런 다음 이어지는 사도행전 18장 23절 이하의 기록을 흔히 '바울의 제3차 선교여행'이라고 부른다. 그런데 이런 여행의 구분을 택하지 않고, 바울의 제1차 선교여행 이후의 여행을 2, 3차가 아닌 제2차 여행 하나로 나누어 파악하는 학자들이 있다.[8] 이렇게 이해하는 이유는 사도행전 18장 22–23절에 나타나는 이야기 분할의 내용이 그렇게 분명한 것이 아니기 때문이다.[9] 그래서 2차와 3차 여행을 구분하는 것이 적절치 않다고 보

---

7 유상현, 『바울의 제2차 선교여행』, 371–372.

8 예컨대 Robert C. Tannehill, *The Narrative Unity of Luke-Acts*, vol. 2, 230–231; O. Flichy, *La figure de Paul dans les Actes des Apôtres* (Paris: Cerf, 2007), 329–330. 콘첼만 같은 경우는 행 15:36–21:26을 '바울의 대(大)선교여행'(The Great Missionary Journey)으로 보고 바울 여행을 2차로 나누어 이해한다. Hans Conzelmann, *Acts of the Apostles*, 123. 심지어 던 같은 경우에는 행 16–20장까지의 기록을 바울의 제2차, 제3차 여행으로 부르는 것을 "잘못된 이해요, 명명"이라고 비판하기도 한다. James D. G. Dunn, *Beginning from Jerusalem: Christianity in the Making*, vol. 2 (Grand Rapids: Eerdmans, 2009), 660.

는 것이다. 즉 안디옥으로 돌아와 안디옥에서 다시 출발하는 바울 여행의 단계와 그 이행(移行)이 명백하게 구분될 수 있는 성격을 갖지 않는다는 것이다.

이렇게 바울 여행을 두 부분으로 나누어 1, 2, 3차 선교여행을 서로 전혀 다른 완결된 여행체계로 이해하지 않는 제한된 의도로 보는 것은 나름 의미가 있다. 다시 말해 '단계'라는 차순(次順)에 의미를 두지 않고 서로 다른 덩어리, 또는 단위의 여행 이야기 뭉치로 서사내용을 구별할 경우엔 어느 정도 일리가 있다는 뜻이다. "그러나 2차와 3차 여행을 분리하지 않고 큰 덩어리로 보는 것이 사도행전 18장 22-23절 부분의 밀접한 전후 연결성을 감안하는 장점이 있지만, 그 묘사하는 내용의 속성을 살펴보면 2, 3차로 나누는 것이 오히려 더 자연스럽다. 지리적 구분의 차이를 고려한다는 점에서, 안디옥이 갖는 실제적·상징적 의미를 뚜렷하게 한다는 의미에서, 그리고 바울이 이미 갔던 곳을 다시 가는 단계를 차별화시킨다는 뜻에서 그 같은 나눔이 보다 바람직하다는 판단을 하게 된다."[10]

## 3. 바울의 제3차 여행(행 18:23-21:16)

누가가 바울의 제3차 여행을 묘사하는 내용은 사도행전 18장 23절-21장 16절에 제시된다. 여기에 전개된 바울 여행의 공간적 범위는 시리아의 안디옥에서 시작하여 오늘날의 터키 내륙을 지나 에게해를 건너 그리스 지역을 돌고, 다시 지중해를 건너 예루살렘에 도착하는 드넓은 지역에 걸친다. 제3차 여행에서도 바울은 1차, 2차 여행의 출발지였던 시리아의 안디옥을 떠나는 모습으로 등장한다.(행 18:23) 그렇게 떠난 안디옥

---

9 유상현, 『바울의 제2차 선교여행』, 6.
10 *Ibid.*

을 기점으로 바울은 터키 중부지역을 가로지르며 '갈라디아,[11] 부르기아' 지방을 거쳐 에베소에 도착한다. 에베소에 머물며 바울은 '두란노의 강론', 귀신축출, 마술서적 소각, 은수공업자들의 소동 등 극적인 다양한 사건들을 직접 겪고 목격한다.(행 19:1-20:1) 이렇게 2년을 에베소에서 보낸 후에(행 19:10) 배를 타고 마게도니아와 고린도 지역을 방문한다(행 20:1-3). 고린도에서 3개월을 머문 바울은 시리아로 직접 가려고 했지만 유대인들의 음모로 인해(행 20:3), 온 길을 되돌아 드로아 지방을 들러 유두고 사건(행 20:7-12)을 겪고 밀레도로 간다. 밀레도로 초치된 에베소 장로들과 눈물의 이별을 한 후(행 20:17-38), 다시 출발한 바울은 몇 군데 섬과 항구를 지나 두로, 돌레마이, 가이사랴를 거쳐 마침내 예루살렘에 이른다.

이렇게 다녔던 바울의 제3차 여로는, 그가 이미 이룬 2차 여행의 방문지와 순서나 방향은 다르나, 대체로 그 지리적 윤곽이 겹치는 모습을 보인다. 이렇게 먼 거리를 여행한 3차 여로의 총연장이 궁금하지만 그 여정을 정확히 산출하기는 어렵다. 다만 슈나벨의 가설적 추계에 의하면 그 거리는 약 7,030km에 달할 것으로 보인다.[12] 한편 바울의 '제3차 여

---

11 '갈라디아' 지방이 정확히 어느 곳을 지목하는지는 논란이 끊이지 않는다. 소위 '남, 북 갈라디아' 관련 논의에서 예컨대, ① 남 갈라디아설 지지자: G. W. Hansen, "Galatia," in *The Book of Acts in Its Graeco-Roman Setting*, ed. by D. W. J. Gill & C. Gempf (Grand Rapids: Eerdmans, 1994), 377-379; C. J. Hemer, *The Book of Acts in the Setting of Hellenistic History*, ed. by C. Gempf (Tübingen: Mohr Siebeck, 1989). ② 북 갈라디아설 지지자: 에른스트 헨헨, 『사도행전 II』, 이선희·박경미 역 (서울: 한국신학연구소, 1989), 139-140, n. 2; W. G. 큄멜, 『신약정경개론』, 박익수 역 (서울: 대한기독교출판사, 1988), 300-302 등 비교 참고.

12 Eckhard J. Schnabel, *Early Christian Mission: Paul and the Early Church*, vol. 2 (Downers Grove: InterVarsity, 2004), 1197-1199. 이 거리는 바울이 이 기간 중 방문했으리라고 짐작되는 지역들을 자세히 상정하여, 그 지역들 사이의 거리를 일일이 산정하여 합산한 것이다.

행' 대부분이 도보여행이었다기보다는 배를 타고 항해하는 바닷길 여행이었다는 점이 주목된다.

예루살렘에 도착한 바울은 사도행전 21장 27절 이하에 보고된 대로, 로마군의 성전수비대 병력에 의해 체포되어 갖은 우여곡절을 겪은 다음, 죄수로서 로마행을 이룬다. 로마에서 바울은 비교적 자유로운 억류상황에서 사람들을 만나고, 선교를 한 것으로 누가는 전한다.(행 28:30-31) 로마 체류 이후의 바울 신변에 무슨 일이 벌어졌는지 확인할 방도는 없다. 다만 주후 60년대 초반 네로 당시의 박해로 인해 순교했을 것이라는 일반적 추정을 할 수 있을 뿐이다.[13]

## III. 선교여정 선택의 의미

### 1. 목적지에 관한 거시적 통찰과 구상: '저곳' 아닌 '이곳' 선택

사도행전이 제시하는 바울의 행적은 사도행전 13장 1-21장 16절의 1차, 2차, 3차 여행 묘사와, 사도행전 21장 17-28장 31절의 죄수 신분의 행적 묘사로 구분될 수 있다. 전자가 '선교여행' 묘사라면, 후자는 '수인(囚人)생활 보고'의 성격이다. 이 모두가 '선교자' 바울의 생애 관련 보고서라는 특징이 있으나, 그 내용은 다른 모습을 보인다. 자유인 바울과 죄

---

13 물론 바울이 로마 체류 2년(행 28:30) 후, 석방되었으리라는 가설도 제기된다. [로마 체류 이후의 바울에 관해, 유상현, 『사도행전 연구』, 234-243.] 석방 이후 바울은 원래 계획한 대로 스페인을 거쳐, 소아시아, 마케도니아 지방 등을 방문했을 것이라는 추정이다. 그러나 이러한 주장을 뒷받침할 만한 증거가 불충분하기 때문에 주의를 기울일 필요는 없다. 그런 견해의 한 예: S. Dockx, *Chronologies néotestamentaires et vie de l'église primitive* (Leeven: Peeters, 1984), 151-160. 독크의 셈법에 따르면 바울은 스페인 방문 이후 주후 68년에 로마에서 처형됐다.

수 신분의 선교인은 엄연히 동일인이나 그의 활동을 규정하는 드러난 양태는 다르다. 이런 차이는 바울 선교의 '행로 선택'과 관련된 자유의 본질을 고려하게 만든다. 즉 죄수로의 강제된 '타율성'은 1–3차 여행이 갖는 선택의 '자율성'을 누리던 '자유인'의 모습을 보다 극적으로 부각시키고, 선교와 관련된 모든 항목에서 '자유'를 구가하던 바울의 내면을 보다 깊은 차원에서 이해하게 한다. 물론 바울이 '성령에 매인'(행 20:22) 존재로서 전 생애가 '성령의 포로'[14]의 삶을 살았다는 신학적 이해가 가능하다. 그래서 그의 일거수일투족, 가고 오는 모든 행로와 머묾이 성령의 인도와 동행으로 이뤄졌다는 것 역시 의미가 있다. 하지만 말 그대로, 물리적으로 억류된 '죄수의 삶'이 그의 말년, 그것도 가장 중요한 도시 로마로의 여행을 규정했다면, 그 이전 선교여행을 이룬 '자유인의 삶'과의 여행 행태 비교는 그의 행선지 선택 이해를 위해 도움을 준다.

지리적 좌표 위에서 자유인을 관찰할 경우, 공간 위의 자유인이란, 자신이 서 있는 곳, 가는 곳, 체류지, 목적지 등 지상의 특정 공간 사이를 자기 의지에 의해 자기 몸을 옮길 수 있는 '공간 위의 자아 이동권'을 가진 자를 뜻한다.[15] 이를테면 자기의 주체적 '선택'에 의해 갈 곳, 머물 기간, 만날 사람, 행동 등 모든 삶의 '움직임', 특히 여행로의 좌표 이동에 대한 결정이 전적으로 자신에게 귀속된다는 것이다. 이 점에서 자신의 독자적 판단과 계획에 의해 이뤄지는 '자유인'으로서의 공간 설정권이 뚜렷이 부각된다. 이것은 여행이 갖는 여러 함축과 상징 중에서 '가야 할 곳' 선택이 갖는 여행 목적의 공간화, 또는 공간에 뻗어내린 여행의 의미, 곧 '은유적 의미들의 육화(肉化)'라고 볼 수 있는 여행지 선택에 관한 여행자의 상념을 숙고하게 한다.

---

14 '성령에 매인'이라는 표현을 *Traduction Oecuménique de la Bible*가 그렇게 번역한 바 있다.('prisonnier de l'Esprit')

15 이하의 부분, 유상현, 『바울의 제3차 선교여행』, 6–7.

이에 반해 로마로 가는 죄수 바울의 여로는 그 행로 선택의 권한이 전적으로 '권력자'의 손안에 귀속된다. 모든 행동의 구속을 뜻하는 게 죄수의 숙명이지만, 특히 여행자의 관점에서 죄수의 신체 구금은 행선지 선택권의 박탈로 특징된다. 따라서 몸에 대한 물리적 구속, 억압과 학대, 나아가 자기표현과 사유의 구속으로까지 나아가는 수인의 본질은, 공간 선택의 강제에 있다고 말할 수 있다. 누가가 제시하는 선교자 바울이 자유인에서 죄수로 신분이 바뀌고, 제국의 동부를 누비던 그를 제국의 수도로 옮겨놓는 방식이 제국의 권력과 강제적 물리력을 통해서 이뤄졌다는 점은 상징성을 갖는다. 즉 '황제 상소'라는 사법절차를 통해 바울의 로마 진입이 이뤄졌다는 보고에서, 누가의 바울은 세속 권력의 속성과 강점을 파악하여 그 법집행의 물리력을 활용한다. 그리하여 예루살렘에서 시작된 땅끝까지의 선교를 바울을 통해 달성하게 된다는 것이다.

여행자가 다음 행선지로 '저곳'이 아닌 바로 '이곳'을 택하고, 목표지에 와서 머물고 또 떠난다는 지리적 자기 결정권은, 단순히 '가고 오는' 장소를 택한다는 것만을 뜻하지 않는다. 거기에는 이곳이 갖는 인문지리적 역사와 가치, 정치-문화적 긴장과 갈등 또는 안정과 평화 등 한 장소에 서린 수많은 개인적·사회적 의미들을 고려하고 평가, 판단하는 행위, 즉 여행자의 가치관, 세계관, 인생관 등이 복합적으로 그 선택에 관련된다.[16] 게다가 개인이 갖는 특정한 '삶의 목적과 지향'이 장소 선택에 개입될 경우, 그 '목적'과 특정 지역이 맺는 연관성에 대한 '전략적 고찰'은 각종의 이해와 공리적 타산의 셈법을 훨씬 역동적이고 심층적인 것으로 만들어버린다.

그렇기 때문에 여행자의 지역 선택은 우발적이거나 임기응변에 의한 충동이거나 아무 생각 없는 선택일 수 없다. 특히 바울의 경우처럼 '복음 선포'라는 분명한 목적과 선명한 사명의식에 의해 오갈 곳을 선택하는

---

16 *Ibid.*, 7.

상황이라면, 우연에 모든 것을 맡기고 갈 곳을 정하는 무의미한 도박을 벌일 리 없다. 자신이 하는 일에서 우주적 의미를 찾는 '종말적' 인식을 내면화하고 있는 바울이 허투루 아무 데나 뜻 없이 다닐 수는 없었을 것이기 때문이다. "물론 엄중한 고뇌 끝에 나온 장소 선택이 결과적으로는 덜 효과적이었다거나, 원치 않는 결말을 낳게 되는 수도 있었을 것이다. 그렇다고 해서 그 선택 자체가 함부로 이뤄진 것이라고 말할 수는 없다. 그러므로 (바울의) 갈 곳, 머물 곳에 대한 선택은 고도의 신학과 시대이해, 삶의 목적과 지향이 총체적으로 어우러진 전인적 참여요, 결단이라 말할 수 있다. 그렇기 때문에 '이곳에서 저곳'으로의 이동은 한 지리적 좌표에서 또 다른 좌표로의 의미 없는 떠밀림이 아니라, 선교자의 온 생애가 응축된 자기 생애의 전면적 투신이라 일러 마땅하다."[17]

가령 바울이 어느 한 장소에서 또 다른 장소로 이동하려고 한다 치자. 그때 바울에게는 '가능한' 수많은 행선 후보지들이 있을 것이다. 그중에서 자신의 여행 목적과 부합하고, 현실적 여행 여건과 맞아 떨어지며, 실제 수행 가능한 여행 대상지를 물색하여 선택하게 된다. 얼핏 이것이 손쉬운 결정과정으로 보이지만, 사실은 부지불식간에 작용한 바울의 거시적 여행 구도, 미시적 여행 계획, 현실적 가능성 여부와 주변 상황이나 여건 등에 관한 종합적 판단, 전략적 구상 등이 어우러진 고도의 의도된 선택이다. 예컨대 바울이 제1차 선교여행을 모두 마친 다음 택한 시리아 안디옥으로의 귀환로를 살펴보면 누가 기록에서 드러나지 않았던 여행로에 관한 고심과 배려를 엿볼 수 있다. 바울이 1차 여행을 매듭짓고, 비시디아 안디옥과 그의 고향 다소 사이의 중간에 위치한 더베를 떠나게 됐다. 이때 로마의 간선도로를 타고 귀환하면 다소를 거쳐 바로 목적지로 갈 수 있었다. 시리아의 안디옥으로 가려면 사실 그 길이 덜 위험하고, 또 정상적인 귀환로가 된다. 그러나 바울은 더베에서 길을 다시 되돌

17 *Ibid.*, 7–8.

려 루스드라, 이고니온, 비시디아 안디옥으로 거꾸로 올라갔다. 바울이 빠르고 안전한 다소를 거쳐가는 길을 택하지 않고, 오히려 이미 자신이 죽음의 위협을 겪었고(행 14:19), 아직 그런 위험이 여전히 도사리고 있는 도시들로 되돌아갔다는 것이다. 그렇다면 이 행로의 향방이 시사하는 것은 무엇인가? 왜 바울은 안전한 '저 길'이 아닌, 위험한 '그 길'을 택했는가? 그 선택은 죽음을 무릅쓴 채 선교를 위한 영웅적 용기를 보여주는 행위임이 분명하다. 바울은 그러한 용기 있는 행보를 통해 앞서 선교했던 지역민의 신앙을 돌보고 강화하려는 목적과, 그들을 조직화하여 교회를 굳게 하려는 의도(행 14:22-23)를 이루려고 한 것으로 보인다.

바울뿐 아니라 모든 선교자의 '행로' 한 구간 한 구간이 다 이러한 조심스러움과 치밀한 예상, 다음 장소에서 목표 달성을 위한 말할 수 없는 희망과 간절한 탄원으로 점철되었으리라는 짐작은 지나친 극적 과장이 아니다. 그런 뜻에서 사도행전의 모든 여행기를 구성하는 한 줄 한 줄의 무뚝뚝하기 이를 데 없는 건조체의 묘사들 속에는 초기 교인들의 피맺힌 삶의 절규와 함성이 묻혀 있다고 봐야 한다. 이런 '자유인'으로서의 자유로운 선교가 바울의 제3차 선교여행을 끝으로 종언을 고하고, 사도행전 21-28장에 이르는 '죄수' 바울의 강요된 여행길, 지상에서의 공간적 좌표 선택권이 박탈된 선교자의 여로가 이어지게 되는 것이다.[18]

그렇지만 비록 '자유인'으로서 '자유'를 극한으로 구가하는 여행자 바울의 일상이었지만, 그 '자유'는 하나님의 허락과 인도 아래 이룩될 수 있는 것이라는 점을 누가의 기록은 환기시킨다. 즉 '성령이 아시아에서 복음 전하는 것을 막았다.'(행 16:6)는 묘사나 드로아에서 환상을 통해 바울의 향로가 정해진 기록(행 16:9-10) 등은 바울의 '자유로운' 진로 선택이 궁극적으로는 하나님의 '개입과 허락' 아래 이루어졌다는 대전제 아래 이해된다는 것이다. 그것을 달리 표현하면, 바울의 여행은 '인간의 선

---

18 *Ibid.*, 8.

교지리학'에 구속되어 행진한 것이 아니라, '하나님의 선교지리학'에 의해 나아갔다는 점을 드러낸다. 인간의 자유로운 선택과 '여행'으로 대변되는 행위의 자기결정권은, 성령의 의지와 결정 아래 인도되고 허용된다는 점을 분명히 한 것이다.

## 2. 바울 여행지 선택의 배경: 고려사항

### 1) 정치적 공간이해

여행 관련 기록을 제시하기 위해서는 방문지, 경유지, 목적지를 밝히는 참조사항, 곧 '지명'이나 어떤 특정 '종족'의 거주지라든가 하는 '공간 분류상황'을 밝혀야 한다. 바울의 여행을 소개하는 누가 역시 바울의 행선지와 정류(停留)지 등의 '공간 정보'를 제공한다. 그런데 누가의 바울 선교여행 보고를 유심히 살피면, 그 여행기록의 '기준, 눈금'이 되는 개념이 인종적 '민족 또는 종족'이나 지형, 지질적 '공간 형태'로 설정되어 있지 않음이 발견된다. 사도행전의 바울 관련 여행기의 기준점은 로마제국의 '지방개념'으로 설정되어 있다. 즉 '갈라디아, 아시아, 마케도니아, 아가야' 등의 지리적 영역이 선교여행의 서사를 이끄는 범주요, 묘사의 지표로 등장한다는 뜻이다. 다시 말해 "누가의 지리적 공간 개념이 인문지리적 '종족(種族)개념'이나 '자연지형학'에 주도된 것이 아니라, '정치적 경계와 분할'개념으로 정립되었다는 점이 지적된다는 것이다. 그리고 그 정치적 지리개념은, '로마제국'의 통치와 영역을 확립된 전제와 선이해로 당연시하는, '권력적 공간이해'를 기반으로 한다. 먼저, 여행기가 '장소', 즉 지리적 개념을 눈금과 뼈대로 하여 이끌려졌다는 점에서 공간화된 서사의 의미를 주목하게 하고, 다음으로, 로마의 권력이 부과한 세계이해의 범주, 즉 '제국의 지방' 이름을 선교여행 진술의 길잡이로 하고 있다는 점을 지적함으로, 편만한 로마권력의 힘과 그 '가공할 촉수'를 다시 상기하게 한다."[19] 그러므로 누가의 묘사 가운데 등장하는 지명, 지역명에서 지리적 의미와 상징, 그 공간들이 품고 있는 내포와 함축된 은유를 주목하는 것은 그의 신학화된 지리학, 곧 '신학의 공간화'를 짐작하게 하고, 그의 지리에 대한 관심을 더욱 높인다.[20] 로마가 설립한 도시, 그리스적 가치와 지중해적 세계관이 지배하는 장소들을 누비면서 새 생명의 복음을 전하는 바울의 선교는 그런 뜻에서 말씀이 새로운 공간에서 '지리적 성육신'을 이루는 행렬이었다고 이해하는 것이 무모해 뵈지 않는다.

그러한 '정치적 공간이해'의 저변에는 로마제국이 구축해놓은 질서와 안녕, 치안 확립이라는, '던져진 상황'으로서의 소위 '로마의 평화'를 능동적으로 활용한다는 이해가 깔려 있다. 이를테면 '제국 권력 타고 넘기'라는, 로마의 권력을 선교실현을 위한 도구로 이용한다는 심층적 이해가 작용했다는 것이다. 이런 설명을 뒷받침하는 명백한 사례는 바울이 유대인들의 살해 음모를 간파한 후 극적으로 내보였던 '황제 상소'(행 25:6-12) 카드에서 찾을 수 있다. 바울은 황제 상소를 통해 '예루살렘에서 로마로'의 지리적 공간이동을 이루는 수단으로 이용했다는 뜻에서 선교신학과 권력 활용이 '지리적 결합'을 이루는 범례를 발견한다. 달리 말하면, 바울이 선택한 대부분의 선교지, 여행대상지는 로마의 권력이 확립되고, 그 권력의 보호 아래 생명과 안전을 보장받을 수 있는 지역이었다. 곧 치안상의 위험이 없는 지역을 선택했고, 그러한 치안 확보지를 적극적으로 활용했다는 것이다. 그런 지역 선택의 이유와 전략이 '공간이해'를 정치적 단위와 눈금으로 가늠하게 한 주요 원인이었던 것이다.

### 2) '항구', '도시'의 선택

바울의 선교지를 전체적으로 조망하면 특이한 모습이 떠오른다. 그것은 제1차 선교여행 중 방문한 몇몇 내륙의 장소들(비시디아 안디옥, 이

---

19 *Ibid.*, 11.
20 *Ibid.*, 11-12.

고니온, 루스드라, 더베)을 제외하면 제2차, 3차 선교여행의 중요 방문지 대부분이 '항구도시'로서 뱃길에 열려 있던 관문의 역할을 하던 곳이었다는 점이다.[21] 바울의 '전략적' 도시들이 '항구들'이었다는 사실은 무엇을 시사하는가?

오늘날도 마찬가지지만, 특히 고대의 항구는 내륙과 바깥 지역, 도시들을 가장 효과적으로 이어주는 지리적 첩경(捷徑)에 자리잡고 있었다. 내륙과 타 지역 생산물의 유입과 유출을 통해 상업, 교역, 서비스 등 관련 부차산업의 촉진을 가져올 수 있고, 그를 통해 경제적 부의 축적과 문화의 발전을 낳는다는 것은 상식적 추론이다.[22] 이런 사실들은 외부와의 접촉과 교류에 민감하며, 정보와 물자 등 인적·물적 교환에 신속할 수 있는 항구의 고유한 성격에 기인한다. 고대 일반 도시 대부분이 그러하지만, 항구도시일 경우는 이러한 유·무형의 교류와 교환에 더욱 빠르게 반응한다. "그래서 외부의 이질적 관습·제도, 사상과 가치관 등의 유입에 상대적으로 관대할 수 있고, 전반적 사회상황은 보다 수용적이고, 개방적 태도를 보일 수 있었다. 그러나 항구가 갖는 본질적 성격이 긍정적인 모습만 있는 것은 아니었다. 그러한 속성의 다른 측면, 즉 풍속의 저하, 재물에의 탐닉, 방탕과 사치의 만연, 이질 문명의 유입과 전파 등을 그림자로 가질 수밖에 없었다."[23]

---

21 오늘날 터키의 내륙에 위치한 지역을 방문했던 제1차 선교여행은 방문지의 특성상 항구가 별로 없지만, 그 여로에도 키프로스섬의 방문지들(살라미스, 바보)이나, 귀환로의 버가(해안에서 가까운 도시), 앗달리아 등은 항구도시로 분류할 수 있다. 물론 '고린도' 같은 경우는 항구도시로도 볼 수 있고, 그렇게 보지 않을 수도 있으나, 고린도시(市)로부터 고린도만(灣)의 해변까지 멀지 않은데다(고대에 그 거리는 더 가까웠으리라 추정), 가까운 거리에 '겐그레아'항을 곁에 두고 있기 때문에 바닷길에 바로 이어져 있는 항구로 볼 수 있다.

22 *Ibid.*, 12.

23 *Ibid.* 예컨대 플라톤, 아리스토텔레스, 키케로와 같은 고대의 철학자들은 항구에 대한 부정적 인식을 표출했는데, 특히 플라톤 같은 경우, 이상적 도시는 바다로부터 적어도 15km는 떨어져 있어야 한다고 주장했다. Chantal Reynier, *Saint Paul*

그렇지만 바울은 항구도시가 가진 순(順)기능을 능동적으로 받아들이고 그 효용을 적극적으로 활용하였다. 바울이 선교여행을 하면서 이런 항구도시들을 배경으로 삼아 자신의 활동을 전개했다는 것은 우연일 수만은 없다. 위에서도 언급했듯이, 바울의 전체 여행에서 로마의 '지방 단위'를 토대로 그가 방문한 지역들을 살펴보면 내륙지역보다는 바다에 면한 지역이 훨씬 많았다. 사도행전에 나타난 바울의 방문지 중 바다에 면한 '로마의 지방'을 모두 열거하면 다음과 같다. 유대, 시리아, 아시아, 마케도니아, 아가야, 길리기아, 베니게, 밤빌리아, 루기아. 바울은 이런 광역지역에 속해 있던 도시들을 중심으로 활동을 벌인 것이다. 그러니 바울을 '바다의 사람'[24]이라고 칭하는 것이 과장이 아닌 듯 느끼게 된다.

이와 같이 바울이 해안 도시들을 가까이 하며 항구도시를 중심으로 활동을 벌인 이유는 자명하다. 무엇보다 그 도시들이 로마의 통치가 확고히 자리 잡혀 있는 탓에 치안이 확보되어 있었다는 것이다. 그렇지만 바울의 지리적 좌표 및 공간설정을 이해하기 위해서는 그 같은 확립된 '치안 요인'에 더하여, 바다를 통해 신속한 이동이 가능하다는 '이동성'의 측면, 배후 내륙지역으로 문물 파급효과가 크다는 '파급성'의 측면, 그리고 외부 이질적 요소들에 대하여 상대적 관용성이 높다는 '수용성'의 측면 등이 두루 감안되어야 할 것이다.[25] 그렇게 이해한다면, 바울이 도시지역, 그중에도 항구도시들을 주요 행선지로 정하고, 그런 곳들에 더욱 관심을 기울인 것이 무슨 특별한 전략의 소산이었다기보다는 오히려 평범한 상식에 기반한 '당연한 선택'의 결과로 보는 것이 자연스럽다.

이와 관련된 또 하나의 상식적 추론은, 바울의 선교가 모두 제국의 '주요 도시들'을 공략했다는 측면이다. 광대한 지역에서 전면적·전방위

---

*sur les routes du monde romain: Infrastructures, logistique, itinéraires* (Paris: Cerf, 2009), 222–223.

24 *Ibid.*, 220.

25 유상현, 『바울의 제3차 선교여행』, 13.

적으로 그물망 식의 대규모 선교가 불가능한 상황에서 취할 수 있는 선택은 많지 않다. 어쩔 수 없이 전략적 '거점'을 설정하여 그 거점지역을 우선 선교하고, 전도받은 현지인들로 하여금 거점지역 주변을 선교하도록 했을 것이다. 이런 방식이 당시 로마제국 군대의 점령 전술과 비슷한 측면이 있다 하여 로마군대의 영향, 또는 응용이라 할 수도 있을 것이다. 하지만 이런 발상은 선교지의 범위가 넓고, 인적 자원이 취약한 상황에서는 특별히 전략이라고도 부를 수 없을 만큼의 상식적 선택일 뿐이다. 적어도 선교의 효율성을 생각하고, 자원의 효과적 배분과 활용을 고려하는 지도자라면 여타 '다른' 선택을 하지는 않을 것이기 때문이다.

### 3) 망각된 행로, 잊혀진 도시들

가히 영웅적인 바울의 선교여정에서 그가 내딛었던 물리적 행로의 총연장과 그 원시적 방식에 의한 여행 자체의 다채로움은 경이감을 불러일으킨다. 그러나 그보다 더욱 경이로운 것이 있다. 그가 이 기간 중 겪고 만나고, 사귀며 대화하고, 적대하며 대결한 온갖 일들과 각양각색의 시련, 구출, 때때로 겪은 감동적인 선교의 성과가 얼마나 크고 풍요로웠을 것인지 능히 짐작이 간다. 그렇지만 그러한 수많은 '경험', 즉 사도행전이 담아내지 못한 웅대한 '바울의 세계'가 '기록의 축복'을 받거나 '기억의 저장소'에 간직되지 못한 채 잊혀졌다는 사실은 더욱 놀라운 일이다.[26]

바울이 그의 전(全) 생애를 거쳐 얼마나 많은 종류의 사건들을 겪었을 것인가. 얼마나 많은 발언과 설득, 인물들과의 만남, 대화 등을 경험했을 것인가. 더구나 누구보다 극적인 삶을 살았던 바울이었으니 되살리고 되뇌어야 할 개인사의 곡절들이 얼마나 많았을 것인가. 하지만 그 대부분은 모두의 기억에서 사라지고 숨겨져 버렸다. 누가가 걸러 전개한 이야기는 거의 '추상적'이라 할 만큼 '극소화'로 환원됐기 때문이다. 이 숨

26 유상현, 『바울의 제2차 선교여행』, 7–8.

겨진 바울의 일상과 활동은 모든 이의 '상상' 속에서 각자의 의식과 관심 아래 재생될 것이고, 누가의 사도행전 보고들은 바로 그러한 상상력 발휘를 위한 원자재의 구실을 하게 될 것이다. 어쩌면 그것이 사도행전 저술목적 중 하나가 될 것이다. 저자는, 자신이 기록하지 못한 행간에 생략된 역사적 사실들이 그렇게 재현되기를 기대했을지도 모른다. 누가가 기록하는 여타 다른 등장인물들의 선교 기록, 나아가 사도행전 전체의 묘사에서도 대개 사정이 그러하지만, 특히 바울의 경우는 더욱 그러하다. 그가 '극적'이라는 표현 이상의 '극적' 생애를 살아왔기 때문이다.

사도행전의 선교행적 보고 가운데는 주인공 바울의 감정과 감상, 개인적 소회와 느낌 등의 사적 감회들이 제시되어 있지 않다. 바울이라고 여행 중 겪은 동료들과의 우정, 선교지의 산천과 계절의 변화 앞에서 느끼는 한 인간으로서의 즐거운 영탄 등이 없었겠는가. 더구나 여행길에 겪은 '투옥, 구타, 파선, 홍수, 강도들로 인한 고초, 갈증과 기아와 헐벗음'(고후 11:23-27) 등의 쓰라린 기억과 감회가 없었을 리 없다. 그러나 누가의 기록에 나타난 바울은 이 모든 고통이 주는 보람과 쓰라림, 그리고 행복했던 기억에 대한 일체의 감상을 남기지 않는다. 누가는 개인적 감정이나 단상(斷想)의 노출을 극도로 배제한다. 그는 철저히 건조한 사건 기록자의 시선을 유지하려고 애쓰는 것 같다. 물론 누가의 글이 바울의 사적(私的) 감회를 남길 마당도 아니었고, 그가 그런 관심에 글줄기를 허락할 수 있는 여지나 여가도 없었을 것이다. 누가에게 '자연인' 바울의 인간적 삶과 고뇌, 희로애락의 표출은 안중에 없었던 듯하다. 오직 '선교인' 바울의 역사적 소임에만 눈길이 박혀 있는 듯하다. 마치 역사적 바울이 "그 외의 것들은 제쳐두고, 모든 교회를 향한 염려가 날마다 나를 누르고 있습니다."(고후 11:28)라고 밝히며 애써 다른 고통의 기억을 떨쳐버린 채 선교자의 본령에 몰두하는 모습을 그대로 뒤쫓고 있는 것 같다. 누가는 바울의 그 길고 험난한 여행길에 겪었던 수많은 사건과 경험, 그리고 그런 것들에 대한 회상과 개인적 감상, 또는 평가, 만난 인물들과 지나간 자연환경 등에 대한 소감 같은 것들을 과감히 탈락시킨다. 다만 온전히 선교적 사건들의 전개와 그 추이, 이를테면 구속사의 선봉에서 자기 과업에 몰두하는 '선교자 바울'의 묘사에만 집착하고 있다. 복잡한 여행로를 단순하게 줄여 진술하고, 그 과정에서 벌어진 수많은 사건을 제외시키는 이 생략과 축소, 묘사대상의 선택 사이사이에 누가의 차가운 역사편찬 정신이 스며 있는 듯하다.[27]

사실 바울이 긴 여행길에서 거쳐 지나간 지역 범위는 매우 넓다. 그가 통과한 지역들, 밟은 땅들은 그것이 도시였든, 시골의 취락이었든, 도로였든 대체로 이름이 남겨지지 않은 채 망각되었다. 그 지역들 자체가 잊혀졌다는 뜻이 아니라, 바울이라는 한 인물과의 공간적 연대로 맺어지지 않는 일종의 '지명(地名)의 배제'를 겪었다는 것이다. 바울 역시 자신이 기록한 여러 편의 서신 가운데서 자신이 거쳐 온 '여행로', 스스로가 밟은 '선교의 여정', 그 단계 단계의 상세과정과 노정에 관해서는 전혀 밝히지 않는다. 수신자들과 소통의 필요에 쫓긴 나머지였겠지만, 서신 속의 바울은 흔히 있을 수 있는 여행자로서의 한가로운 감상과 같은 사적 회상의 흔적이나 여로의 삽화를 조금도 남기지 않는다. 그렇지만 역사적 바울을 기억하며 그의 생애에 관해 글을 쓰는 누가는 바울의 '여행기'를 형식적 얼개로 삼아 그의 행적을 그리는 것으로 외면상 나타나기 때문에 바울의 행로, 도착지, 중간 기착지, 목적지 등을 밝힐 수는 있었다. 하지만 그 대부분을 사도행전의 행간 속에 매몰한 채 겨우 살아남게 한 중요 방문지들, 그 '선택된 지명들'을 눈금으로 누가는 자신의 선교지리학을 구성한다.[28] 그리고 그 지리학의 뼈대를 구속사의 진전 맨 앞에 선 바울의 선교적 동선(動線)이 형성하며, 누가의 저술은 바로 그 뼈대 동선 변화만 집중할 뿐이다.

27 *Ibid.*, 8.
28 유상현, 『바울의 제3차 선교여행』, 9–11.

## Ⅳ. '여행 자체'의 의미

### 1. '떠나는' 선교적 유목민: 여행의 '바울 형성력'

바울의 또 다른 정체는 '선교적 유목민(遊牧民)'이다. 바울은 여행하는 선교자로서 본질적으로 방랑자의 삶을 살았다. 그런 뜻에서 그는 예수 삶의 패턴을 정확히 닮아가고 '흉내낸다.'[29] 예수의 뒤를 잇는 여행자로서 바울은 언제나 길 위에 서 있었다. 일반적으로 '항구(恒久)적 여행자', 또는 '유목적 여행인'이라 이를 수 있는 사람들은 길 위에 서 있고, 정착하지 '않을'뿐더러 정착하지 '못하는' 삶의 방식을 택한 이들이다. 그들에게는 정처(定處)로서의 정주(定住)가옥과 가정이 없다. 즉 여행자들은 지상의 공간과 시간으로부터의 '자기 소외'를 선택한 사람이다. 그런 그들에게 여행에의 충동과 유인(誘因)은 스스로의 야심이나 구체적 목표 성취를 위한 기대, 아니면 여행 자체가 주는 만족과 성취감에서 비롯되었을 수 있다. 그래서 길 떠나는 사람의 종류와 그 여행 목적은 다양하다. 물질의 확보나 힘의 과시와 확대, 그것들을 통한 보상과 명예 획득을 위해 떠나는 '정복자'가 있을 수 있고, 미지의 지역을 헤쳐 가는 '탐험가', 구도(求道)를 위한 '순례자', 자연과 문명의 경관을 감상하기 위해 떠나는 '관광객' 등 온갖 목적과 의도를 달리 한 사람들이 길을 떠난다. 그렇지만 바울의 길은 독특했다. 그의 목표는 공리적이거나, 지상적 이익에 이끌렸거나, 탐험과 관광, 정복, 순례, 방랑을 위한 것이 아니었다. 혹은 떠남 자체, 여행 자체를 위한 길 떠남도 아니었다. 다만 그의 여행은 출발지와 종착지에 대한 집착을 벗은 선교인의 행로였다. '기점(起點)과 종점'의 집착에서 벗어났다는 것은 그의 여행이 인간적 욕망과 이해(利害)에서 벗어났다는 것을 뜻하고, '언제나 떠나기만 하는' 그의 여정은 세속적 성취

29 아래 부분, 유상현, 『바울의 제2차 선교여행』, 9-11.

욕으로부터 벗어났음을 의미한다.

물론 실제 '안디옥에서 안디옥으로' 돌아오는 여행의 자취가 있었지만 그것들이 그의 궁극적 출발지요 목적지는 아니었다. 바울에게는 반드시 귀환해야 할 목표지점이 없었다. 이처럼 출발지와 종착지가 결정되어 그 구간 사이에 공간적 구속을 당하지 않는다는 뜻에서 그의 여행은 예수의 여행을 닮은 셈이다. 그런 뜻에서 그는 언제나 길 위에 서 있는 존재로 불릴 만했다.[30] 그의 여행이나 그의 삶은, 그가 언제나 어딘가로 '떠나는 존재'였음을 가리킨다. 이런 모습은 그가 혹시 여관에 머물거나, 아니면 루디아(행 16:15, 40)나 야손(행 17:7), 유스도(행 18:7) 같은 이들의 집에 잠시 머물렀다 하여도, '머무는 자'가 아닌 언제나 '떠나는 자'였음을 보여준다. 그리고 그 '떠남'은 바울을 설명하는 중요한 행동언어가 된다. 즉 그의 '떠남'은 물리적 '출발' 이상으로서 지상 모든 집착과 허욕으로부터 '떠남'을 상징하는 행위일 텐데, 그런 행위의 반복이 그의 인격에 수양(修養)의 흔적을 남기지 않았다면 오히려 이상한 일이다.

선교자로서 바울의 생애에서 '여행'이라는 묘사어를 배제하고 그의 삶을 설명하고 규정하기란 불가능하다.[31] "그의 삶은 여행을 통해 존재증명을 받는다. 여행 자체에 대한 바울의 명상과 숙고를 보여주는 글은 없다. 그렇기 때문에 그가 여행으로부터 어떤 자기 성장과 사유의 결실에 도움을 받았는지 구체적으로 알 수는 없다. 하지만 여행이 사람을 변화, 성장, 발전시킨다는 일반론을 받아들여 그에게 적용시킨다면, 그의 신학적 사유의 성숙과 세계관의 형성에, 길 위에 선 여행자의 삶 자체가 그에게 가져다준 내면의 '형성력'을 무시할 수는 없을 것이다. 그가 인내를 말하고, 관용을 언급하며, 사랑과 희망을 말하는 신념의 저변에 여행 자체가 침묵으로 가르친 삶의 깊이가 관여되지 않았다고 단언할 수는 없

---

30 *Ibid.*, 10.

31 이하는, 유상현, 『바울의 제3차 선교여행』, 13–15.

다. 그렇다고 여행이 선교자 '바울 만들기'에 계량적으로 어느 부분에 무슨 영향을 얼마나 미쳤다고 말하기는 어렵다. 다만 바울의 생애 중 여행자로서의 독특한 일상이 그의 신학과 인격의 내밀한 깊이와 넓이를 더하는 데 틀림없이 영향을 미쳤을 것이라는 점, 곧 여행이 삶과 신념을 관통하는 그의 총체적 신학에 굵은 흔적을 남기며 간여했을 무형의 어떤 측면에 대하여 말할 수 있다는 것이다."[32]

신학자, 목회자로의 바울보다 압도적 인상으로 그의 모습을 부각시키는 것은 여행자로서 선교인이다. 언제나 여행길에 올랐고, 생애 자체가 길 위에서 펼쳐진 여행길의 바울, 그 바울의 손과 등에 어떤 물건들이 들렸는지를 알기는 어렵다. 흔히 여행자의 행장(行裝)에 늘 따랐을 가방, 배낭, 바랑, 등짐 등으로 불리는 여행을 위한 소도구들이 챙겨졌을지 모른다.[33] 그러나 그것이 오늘날 먼 지방으로 여행을 떠나는 이의 '여행짐' 개념은 아니었을 게 분명하다. 먼 길을 가게 될 선교자들, 무슨 일이 있어도 행장의 부피와 무게를 줄여야 한다는 철칙을 알고 있는 그들이 가져갈 짐이란 최대한 축소된 한줌의 필수 휴대물에 불과했을 것이기 때문이다. 이런 모습이 반영된 것을 후기 바울문서이긴 하나 디모데후서 4장 13절에서 찾을 수 있다. 이 서신에 등장하는 바울은, '드로아에 두고 온 외투와 양피지에 싼 책들을 가져다달라.'고 부탁한다. 초기 기독교 선교자들이 여행 중 생긴 짐들을 누군가에게 '맡기고' 홀가분한 차림새로 다녔으리라는 상식적 짐작이 이런 묘사를 통해 확인받을 수 있다. 그와 같이 필수품 몇 개 이외의 불요불급한 물품들을 모두 남겨두고 떠났다는 것은 무엇을 뜻하는가? "그것은 떠남의 단절을 더욱 극화시키는, 떠나온 곳과의 절연(絶緣)의 강조를 떠올리게 한다. 말하자면, 익숙한 물건, 함께

---

32 *Ibid.*, 13–14.

33 이런 행장의 모양새를 누가의 다음 묘사 속에서 발견한다. "여러 날 후에 우리는 '짐을 꾸려'(aposkeuazō) 예루살렘으로 올라갔다."(행 21:15)

생활하던 물품들을 가져감으로, 낯익은 것들, 편안한 환경, 즉 익히 살던 '집 자체'를 상징적으로 물건 위에 얹고, 그 축소판, 대체물을 운반해간다는 '정주(定住)자의 인식론'을 거부한다는 뜻을 갖는다."[34] 여행자는 여행을 떠날 때, 가능한 한 떠날 집과의 관련을 깊게 맺고 인연의 끈을 늘리기 위해 물건들을 챙기게 된다. 두고 온 집에서 누리던 편이와 안락함을 여행 중에서도 누리기 위해 물건들을 갖고 떠난다. 이런 행태를 집과의 관련, 인연의 확장이라 이를 수 있고, 그 '늘린 인연'의 끈이 굵어질수록 생활은 편해지지만 짐은 많아진다. 그렇기 때문에 여행자가 가져가는 짐은 단순히 여행 장비, 여행 용품만이 아니다. 그것들은, 그가 관계 맺던 사람들과 환경을 기억하는 기억의 소자(素子)들이 물건 속에 숨어든 '두고 온 집'의 표상물들이다. 쓰던 물건들을 가져감으로 두고 온 집의 상징물들, 아니 '집 자체'를 운반하게 되는 것이다.

따라서 바울의 행장을 그러한 맥락에서 이해하는 것은 그의 정신세계의 일단을 엿보는 일이 된다. 바울이 짐을 챙기지 않고 먼 길을 갔으리라는 추정은 여행의 어려움을 덜게 하려는 현실적 이유에서 시작된 것으로 보면 자연스럽다. 그러나 상식적으로 짐작할 수 있듯이, 그러한 행동의 반복이 깨우쳤을 어떤 인식, 즉 그러한 짐의 축소를 익힘으로, 그리고 언제나 '떠남'으로 그가 내면화시켰을 지상적 집착의 '포기'와 두고 온 인연과 사귐으로부터의 '고통스러운 단절', 그를 통한 자기연마의 흔적을 추정하는 것은 어찌 보면 자연스러운 일이 될 것이다.[35]

여행은 그것 자체로 인격의 수양과 단련을 가져오는 구도(求道)의 한 방식이다. 이러한 여행길을 묘사하는 저자의 글줄 사이사이 여백에 감춰 놓은 바울의 내적 수련, 반성과 변화에 대한 저자의 침묵을 읽을 때에야

---

34 *Ibid.*, 14–15.
35 *Ibid.*, 15.

비로소 바울의 인격 깊이를 헤아릴 수 있을 것이다.[36] 게다가 바울은 다양한 여행지를 다니며 수많은 이질 문화를 겪고, 이종(異種)의 경험을 쌓으며, 상이한 인식과 세계관을 접촉한 다문화 경험자였다. 이러한 그의 보편적 인식, 폭넓은 인생의 깨우침은 여행이 가져다줄 수 있는 또 다른 은택이었을 것이다. 그런 '넓은 세계이해의 지평'이 가져다준 삶의 태도가 바울의 내면형성에 도움이 되었으리라는 점 역시 당연하다. 따라서 언제나 떠나기만 하는 여행 중 겪은 경험과 수양, 배움과 다짐, 그리고 계시가 일깨운 남다른 깨달음이 다른 모든 것을 포기하고 길 위의 선교자로서만 바울의 참 모습을 형성할 수 있게 했을 것이다. 그리하여 선교여행자로 그에게 남은 마지막 진실은 바로 '예수를 전하는 것'이었으며, 그것만이 그가 길을 '떠나' 이루고자 한 절대적 목표로 남아 있었다.

## 2. '새로운 성지'로의 순례: 구심화(求心化)에서 원심화(遠心化)로

바울의 행동반경은 그가 목숨 바쳐 추종한 예수의 거주영역 범위와 극적인 대비를 이룬다. 예수의 전 생애가 팔레스타인 땅을 벗어나지 않았던, 어찌 보면 좁은 땅 위의 '미시환경' 속에서 이뤄진 데 반하여, 바울은 제국의 동부지역을 넓게 휘저으며 확장된 경계 속의 '거시세계'를 산 인물이었다. 달리 말해 예수의 삶의 궤적이 유대적 전통과 가치를 유대 공간 속에서 압축적 발자국, 농축된 이미지로 점을 찍듯 그려 상징화했다면, 바울의 행적은 넓은 세계 위에 확장되는 하나님 나라와, 유대경계를 공간적으로 넘어서는 구속사의 전개를 시사한다. 바울의 발자국 하나하나가 유대땅을 넘어 이방으로 확장되는 교회의 경계를 공간 위에서 그려내는 상징적 붓끝이라는 뜻으로 읽힐 수 있다. 말 그대로 바울이 등장하는 사도행전의 후반부는 주후 1세기 팔레스타인, 소아시아, 그리스, 로

36 이 부분, 유상현, 『바울의 제2차 선교여행』, 11.

마를 아우르는 로마제국의 동부로 확대되는 복음의 외연(外延)을 뒤쫓는 듯하다. 사도행전 13장 이후의 기록은 그 넓은 세계를 휘젓고 다닌 한 초기 기독교인이 남긴 자취를 충실히 되짚는다. 그 기록은 선교자 바울의 생애 반평생 속에 담긴 삶의 역동과 모험이 새겨진 기념비로 이해될 수 있다.[37]

바울은 예수보다 훨씬 넓은 지리적 공간에서, 훨씬 오랜 시간에 걸쳐, 훨씬 파란만장하고, 훨씬 극적인 인생을 산 것이 분명하다. 그가 선교기간 내내 걷고 달린 이동거리는 추측만으로도 놀라움을 자아낸다. 그뿐 아니라 그 길 위에서 달성한 선교적 도전과 성취는 더 큰 경탄과 감동을 불러일으킨다. 바울이 이룬 도전과 성취는 그 개인이 이룬 업적으로 간주될 수도 있지만, 보다 넓은 시야에서 이해될 여지가 있다. 이를테면 그것은 구속사의 확장을 이룩한 '도구적 인물'[38]의 발자취가 갖는 상징성과 관련이 있다는 것이다. 즉 바울이 떼어놓는 발자국 하나하나, 넓혀놓는 활동지역 하나하나는 구속사와 하나님 나라의 확장을 가시적으로 보여주는 상징성을 가졌으리라는 것이다. 신학적 개념과 의미가 바울의 선교적 궤적으로 육화(肉化)되고 가시화되는 상징작용을 발견할 수 있다는 뜻이다. 이것은 바울의 선교여행이 갖는 은유적 의미 중 높이 손꼽을 수 있는 중요한 차원이고, 누가의 글이 단순한 선교보고서라는 차원을 뛰어넘는 '신학적 승화'의 한 양상이 된다. 그리고 그 승화의 양상을 구속사의 '구심운동에서 원심운동으로의 변환'이라는 측면에서 조망할 수 있다.

언제나 길 위에 있고, 언제나 길을 '떠나는' 바울의 발길은 요컨대 '중심에서 바깥으로' 떠나는 '언제나의 출발'로 성격 지을 수 있다. "대개

37 여기 부분, 유상현, 『바울의 제1차 선교여행』, 5.

38 행 9:15("주님께서 말씀하셨다. '가라 그는 내 이름을 이방인들과 임금들과 이스라엘 자손들 앞에 전하기 위해 택한 나의 그릇이다.'")

의 유대인들이 그러하듯이 바울 역시 예루살렘 중심, 성전 중심의 세계 이해와 가치관을 견지하던 인물이었다. 유대인은, 비록 그가 디아스포라로 외국에 살고 있든 팔레스타인에 살고 있든 물리적 장소에 상관없이, 모든 것을 세계와 우주의 중심인 예루살렘 성전의 복판에서 바라보고 평가하며 살아가게 마련이었다. 유대인들은 적어도 종교적으로는 예루살렘 중심주의를 체질적으로 내면화하고 있었다는 것이다. 그런 사람들 중 하나였던 바울이 성전으로의 집중과 순례를 멈추고 '땅끝'으로 떠나는 여행자의 삶을 선택한 것이다. 즉 예루살렘 성전 중심주의자가 세계의 변방, 이방땅으로 순례의 길을 떠난 것이다."[39] 통상의 유대인들에게 '바깥에서 중심으로'의 여행은 의식 안에서도 가능할뿐더러 실제에 있어서도 자연스럽고 동경할 만한 일이었다. 순례란 바깥 외부세계에서 성전으로의 여행을 뜻할 뿐이다. 그렇지만 그 '역방향', 중심에서 바깥으로 길을 내딛고, 그 길 위에 언제나 서 있다는 것은 단지 불편하고 보기 싫은 역류를 의미하는 것만이 아니다. 그것은 세계관의 근본적 변혁, 내면의 혁명을 뜻하는 것이다. '중심에서 바깥으로' 떠나는 것은 유대인에겐 '전체의식', 모든 '관조 안'의 지각변동을 가리킨다. 바울의 여행은 '예루살렘 중심주의'를 뒤로 하고, '변방으로, 땅끝으로'의 여행을 떠난 것을 의미한다. 그의 여행은 결국 예루살렘 중심의 구심(求心)운동을 포기한 것이 되고, 땅끝으로의 원심(遠心)운동의 기치를 들고 나섰다는 것으로 해석될 수 있다.[40] 이런 이해와 어긋나게 바울이 제2차 여행 중 에베소를 떠나 예루살렘으로 다시 올라간 적이 있었다. 하지만 그것은 이전의 예루살렘 중심주의자의 발길이 아닌 땅끝으로의 '변방주의자'의 행보였음을 유의할 필요가 있다.[41] 다시 말해 비록 바울의 발길이 예루살렘을 향했다 해도,

---

39 유상현, 『바울의 제2차 선교여행』, 11.

40 *Ibid.*, 12.

41 *Ibid.*

그것은 중심으로의 '구심적 회귀'가 아니라 변방으로의 원심적 발길이 닿는 하나의 '기착'이었을 뿐이었다. 그때 오른 예루살렘은 유대적 가치와 전통이 응결된 '목적지'로서의 종착이 아니라, 다른 여정에 이르는 일종의 지나는 도시 중 하나였다는 뜻이다. 그 여행 중 바울이 예루살렘을 떠나 다시 시리아의 안디옥으로 향했다는 누가의 보고는 그런 뜻에서 상징적이다.

위와 같은 뜻에서 바울의 전체 선교여행은 단순한 여행객의 무심한 행로가 아니라, 지상의 척도로 그 의미의 폭과 깊이를 헤아리기 힘든 숭엄한 순례의 행진이 된다. 그 행진은 그때까지 유대땅과 예루살렘에만 모아졌던 유대교적 가치와 의미의 중력이 해체되고 새로운 차원의 가치와 의미가 창출되는 국면과 겹쳐 나타난다. 예수의 부활, 승천과 오순절 사건이 벌어지고, 초기 기독교가 발생된 이후 유대적 의미가 원심력적 해체를 통한 주변화의 길을 걷는 동안, 바울의 발걸음은 이방 각지에 숨은 '새로운' 성지를 찾는 순례자의 길을 열었다. 바야흐로 집중된 특수 성지로의 순례가 아니라 흩어진 '새로운 보편' 성지로의 처음 순례였던 것이다.[42] 이제 성지는 유대땅에 있는 것이 아니라 바깥에 있다. 바울이 그곳들을 찾아 나선 것이다.

이방을 찾아 나서는 바울의 이 순례의 행보는 '갈릴리에서 예루살렘으로' 향해 간 예수의 길을 이은 것이다. 예루살렘에서 마감된 예수의 노정은 이제 바울에게서 계주(繼走)의 주자를 발견하여, 마침내 그 길이 '예루살렘으로부터 땅끝까지' 확장될 수 있게 되었다. 갈릴리에서 시작된 누룩의 발효가 땅끝, 곧 '가없는 끝'까지 이를 수 있게 된 것이다. 결국 '땅끝'을 향해 '밖으로' 떠나는 길 위의 존재로서 바울은 '유대에서, 예루살렘을 거쳐, 성전 안'으로 이르는 바깥에서 '땅 중심'을 향해 '안으로' 집중되던 옛 유대교의 구심적 귀환운동이 갖는 특수주의와 예각적 대립을

42 유상현, 『바울의 제1차 선교여행』, 5.

보이며, 그것을 대체하는 표상이라 할 수 있다.[43] 바울의 발자국에는 예루살렘 중심의 구심운동, 즉 유대교를 새롭게 극복하는 기독교의 '원심적 보편주의'의 상징과 표상이 숨어 있다. 바울은 누가의 글 속에서 "예루살렘과 온 유대와 사마리아와 땅끝까지"로 확장되는 지리적 외연(外延)의 선봉에서 그 확장운동의 전위(前衛)로 의연히 서 있다.

### 3. 바울 선교여행 보고의 존재 이유

누가는 자신의 '두 번째 복음서'라 할 수 있는 사도행전에서 초기 기독교인들의 선교적 도전과 성취의 기록을 남기면서 그 많은 부분을 바울의 선교와 행적 보고에 할애했다. 바울의 삶을 집중적으로 뒤쫓는 것이 누가의 과업이었지만, 그의 근본적 관심이 바울의 행로, 모험, 여행, 만남과 헤어짐, 또는 그의 삶, 행동, 생각, 발언 등을 전하는 데에 있었던 것은 아니다. 물론 그 모든 바울 생애의 '삽화'와 '편린' 역시 '역사적 신학자'의 풍모를 가진 누가의 관심 지평에서 중요한 구실을 했을 것은 당연하다. 하지만 사도행전 저자의 궁극적 관심은 바울 생애를 구성하는 그러한 역사적 파편 자체에 매여 있었던 것이 아님을 강조해야 한다. "그의 최종 관심은, '말씀'(눅 1:2)의 전달, 즉 선교에 얽힌 옛 일의 '기억'과 그 '재생'에 있었음에 의심의 여지가 없다. 어쩌면 단순한 '기억, 재생'의 되풀이가 아니라, '기억'을 통한 '말씀'의 회생, '기억'을 통한 '이야기'(눅 1:1)에의 '참여'를 이끌어내는 데 목적이 있었을 것이다."[44]

'여행기록'은 본질적 성격상 그 글을 읽는 사람을 주인공의 여정에 동참시켜 함께 길을 가게 하는 속성이 있다. 특히 밋밋한 일상의 반복과 같은 특색 없는 여정이 아니라 위기와 모험, 개척과 미지의 세계에 대한

---

43 *Ibid.*, 292.
44 유상현, 『바울의 제3차 선교여행』, 15–16.

'탐험의 기록'일 경우에 독자의 참여는 보다 적극적이 될 수 있다. 더구나 단순한 흥미의 충족을 위한 기록이 아니고, 신앙의 사표요 모범이 되는 바울과 같은 위대한 인물의 삶에서 펼쳐지는 박진감 넘치는 여정일 경우에 독자의 2차 경험은 주인공의 원초 경험에 그대로 몰입되어 동화되며, 신앙의 새로운 고양으로 귀착될 수 있다.[45] 그렇기 때문에 바울의 행적을 읽으며, 주인공이 위험을 겪고 고초를 겪을 때나 기쁨과 환희를 맛볼 때 독자들은 그의 고난과 즐거움을 나누며 주인공의 경험을 자기의 것으로 내면화하는 과정을 겪게 된다. 이것이 바로 누가가 의도하는 독자들에 대한 바울 삶으로의 초대의 본질이다.[46] 또한 그것이 바울의 선교여행 기록이 사도행전의 문면에 나타난 형태 그대로 남겨지게 된 이유라 할 수 있다.

그러므로 저자가 펼쳐놓은 바울 생애, 그 선교적 분투기의 어느 한 단계를 기억하여 그 이야기 속에 뛰어들어 마침내 '그때, 거기'서 벌어진 사건들에 우리 스스로를 '가담'시키는 것이야말로 어쩌면 그의 글을 '눈'이나 '마음'이 아닌 우리의 '몸'으로 읽어내는 최후의 방식이 될 것이다. 그렇게 하여 우리는 바울 여행의 관찰자가 될 뿐 아니라, 그 여행에 우리 스스로를 묶어놓는 2인 3각의 '동반여행자'가 됨으로 바울의 인격에 스며드는 경험을 나눌 수 있게 된다.[47] 거기에 그의 글을 읽게 됨으로 시공을 뛰어넘어 바울의 '목격자, 증언자, 여행동반자'로 긴박하게 우리를 소환하는 누가의 의도가 숨어 있다고 거듭 말해야 할 것이다.

45 유상현, 『바울의 제2차 선교여행』, 12-13.

46 *Ibid.*

47 유상현, 『바울의 제3차 선교여행』, 16.

## V. 결어

위의 글에서 우리는 사도행전이 보고하는 바울 선교여행의 제반 의미를 간략히 논구하였다. 이 글에서 취급해야 할 주요 부분들이 더 자세히 상술되지 못한 것은 유감이다. 그런 주제들 가운데 예를 들어 바울이 누구와 어떤 방식으로 선교했는지, 즉 선교 동역자들과의 관계, 동역선교의 방식과 그 의미에 관하여, 또는 바울이 맺은 각 '선교지역들'과의 관련 및 그 특수한 의미, 이를테면 안디옥과의 관련, 아테네, 고린도, 에베소에서의 이방문화와의 대화, 대결 등의 측면과, 그 이외 여러 흥미로운 논제들에 관한 분석의 기회를 여기서 갖기는 어렵게 된 것이다.[48]

사도행전에서 발견되는 바울의 삶은 다소의 가감도 없는 '여행하는 선교자'였다. 누가는 그런 바울의 모습을 우리에게 전해줌으로써 과연 '기독교인', 또는 '기독교 선교자'의 원형적 경험이란 무엇인가를 예시한다. 바울의 생애는 기독교인이 되는 순간 '선교인'으로 선발되는 모든 기독교인들의 삶의 패턴을 결정짓는다.[49] 그리스도의 증인으로 자처하는 후대의 기독교인들은 바울의 선교적 생애 중 어느 한 면모에서 자신의 삶을 위한 '본보기' 찾기를 쉬지 않는다. 또한 그의 '뒤따르기'를 마다하지 않는다.

결국 우리가 여기서 지금 행하듯, 누가가 전하는 바울 선교보고에 뛰어들어 그의 여행이 주는 의미를 검출하는 이러한 탐구란, 요컨대 누가 기록의 정밀한 읽기행위를 뜻한다. 이런 읽기는 1세기를 살다 간 어떤 한 인물의 삶과 시대의 상황을 알려줄 많은 참조물과 정보들을 알게 하는 이른바 지적 판독작업을 의미하는 게 사실이다.[50] 이를테면 지식의 축적

---

48 이런 주제들에 관해서는 각주 2)에서 소개한 필자의 바울 선교여행 관련 세 권의 저서가 참고가 될 수 있다.

49 유상현, 『바울의 제1차 선교여행』, 6.

50 유상현, 『바울의 제2차 선교여행』, 13.

을 낳는 행위이다. 하지만 거기서 그치지는 않는다. 사도행전 속의 선교자 바울 읽기는 다른 모든 문서의 독서행위와 마찬가지로 읽는 이의 정신과 판단과 내면적 가치와 세계관 형성을 돕고, 변화, 개혁시켜 마침내 그의 삶을 새롭게 생성시키는 데 기여한다.[51] 읽기는 삶을 만드는 행위인 것이다. 특별히 성경읽기는 이러한 '삶의 형성'에 기여한다는 측면에 예민하다. 단순히 고대세계의 변방에서 벌어진 역사와 문화의 아기자기한 전개에 흥미와 관심을 가졌다는 이유로 누가와 바울의 선교세계에 참여할 여가가 우리에게는 없다. 그보다 우리에게는 다른 기대가 작동한다. 즉 바울의 선교기록을 읽어 내려가며 우리는 누가를 읽고, 바울을 읽고, 우리 자신을 읽고, '하늘과 땅과 그 안에 있는 모든 것들'(행 17:24)이라는 텍스트를 읽고, 마침내 그 거대한 우주적 텍스트에서 '저자'의 뜻을 읽어내어 우리 스스로를 변혁시킴으로,[52] 바울을 이어가는 새로운 '선교여행자'로 다시 '빚어지기'를 바란다는 기대를 품게 되는 것이다.

---

51 *Ibid.*

52 *Ibid.*

# 참고문헌

던, 제임스. 『예수와 기독교의 기원』(*Jesus Remembered: Christianity in the Making*, vol. 1). 상권. 차정식 역. 서울: 새물결플러스, 2012.

유상현. 『바울의 제1차 선교여행』. 서울: 대한기독교서회, 2002.

______. 『바울의 제2차 선교여행』. 서울: 대한기독교서회, 2008.

______. 『바울의 제3차 선교여행』. 서울: 대한기독교서회, 2011.

______. 『베드로와 초기 기독교: 사도행전 1-3장』. 서울: 대한기독교서회, 2016.

______. 『사도행전 연구』. 서울: 대한기독교서회, 1996.

______. "신약의 귀신." in 『마귀론 이해』. 예영수·유상현 외. 18-45. 서울: 은성, 1998.

예레미아스, 요아힘. 『예수시대의 예루살렘: 신약성서시대의 사회경제사 연구』. 한국신학연구소 번역실 역. 서울: 한국신학연구소, 1988.

큄멜, W. G. 『신약정경개론』. 박익수 역. 서울: 대한기독교출판사, 1988.

트로크메, 에티엔느. 『초기 기독교의 형성』. 유상현 역. 서울: 대한기독교서회, 2003.

플라톤, 『소크라테스의 변명』. 강철웅 역. 서울: 이제이북스, 2014.

헨헨, E. 『사도행전 I』. 이선희·박경미 역. 서울: 한국신학연구소, 1987.

_____. 『사도행전 II』. 이선희·박경미 역. 서울: 한국신학연구소, 1989.

Barnett, P. W. "The Jewish Sign Prophets–AD 40–70: Their Intentions and Origin." *New Testament Studies* 27 (1980–81): 679–697.

Barrett, Charles K. *A Critical and Exegetical Commentary on the Acts of the Apostles.* The International Critical Commentary on the Holy Scriptures of the Old and New Testaments. vol. I. Edinburgh: T&T Clark, 1994.

Bauer, Walter. *A Greek English Lexicon of the New Testament and Other Early Christian Literature.* 3rd ed. & rev. by F. W. Danker. Chicago: Univ. of Chicago Press, 2000.

Black, Carl C. *Mark: Images of an Apostolic Interpretation.* Columbia, SC: Univ. of S. Carolina Press, 1994.

Bock, Darrell L. *Acts.* (Baker Exegetical Commentary on the New Testament). Grand Rapids: Baker Academic, 2007.

Boismard, Marie–Émile & Lamouille, Arnaud. *Les Actes des deux Apôtres: Le sens des récits.* tome II. Paris: Librairie Lecoffre, 1990.

Bovon, François. *L'oeuvre de Luc.* Paris: Cerf, 1987.

Bovon, François. *Luke the Theologian.* 2nd rev. ed. Waco: Baylor Univ. Press, 2006.

Brown, Raymond E. *The Birth of the Messiah.* New York: Doubleday, 1993.

_____. *The Death of the Messiah.* vol. 1–2. New York: Doubleday, 1994.

Bruce, Frederick F. *The Acts of the Apostles: The Greek Text with Introduction and Commentary.* 3rd and enlarged ed. Grand Rapids: Eerdmans, 1990.

Capper, Brian J. "The Interpretation of Acts 5:4." *Journal for the Study of the New Testament* 19 (1983): 117–131.

_____. "The Palestinian Context of Community of Goods." in *The Book of Acts in Its Palestinian Setting.* ed. by R. Bauckham. 323–356. Grand

Rapids: Eerdmans, 1995.

Chilton, Bruce D. & Neusner, Jacob. "Paul and Gamaliel." *Bulletin for Biblical Research* 14.1 (2004): 1–43.

______. "Caiaphas." in *The Anchor Bible Dictionary*. ed. by D. N. Freedman. vol. 1. 803–806. New York: Doubleday, 1992.

______. "Gamaliel." in *The Anchor Bible Dictionary*. ed. by D. N. Freedman. vol. 2. 903–906. New York: Doubleday, 1992.

Co, Maria Anicia. "The Major Summaries in Acts: Acts 2,42–47; 4,32–35; 5,12–16 Linguistic and Literary Relationship." *Ephemerides Theologie Lovanienses* 68 (1992): 49–85.

Conzelmann, Hans. *Acts of the Apostles*. tr. by J. Limburg, A. Th. Kraabel & D. H. Juel. Philadelphia: Fortress Press, 1987.

Cosgrove, C. "The Divine Δει in Luke–Acts." *Novum Testamentum* 26 (1984): 168–190.

Crossan, John D. *The Birth of Christianity*. San Francisco: Harper Collins, 1998.

Cunningham, Scott. *'Through Many Tribulations': The Theology of Persecution in Luke–Acts*. Sheffield: Sheffield Academic Press, 1997.

Danker, Frederick W. *Luke*. Philadelphia: Fortress, 1987.

Darr, John A. "Irenic or Ironic? Another Look at Gamaliel before the Sanhedrin (Acts 5:33–42)." in *Literary Studies in Luke–Acts: Essays in Honor of Joseph B. Tyson*. ed. by Richard P. Thompson & Thomas E. Phillips. 121–139. Macon, GA: Mercer University Press, 1998.

______. *On Character Building: The Reader and the Rhetoric of Characterization in Luke–Acts*. Louisville, KY: Westminster/John Knox Press, 1992.

Dehandschutter, Boudewijn. "La persécution des chrétiens dans les Actes des Apôtres." in *Les Actes des Apôtres: Traditions, rédaction, théologie*.

éd. par Jacob Kremer. 541–546. Gembloux/Leuven, Duculot/University Press, 1979.

Dibelius, Martin. *Studies in the Acts of the Apostles.* tr. by M. Ling & P. Schubert, London: SCM Press, 1956.

Dockx, S. *Chronologies néotestamentaires et vie de l'église primitive.* Leeven: Peeters, 1984.

Dunn, James D. G. *Beginning from Jerusalem: Christianity in the Making.* vol. 2. Grand Rapids: Eerdmans, 2009.

______. *The Acts of the Apostles.* Valley Forge: Trinity Press International, 1996.

Dupont, Jacques. "'Assis à la droite de Dieu': l'interprétation du Ps 110,1 dans le Nouveau Testament." in *Nouvelles études sur les Actes des Apôtres.* 210–295. Paris: Cerf, 1984.

______. "La prière des apôtres persécutés (Actes 4, 23–31)." in *Etudes sur les Actes des Apôtres.* 521–522. Paris: Cerf, 1967.

Fitzmyer, Joseph A. *Luke the Theologian.* London: Geoffrey Chapman, 1989.

______. *The Acts of the Apostles: A New Translation with Introduction and Commentary.* New York: Doubleday, 1998.

Flichy, O. *La figure de Paul dans les Actes des Apôtres.* Paris: Cerf, 2007.

Focant, Camille. "Du temple à la maison: L'espace du culte en esprit et en vérité." *Revue Théologique de Louvain* 37 (2006): 342–360.

Frazer, James G. *The Golden Bough.* London: Macmillan & Co., 1922. (one–vol. ed.)

Gaventa, Beverly R. *The Acts of the Apostles.* Nashville: Abingdon, 2003.

Gonzalez, Justo L. *Acts: The Gospel of the Spirit.* Maryknoll, NY: Orbis, 2001.

Grappe, Christian. "Main de Dieu et mains des apôtres. Réflexions à partir d'Ac 4,30 et 5,12." in *La Main de Dieu/Die Hand Gottes.* éd. par René Kieffer & Jan Bergman. 117–134. Tübingen: Mohr Siebeck, 1997.

Hamidovic, David. "La remarque énigmatique d'Ac 5,4 dans la légende d'Ananias et Saphira." *Biblica* 86 (2008): 407–415.

Hansen, G. W. "Galatia," in *The Book of Acts in its Graeco-Roman Setting.* ed. by D. W. J. Gill & C. Gempf. 377–379. Grand Rapids: Eerdmans, 1994.

Harrill, J. Albert. "Divine Judgement against Ananias and Sapphira (Acts 5:1–11): A Stock Scene of Perjury and Death." *Journal of Biblical Literature* 130 (2011): 351–369.

Haufe, G. "δεσποτης." in *Exegetical Dictionary of the New Testament.* vol. 1. ed. by Horst Balz & Gerhard M. Schneider. 290–291. Grand Rapids: Eerdmans, 1990.

Haulotte, Edgar. "La vie en communion, phase ultime de la Pentecôte. Actes 2, 42–47." *Cahiers bibliques* 19 (1981): 69–75.

Hemer, Colin J. *The Book of Acts in the Setting of Hellenistic History.* ed. by C. Gempf. Tübingen: Mohr Siebeck, 1989.

Hengel, Martin. *The Charismatic Leader and His Followers.* Edinburgh, T&T Clark, 1981.

Hengel, Martin. *The Zealots: Investigation into the Jewish Freedom Movement in the Period from Herod I Until 70 A.D.* London: T&T Clark, 1989.

Holladay, Carl R. *Acts: A Commentrary.* Louisville: Westminster John Knox Press, 2016.

Horsley, Richard A. & Hanson, J. S. *Bandits, Prophets, and Messiahs: Popular Movements at the Time of Jesus.* Cambridge: Harper and Row, 1985.

Jacquier, Emile. *Les Actes des Apôtres.* Paris: J. Gabalda, 1926, 2è éd.

Jennings, Willie J. *Acts: A Theological Commentary on the Bible.* (Belief: a Theological Commentary on the Bible). Louisville, KY: Westminster John Knox Press, 2017.

Jeremias, Joachim. *Jérusalem au temps de Jésus.* tr. par Jean Le Moyne. Paris: Cerf, 1976.

Johnson, Luke T. *The Acts of the Apostles.* Collegeville: Liturgical Press, 1992.

______. *Literary Function of Possessions in Luke-Acts.* Atlanta: Scholars Press, 1977.

Keener, Craig S. *Acts: An Exegetical Commentary: Introduction and 1:1-2:47,* vol. 1. Grand Rapids: Baker Academic, 2012.

______. *Acts: An Exegetical Commentary: 3:1-14:28.* vol. 2. Grand Rapids: Baker Academic, 2013.

Kennedy, G. A. *New Testament Interpretation through Rhetorical Criticism.* Chapel Hill: Univ. of North Carolina Press, 1984.

Kilgallen, John J. "Your Servant Jesus Whom You Anointed (Acts 4,27)." *Revue biblique* 105 (1998): 185-201.

Kraus, T. J. "'Uneducated', 'Ignorant', or Even 'Illiterate'? Aspects and Background for an Understanding of Agrammatoi (and Idiōtai) in Acts 4.13." *New Testament Studies* 45 (1999): 434-449.

Leaney, A. Robert C. *The Rule of Qumran and Its Meaning: Introduction, Translation and Commentary.* London: SCM, 1966.

Le Cornu, Hilary & Shulam, Joseph. *A Commentary on the Jewish Roots of Acts.* vol. I. Jerusalem: Academon, 2003.

Lohse, Eduard. "sunevdrion." in *Theological Dictionary of the New Testament.* vol. VII. ed. by G. Kittel, tr. & ed. by G. W. Bromiley. 860-871. Grand Rapids: Eerdmans, 1971.

Lüdemann, Gerd. *Early Christianity according to the Traditions in Acts: A*

*Commentary*. tr. by J. Bowden. Minneapolis: Fortress, 1989.

Lyons, William John. "The Words of Gamaliel (Acts 5:38–39) and the Irony of Indeterminacy." *Journal for the Study of the New Testament* 68 (1997): 23–49.

Mainville, Odette. "Le péché contre l'Esprit annoncé en Lc 12.10, commis en Ac 4.16–18: Une illustration de l'unité de Luc et Actes." *New Testament Studies* 45 (1999): 38–50.

Mantel, Hugo. "Sanhedrin." in *Encyclopaedia Judaica*. vol. 14. Jerusalem: Macmillan, 1972.

Marguerat, Daniel. "Du temple à la maison suivant Luc–Actes." in *Quelle maison pour Dieu?* éd. par Camille Focant. 285–317. Paris: Cerf, 2003.

______. *Les Actes des apôtres (1–12)*. Genève: Labor et Fides, 2007.

______. "Luc–Actes entre Jérusalem et Rome: Un procédé Lucanien de double signification." *New Testament Studies* 45 (1999): 70–87.

______. *The First Christian Historian: Writing the 'Acts of the Apostles.'* tr. by Ken McKinney et al. Cambridge: Cambridge Univ. Press, 2004.

______. "The Resurrection and Its Witnesses in the Book of Acts." in *Reading Acts Today: Essays in Honour of Loveday C. A. Alexander*. ed. by Steve Walton et al. LNTS 427. 171–185. London: T&T Clark, 2011.

Marrow, Stanley B. "Parrhēsia and the New Testament." *Catholic Biblical Quarterly* 44 (1982): 431–446.

Marshall, I. Howard. *The Acts of the Apostles*. Grand Rapids: Eerdmans, 1980.

Mason, Steve. "Chief Priests, Sadducees, Pharisees and Sanhedrin in Acts." in *The Book of Acts in Its Palestinian Setting*. ed. by R. Bauckham. 115–177. Grand Rapids: Eerdmans, 1995.

Neusner, Jacob. *The Rabbinic Traditions about the Pharisees before 70*. vol.

1–3. Leiden: E. J. Brill, 1971.

Padilla, Osvaldo. *The Speeches of Outsiders in Acts: Poetics, Theology and Historiography*. Cambridge, UK: Cambridge Univ. Press, 2008.

Pelikan, Jaroslav. *Acts* (Brazos Theological Commentary on the Bible). Grand Rapids: Brazos, 2005.

Pervo, Richard I. *Acts: A Commentary*. Minneapolis: Fortress Press, 2009.

Plummer, A. *A Critical and Exegetical Commentary on the Gospel according to St. Luke*. (ICC) Edinburgh: T&T Clark, 1901.

Polhill, John B. *Acts: An Exegetical and Theological Exposition of Holy Scripture* (The New American Commentary), vol. 26. Nashville: Broadman Press, 1992.

Quesnel, Michel. *Baptisés dans l'Esprit*. Paris: Cerf, 1985.

Reimer, Ivoni Richter. *Women in the Acts of the Apostles*. tr. by L. M. Maloney. Minneapolis: Fortress Press, 1995.

Reinhardt, Wolfgang. "The Population Size of Jerusalem and Numerical Growth of the Jerusalem Church." in *The Book of Acts in Its Palestinian Setting*. vol. 4. ed. by R. J. Bauckham. 237–265. Grand Rapids: Eerdmans, 1995.

Reynier, Chantal. *Saint Paul sur les routes du monde romain: Infrastructures, logistique, itinéraires*. Paris: Cerf, 2009.

Sanders, E. P. *The Historical Figure of Jesus*. London: Penguin Books, 1993.

Scheidel, Walter. "3. Demography." in *The Cambridge Economic History of the Greco-Roman World*. ed. by Ian Morris, Richard Saller & Walter Scheidel. 38–86. Cambridge, UK: Cambridge Univ. Press, 2007.

Schlier, H. "Παρρησια, παρρησιαζομαι." in *Theological Dictionary of the New Testament*. vol. V. ed. by G. Kittel, tr. & ed. by G. W. Bromiley. 882. Grand Rapids: Eerdmans, 1967.

Schnabel, Eckhard J. *Acts* (Zondervan Exegetical Commentary on the New

Testament). Grand Rapids: Zondervan, 2012.

Schnabel, Eckhard J. *Early Christian Mission: Paul and the Early Church.* vol. 2. Downers Grove: InterVarsity Press, 2004.

Sleeman, Matthew. *Geography and the Ascension Narrative.* Cambridge: Cambridge Univ. Press, 2009.

Spencer, F. Scott. *Acts.* Sheffield, UK: Sheffield Academic, 1997.

Squires, John T. *The Plan of God in Luke-Acts.* Cambridge: Cambridge University Press, 1993.

Tannehill, Robert C. *The Narrative Unity of Luke-Acts.* vol. 2. Minneapolis: Fortress Press, 1990.

Thompson, Richard P. *Acts: A Commentary in the Wesleyan Tradition.* Kansas City: Nazarene Publishing House, 2015.

______. "Believers and Religious Leaders in Jerusalem: Contrasting Portraits of Jews in Acts 1-7." in *Literary Studies in Luke-Acts: Essays in Honor of Joseph B. Tyson.* ed. by Richard P. Thompson & Thomas E. Phillips. 327-344. Macon, GA: Mercer University Press, 1998.

Trocmé, Etienne. *Le 'livre des Actes' et l'histoire.* Paris: Presses Universitaires de France, 1957.

van der Horst, Pieter W. "Peter's Shadow: The Religio-Historical Background of Acts V. 15." *New Testament Studies* 23 (1977): 204-212.

van Unnik, Willem C. "The Christian's Freedom of Speech in the New Testament." in *Sparsa Collecta* I. 269-289. Leiden: E. J. Brill, 1973.

______. "The Semitic Background of ΠΑΡΡΗΣΙΑ in the New Testament." in *Sparsa Collecta* II. 290-306. Leiden: E. J. Brill, 1980.

Weaver, John. *Plots of Epiphany: Prison-Escape in Acts of the Apostles.* Berlin: Walter De Gruyter, 2004.

Williams, M. H. "Palestinian Jewish Personal Names in Acts." in *The Book of Acts in Its Palestinian Setting.* vol. 4. ed. by R. J. Bauckham,

79–113. Grand Rapids: Eerdmans, 1995.

Witherington III, Ben. *The Acts of the Apostles: A Socio-Rhetorical Commentary.* Grand Rapids: Eerdmans, 1998.

York, John O. *The Last Shall Be First: The Rhetoric of Reversal in Luke.* Sheffield: Sheffield Academic Press, 1991.

Ziesler, John A. "The Name of Jesus in the Acts of the Apostles." *Journal for the Study of New Testament* 4 (1979): 28–41.

Zumstein, Jean. "L'apôtre comme martyr dans les Actes de Luc." in *Miette exégétiques.* 183–205. Genève: Labor et fides, 1991.

## 유상현

연세대학교 신학과
장로회신학대학교 신학대학원
Strasbourg대학교 개신교 신학부(Dr. en théol.)
현재 연세대학교 신약학 교수

**저서**

『사도행전 연구』(대한기독교서회, 1996)
『바울의 제1차 선교여행』(대한기독교서회, 2002)
『바울의 제2차 선교여행』(대한기독교서회, 2008)
『바울의 제3차 선교여행』(대한기독교서회, 2011)
『바울의 마지막 여행』(동연, 2014)

**역서**

『요한계시록 주석』(쟈끄 엘륄/한들출판사, 2000)
『초기 기독교의 형성』(에티엔느 트로크메/대한기독교서회, 2003)